조선의 승^僧과^科 연구

조선의 승_僧과_科 연구

조선의 승과^{僧 科} 연구

정각 지음

불광출판사

추천사

"선덕여왕 때 지영(智穎)과 승고(乘固)가 중국 유학을 다녀온 후 처음으로 대덕(大德)에 뽑혔다"는 기록이 「신라 가야산 해인사 선안주원(善安住院) 벽기(壁記)」에 실려 있다. 그리고 『고려사』 가운데 "갑자 원년(1084) 봄 정월 …(중략)… 기사일에 보제사(普濟寺)의 승(僧) 정쌍(貞雙) 등이 아뢰기를, '구산문(九山門)에서 참학(參學)하는 승도는 진사(進士)의 예에 의거해 3년에 1회씩 선발토록 청합니다' 하니 그 말을 따랐다"는 내용이 실려 있기도 하다.

이렇듯 신라 이래 고려 때에는 '승려의 과거', 즉 승과(僧科)를 통해 특정 승려를 선출했으며, 그들에게 승직(僧職)을 부여했음은 많은 연구를 통해 그 내용이 알려져 있다. 그런데 조선시대의 경우, 승직 및 승관제(僧官制)와 관련된 연구가 많이 진행되었음에도, 정작 승과(僧科)에 대해서는 이를 종합한 연구가 진행되지 않았다.

『태종실록』 태종 14년(1414) 기사에 "문과 향시(文科鄕試)의 법에 따라 각 도(道)로 하여금 선종·교종 2학(學)을 두고, 시년(試年)을 당하여 학술에 정(精)한 자를 뽑아 승록사(僧錄司)에 올리고, 승록사에서 그 초선(抄選)을 다시 고찰한 뒤에 이송(移送)하도록 하소서"라는 내용이 실려 있다. 이에 조선시대에는 고려시대의 예에 따라 승과가 시행되었으며, 승록사에서 이를 주관하였다.

이후 승록사가 폐지된 후, 세종 대에는 선종도회소 홍천사(興天寺)와 교종도회소 홍덕사(興德寺) 등 양종(兩宗) 도회소에서 승과가 진행되었다. 그러나 연산군 10년(1504) 홍천사와 홍덕사가 불타 버렸고 양종 도회소마저 기능이 중단되었으며, 승과가 폐지되었다. 이후 명종 대에 정희왕후와 허응당 보우(普雨)의 노력으로 승과가 부활하였으나, 그마저 또다시 폐지되기에 이르렀다. 이에 대해 이능화는 『조선불교통사』에 "보우가 죽음에 이르러 영원히 선과가 폐지되었으니, 실로 명종 20년이었다"라는 기록을 남기고 있다.

이렇듯 1564년 이래 조선의 승과가 폐지되었고, 명종 대에 승과가 시행된 봉은사 승과평(僧科坪)은 현재 코엑스 귀퉁이의 표석(標石)으로 남아있으며, 봉선사 승과원(僧科院)은 채마(菜麻) 밭으로 변해버렸다.

근래 조계종단에서는 위 승과의 전통을 되살려 2001년 이래 승가고시를 실시하였고, 현재 5급에서 1급까지의 승과고시가 정례화되고 있다. 그럼에도 이를 뒷받침할 승과에 대한 역사적 고찰이 부족한 상황 속에서, 전강제자(傳講弟子) 운산(雲山) 정각(正覺)이 『조선의 승과 연구』를 쓰게 되니, 이는 종단의 역사적 전통 가운데 하나를 되살린 중요 업적이라 할 수 있다.

이에 노력을 치하하며, 수희공덕(隨喜功德) 삼아 추천의 말을 덧붙이는 바이다.

2024년 5월 1일

如天 無比 識

저자의 말

1.

"성군께옵서 특별히 …(중략)… 과거(科擧)의 법을 설치하시니 …(중략)… 마땅히 모름지기 각기 자기 재능을 다함으로써 응당 사심 없는 선발에 응해야 할 것이다. 천 권 불경과 게송을 보았고, 만 권의 시를 품어 무리 가운데 뛰어난 그릇이라면 자연 함(函)과 덮개가 서로 맞겠지만, 혹시라도 배움에 있어 삼여(三餘)가 없고, 재주에 있어 칠보시(七步詩)의 재간이 없다면 …(중략)… 필히 구차한 마음에 얻고자 하여 몰래 남의 손을 빌리려 할 것이다…"

위 내용은 『허응당집』에 실린 것으로, 승과(僧科) 시행일에 봉은사 선불장(選佛場)에 붙여둔 것으로 추정된다. 이렇듯 조선시대에는 식년시(式年試)의 예에 따라, 유가(儒家)의 과거와 함께 승과가 행해졌다.

승과에 입격한 자들은 문인들과 어깨를 나란히 할 수 있던 자들로, 서거정의 시문집 『사가집』에 "상인(上人) 설준(雪峻)은 교종의 갑자년(1444) 대선(大選) 출신이고 나 또한 갑자년 과거에 급제하였으니, 비록 유가(儒家)와 불가(佛家)의 구별은 있으나 동년(同年)의 교분이 있어 서로 사귄 지가 어언 30년이 되어 간다"는 내용이 실려 있다.

한편 사명유정의 제자 해안(海眼)이 찬(撰)한 「사명당 송운대
사 행적」에 "(송운대사는) 신유년(1561) 선과에 입격하였다. 당시 학
사(學士) 대부(大夫)로서, 박순(朴淳)과 이산해(李山海), 고경명(高敬
命) …(중략)… 같은 무리들이 모두 대사를 받들어 (이름이) 사림(詞
林)에 전파되었다"라는 내용이 실려 있기도 하다.

2.

조선시대에 승과에 입격한 자들은 당대 문인들과 견줄 수 있던 자
들로, 조선시대 불교계의 위상을 대변해 주었던 자들이기도 하다.
그럼에도 관련 사료의 부족 등으로 인해 조선시대의 승과에 대한
연구가 진행되지 않았고, 승과 입격자들의 현황과 그 활동 또한 파
악하기 어려운 실정이었다.

이에 필자는 기존 연구자들의 몇몇 연구를 바탕으로 『조선의
승과(僧科) 연구』를 집필하였다. 이는 조선시대 불교계의 위상을
살펴볼 수 있는 연구로, 승과 입격자의 현황을 밝혀낸 성과이기도
하다.

3.

당시 승과 시험장에는 선기(禪機)가 흘러넘치기도 하였다.

"세상에 전하기를, 보우(普雨)가 출시(出試)한 시제(試題)에 이르되,

'청정본연인데 어찌 홀연히 산하대지가 생겨났는가?(淸靜本然 云何忽生 山河大地)'라 하였고, 송운(사명당)의 답안 역시 이르되, '청정본연인데 어찌 홀연히 산하대지가 생겨났는가?'라 하였다."

1561년 사명당 송운(松雲)대사가 선과(禪科)에 입격했을 때의 정황을 기록한 것으로, 허응당 보우(普雨)의 시문(試問)에 사명당 송운은 같은 대답을 제출, 1등으로 합격해 중덕(中德)에 임명되기도 하였다.

현재에도 여전히 조계종 종단에서 승과고시가 행해지고 있다. 그럼에도 현재의 승과 시험장에는 보우의 시제(試題)가 없고, 송운의 선기 넘친 답안이 존재하지 않는 것 같다.

4.

이 책은 '2024년도 〈봉은학술지원사업〉'의 지원에 의해 간행된 것이다. 조선시대 승과(僧科)의 요람이었던 봉은사(奉恩寺)의 역사적 위상을 발굴코자 하는 주지 원명 스님의 뜻에 따른 것으로, 이에 감사의 마음을 전한다.

한편 이 책을 쓰는 가운데 이화여대 대학원의 한예림 학생은 내용과 문장의 오류를 바로잡는 데 많은 도움을 주었다.

2024년 5월 20일

雲山 正覺 識

차례

Ⅰ.
서언

승가(僧伽)에서는 일찍이 도승(度僧), 즉 출가와 관련해 시험을 행하였다. 중국의 경우 승니(僧尼)의 수를 한정하기 위해 사사로운 출가를 제한했으며, 이를 위한 방책으로 도승 때 경론(經論)을 독송·진술하는 시험을 치렀다. 1269년 남송(南宋)의 지반(志磐)이 저술한 『불조통기』에 "당(唐) 중종 경룡(景龍, 707~709) 초에 '경(經)'을 시험쳐 도승(度僧)하라'는 칙서를 내렸다 …(중략)… 이것이 중국 도과(度科)의 시작이다"[1]는 내용이 실려 있음을 볼 수 있다.

한편 당(唐) 숙종 지덕(至德) 2년(757)에는 '백의(白衣)로서 능히 (경문) 500지(紙)를 송경(誦經)하는 자에 한하여 승(僧)이 됨을 허락'했으며, 대종(代宗, 762~779) 때에는 경·율·론 3과(三科)에 대한 시험을, 선종(宣宗, 846~859) 때에는 매년 계·정·혜 3학(三學)에 의거해 도승케 하여 도성(道性)이 있거나 법문(法門)을 통과한 자에 한하여 도첩(度牒)을 발급하였다.[2]

---

1   『佛祖統紀』(『大正藏』49), p.452下. "唐中宗景龍初 詔天下試經度僧 …(중략)… 試中第一."
2   『佛祖統紀』(『大正藏』49), pp.452下-453上; 『慈恩寺三藏法師傳』(卷一), 「佛法金湯編」(卷七) '唐中宗' 條; 『禪林象器箋』 「叢軌門」.

또한 『불조통기』의 기사 가운데 북송 개보(開寶) 2년(969) 장춘절(長春節)에 천자가 칙서를 내리되, "천하 사문은 경·율·론의 의(義) 10조를 전시(殿試)하여 모두 맞춘 자에게 자의(紫衣)를 하사하였다"[3]는 내용은 출가와 관련된 시험, 즉 승과(僧科)에 대한 좀 더 구체적인 예를 전하는 것이라 할 수 있다.

우리나라의 경우, 『동문선』「신라 가야산 해인사 선안주원(善安住院) 벽기(壁記)」에 '선덕여왕(632~647) 때 지영(智穎)과 승고(乘固)가 중국 유학을 다녀온 후 처음으로 대덕(大德)에 뽑혔다'[4]는 기록은 대덕 선발과 관련해 일정 시험이 존재했음을 알려준다.

또한 『삼국유사』「자장정률」 조에 "원성대왕(元聖大王) 원년(元年, 785)에 승관(僧官)을 설치하였고 …(중략)… 대사(大舍) 1인, 사(史) 2인을 관리로 삼았는데 승려 중에 재행(才行)이 있는 사람을 뽑아 삼았고…"[5]라는 기록 역시 일찍이 승직(僧職) 선출과 관련해 승과(僧科)가 행해졌음을 추정케 하는 내용이기도 하다.

이외에 〈해인사 묘길상탑(妙吉祥塔)〉 건립과 관련하여 895년 최치원(崔致遠)이 찬(撰)한 「해인사 묘길상탑기(海印寺 妙吉祥塔記)」 가운데 "해인사(海印寺) 별대덕(別大德) 승훈(僧訓)이 …(중략)… 옥벽돌[珉甓]로 삼층탑[三級]을 이루었으니…"[6]라는 내용과 그 음기(陰記) 기록인 「운양대(雲陽臺) 길상탑기(吉祥塔記)」에 '유나승(維那

---

3   『佛祖統紀』(『大正藏』49), p.453上.
4   『東文選』第64卷,「新羅伽倻山海印寺善安住院壁記」條.
5   『삼국유사』권제4, 義解第五,「慈藏定律」條.
6   〈妙吉祥塔〉(보물)「海印寺 妙吉祥塔記」. "海印寺 別大德 僧訓 …(중략)… 成 珉甓三級…"

僧) 성유(性幽)'가 기록되어, 별대덕(別大德)과 유나승(維那僧) 등 승직(僧職)이 명기된 예는 통일신라 대에 승과가 시행되었음을 알려주는 내용들이라 할 수 있다.

그러나 승과가 본격적으로 시행된 것은 고려시대에 이르러서이다. 우선 〈보원사 법인국사 보승탑비(法印國師寶乘塔碑)〉에 "고려 태조 4년(龍德元年, 921) 해회(海會)를 설치하고 승려를 선발하였다"[7]는 기록에 따라 해회(海會)를 승과의 효시로 보는 견해가 있다.[8] 그러나 처음 승과가 실시된 것은 광종(光宗, 949~975 재위) 때라는 것이 일반적 견해이다. 즉 "광종 9년(958) 5월 쌍기(雙冀)가 의견을 올리니 비로소 과거를 설해 시(詩)·부(賦)·송(頌) 및 시무책(時務策)을 시험해 진사를 뽑았고, 겸하여 명경업(明經業)·의업(醫業)·복업(卜業) 등을 뽑았다"[9]는 것으로, 이때 승과도 함께 시행되었으리라는 것이다.[10]

한편 『고려사』의 다음 기록은 승과에 대한 좀 더 구체적 사실

---

7 『朝鮮金石總覽』(上), 「普願寺法印國師寶乘塔碑」 條, p.225.

8 『朝鮮佛教通史』(下) 「高麗選佛初設僧科」 條, p.294. 「法印國師碑」 기록을 바탕으로 "龍德元年(921, 태조 4) 海會를 설치하니 緇徒를 선발하는 제도이다. 이것이 僧科의 효시이다"라고 기술되어 있다.

9 『고려사』 卷73, 志 卷第27, 「選擧」 條. "光宗九年五月 雙冀獻議 始設科擧 試以詩, 賦, 頌及 時務策 取進士, 兼取明經, 醫, 卜等業"; 『高麗史』 권2, 世家2, 광종 9년 5월 條. "(戊午)九年 夏五月 始置科擧 命翰林學士雙冀 取進士."

10 『조선불교통사』(下) 「高麗選佛初設僧科」 條, p.294. "광종 9년(958, 顯德 5) 비로소 한림학사 雙冀의 의견을 받아들여 과거제를 설치하였다. 詩賦頌과 時務策으로 進士 시험을 치르고 또한 僧科를 설치했는데 바로 이때이다"; 이봉춘, 「승관조직과 승과제도」, 『한국사』16, 국사편찬위원회, 2002, pp.93-94. 이봉춘은 圓空國師智宗 비문 내용(崔冲, 「居頓寺圓空國師勝妙塔碑」, 『朝鮮金石總覽』上, p.255)을 인용하는 가운데 승과의 시행 연대를 추정하였다.

을 전하고 있다. "갑자 원년(1084) 봄 정월 …(중략)… 기사일에 보제
사(普濟寺)의 승(僧) 정쌍(貞雙) 등이 아뢰기를, '구산문(九山門)에서
참학(參學)하는 승도는 진사(進士)의 예에 의거해 3년에 1회씩 선발
토록 청합니다' 하니 그 말을 따랐다"[11]는 것이다.

그동안 고려의 승과(僧科) 내지 승관제(僧官制)에 대해서는 많
은 연구가 있었다.[12] 그러나 조선의 경우 도승(度僧) 내지 도첩제(度
牒制),[13] 그리고 승직(僧職) 및 승관제(僧官制)[14]와 관련된 다수 논문

11   『高麗史』世家 第10, 宣宗 甲子 元年 正月 條. "己巳 普濟寺僧貞雙等奏 九山門
      參學僧徒 請依進士例 三年一選 從之."
12   김윤지, 「고려 광종대 승계제의 시행과 불교계의 재편」, 『한국사상사학』54, 한국
      사상사학회, 2016; 정무환, 「고려시대 승과 승록사제도」, 『석림』14, 동국대학교 석
      림회, 1980; 허흥식, 「고려시대의 승과제도와 그 기능」, 『역사교육』19, 역사교육연
      구회, 1976; 이재창, 「高麗佛敎의 僧科, 僧錄司 制度」, 『崇山朴吉眞博士華甲紀
      念 韓國佛敎思想史』, 圓光大學校出版局, 1975; 李逢春, 「승관조직과 승과제도」,
      『한국사』16, 국사편찬위원회, 2002.
13   度僧 내지 度牒制 관련으로 다음 연구가 있다. 강경남, 「度牒制考」, 『東國思想』
      16, 동국대학교, 1983; 민순의, 「조선전기 도첩제도 연구」, 박사학위논문, 서울대학
      교대학원, 2016; 김영태, 「조선전기의 度僧 및 赴役僧 문제」, 『佛敎學報』32, 동국
      대불교문화연구원, 1995; 이승준, 「조선전기 도첩제의 추이」, 석사학위논문, 한국
      교원대학교대학원, 2000; 이승준, 「朝鮮初期 度牒制의 運營과 그 推移」, 『湖西史
      學』29, 湖西史學會, 2000; 이재창, 「朝鮮朝 初期의 度牒制」, 『田雲德總務院長華
      甲紀念)佛敎學論叢』. 大韓佛敎天台宗 總本山 救仁寺, 1999; 황인규, 「한국불교
      사에 있어서 도첩제의 시행과 그 의미」, 『보조사상』22, 보조사상연구원, 2004; 安啓
      賢, 「佛敎抑制策과 佛敎界의 動向 - 度牒制와 赴役僧」, 『한국사』11, 국사편찬위
      원회, 1974; 양혜원, 「고려후기~조선전기 免役僧의 증가와 度牒制 시행의 성격」,
      『韓國思想史學』44, 한국사상사학회, 2013; 崔鎭錫, 「高麗後期의 度牒制에 對하
      여」, 『경희사학』3, 경희대학교사학회 1972.
14   僧職 및 승관제 관련으로 다음 연구가 있다. 류기정, 「조선전기 승정의 정비와 운
      영」, 석사학위논문, 한국교원대학교대학원, 2001; 사문경, 「15세기 초반 僧錄司의
      改編과 革罷」, 『호서사학』26, 호서사학회, 1999; 이봉춘, 「조선시대의 승직제도」,
      『한국불교학』25, 한국불교학회, 1999; 전영근, 「조선시대 승관제와 승인 인사 관련
      문서」, 『古文書研究』30, 한국고문서학회, 2007.

이 있었음에도, 승과(僧科)와 관련해서는 몇몇 연구만이 진행되었을 뿐[15] 총체적 연구가 부족한 상황이었다.

이에 필자는 기존 연구를 토대로 '조선의 승과 연구'라는 제목 하에 조선의 승과 전반에 대해 고찰해 보고자 한다.

먼저 승과에 대한 고찰에 앞서 Ⅱ장에서는 「승록사(僧錄司)와 양종도회소(兩宗都會所)」란 제목하에 삼국시대로부터 고려시대까지 존재한 승관제(僧官制)에 대해 설명하고자 한다.

이어 사찰 관련 업무를 관장했던 기관인 승록사(僧錄司)의 구성과 양태에 대한 개설을 행하고자 한다. 또한 조선시대 승록사와 그 역할을 살펴보고, 조선 초에 행해진 종파(宗派)의 통폐합과 승록사의 혁파 과정을 서술하고자 한다.

또한 혁파된 승록사를 대신한 양종도회소(兩宗都會所)의 구성과 역할을 살펴볼 것인데, 그 역할 중에서 양종도회소의 주요 업무로서 승니(僧尼)의 시재행(試才行)과 도첩(度牒) 발급, 승과의 별칭으로서 – 선시(選試)의 주관, 주지(住持)의 작첩(爵牒) 발급 등의 역할에 주목하고자 한다.

Ⅲ장에서는 「조선 승과(僧科)의 양상과 전개」란 제목하에 조

---

15 僧科와 관련해 다음 논문 등에서 단편적 기록을 발견할 수 있다. 양혜원, 「조선초기 법전의 僧 연구」, 박사학위논문, 서울대학교대학원, 2017, pp.144-261; 전영근, 「朝鮮時代 寺刹文書 연구」, 박사학위논문, 한국학중앙연구원 한국학대학원, 2011, pp.40-42; 양혜원, 「15세기 승과(僧科) 연구」, 『한국사상사학』62, 한국사상사학회, 2019.8, pp.59-88; 문상련(정각), 「조선의 승과, 選試에 대한 고찰」, 『정토학연구』33, 한국정토학회, 2020.6; 문상련(정각), 「조선의 승과, 選試 혁파에 대한 고찰」, 『동아시아불교문화』39, 동아시아불교문화학회, 2019.9, pp.51-79; 문상련(정각), 「명종대 禪科 복원에 대한 고찰」, 『민족문화연구』87, 서울: 고려대 민족문화연구원, 2020.5.

선 초부터 세조 연간에 이르기까지 진행된 승과 즉 선시(選試)의 형식과, 승과를 통해 수여된 품계(品階)에 대해 고찰해 보고자 한다.

이어 선시는 세조 연간(1455~1468)에 이르러 유명무실화되었는데, 이는 세조 대에 실행된 승인호패법(僧人號牌法)과 관련이 있는 것으로, 승인호패법(僧人號牌法)과 선시 폐지와의 관련성을 살펴보기로 한다.

선시는 예종 및 성종, 연산군 대에 이르러 폐지 과정을 거치게 된다. 성종 23년(1492)에는 도첩제(度牒制)가 정지되었으며, 성종 24년(1493)에 반포된 『대전속록(大典續錄)』에서는 '도승(度僧)' 조가 폐기되었다. 또한 연산군 대에 이르러 양종(兩宗) 혁파가 진행되었는데, 연산군 10년(1504) 양종이 불타버린 금승(禁僧)의 상황 속에서도 1504년까지는 선시가 시행되었음을 볼 수 있다.

그러나 이때를 마지막으로 선시는 더 이상 시행되지 않았으며, 이후 중종 11년(1516)에는 『경국대전』 중 「도승(度僧)」 조문이 삭제되기에 이른다. 이에 이 시기에 행해진 선시 혁파 과정에 대해 고찰할 것이다.

이후 명종 5년(1550), 허응당 보우(普雨, 1509~1565)와 명종의 모후인 문정왕후의 세력에 힘입어 승과가 복원되었으며, 이때의 승과는 선과(禪科)라 칭해졌다. 그럼에도 복원된 선과는 식년의 원칙에 따라 순조롭게 진행되지 않았으며, 명종 19년(1564)에는 선과가 중단되었다. 그리고 명종 21년(1566) 선과는 최종적 혁파에 이르게 되었다.

그럼에도 이 기간에 시행된 선과 관련 기록은 이전 시기에 행해진 선시(選試)의 형식을 알려주는 중요한 단초를 제공해 주고 있다.

한편 명종 21년(1566) 선과가 혁파된 지 37년이 흐른 후, 선조 26년(1593)에 임진왜란과의 관련 속에 선과(禪科)란 용어가 또다시 실록에 등장한다.

그런데 『선조실록』에 기록된 이때의 선과는 "적을 참한 승(僧)에게 선과(禪科)를 제수하여 포장하는 뜻을 보이게 하였다"는 것으로, 이외에 '군량미 모집'을 위한 선과첩(禪科帖)과 승직(僧職), 도첩(度牒) 발급이라는 기형적 형태로 선과란 용어가 사용되었으며, 이때 발급된 다수의 도첩 내지 선과첩(禪科帖), 승직 공명첩(空名帖) 등은 이후 선사, 대선사 등의 칭호를 가진 다수의 승직자를 양산해 내기도 하였음을 서술하고자 한다.

이어 Ⅳ장에서는 「승과(僧科)의 주관자와 입격자」란 제목하에 각 시대에 따라 승과의 주관자(主管者)와 입격자(入格者)를 파악해 보고자 한다.

이들 각각의 명단은 조선왕조실록과 문집류(文集類), 불상 조상기(造成記)와 불화(佛畵) 화기(畵記), 그리고 조선시대 간행 불서(佛書)의 간행질(刊行秩)을 통해 파악할 수 있는데, 이 가운데 불서(佛書)의 간행질에 수록된 다수의 입격자(入格者) 명단은 조선 전기 불교사를 연구하는 데 중요 자료가 될 것이다.

II.

승록사(僧錄司)와
양종도회소(兩宗都會所)

이 장에서는 먼저 〈1. 승관제(僧官制)와 승록사(僧錄司)〉란 제목하에 '1) 삼국(三國)과 통일신라 대의 승관제(僧官制)'에 대해 살펴보고자 하며, 또한 '2) 고려시대의 승관제(僧官制)와 승록사(僧錄司)' 항목을 통해 승관제를 관할한 고려시대 승록사의 구성을 개관해 보고자 한다.

　　이어 〈2. 조선시대 승록사와 승록사 혁파〉란 제목하에 '1) 조선시대 승록사와 그 역할'과 '2) 종파(宗派) 통폐합과 승록사 혁파'를 통해 조선시대 승록사의 구성과 역할, 혁파 과정을 살펴보기로 한다. 그리고 〈3. 양종도회소(兩宗都會所)의 구성과 역할〉이란 제목 하에 혁파된 승록사를 대신해 성립된 '1) 양종도회소의 구성'과 '2) 양종도회소의 역할'을 살펴보기로 한다.

　　여기서 양종도회소는 승니(僧尼)의 시재행(試才行)과 도첩(度牒) 발급, 승과의 주관과 주지의 작첩(爵牒) 발급 등을 맡았던 관청으로, 이에 대한 이해는 이후 조선 승과의 양태 및 전개 과정을 파악함에 중요 전제가 될 것이다.

1. 승관제(僧官制)와 승록사(僧錄司)

1) 삼국(三國)과 통일신라 대의 승관제(僧官制)

한국불교에서 승관제에 관한 기록은 삼국시대 신라로부터 연원을 찾을 수 있다. 『삼국유사』「자장정률(慈藏定律)」조에 그 내용이 상세히 기록되어 있는데, 이를 인용하면 다음과 같다.

> "조정에서 의논하여 '불교가 동쪽으로 점점 퍼진 것이 비록 오래되었으나 그 주지(住持)를 받드는(修奉) 것에 규범이 없다. 무릇 통제하여 다스리지 않으면 바로잡을 수 없다' 하였다 …(중략)… 신라 진흥왕(眞興王) 11년 경오(庚午, 550)에 안장법사(安藏法師)를 대서성(大書省)으로 삼았는데 1인을 두었고, 또한 소서성(小書省) 2인을 두었다. 다음 해 신미(辛未, 551)에 고구려 혜량법사(惠亮法師)를 국통(國統)으로 삼았는데 또한 사주(寺主)라고도 하였고, 보량법사(寶良法師)를 대도유나(大都維那)로 삼아 1인을 두었고 주통(州統) 9인, 군통(郡統) 18인 등을 두었다."[16]

---

16 『삼국유사』권 제4, 義解第五, 「慈藏定律」條.

이 내용은 진흥왕 11년인 550년에 대서성(大書省) 1인과 소서성(小書省) 2인을 두었으며 안장법사(安藏法師)를 대서성에 임명했다는 것으로, 그 목적은 '주지(住持)를 받드는(修奉) 규범을 통제하기 위함'이었다는 것이다. 즉 대서성 1인과 소서성 2인을 두어 승관(僧官)을 임명할 수 있는 권한을 주었다는 것으로, 이때 총책으로 안장법사(安藏法師)가 임명되었음을 알 수 있다.

그런데 위 기록 중 "안장법사(安藏法師)를 대서성에 임명했다"는 내용과 관련해 『삼국사기』에는 "(문무왕) 9년(669) 봄 정월에 신혜법사(信惠法師)를 정관(政官) 대서성(大書省)으로 삼았다"[17]는 기록과 문무왕 14년(674) "9월에 의안대덕(義安大德)[18]을 대서성(大書省)으로 삼았다"는 내용이 기록되어 있기도 하다. 이에 의하면 당시 사찰과 관련된 업무를 관장하는 정관(政官)이란 관청이 존재했음을 알 수 있고, 대서성(大書省)은 그들 중 수장(首長)에 해당하는 직책이었음을 알 수 있다. 또한 정관(政官)이라는 관청과 그 수장으로서 대서성(大書省)이란 직책이 7세기 후반까지 존재했음을 알 수 있다.

한편 위 『삼국유사』「자장정률」조에는 "안장법사(安藏法師)를 대서성에 임명했다"는 내용에 이어 다음 해인 551년에 고구려 혜량법사(惠亮法師)를 국통(國統)으로 삼았는데 이를 사주(寺主)라 칭하기도 했으며, 그 밑에 대도유나(大都維那) 1인과 주통(州統) 9인, 군통(郡統) 18인을 두었다는 내용이 등장한다. 그런데 『삼국사기』

---

17 『삼국사기』권제6, 新羅本記 제6,「文武王」條.
18 『삼국유사』권제5,「明朗神印」條.

「거칠부」조에는 "거칠부가 (혜량법사와) 함께 말을 타고 (신라로) 돌아와 왕을 뵙게 하니, (왕이 혜량법사를) 승통(僧統)으로 삼았다. 처음으로 백좌강회(百座講會)와 팔관(八關)의 법(法)을 베풀었다"[19]는 내용이 실려 있어, 국통은 승통(僧統)과 동일한 명칭으로 사용되었음을 알 수 있기도 하다.

이에 의하면 사찰과 관련된 업무를 관장하는 정관(政官)에는 최고의 책임자로서 대서성(大書省)이 있었고, 그 밑에 국통 또는 승통이 존재했으며, 그 밑에 대도유나(大都維那, 1인)와 주통(州統, 9인), 군통(郡統, 18인)이 존재하는 승관제의 형태와 함께 주군(州郡) 등 지방 행정 조직에 이르기까지 승관제가 널리 확산되었음을 알 수 있다.

한편 『삼국유사』 「자장정률」 조에 "자장(慈藏) 때에 이르러 다시 대국통(大國統) 1인을 두니 대개 상설직이 아니었다"는 내용이 실려 있어, 국통은 대국통(大國統)이라 불리기도 했음을 알 수 있다. 이외에 「자장정률」 조에는 다음과 같이 승관의 구체적 역할이 서술되어 있기도 하다.

"(643년) 칙서를 내려 자장을 대국통(大國統)으로 삼고 무릇 승니(僧尼)의 일체 법규를 승통(僧統)에게 모두 위임하여 주관하게 했다 … (중략)… 승니 5부(部)로 하여금 각각 구학(舊學)을 늘리고, 반 달마다 계(戒)를 설하고 겨울과 봄에 모두 시험하게 하여 지계(持戒)와 범계(犯戒)를 알게 하였으며, 관원을 두어 이를 유지하게 했다. 또한 순사

---

19   『삼국사기』 권제44, 열전제4, 「居柒夫」 條.

(巡使)를 보내 외사(外寺)를 돌며 검사하고 승려들의 잘못을 살피며 경전과 불상을 엄중하게 정비하여 규정 형식을 만들었다 …(중략)… 이때에 이르러 나라의 사람들이 계를 받고 부처를 받드는 것이 열 집에 여덟아홉이었고, 머리를 깎고 출가하기를 청하는 것이 시간이 지날수록 늘어났다. 이에 통도사(通度寺)를 창건하여 계단(戒壇)을 짓고서 사방에서 오는 것을 받아들였다."[20]

이에 의하면 대국통 밑에는 승통(僧統)을 두어 일체 법규를 위임했으며, 승통은 관리자인 순사(巡使)를 통해 지계(持戒) 및 경전과 불상의 규정 형식의 규제, 계단(戒壇)을 통해 출가를 허락함 등을 관할했음을 알 수 있다.

한편 『삼국유사』「사불산 굴불산 만불산」 조에는 "경덕왕(景德王, 739~742 재위)은 또 당(唐)의 대종(代宗) 황제가 특별히 불교를 숭상한다는 말을 듣고 …(중략)… (萬佛山을 조성해 당나라에 헌상하니) … (중략)… 4월 8일에는 양가(兩街)의 승도(僧徒)에게 명하여 내도량(內道場)에서 만불산에 예배하게 하였다"[21]는 기록이 실려 있기도 하다. 여기서 양가(兩街)는 사찰과 관련된 업무를 관장하는 정관(政官)이란 관청의 수장인 대서성(大書省) 밑에 좌가(左街)와 우가(右街)가 있고 소서성(小書省) 2인이 각각 좌가(左街)와 우가(右街)를 관할했으리란 것을 추정케 하는 것으로, 경덕왕 당시 정관(政官)이란 관청 밑에 승관제를 관할하는 양가(兩街) 체제가 존재했을 가능성을

---

20 『삼국유사』 권제4, 義解第五, 「慈藏定律」 條.
21 『삼국유사』 권제3, 塔像第四, 「四佛山 掘佛山 萬佛山」 條.

말해준다.

한편 『삼국유사』「자장정률」 조에는 승관제에 대한 이후의 전개를 알려주는 다음 내용이 실려 있기도 하다.

"후에 원성대왕(元聖大王) 원년(元年, 785)에 이르러 또 승관(僧官)을 설치하였다. 이름이 정법전(政法典)으로 대사(大舍) 1인, 사(史) 2인을 관리로 삼았는데 승려 중에 재행(才行)이 있는 사람을 뽑아 삼았고 유고시에는 곧 교체하였으며 연한은 정해져 있지 않았다."[22]

이에 따르면 785년에 대서성(大書省) 1인과 소서성(小書省) 2인으로 구성된, 사찰 관련 업무를 관장하는 관청 정관(政官)은 '정법전(政法典)'으로 이름이 바뀌었으며, 대서성(大書省)은 '대사(大舍)'로, 소서성(小書省)은 '사(史)'로 그 명칭이 바뀌었음을 알 수 있다.

또한 『삼국유사』「원종흥법 염촉멸신(原宗興法 厭髑滅身)」 조에 승관제도와 관련해 다음 내용이 실려 있기도 한다.

"훗날 국통(國統) 혜륭(惠隆), 법주(法主) 효원(孝圓)과 김상랑(金相郎), 대통(大統) 녹풍(鹿風), 대서성(大書省) 진노(眞怒) …(중략)… 등이 옛 무덤을 수축하고 큰 비를 세웠다. 원화 12년 정유(丁酉, 817) 8월 5일, 즉 제41대 헌덕대왕(憲德大王) 9년이었다."[23]

---

22   『삼국유사』 권제4, 義解第五, 「慈藏定律」 條.
23   『삼국유사』 권제3, 興法第三, 「原宗興法 厭髑滅身」 條.

위 기록에 따르면 헌덕왕 대 817년에는 사찰 관련 업무를 관장하는 관청으로서 정관(政官) 내지 정법전(政法典)에 국통(國統)과 법주(法主), 대통(大統), 대서성(大書省) 등이 존재했으며, 실린 순서에 따르면 대서성이 최상위 품계로 인식되던 이전과는 달리, 국통(國統) – 대통(大統) – 대서성(大書省) 등으로 품계의 상하가 바뀌었음을 알 수 있다.

이상의 예를 통해 볼 때 신라 하대의 승관제는 국통(國統, 僧統, 寺主) – 대통(大統) – 대서성(大書省) 등의 수장(首長)과 소서성(小書省) 2인이 관할하는 좌가(左街)와 우가(右街)가 있었으며, 그 밑에는 대도유나(大都維那) – 주통(州統) – 군통(郡統) 등의 승계(僧階)가 존재했음을 알 수 있다. 그리고 872년에 기록된 「경주 황룡사 9층목탑 금동 찰주본기(慶州皇龍寺九層木塔金銅刹柱本記)」에 '도유나(都維那), 대유나(大維那), 유나승(維那僧)'[24] 등이 기록되어 있으며, 895년 해인사의 별대덕(別大德) 승훈(僧訓)이 건립한 〈묘길상탑(妙吉祥塔, 합천 해인사 길상탑)〉에 납입된 4매의 탑지(塔誌) 중 최치원이 지은 「해인사 묘길상탑기(海印寺 妙吉祥塔記)」에 "유나승(維那僧) 성유(性幽), 인정(忍淨)"[25]이 실려 있음을 볼 수 있는데, 이를 미루어 볼 때 정관(政官) 내지 정법전(政法典)에는 도유나(都維那)가, 주통(州統)에는 대유나(大維那)가, 군통(郡統)에는 유나승(維那僧)이 소속되어 정관(政官) 내지 정법전(政法典), 그리고 양가(兩街)의 실무를 관장했음을 알 수 있다.

---

24 「慶州皇龍寺九層木塔 金銅刹柱本記」에 다음 내용이 기록되어 있다. "(제2판 외면) [07] 維那 僧勛筆, (제1판 외면) [04] 當寺大維那, [05]當寺都維那, [07] 維那僧達摩."
25 「陜川 海印寺 吉祥塔誌」 '海印寺 妙吉祥塔記', "當維那 僧性幽 僧忍淨."

2) 고려시대의 승관제와 승록사(僧錄司)

여기서 양가(兩街)란 정관(政官) 내지 정법전(政法典)에 속한 좌가(左街)·우가(右街)를 가리키는 말로, 고려시대에는 사찰 관련 업무를 관장하는 관청 승록사(僧錄司) 안에 양가(兩街)가 속해 있었던 것 같다. 이와 관련해 『고려사절요』「태조신성대왕(太祖神聖大王)」조에는 "무술 21년(938) 봄 3월. 서천축(西天竺)의 승려가 왔다. 왕이 승록사(僧錄司) 양가(兩街)의 위의(威儀)와 법가(法駕)를 준비하여 맞이하였다"[26]는 기록이 실려 있는데, 이 기록은 신라의 전통에 따라 고려 개국 초기에 양가가 존재하였고, 양가는 승록사에 속했음을 알 수 있다.

고려시대의 경우 승관제를 관할하는 관청으로서 승록사의 양가(兩街) 체제를 알려주는 예로는 1022년(太平 2) 기록된 「고려국영축산 대자은현화사비(高麗國靈鷲山大慈恩玄化寺碑)」 음기(陰記)를 들 수 있다. 이 음기에는 현화사(玄化寺)에 반야경보(般若經寶)를 설치하고 경전을 간행할 때 공이 많았던 사람을 시상한 내용이 기록되어 있는데, 여기에 관사(官使) 좌가도승록(左街都僧錄), 부사(副使) 좌가부승록(左街副僧錄)과 우가부승록(右街副僧錄), 판관(判官) 우가승정(右街僧正), 승기사(僧記事), 속기사(俗記事) 등이 명기되어 있는 것이다.[27]

---

26 『고려사절요』 권1, 「太祖神聖大王」 條.
27 「高麗國靈鷲山大慈恩玄化寺碑」, 『朝鮮金石總覽』(上), 朝鮮總督府, 1919, p.250.

또한 966년에 건립된 〈문경 봉암사 정진대사 원오탑비(靜眞大師圓悟塔碑)〉에는 '좌승유(左僧維)인 대덕(大德), 우승유(右僧維)인 대덕' 등의 내용이 수록되어 있는데,[28] 이는 신라 진흥왕 11년(550)에 정립된 승관제 중 대도유나(大都維那)와 관련된 것으로, 이를 하위 법계인 대덕이라 칭하고 있음을 볼 때, 승유(僧維)란 직책은 판관인 승정(僧正) 밑에 속한 승직(僧職)이었으리라 추정된다.

이를 미루어 볼 때 승록사에는 관사(官使)로서 좌가도승록(左街都僧錄)(과 右街都僧錄)을 수반으로 좌가부승록(左街副僧錄)과 우가부승록(右街副僧錄) 등 2인의 부사(副使), 그리고 (左街僧正과) 우가승정(右街僧正) 등 2인의 판관(判官)과 좌승유(左僧維)와 우승유(右僧維) 등 2인의 대덕(大德)과 함께 승기사(僧記事)와 속기사(俗記事) 등의 관원이 배치되었음을 알 수 있다. 또한『고려사』명종 8년(1178) 기사에 의하면 승록사는 15결(結)의 공해전(公廨田)을 할당받은 기관이었음을 알 수 있기도 하다.[29]

한편 승록사와 관련해 양가도승통(兩街都僧統)이란 표현이 등장한다.『동문선』중 "국사의 휘는 혼구(混丘)요 …(중략)… 충선왕(忠宣王)이 즉위하여서는 특히 양가도승통(兩街都僧統)을 제수하고 대사자왕법보장해국일(大師子王法寶藏海國一)이란 호를 더하였다"[30]는 기록으로, 이를 미루어 볼 때 양가도승통은 관사(官使)인

---

28 「聞慶 鳳巖寺 靜眞大師圓悟塔碑」,『朝鮮金石總覽』(上), 朝鮮總督府, 1919, p.205.

29 『고려사』卷78, 志 卷第32, 食貨 1. "明宗八年四月 更定西京公廨田 …(중략)… 僧錄司, 公廨·紙位田各十五結."

30 『동문선』제118권, 碑銘,「有元高麗國曹溪宗慈氏山 瑩源寺寶鑑國師碑銘 幷序」條.

좌가도승록과 우가도승록 위에 존재하는 승록사 최고의 승직에 해당하는 것임을 알 수 있다. 또한 『보한집(補閑集)』에 "개태사(開泰寺) 승통(僧統) 수진(守眞)은 …(중략)… 지금 오교도승통(五敎都僧統)이 되었다"[31]는 내용이 실려 있는데, 이는 승통을 거쳐 오교도승통 내지 양가도승통에 이르는 승계(僧階)의 계차와 함께, 도승통의 경우 출신 종파에 따라 '화엄종 도승통 혼구(幻丘)'[32] 내지 '자은종 도승통 종림(宗林)',[33] "자은종사(慈恩宗師) 양가도승통(兩街都僧統) 임공(林公)"[34] 등 종파의 이름과 함께 칭해졌음을 알 수 있다.

또한 승록사와 관련해, 고려 공민왕 14년(1365) "신돈(辛旽)을 수정이순논도섭리보세공신 벽상삼한삼중대광 영도첨의사사사 판감찰사사 취성부원군 제조승록사사 겸 판서운관사(守正履順論道燮理保世功臣 壁上三韓三重大匡 領都僉議使司事 判監察司事 鷲城府院君 提調僧錄司事 兼判書雲觀事)로 삼았다"[35]라 하여 신돈을 제조승록사사(提調僧錄司事)라 칭한 점으로 보아, 승록사(僧錄司)가 고려 전 시기에 걸쳐 존재했음을 추정할 수 있으며, 공민왕 당시에는 승록사의 고위 직책으로 제조승록사사(提調僧錄司事)가 있었음을 알 수 있다.

---

31 『補閑集』卷下,「開泰寺僧統守眞」條.

32 『형재시집』제2권, 五言律詩 七十六首, 隱磧詩卷. '華嚴宗都僧統幻丘菴名.'

33 『목은시고』제28권, 詩. "어제 慈恩宗 都僧統인 祐世君(宗林)이 새로 密直에 임명된 種德을 축하하러 와서는 盛饌을 또 베풀었다."

34 『동문선』제76권,「衿州安養寺塔重新記」條.

35 『고려사』卷41, 世家 권제41,「恭愍王 14년 12월」條.

2. 조선시대 승록사와 승록사 혁파

1) 조선시대 승록사와 그 역할

위 고려시대의 승관제 및 승록사의 구성은 조선 초기에 큰 변화 없
이 유지되었음을 알 수 있다. 우선 태조는 고려불교의 제도에 따라
왕사와 국사를 책봉하였다. 태조 즉위 원년(1392) 9월 18일 고려 공
양왕의 국사 환암혼수(幻菴混修, 1320~1392)가 입적하자 '(태조) 임금
이 듣고서 애도하였고 시호를 보각(普覺), 탑호를 정혜원융(定慧圓
融)이라 하였다'[36] 하며, 태종 원년(1392) 10월에는 조계종의 무학
자초(無學自超)를 왕사로 삼고,[37] 즉위 3년(1394) 9월에는 선교총섭
(禪教摠攝)이던[38] 천태종의 조구(祖丘)를 국사로 삼았다.[39]

또한 『태조실록』 태조 5년(1396) 3월 기사에 고려 때의 자은종
도승통 종림(宗林)과 관련하여 "자은 도승통(慈恩都僧統) 종림(宗林)

---

36   『조계고승전』,「曹溪宗幻庵普覺國師傳」(『韓佛全』12), p.393上.
37   『태조실록』태조 1년(1392) 10월 9일 條.
38   『慈悲道場懺法集解』(卷上)(『韓佛全』12), p.45中. "禪教統攝."
39   『태조실록』태조 3년(1394) 9월 8일 條.

이 전 판사(判事) 윤안정(尹安鼎)과 함께 판교원(板橋院)을 짓고…"[40] 란 기사가 실려 있으며, 태조 7년(1398) 4월, "양가 도승통(兩街都僧統) 상부(尙孚)가 승(僧)이 술 마시는 것을 금할 것을 청하니…"[41]라는 내용 등은 고려시대의 승관제 및 승록사의 구성이 조선 초기에 유지되었음과 함께 고려 때의 승직자가 조선 초에 그대로 승직을 유지하고 있었음을 알려준다.

이외에 정종과 태종, 세종 대에 이르는 기사 가운데 도승통과 관련된 다음 내용이 발견된다.

정종 2년(1400) 10월 26일

"법왕도승통(法王都僧統) 설오(雪悟)를 신도(新都)에 보내어 태상왕의 환가(還駕)를 청하였는데…"[42]

태종 7년(1407) 1월 24일

"태상왕(太上王)이 새 전각을 희사하여 절을 만들고 도승통 설오(雪悟)로 주지를 삼으니, 임금이 절의 이름을 흥덕(興德)이라 내려 주고 화엄종(華嚴宗)에 붙였으며…"[43]

태종 8년(1408) 1월 28일

"도승통 설오는 수륙재(水陸齋)를 덕방사(德方寺)에 베풀었는데 태상

---

40 『태조실록』 태조 5년(1396) 3월 4일 條.
41 『태조실록』 태조 7년(1398) 4월 11일 條.
42 『정종실록』 정종 2년(1400) 10월 26일 條.
43 『태종실록』 태종 7년(1407) 1월 24일 條.

왕의 병이 조금 나았다."[44]

태종 10년(1410) 9월 9일

"화엄도승통(華嚴都僧統) 설오와 더불어 태조를 안주(安州)에서 맞아 행궁에 이르러 알현하니 태조께서 기뻐하여 조용히 담소하였다."[45]

세종 6년(1424) 2월 14일

"도승통 혜진(惠眞)과 홍천사(興天寺) 주지(主持) 종안(宗眼)과…"[46]

세종 7년(1425) 5월 21일

"희(황희)가 전일에 화엄종의 도승통 운오(云悟)와 사귀어 친하였는 데…"[47]

이렇듯 승관(僧官)의 명칭인 도승통(都僧統)과 함께 조선 초의 경문 가운데 양가도승록(兩街都僧錄)이 실려 있는데,[48] 이들의 존재 는 승록사(僧錄司) 역시 존속했음을 알려주는 방증이 된다.

---

44 『태종실록』 태종 8년(1408) 1월 28일 條.
45 『태종실록』 태종 10년(1410) 9월 9일 條.
46 『세종실록』 세종 6년(1424) 2월 14일 條.
47 『세종실록』 세종 7년(1425) 5월 21일 條.
48 兩街都僧錄과 관련해 1417년 간행된 『집주금강반야바라밀경』(권하)(보물)에 "前 兩街都僧錄 大師 道生"이 실려 있으며, 1442년 문경 陽山寺에서 간행된 『금강경 오가해』(正統 7年 壬戌(1442) 7月 日 聞慶 陽山寺留板)에도 "兩街都僧錄 大師 道 生"이 실려 있음을 볼 수 있다.

한편 『태종실록』 태종 15년(1415) 11월 기사에는 승인(僧人)이 소유하는 노비의 정액을 명기하는 가운데 판사(判事) – 선사(禪師) – 중덕(中德) – 대선(大禪) – 무직(無職) 등 승계(僧階)가 언급되어 있다.[49] 이에 도승통은 승계(僧階)로서는 판사에 해당할 것으로, 『태종실록』에 '조계종(曹溪宗) 판사(判事) 상형(尙形)'이거나 '각종(各宗) 판사(判事)' 등의 표현이 실려 있음을 볼 수 있다.[50] 이를 통해 볼 때 승록사는 각 종(宗)의 판사인 도승통에 의해 통솔되었음을 알 수 있다.

또한 『세종실록』 세종 1년(1419) 5월 기사에 "이제부터 각종(各宗) 판사(判事)에 외방 주지는 허락치 말고, 다만 경중(京中) 도회소(都會所) 주지만 시키도록 하라"[51]는 내용은 승록사 안에 경중(京中) 도회소(都會所)와 지방의 도회소가 존재하며, 도승통이 승록사의 경중(京中) 도회소 주지를 겸하였음을 알려준다.

조선 초에 승록사는 고려 때와 같은 기능을 유지했을 것으로, 승록사의 기능 및 역할과 관련해 조선왕조실록에는 다음 내용이 실려 있다.

우선 사찰 내지 성보(聖寶) 관리의 역할을 말할 수 있어, 태조 2년(1393) 3월 기사에 "죽주 감무(竹州監務) 박부(朴敷)가 …(중략)… 그 고을에 있는 야광사(野光寺)를 무너뜨리고 관사(官舍)를 수즙(修

---

49   『태종실록』 태종 15년(1415) 11월 21일 條.
50   『태종실록』 태종 13년(1413) 7월 5일 條; 『태종실록』 태종 15년(1415) 11월 21일 條.
51   『세종실록』 세종 1년(1419) 5월 19일 條.

緝)하였으므로, 승록사(僧錄司)에서 계문(啓聞)하니…"[52]란 기사가 눈에 띈다. 또한 태종 15년(1415) 7월 기사에 "승록장무승(僧錄掌務僧)이 먼저 사리(舍利) 한 과를 바쳤다"[53]는 기록은 사찰 내지 성보 관리의 역할과 함께 승록장무(僧錄掌務)란 직책이 승록사에 존재했음을 알려준다.

그리고 태조 2년(1393) 3월 기사에 "승록사에서 상언(上言)하기를, '고려 왕조의 법에는 해마다 춘 3월에 선교(禪敎)의 복전(福田)을 모아 성중(城中)의 가로(街路)에서 경(經)을 외게 하고 이를 경행(經行)이라 하였사오니, 원하옵건대 거행하기를 허가하소서'"[54]란 기사는 승록사에서 대규모의 국가 불교 의례를 주관했음을 알려준다.

한편 승록사는 예조의 재가를 거쳐 승록사에 이관된 "승니(僧尼)에 대한 재주를 시험함[試才行]과 도첩(度牒) 발급의 일정 권한을 담당하기도 하였다. 이와 관련해 『태종실록』 태종 2년(1402) 6월 기사에는 다음 내용이 실려 있다.

"의정부에서 사평부·승추부와 함께 의논하여 말하기를, '무릇 승니(僧尼)는 재주를 시험[試才]하여 도첩(度牒)을 발급해 주고 삭발(削髮)하도록 허용함이 『육전(六典)』에 기재되어 있습니다.

…(중략)… 만약 자원하여 삭발할 자가 있으면 그 부모 일족이 각각

---

52 『태조실록』 태조 2년(1393) 3월 1일 條.
53 『태종실록』 태종 15년 7월 23일 條.
54 『태조실록』 태조 2년 3월 12일 條.

그 이유를 갖추어 경중(京中)은 한성부(漢城府)와 유후사(留後司)에 진고(陳告)하고, 외방(外方)에서는 본관(本官)에 진고(陳告)하게 하여 도관찰사(都觀察使)에게 보고하고, 도관찰사는 의정부에 전보(傳報)하여 예조에 내려보내어 본관(本貫)과 사조(四祖)를 고찰하게 하여 적당한 자에 한하여 이름을 갖추어 재가를 받은 뒤에 승록사(僧錄司)로 이관(移關)하여 도첩(度牒)을 주게 하고 삭발하도록 허락하소서."[55]

또한 승록사는 승과(僧科)를 관할하기도 했는데, 이에 대해 『태종실록』 태종 14년(1414) 7월 기사에는 다음 내용이 실려 있다.

"근년에 각 종파에서 초선(抄選)할 때를 당하여 서투르게 배운 무리들을 취하므로, 많으면 70~80명에 이르고 적으면 40~50명에 내려가지 않는데 …(중략)… 빌건대, 선종(禪宗)·교종(敎宗)을 각각 하나의 종문(宗門)으로 만들고, 문과 향시(文科鄕試)의 법에 의하여 각 도(道)로 하여금 선종·교종 2학(學)을 두고, 시년(試年)을 당하여 학술(學術)에 정(精)한 자를 뽑아서 승록사(僧錄司)에 올리고, 승록사(僧錄司)에서 그 초선(抄選)을 다시 고찰한 뒤에 이송(移送)하도록 하소서.
…(중략)… 육조(六曹)에 내려서 의논하니, 상소한 대로 시행하도록 청하였으므로 그대로 따랐다."[56]

55　『태종실록』 태종 2년(1402) 6월 18일 條.
56　『태종실록』 태종 14년(1414) 7월 4일 條.

한편 위 내용과 관련하여,『태조실록』태조 1년(1392) 7월 기사에는 "예조는 제향(祭享), 빈객(賓客), 조회(朝會), 과거(科擧), 석도(釋道), 진헌(進獻) 등의 일을 관장한다"[57] 하여 예조(禮曹)에서 불교의 일을 관장했음을 알 수 있다. 또한『태종실록』태종 5년(1405) 3월 기사에 "예조에서 육조(六曹)의 직무 분담과 소속을 상정하여 계문(啓聞)하였다 …(중략)… 예조에 속한 것은 예문관, 춘추관 …(중략)… 승록사(僧錄司) …(중략)… 등이고…"[58]라 하여 태종 5년(1405) 이래 승록사는 예조(禮曹)에 속하였음을 알 수 있다.

그럼에도 위『태종실록』태종 14년(1414) 7월 기사에 의하면,[59] 태종 14년(1414) 7월까지만 해도 승과(僧科) 취재(取才)의 권한이 여전히 승록사에 있었던 점을 알 수 있으며, 1414년 7월을 기점으로 그 권한이 예조(禮曹)에 이첩된 예를 알 수 있다.

이렇듯 승과 취재의 권한이 예조에 이첩된 상황에서도 각 사찰 주지(住持)의 작첩(爵牒)을 발급하는 등 승록사는 자체에 상당한 권한을 행사했던 것 같다.

---

57 『태조실록』1권, 태조 1년 7월 28일 條.
58 『태종실록』태종 5년(1405) 3월 1일 條. "禮曹에서 六曹의 직무 분담과 소속을 상정하여 啓聞하였다 …(중략)… 禮曹에 속한 것은 藝文館, 春秋館 …(중략)… 僧錄司 …(중략)… 등이고…"
59 『태종실록』태종 14년 7월 4일 條.

2) 종파(宗派) 통폐합과 승록사 혁파

그러나 태종대에는 승록사의 권한 축소와 함께 양종 내지 승록사의 혁파가 진행되기도 하였다. 이에 태종 1년(1401) 1월 "오교(五敎) 양종(兩宗)을 혁파하고, 그 사사(寺社) 토전(土田)과 노비를 모두 공청(公廳)에 소속시켜 승니(僧尼)의 이익을 다투는 마음을 막으라"[60] 는 문하부(門下府) 낭사(郎舍)의 상소가 있었고, 동년 3월에는 동일한 사헌부의 상소가 이어졌다. 이에 태종은 "나 역시 그 불가(不可)함을 알고 꼭 파하려 하나, 태상왕(太上王)께서 바야흐로 불사(佛事)를 좋아하시기 때문에 차마 갑자기 혁파하지를 못한다"[61] 는 입장을 견지하였다.

그럼에도 태종 5년(1405) 8월, 충청도 관찰사의 보고에 따라 '각도(各道)의 폐한 사사(寺社)의 전·민(田民)을 국가에 귀속케 하였으며'[62] 동년 11월에는 기존 비보사(裨補寺) 내지 외방(外方)의 사사(寺社) 중 한양(新京)과 개성(舊京)의 오교(五敎)·양종(兩宗)에 - 즉 11종에 - 각 1사(寺)와, 외방(外方) 각도(各道)의 부관(府官) 이상에는 선종과 교종의 종파에 - 11종에 - 각 1사(寺), 감무관(監務官) 이상은 선교(禪敎) 중 - 11종 - 1사(寺)에 한하여 이전처럼 살게 하고, 노비(奴婢)는 절의 10리 밖에서 농사를 지으며 살게 하되 매년 20% 인원을 윤번(輪番)으로 입역(立役)하게 하고, 나머지 노비와 토지를 국가에 귀속시켰다.[63]

---

60 『태종실록』 태종 1년(1401) 1월 14일 條.
61 『태종실록』 태종 1년(1401) 윤3월 23일 條.
62 『태종실록』 태종 5년(1405) 8월 29일 條.
63 『태종실록』 태종 5년 11월 21일 條.

그리고 태종 6년(1406) 3월에는 조계종(曹溪宗)과 총지종(摠持宗)에 70사(寺), 천태소자종(天台疏字宗)과 법사종(法事宗)에 43사(寺), 화엄종(華嚴宗)과 도문종(道文宗)에 43사(寺), 자은종(慈恩宗)에 36사(寺), 중도종(中道宗)과 신인종(神印宗)에 30사(寺), 남산종(南山宗)과 시흥종(始興宗)에 각 10사(寺)씩 등 11종 242개 사찰만을 남긴 채 속전(屬田)과 노비의 숫자를 감액하였다.[64]

이후 태종 7년(1407) 12월에는 11종을 화엄종, 자은종, 중신종(中神宗), 총남종(摠南宗), 시흥종, 조계종, 천태종 등 7종으로 통합했으며, 기존 242개 사찰 가운데 폐사를 대신하여 다음의 명찰 88사를 자복사(資福寺)로 삼아 각 종파에 배당하였다.[65][표1]

표1. 242개 사찰 중 폐사를 대신해 배정한 자복사(資福寺)

	자복사(資福寺) 88사(寺)
조계종 (曹溪宗)	양주(梁州) 통도사(通度寺), 송생(松生) 쌍암사(雙巖寺), 창녕(昌寧) 연화사(蓮花寺), 지평(砥平) 보리갑사(菩提岬寺), 의성(義城) 빙산사(氷山寺), 영주(永州) 정각사(鼎覺寺), 언양(彥陽) 석남사(石南寺), 의흥(義興) 인각사(麟角寺), 장흥(長興) 가지사(迦智寺), 낙안(樂安) 징광사(澄光寺), 곡성(谷城) 동리사(桐裏寺), 감음(減陰) 영각사(靈覺寺), 군위(軍威) 법주사(法住寺), 기천(基川) 정림사(淨林寺), 영암(靈巖) 도갑사(道岬寺), 영춘(永春) 덕천사(德泉寺), 남양(南陽) 홍법사(弘法寺), 인동(仁同) 가림사(嘉林寺), 산음(山陰) 지곡사(地谷寺), 옥천(沃川) 지륵사(智勒寺), 탐진(耽津) 만덕사(萬德寺), 청양(青陽) 장곡사(長谷寺), 직산(稷山) 천흥사(天興寺), 안성(安城) 석남사(石南寺) (24寺)

64 『태종실록』 태종 6년(1406) 3월 27일 條. "檜巖寺와 表訓寺, 楡岾寺는 예외로, 田地 100결과 노비 50구를 늘려 급여하였다."
65 『태종실록』 태종 7년(1407) 12월 2일 條.

천태종 (天台宗)	충주(忠州) 엄정사(嚴正寺), 초계(草溪) 백암사(白巖寺), 태산(泰山) 흥룡사(興龍寺), 정산(定山) 계봉사(鷄鳳寺), 영평(永平) 백운사(白雲寺), 광주(廣州) 청계사(淸溪寺), 영해(寧海) 우장사(雨長寺), 대구(大丘) 용천사(龍泉寺), 도강(道康) 무위사(無爲寺), 운봉(雲峰) 원수사(原水寺), 대흥(大興) 송림사(松林寺), 문화(文化) 구업사(區業寺), 김산(金山) 진흥사(眞興寺), 무안(務安) 대굴사(大崛寺), 장사(長沙) 선운사(禪雲寺), 제주(堤州) 장락사(長樂寺), 용구(龍駒) 서봉사(瑞峰寺) (17寺)
화엄종 (華嚴宗)	장흥(長興) 금장사(金藏寺), 밀양(密陽) 엄광사(嚴光寺), 원주(原州) 법천사(法泉寺), 청주(淸州) 원흥사(原興寺), 의창(義昌) 웅신사(熊神寺), 강화(江華) 전향사(栴香寺), 양주(襄州) 성불사(成佛寺), 안변(安邊) 비사사(毗沙寺), 순천(順天) 향림사(香林寺), 청도(淸道) 칠엽사(七葉寺), 신령(新寧) 공덕사(功德寺) (11寺)
자은종 (慈恩宗)	승령(僧嶺) 관음사(觀音寺), 양주(楊州) 신혈사(神穴寺), 개령(開寧) 사자사(獅子寺), 양근(楊根) 백암사(白巖寺), 남포(藍浦) 성주사(聖住寺), 임주(林州) 보광사(普光寺), 의령(宜寧) 웅인사(熊仁寺), 하동(河東) 양경사(陽景寺), 능성(綾城) 공림사(公林寺), 봉주(鳳州) 성불사(成佛寺), 여흥(驪興) 신이사(神異寺), 김해(金海) 감로사(甘露寺), 선주(善州) 원흥사(原興寺), 함양(咸陽) 엄천사(嚴川寺), 수원(水原) 창성사(彰聖寺), 진주(晉州) 법륜사(法輪寺), 광주(光州) 진국사(鎭國寺) (17寺)
중신종 (中神宗)	임실(任實) 진구사(珍丘寺), 함흥(咸興) 군니사(君尼寺), 아주(牙州) 동림사(桐林寺), 청주(淸州) 보경사(菩慶寺), 봉화(奉化) 태자사(太子寺), 고성(固城) 법천사(法泉寺), 백주(白州) 견불사(見佛寺), 익주(益州) 미륵사(彌勒寺) (8寺)
총남종 (摠南宗)	강음(江陰) 천신사(天神寺), 임진(臨津) 창화사(昌和寺), 삼척(三陟) 삼화사(三和寺), 화순(和順) 만연사(萬淵寺), 나주(羅州) 보광사(普光寺), 창평(昌平) 서봉사(瑞峰寺), 인제(麟蹄) 현고사(玄高寺), 계림(鷄林) 천왕사(天王寺) (8寺)
시흥종 (始興宗)	연주(漣州) 오봉사(五峰寺), 연풍(連豊) 하거사(霞居寺), 고흥(高興) 적조사(寂照寺) (3寺)
7종(宗)	합 88사(寺)

이렇듯 11종에서 7종으로 종파가 축소 통합되고 속전(屬田)과 노비가 감액되는 중에도 여전히 승록사(僧錄司)는 승과에 해당하는 선시(選試)를 주관하였고, 입격자인 대선(大選)을 뽑는 권한을 행사했던 것 같다.

이와 관련해『태종실록』태종 11년(1411) 6월 기사에 "사헌부에서 상왕전(上王殿)의 중관(中官)을 탄핵하니 …(중략)… 처음에 각 종(各宗)에 선(選)을 두었는데, 상왕(上王)이 잘 아는 승(僧)을 대선(大選)으로 삼고자 하여 승록사에 청했더니, 중관이 '상왕의 명령이라' 거짓 전하여, 함부로 대선이 된 사람이 자못 많았다"는 내용이 실려 있다.[66]

그런데 이후 승록사는 그 권한의 일부를 이조(吏曹)에 이관했음을 볼 수 있는데,『태종실록』태종 16년(1416) 12월 기사에 다음 내용이 실려 있다.

"처음으로 이조(吏曹)에 명하여 승인(僧人)의 고신(告身)을 서경(署經)하여 주었다. 사헌부(司憲府)에서 아뢰기를, '무릇 승인이 각 사찰을 주지(住持)하면 그 작첩(爵牒)을 승록사(僧錄司)에 이관(移關)하는데, 승록사에서 신구례(新舊禮)라 칭하여 범람한 일을 많이 행하니, 청컨대, 사첩(謝牒)을 이조에 이관(移關)하여 이조에서 서경하여 주게 하

---

66 『태종실록』태종 11년(1411) 6월 25일 條. "司憲府에서 上王殿의 中官을 탄핵하니 …(중략)… 처음에 各宗에 選을 두었는데, 上王이 잘 아는 僧을 大選으로 삼고자 하여 僧錄司에 청했더니, 中官이 '상왕의 명령이라' 거짓 전하여, 함부로 大選이 된 사람이 자못 많았다. 憲府에서 이 사실을 듣고 탄핵하였다."

소서' 하니, 그대로 따랐다."[67]

이는 1416년까지만 해도 사찰 주지의 임명 내지 승계(僧階)와 관련된 작첩(爵牒)을 승록사에서 관할했음을 알려주는 것으로, 승록사의 권한 남발에 대한 우려로 인해 태종 16년(1416) 이후에는 사찰 주지(住持) 작첩(爵牒)의 경우 이조(吏曹)에 이관되어 이조의 서경(署經)을 거치게끔 승록사의 권한이 축소된 예를 볼 수 있다.[68]

한편 세종 6년(1424) 4월에는 화엄종, 자은종, 중신종, 총남종, 시흥종 등의 교종과 조계종, 천태종 등의 선종, 즉 오교양종(五敎兩宗)의 7종 가운데 화엄종, 자은종, 중신종, 시흥종을 합하여 교종(敎宗)으로, 조계종, 천태종, 총남종을 합해 선종(禪宗)으로 나눈 채 이를 선교양종(禪敎兩宗)으로 재편하였다.

이어 승록사(僧錄司)를 혁파하고, 서울의 흥천사(興天寺)를 선종도회소(禪宗都會所)로 흥덕사(興德寺)를 교종도회소(敎宗都會所)로 삼고, 양종의 행수(行首)와 장무(掌務)를 임명해 양종을 통솔하게 하였다.

또한 242개의 사찰 중 서울과 지방에 36개소의 절만을 두어 선교양종에 분속하게 했으며, 추가로 속전(屬田)을 주고 다음과 같이 거주하는 승려의 인원을 제한하기도 하였다.[69]

---

67 『태종실록』 태종 16년 12월 18일 條.
68 『태종실록』 태종 16년 12월 18일 條.
69 『세종실록』 세종 6년 4월 5일 條.

이 중 선종에 분속된 사찰과 속전(屬田), 그리고 거주승은 다음과 같다.[표2]

표2. 선종(禪宗)에 분속된 사찰과 속전(屬田), 거주승

선종 (禪宗)	원속전 (元屬田)	추가속전 (追加屬田)	항거승 (恒居僧)
서울 흥천사(本寺)	160결	90결	120명
유후사(留後司) 숭효사(崇孝寺)	100결	100결	100명
연복사(演福寺)	100결	100결	100명
개성 관음굴(觀音堀)	45결	105결 + 水陸位田 100결	70명
경기 양주(楊州) 승가사(僧伽寺)	60결	90결	70명
개경사(開慶寺)	400결		200명
회암사(檜巖寺)	500결		250명
진관사(津寬寺)	60결	90결 + 수륙위전 100결	70명
고양(高陽) 대자암(大慈菴)	152결 96복(卜)	97결 4복	120명
충청도 공주 계룡사(鷄龍寺)	100결	50결	70명
경상도 진수 단속사(斷俗寺)	100결	100결	100명
경주(慶州) 지림사(祇林寺)	100결	50결	70명
전라도 구례 화엄사(華嚴寺)	100결	50결	70명
태인(泰仁) 흥룡사(興龍寺)	80결	70결	70명
강원도 고성 유점사(楡岾寺)	205결	95결	150명
원주(原州) 각림사(覺林寺)	300결		150명
황해도 은율 정곡사(亭谷寺)	60결	90결	70명
함길도 안변 석왕사(釋王寺)	200결	50결	120명
18개소	**2,822결 96복(卜)**	**1,427결 4복(卜)**	**합 1,970명**
	합 4,250결		

교종에 분속된 사찰과 속전, 그리고 거주승은 다음과 같다.[표3]

표3. 교종(敎宗)에 분속된 사찰과 속전(屬田), 거주승

교종 (敎宗)	원속전 (元屬田)	추가속전 (追加屬田)	항거승 (恒居僧)
서울 흥덕사(本寺)	250결		120명
유후사 광명사(廣明寺)	100결	100결	100명
신암사(神巖寺)	60결	90결	70명
개성(開城) 감로사(甘露寺)	40결	160결	100명
경기 해풍(海豊) 연경사(衍慶寺)	300결	100결	200명
송림(松林) 영통사(靈通寺)	200결		100명
양주(楊州) 장의사(藏義寺)	200결	50결	120명
소요사(逍遙寺)	150결		70명
충청도 보은 속리사(俗離寺)	60결	140결	100명
충주(忠州) 보련사(寶蓮寺)	80결	70결	70명
경상도 거제 견암사(見巖寺)	50결	100결	70명
합천(陜川) 해인사(海印寺)	80결	120결	100명
전라도 창평 서봉사(瑞峯寺)	60결	90결	70명
전주(全州) 경복사(景福寺)	100결	50결	70명
강원도 회양 표훈사(表訓寺)	210결	90결	150명
황해도 문화현 월정사(月精寺)	100결	100결	100명
해주(海州) 신광사(神光寺)	200결	50결	120명
평안도 평양 영명사(永明寺)	100결	50결	70명
18개소	**2,340결**	**1,360결**	**합 1,800명**
	합 3,700결		

이외에 세종 6년(1424) 4월 12일 기사에 의하면 각 종(宗)과 승록사를 혁파하고, 노비 384구(口)를 선(禪)·교(敎) 양종(兩宗)의 도

회소(都會所)에 배당했으며,[70] 일부 노비는 동·서부 학당(學堂)에 각각 30호씩 급부(給付)하기도 하였다.[71] 이에 승록사는 혁파되고 선교양종의 도회소가 그 역할을 대신했음을 알 수 있다.

　　이렇듯 승록사(僧錄司)를 혁파했음에도 세종 11년(1429) 4월 기사에 "이후로는 양반의 자제로서 승이 되기를 원하는 사람은 …(중략)… 승록사(僧錄司)에 보고하고, 승록사에서는 …(중략)… 예조에서 아뢰어 교지(敎旨)를 받은 뒤에야 …(중략)… 도첩(度牒)을 주어 출가(出家)하기를 허락한다"[72]는 내용이 실려 있음을 미루어, 승록사는 혁파 후에는 일정 기간 존속했던 것으로 보인다.

70　『세종실록』세종 6년(1424) 4월 12일 條.
71　『세종실록』세종 6년(1424) 5월 19일 條.
72　『세종실록』세종 11년(1429) 4월 16일 條.

3. 양종도회소(兩宗都會所)의 구성과 역할

1) 양종도회소의 구성

1424년 4월 선·교 양종(兩宗)으로의 개편과 함께 '서울의 흥천사를 선종도회소로, 흥덕사를 교종도회소로 삼고, 양종의 행수와 장무를 임명해 양종을 통솔하게 한 예'에 따라 양종에는 각각 행수(行首)와 장무(掌務)가 임명되었을 것이다. 한편 세종 7년(1425) 1월 기사에는 양종의 조직 구성과 역할에 대한 좀 더 상세한 내용이 전해진다.

"오교(五敎)·양종(兩宗)을 줄여 성안의 흥천사(興天寺)를 선종(禪宗)에 속하게 하시고, 흥덕사(興德寺)를 교종(敎宗)에 속하게 하시고는, 거기에 거주하는 승려의 정수(定數)를 120으로 하고, 급전(給田)이 1백여 결(結)이요, 노비(奴婢)가 40구(口)인데다가 작위(爵位)까지 더하였으니, 그 덕이 지극히 우악(優渥)하시고, 은혜 또한 지극히 후하신 것이었습니다.

이제 판선종사(判禪宗事) 중호(中皓)와 장무(掌務)인 중덕(中德) 보혜(寶惠)와 대선사(大禪師) 조연(祖衍)과 판교종사(判敎宗事) 혜진(惠眞)

과 장무(掌務)인 대사(大師) 신위(信暐) 등은 …(중략)… 의당히 위로 국가의 뜻을 받고, 아래로 승려들의 일을 살피며, 힘써 승려를 모아 함께 거처하면서 마음을 다하여 주상의 (복을) 빌어서, 성은(聖恩)의 만분의 일이라도 보답을 도모하여야 할 것인데 …(중략)… 절을 비게 하고 축리를 게을리하여, 각각 120명이 거처할 곳에 그 궐원(闕員)이 1백여 명에 이르므로 …(중략)… 성상의 은덕을 저버리고 잘못을 가림이 분명합니다.”[73]

위 내용에 의하면 양종에는 판선종사(判禪宗事) 내지 판교종사(判校宗事) 등의 판사(判事)와 장무(掌務)가 임명되었음을 알 수 있다. 이 가운데 ‘판교종사 혜진(惠眞)’의 경우 세종 6년(1424) 2월의 실록 기사에 “도승통(都僧統) 혜진(惠眞)”[74]이라 기록된 점을 미루어, 행수(行首)로서 판선종사 내지 판교종사의 경우 기존의 도승통 중에서 임명되었으며, 판선종사 내지 판교종사란 명칭은 기존 도승통의 승계(僧階)로, 양종판사(兩宗判事)라 칭해졌음을 알 수 있다.[75]

한편 위 내용 중 “장무(掌務)인 중덕(中德) 보혜(寶惠)와 대선사 조연(祖衍)”이란 내용을 통해 볼 때, 장무는 중덕 내지 대선사 중에서 3인이 임명되었음을 알 수 있다.

이와 관련해 『태종실록』 태종 15년(1415) 7월 기사에는 “승록

---

73 『세종실록』세종 7년(1425) 1월 25일 條.
74 『세종실록』세종 6년(1424) 2월 14일 條.
75 『세종실록』세종 22년(1440) 8월 7일 條.

장무승(僧錄掌務僧)"[76]이란 내용이 실려 있다. 이는 승록사가 혁파되고 선교양종의 도회소가 그 역할을 했던 당시에도 양종도회소는 여전히 승록사란 명칭으로 불리었음을 알 수 있으며, 장무승은 승록사 전반의 일을 관장했던 자였음을 알 수 있다.

이외에 양종(도회소)에는 유나(維那)란 직책이 있었으며, 지방에는 양종의 업무를 대신한 유나사(維那寺)가 존재하여 유나를 파견하기도 하였다. 즉 『세조실록』 세조 7년(1461) 8월 기사 가운데 "외방은 여러 산의 유나사(維那寺)에 명하여(外方則令諸山維那寺)"[77]라는 내용이 실려 있어, 외방에 유나사(維那寺)가 존재했음을 알려준다. 한편 조선왕조실록에는 유나와 관련된 몇몇 기사가 실려 있어, 이를 통해 유나의 역할을 추정할 수 있다.

세조 13년(1467) 7월 8일

"승 성묵(性默)이 …(중략)… 이로 인하여 나쁜 짓을 하니 …(중략)… 유나승(維那僧) 극호(克浩)·계철(戒哲) 등을 사주하여 잡아서 때리고 그 양손을 잘라 버렸다."[78]

성종 23년(1492) 1월 30일

"경기관찰사 김제신이 와서 아뢰기를 …(중략)… 소재지의 수령(守令)들이 능히 추쇄하지 못하기 때문에 따로 차사원(差使員)을 정하

---

76 『태종실록』 태종 15년 7월 23일 條.
77 『세조실록』 세조 7년(1461) 8월 12일 條.
78 『세조실록』 세조 13년(1467) 7월 8일 條.

여 추쇄하였으며, 또 소요스러울 것을 염려하여 사찰에서 삼보(三寶) 및 유나승(維那僧)을 시켜 도첩이 없는 승을 수색하게 하였을 뿐입니다."[79]

성종 23년(1492) 10월 23일

"근자에 …(중략)… 백성들이 토목(土木)의 역사에 고달파 서로 따라서 승이 됩니다. 청컨대 그 지방의 수령(守令)으로 하여금 추쇄(推刷)하여 정역(定役)시키고, 이정(里正, 지방 호적 담당 관리)과 본사(本寺)의 유나(維那)로서 고하지 아니한 자는 아울러 죄를 주소서."[80]

성종 23년(1492) 12월 7일

"법을 어기고 승이 된 자는 각 마을의 색장(色掌)과 유나승(維那僧)이 나타나는 대로 고발하여 …(중략)… 유나승(維那僧)은 도첩(度牒)의 있고 없음을 물론하고 일체 모두 역(役)을 정하고…"[81]

연산 1년(1495) 5월 5일

"사장(社長)·도사(道士)라 칭하는 자 및 알고서도 고하지 않는 유나(維那)는 모두 추국(推鞫)하여 죄를 주고…"[82]

위 내용에 의하면 유나는 양종(兩宗)도회소에서 임명된 자로,

79 『성종실록』 성종 23년(1492) 1월 30일 條.
80 『성종실록』 성종 23년(1492) 10월 23일 條.
81 『성종실록』 성종 23년(1492) 12월 7일 條.
82 『연산군일기』 연산 1년(1495) 5월 5일 條.

그 권한을 위임받아 승들을 관리 감찰하는 역할을 맡았으며, 승적(僧籍) 관리도 맡았음을 알 수 있다.

한편 조선왕조실록에는 양종(또는 승록사)에 소속된 승직자(僧職者) 및 기타 승직(僧職)과 관련된 몇몇 기사가 실려 있다. 먼저 『태종실록』 태종 15년(1415) 11월 기사에는 승직의 구분과 함께, 그에 따라 소유할 수 있는 노비 숫자를 정해둔 다음 내용이 실려 있다.

"형조(刑曹)에서 각 품(品)의 노비(奴婢)의 수를 다시 정하여 아뢰었는데, 의정부와 육조에서 의논하였다 …(중략)… 승인(僧人)은 각종(各宗) 판사(判事) 이하 선사(禪師) 이상은 전에 정한 수에 의하여 15구(口)이고, 중덕(中德) 이하 대선(大禪) 이상은 전에 정한 수에 의하여 10구(口)이고, 무직(無職) 승인(僧人)은 전에 정한 수에 의하여 5구(口)이고…"[83]

또한 『세종실록』 세종 6년(1424) 2월 기사에는 교종(敎宗)과 관련된 다음 내용이 실려 있다.

"도승통(都僧統) 혜진(惠眞)과 흥천사 주지 종안(宗眼)과 대사(大師) 중연(中演)과 …(중략)… 대덕(大德) 인제(仁濟)와 …(중략)… 대선(大選) 성봉(性峯)·혜생(惠生)과 무직승(無職僧)으로 있는 상경(尙絅) 등이 금주(禁酒)하는 …(중략)… 금령(禁令)을 범하였고, 종안(宗眼)은 흥천사(興天寺)에서 분향 수도(焚香修道)하는 승려의 급료 액수를 감한 죄가

83   『태종실록』 태종 15년(1415) 11월 21일 條.

있으니…"[84]

이에 따르면 선종(禪宗)의 승직은 판사(判事), 선사(禪師), 중덕
(中德), 대선(大禪), 무직(無職)으로 구분되며, 교종의 경우 도승통(都
僧統), 대사(大師), 대덕(大德), 대선(大選), 무직(無職) 등의 구분이 있
음을 알 수 있다.

그런데 성현(成俔, 1439~1504)이 지은 『용재총화(慵齋叢話)』에
는 위 실록의 내용을 보충할 수 있는, 다음과 같은 좀 더 구체적인
내용이 기록되어 있다.

"선종에서는 대선에서 중덕(中德)으로, 중덕에서 선사로, 선사에서
부터 올라 대선사(大禪師)가 되는데, 판사에 임명된 사람은 도대선사
(都大禪師)라 한다. 교종(敎宗)에서는 대선에서 중덕이 되고, 중덕에서
대덕이 되며, 대덕으로부터 올라 대사(大師)가 되는데, 판사에 임명
된 자는 도대사(都大師)라 한다."[85]

위 내용들을 종합해 볼 때 조선시대 승려의 승직으로는 선종
의 경우 판사(判事, 都大禪師) – 대선사 – 선사 – 중덕(中德) – 대선(大
選) – 무직(無職)이 존재하였고, 교종의 경우 판사(判事, 都僧統, 都大
師) – 대사 – 대덕(大德) – 중덕 – 대선 – 무직이 존재하였음을 알 수
있다.

---

84   『세종실록』세종 6년(1424) 2월 14일 條.
85   『慵齋叢話』제9권.

한편 『성종실록』 성종 8년(1477) 1월 기사에는 이들 승직에 따른 품계를 알려주는 다음 내용이 실려 있다.

"이제 예조(禮曹)의 관문(關文)을 받으니, 선종(禪宗)의 첩정(牒呈)에 '대선사는 동반(東班)·서반(西班)의 4품에 준하고, 선사는 5품에 준하고, 중덕(中德)은 6품에 준한다' 하였으나…"[86]

위 내용을 참조해 보면 선종의 경우, 판사(도대선사) – 대선사(4품) – 선사(5품) – 중덕(6품) – 대선 등의 품계(品階)가, 교종의 경우 도승통(도대사) – 대사(4품) – 대덕(5품) – 중덕(6품) – 대선 등의 품계가 적용되었으며, 판사의 경우는 3품 이상에, 그리고 대선의 경우 7~8품 정도에 해당했을 것으로 추정된다.

2) 양종도회소의 역할

이렇듯 승록사에 속한 승관(僧官)으로서 도대선사 내지 도대사, 그리고 승록장무(僧錄掌務)와 유나(維那)에 의해 통솔되었던 도회소(都會所)는 1424년 4월 승록사 혁파로 인한 선교양종으로의 개편과 함께 행수(行首)로서 판선종사 내지 판교종사와 장무(掌務), 그리고 유나 등에 의해 통솔되었을 것이다.
그리고 승단을 관할하는 승록사가 선종도회소 내지 교종도회

---

86   『성종실록』성종 8년(1477) 1월 20일 條.

소로 칭해졌지만, 여전히 사찰 및 성보(聖寶) 관리, 불교 의례의 주관, 승니(僧尼)의 시재행(試才行)과 도첩(度牒) 발급, 승과고시인 선시(選試)의 주관, 주지(住持)의 작첩(爵牒) 등의 일부는 양종도회소의 주요 업무였을 것이다.

한편 지방에는 양종의 업무를 대신한 유나사(維那寺)가 존재하여 양종도회소에서 임명된 유나(維那)가 승들을 관리 감찰하였으며, 승적 관리를 맡기도 하였음을 알 수 있다.

III.

조선 승과(僧科)의
양상과 전개

이 장에서는 먼저 〈1. 조선의 승과(僧科), 선시(選試)〉란 제목하에 세 항목에 걸쳐 승과의 양상과 전개 과정을 설명하기로 한다.

먼저 승과를 선시(選試)라 칭했던, 조선 초로부터 세조 연간에 이르기까지의 '1) 선시(選試)의 형식'에 대해 살펴보기로 한다. 여기서는 선시의 소과(小科)에 해당하는 시재행(試才行)을 통해 중격자(中格者)가 되며, 이후 정전(丁錢) 납부를 통해 도첩(度牒)을 발급받고 대과(大科)에 해당하는 선시를 통해 입선(入選)과 대선(大選)에 이르는 과정을 설명하기로 한다.

또한 '2) 선시와 등계(登階)'에서는 선시의 복시(覆試) 제도와 이를 바탕으로 선시 입격자에게 수여된 품계(品階)에 대해 살펴보도록 한다. 즉 선시 입격자는 대선(大禪)이란 칭호를 얻게 되며 이들은 복시(覆試)를 통해 품계(品階)를 받게 되는데, 이들 중 일부는 6품에 해당하는 중덕(中德)의 품계를 받게 되었음을 설명하기로 한다.

그리고 '3) 승인호패법(僧人號牌法)과 선시의 폐지' 항목에서는 세조 대에 승과가 거의 실행되지 않는 가운데 부역을 통한 도첩 발급과 승인호패법(僧人號牌法)을 통해 다수의 승려가 양인(良人) 신분을 얻게 되었고, 이는 세조 사후(死後)에 선시 폐지 및 도첩제 정지, 양종 혁파의 빌미가 되었음을 설명하기로 한다.

이어 〈2. 조선의 승과, 선시(選試) 혁파에 대한 고찰〉에서는 먼저 '1) 선시 혁파와 『대전속록』「도승(度僧)」 조 폐기' 항목을 통해 예종(睿宗) 대의 금승조건(禁僧條件)의 시행과 성종(成宗) 대에 행해진 도첩 발급의 정지, 그리고 『대전속록』에서 「도승」 조가 폐기되기까지의 정황을 설명하기로 한다. 또한 '2) 양종도회소 혁파와 『경국대전』「도승」 조 삭제' 항목에서는 연산군 대에 행해진 양종도회소의 혁파와 중종(中宗) 대에 행해진 『경국대전』「도승」 조의 삭제 과정 등 선시의 혁파 과정을 설명하기로 한다. 그리고 '3) 승인호패법, 또 다른 형태의 도첩제 실시'란 항목을 통해 중종 대에 행해진 도첩제의 폐지 과정을 설명하기로 한다.

한편 〈3. 명종(明宗) 대 선과(禪科) 복원에 대한 고찰〉에서는 보우(普雨)와 문정왕후의 세력에 힘입은 '1) 양종(兩宗) 복립과 선과(禪科) 복원' 과정을, 그리고 '2) 명종 대 선과(禪科)의 양상'을 서술하겠는데, 이를 통해 명종 21년(1566)에 선과가 최종적 혁파에 이르기까지의 과정을 설명하고자 한다. 그리고 이 기간 동안 복원된 선과의 양상을 설명하는 가운데 도첩식(度牒式)과 백패(白牌), 참학입선첩(參學入選帖)의 형식과 복시(覆試)에 따른 등제(等第) 등 이전 시기에 진행된 승과 형식을 좀 더 구체화할 수 있는 내용을 발견할 수 있게 됨을 언급하고자 한다.

이어 〈4. 또다시 회복된 선과(禪科) – 기형화된 모습〉에서는 선조 대 임진왜란 중에 행해진 '1) 기형화된 선과의 양상'과 '2) 승군(僧軍)과 매골승(埋骨僧) 등 다수의 승직자 양산'이란 당시의 상황,

그리고 이를 통해 '3) 승단 등계(登階)의 변화'가 생겨난 모습에 대해 상술하기로 한다.

1. 조선의 승과(僧科), 선시(選試)

1) 선시(選試)의 형식

승과(僧科)란 승려 가운데 승직자(僧職者)를 뽑기 위한 과거시험으로, 조선 초에는 선시(選試)·시선(試選)·승선(僧選) 등으로 불렸다. 그런데『조선왕조실록』에 선시(選試)가 26회, 시선(試選)이 17회, 승선이(僧選) 7회 언급되어, 조선 초기의 경우 승려의 과거 즉 승과를 칭함에 선시란 용어가 주로 쓰였음을 알 수 있다.

한편 선시 폐지 후 부활된 명종 대에는 승과(僧科)란 용어가 2회 사용되었으며,[87] 이후 173회에 걸쳐 선과(禪科)란 용어가 사용되었음을 볼 수 있다. 이렇듯 다양한 명칭이 있음에도 승려 과거의 형식에는 큰 차이점이 발견되지 않는다.

이에 필자는 먼저 선시(選試)란 용어를 채택하여 조선 초기로부터 선시가 폐지된 중종 대에 이르기까지 승려의 과거시험과 관련된 전반적 논의를 진행하고자 한다.

87　『명종실록』 명종 6년 1월 15일 條.;『명종실록』 명종 7년 4월 12일 條.

(1) 시재행(試才行)과 중격자(中格者) - 선시의 소과(小科)

조선시대에 선시와 관련된 최초 기록으로는 『태종실록』 중 태종 2
년(1402) 6월 18일 기사의 다음 내용을 들 수 있다.

> "의정부에서 사평부, 승추부가 함께 의논해 말하기를, '무릇 승니(僧
> 尼)는 재주를 시험[試才行]하여 도첩(度牒)을 발급해 주고[給度牒] 삭
> 발하도록 허용함[許令削髮]이 『육전(六典)』에 기재되어 있습니다.
> …(중략)… 양민(良民)으로서 만약 자원하여 삭발할 자가 있으면 그
> 부모 일족이 각각 그 이유를 갖추어 경중(京中)은 한성부(漢城府)와
> 유후사(留後司)에 아뢰고, 외방(外方)에서는 본관(本官)에 아뢰게 하
> 여 도관찰사(都觀察使)에게 보고하고, 도관찰사는 의정부에 전보(傳
> 報)하여 예조에 내려보내 …(중략)… 재가를 받은 뒤에 승록사(僧錄司)
> 로 이관하여 도첩을 주게 하고 삭발하도록 허락하소서.'"[88]

여기서 『육전(六典)』이란 태조 6년(1397)에 공포, 시행한 『경제
육전(經濟六典)』을 말한다. 이 법전에 "시재행(試才行) 급도첩(給度
牒) 허령삭발(許令削髮)"이란 내용이 실려 있는데, 이는 태조 6년 이
래 『경국대전』에 이르기까지 도첩 발급에 따른 '재행(才行)을 시험'
하는 시재행(試才行)의 절차가 행해졌음을 뜻한다.[89]

---

88   『태종실록』 태종 2년 6월 18일 條. "凡僧尼 試才行 給度牒 許令削髮 六典所載."
89   『성종실록』 성종 23년 2월 3일 條에 "度牒과 選試의 법은 國初부터 '諸六典에' 실
     려 있고…"란 내용은 태조 6년(1397) 시행된 『經濟六典』, 태종 12년(1412)의 『元
     六典』과 『續六典』, 세종 8년(1426)의 『新續六典』, 세종 15년(1433)의 『新撰經濟
     續六典』등 모두에 度牒과 選試의 법이 실려 있음을 말하는 것이라 할 수 있다.

여기에서 '재행을 시험'하는 절차란 성종 15년(1485)에 완성된 『경국대전(經國大典)』「예전(禮典)」'도승(度僧)' 조의 다음 내용을 뜻하는 것으로 추정된다.[90]

"승(僧)이 되고자 하는 자[爲僧者]'는 3달 안에 선종 혹 교종에 고하고, 『심경(心經)』·『금강경』·『살달타(薩怛陀)』의 송경(誦經)을 시험하여 본조(禮曹)에 보고한다. 사천(私賤)은 본래 주인의 청원에 따른다. 왕에게 보고[啓聞]한 후 정전(丁錢)을 …(중략)… 거두고 도첩(度牒)을 발급한다."[91]

이와 관련해 『세조실록』 7년(1461) 3월 기사 중 "종문(宗門)에서 선시(選試)할 때 하나의 경(經)도 외지 못한 자는 승(僧)이 됨을 허가하지 말라"[92]는 내용은, '재행을 시험'함이 위승(僞僧)의 전제가 되었음과 함께, 송경(誦經) 및 종선(宗選)이라는 시경(試經)의 형식을 함께 알려주고 있다. 여기서 '재행을 시험'하는 절차는 도승 자격을 판단하는 것일 뿐 아니라, 금승(禁僧)을 위한 조치이기도 하였다. 이 같은 예는 『예종실록』 1년(1469) 10월 기사에서 발견된다.

"금승(禁僧) 조건을 초(草)하게 하였다. 한명회 등이 초하여 아뢰기를

90 성종 15년(1485) 완성된 『경국대전』은 태조 6년 반포된 『경제육전』과 성종 2년 마련된 『신묘대전』의 바탕 위에 형성된 것으로, 조항 대부분이 이전의 [대전]을 바탕한 것으로 추정된다. 이에 이전의 예와 『경국대전』 조문에 큰 차이가 없다고 해도 무리는 없을 것이다.
91 『경국대전』「禮典」'度僧' 條.
92 『세조실록』 세조 7년 3월 9일 條. "宗門選試時 一經不誦者 不許爲僧."

…(중략)… 예조에서 양종(兩宗)으로 하여금 『심경』·『금강경』·『살달타』·『법화경』등을 시험해 중격자(中格者)를 보고하게 하고…"[93]

그런데 위 기사 중 중격자(中格者)란 표현이 등장하는데, 이는 '『심경』·『금강경』·『살달타』·『법화경』등의 시험에 통(通)한 자'를 뜻하고 있다. 또한 『성종실록』 1년(1470) 3월 기사에도 "중격자(中格者) 수정전(收丁錢) 오십필(五十匹)"[94]이라 하여 중격자란 표현이 실려 있다. 이는 '재행의 시험'이 ─ 대과(大科) 입격(入格)에 대한 ─ 소과(小科)의 중격(中格)을 뜻하는 것으로, 선시의 한 형식에 해당하는 것임을 알 수 있다. 그리고 "재주를 시험할 때(試才時) 예조낭청(禮曹郎廳) 1인과 일찍이 선과(選科)에 입격한 자로 하여금 감독하게끔 함이 좋겠습니다"[95]라는 내용이 『성종실록』에 기록되어, 예조낭청 1인과 선시 입격자가 '재행의 시험(試才行)'을 감독했음을 알 수 있다.

한편 『세종실록』 1년(1419) 12월의 다음 기사는 선(選, 選試)에 응시코자 하는 승도를 대상으로 한 또 다른 시험의 예를 전하고 있다.

---

93 『예종실록』예종 1년 10월 27일 條.; 시험 과목으로 추가된 『法華經』의 경우 『성종실록』성종 1년 3월 6일 條에 "'『法華經』은 帙이 많으니, 아울러 大典에 의해 시행하는 것이 편합니다' 하니 전지하기를, '가하다' 하였다"는 내용을 통해 예종대에 일시적으로 시행되었음을 알 수 있다.

94 『성종실록』성종 1년 3월 6일 條.

95 『성종실록』성종 10년(1479) 윤10월 17일 條. "其試才時 以禮曹郎廳一人及曾中選科者 監之爲便."

"선(選)에 응시하려는 승도는 유생 「문공가례(文公家禮)」의 강(講)에 의거해 능히 「명칭가곡(名稱歌曲)」을 외우는 자만 선(선시)에 응시하게 하소서 하니 그대로 쫓았다."[96]

여기서 「명칭가곡(名稱歌曲)」이란 『제불여래보살명칭가곡(諸佛如來菩薩名稱歌曲)』을 칭하는 것으로, 영락(永樂) 15년(1417) 명(明)의 황제 영락제(永樂帝)가 편찬한 책을 말한다.

이 책은 영락제가 조선 태종 17년(1417)에 100권을 헌상한 이래,[97] 세종 즉위년(1418) 1,300여 권을 하사한 책으로,[98] 세종 16년(1434)에는 "『명칭가곡』 135벌을 선교양종에 나누어 이를 간직하게 했던"[99] 책이기도 하다. 그리고 유생의 「문공가례」의 강(講)에 의거해 이 책을 외우는 자만 선시에 응시하도록 하였다는 것이다.

이처럼 선시(選試)에 응시하는 조건으로 「명칭가곡(名稱歌曲)」을 외우는 자'를 규정한 것은 고려시대 승과(僧科)와도 관련이 있을 것이다.

고려시대의 승과는 소과에 해당하는 종선(宗選)과 대과에 해당하는 대선(大選)으로 구분되는데, 종선(宗選)은 창살지장(唱薩之場), 성복선(成福選), 중종선(中宗選), 조계선(曹溪選), 취석(聚席) 등

96 『세종실록』 세종 1년 12월 12일 條. "又赴選僧徒 依儒生講 文公家禮 能誦 名稱歌曲者 許令赴選 從之."
97 『태종실록』 태종 17년 12월 20일 條.
98 『세종실록』 세종 즉위년 9월 4일 條. "欽差宦官 陸善財가 칙서와 황제가 준 『名稱歌曲』 1천본을 받들고 왔다"; 세종 1년 12월 18일 條. "敬寧君 裶가 황제가 하사한…『명칭가곡』 30궤(300권 추정)… 등의 물품을 올렸다."
99 『세종실록』, 세종 16년 5월 25일 條. "名稱歌曲 一百三十五件于禪敎兩宗 藏之."

의 명칭으로 사용되었다.[100] 이 가운데 창살지장(唱薩之場)은 문종(1046~1083 재위) 때의 왕사·국사였던 유가종(瑜伽宗) 해린(海麟, 984~1067)의 탑비인 〈법천사 지광국사 현묘탑비(法泉寺智光國師玄妙塔碑)〉에 나오는 표현으로 다음 내용이 실려 있다.

"통화(統和) 17년(999) 4월[首夏之月]에 용흥사(龍興寺)의 관단(官壇)에서 구족계를 받았다[稟具] …(중략)… 18살에 전례대로 숭교사(崇教寺) 개창(開刱)의 은혜를 입어 초직(初職)을 받았는데 명성을 얻었다. 이어서 자운사(慈雲寺)의 '창살(唱薩)의 시험장[唱薩之場]'에 나아갔는데 …(중략)… 나이 21살에 왕륜사(王輪寺)의 대선(大選)에 나아갔는데…"[101]

여기서 창살(唱薩)이란 대선(大選)에 앞서 각 종파(宗派)에서 시행한 종선(宗選)의 시험으로, 창살(唱薩)이란 '보살[薩] (명호)의 창(唱)' 즉 불보살 명호를 창(唱)함을 시험했던 것임을 알 수 있다. 한편 창살(唱薩)은 『불명경(佛名經)』을 시험했던 것으로 추정되기도 한다. 『고려사』 정종(定宗) 원년 기록 중 "왕이 …(중략)… 곡식 7만 석을 여러 큰 사원(寺院)에 바치고, 각각 불명경보(佛名經寶)와 광학보(廣學寶)를 두어 불법(佛法) 배우는 자들을 장려하였다"[102]는 기록

---

100 이봉춘, 「승관조직과 승과제도」, 『한국사』 16, 국사편찬위원회, 2002, p.98.
101 「法泉寺智光國師玄妙塔碑」, 『朝鮮金石總覽』(上), p.285. "以統和十七年首夏之月, 稟具於龍興寺之官壇 …(중략)… 時年二九, 例被崇教寺開刱之恩, 初職爲得名也. 仍赴慈雲寺唱薩之場 …(중략)… 春秋二十一, 赴王輪寺大選…"
102 『고려사』 卷二, 世家 卷第二, 定宗 元年 1월 條.

중 '불명경보' 역시 위 창살(唱薩)과 관련된 것으로 이해된다.

여기서 『불명경(佛名經)』은 당나라 이래 진사 급제자 명부를 칭하는 말로 인식되기도 했던바, 『동문선』 중 최자(崔滋)가 쓴 「상은문금태위사연시(上恩門琴太尉謝宴詩)」에 "화당(畫堂)에 천불명(千佛名)을 나누어 걸어두니, 처음과 뒤의 동년(동기 급제자)이 형제 되네"[103]라는 내용이 실려 있으며, 『어우집후집(於于集後集)』의 「옥당록(玉堂錄)」에는 "예전에 『천불명경』의 으뜸 되었는데 대궐의 청요직을 나는 누리지 못했네"[104]라는 내용이 실려 있어, 초과에 비록 장원이었으나 큰 벼슬을 얻지 못한 심정을 노래하고 있음을 볼 수 있다.

그리고 조선 초에 성현(成俔)이 지은 『허백당시집』 「진사 방방(進士放榜)」 항목에 "천불명경(千佛名經)이 태평성대에 이르러[屬太平] 그물을 크게 펼쳐 뭇 영재를 사냥하였네"[105]라는 내용 등은 『불명경(佛名經)』이 소과 급제 내지 급제자 명부를 뜻한 것임을 말해준다.

이와 관련해 『고려국신조대장교정별록』에 "지금 『불명경』 30권의 책이 세상에 많이 유행되고 있는 까닭에…"[106]란 내용은 고려시대에 종선(宗選)을 대비하기 위한 교재 내지, 소과 급제의 열망 속에 이 책이 대량 유통된 정황을 알려준다.

---

103 『東文選』 제6권, 七言古詩, 上恩門琴太尉謝宴詩 條. "畫堂分掛千佛名 先後同年爲弟兄."
104 『於于集後集』 제1권, 詩, 玉堂錄. "千佛名經曾作首 九天淸路莫吾亨."
105 『虛白堂詩集』 제3권, 詩, 進士放榜 항목. "千佛名經屬太平 大張羅網獵群英."
106 『高麗國新雕大藏校正別錄』 30권(『高麗藏』 38), p.723下-724上. "今以(佛名經)三十卷 世所盛行故…"

이에 세종 대에 행해진『제불여래보살명칭가곡』시험은 고려 때 창살지장(唱薩之場)의 전통을 이은 것임을 알 수 있다.

위 내용을 놓고 볼 때 도첩 발급에 앞선 '시재행(試才行)'은 앞서 '대과 입격'에 대한 '(소과) 중격'이란 표현을 통해서도 알 수 있듯이 생원·진사시에 준하는 것임을 알 수 있다. 그리고 생진과(生進科)나 문과(文科) 초시(初試)에 입격한 유생들이 복시(覆試)에 나가기 전 녹명(錄名) 시에『소학』과『가례(家禮)』의 학례강(學禮講)과『경국대전』과『가례』의 전례강(典禮講), 즉 임문고강(臨文考講)을 통과해야 했듯[107] '명칭가곡의 송(誦)'은 학례강 내지 전례강에 해당하는 것으로 이해될 수 있다.[108]

이로써 본다면 도첩 발급에 앞선 '시재행'은 중격자란 표현과 함께, 이 절차가 '문과 생진과'에 준하는 '선시 중 소과(小科)'에 해당하는 것이며, '명칭가곡의 송(誦)'은 선시에 앞선 '전례강(典禮講)'에 해당하는 것임을 알 수 있다.

(2) 도첩(度牒)과 정전(丁錢)

한편『경국대전』의「예전(禮典)」'도승(度僧)' 조 가운데 "『심경』·『금

107　김경용,「조선조 과거제도 시행과정의 탐색 - 식년시 문과와 생진과를 중심으로」,『교육사학연구』25-1, 한국교육사학회, 2015.5, p.21;『태종실록』태종 4년 8월 20일 條에 생진과에 대한 學禮講의 예가 설명되어 있다.

108　選試와「名稱歌曲」과의 관계에 대해서는 다음 논문을 참조하였다. 문상련(정각),「속초 보광사 불상 복장 전적 -『諸佛如來菩薩名稱歌曲』을 중심으로」,『文化史學』47, 문화사학회, 2017.6, pp.140-141; 選試와 관련해「名稱歌曲」관련 언급이 이후 실록에 등장하지 않는 점을 미루어, 選試에서「名稱歌曲」의 시행은 세종대의 일부 시기에만 행해졌을 것으로 추정된다.

강경』·『살달타』의 송경을 시험하여 본조(예조)에 보고한다 …(중략)… 왕에게 계문한 후 '정전(丁錢)을 …(중략)… 거두고' 도첩을 발급한다"[109]는 내용은 도승에 따른 정전 수납[收丁錢]을 말하고 있다. 도첩 발급에 대한 정전 수납은 태조 1년(1392) 처음 시행된 것으로, 도평의사사 배극렴, 조준 등의 상언 22조에 다음 내용이 담겨 있다.

> "…(18조) 무릇 승(僧)이 되고자 하는 자로서 양반(兩班) 자제는 오승포(五升布) 100필, 서인(庶人)은 150필, 천구(賤口)는 200필을 바치고, 소재 관사는 들어온 베의 숫자를 계산해 도첩을 주어 출가케 하고, 멋대로 출가한 자는 엄격히 다스리소서…"[110]

이렇듯 도승에 따른 정전 수납은 『경제육전』에 '무릇 민(民)은 몸이 있으면 역(役)이 있다'"[111]는 내용에 근거한 것으로, 이에 위 기사는 "양반 자제 오승포 100필, 서인 150필, 천구(賤口) 200필"[112]이란 정전가(丁錢價)를 제시하고 있다. 이는 양반 내지 서인(庶人)의 출가를 제한하는 한편 군정(軍丁)을 확보하기 위한 – 천구(賤口)의 경우 부역을 대체하기 위한 – 수단이었다.

그런데 이와 관련해 『태종실록』 8년(1408) 5월 기사에는 양반 자제만을 한정해 출가를 허락하는 다음 내용이 실려 있기도 하다.

---

109 『경국대전』 「禮典」 '度僧' 條.
110 『태조실록』 태조 1년 9월 24일 條.
111 『세종실록』 세종 11년 4월 16일 條. "司憲府啓 經濟六典內 凡民有身則有役…"
112 『태조실록』 태조 1년 9월 24일 條.

"예조에서 도승첩(度僧牒)을 주는 법을 아뢰기를, '삼가『육전(六典)』을 상고하건대, 양반 자제로부터 아래로 공사(公私) 천구(賤口)에 이르기까지 제멋대로 삭발하는 것은 심히 부당합니다. 금후로는 '양반 자제로 자원위승자(自願爲僧者)'는 부모(父母)·친족(親族)이 사인(辭因)을 갖춰 적어서 승록사에 고하고, 승록사에서는 예조에 보고하여 왕에게 취지를 아뢴 뒤 정전(丁錢) 오승포 100필을 징수하고 도첩을 주어야 비로소 출가를 허락하고, 그 나머지 역(役, 군역)이 있는 인정(人丁)과 독자(獨子), 처녀(處女)는 일체 금지하소서' …(중략)… 하니, 다음과 같이 전교(傳敎)하였다.

'계미년(1403) 2월 11일 이전에 삭발(削髮)한 승도(僧徒)는 정전(丁錢)을 면제하고 도첩(度牒)을 주도록 하라.'"[113]

조선 초에는 양인개병(良人皆兵)의 원칙이 확산됨에 따라 양반 역시 군역을 담당하였다.[114] 그럼에도 양반 자제 중 향교(鄕校) 생도(生徒)의 경우 군적(軍籍)에 오르지 않은 경우가 있었는데,[115] 이

---

113 『태종실록』15권, 태종 8년(1408) 5월 10일 條.

114 良人皆兵의 원칙이 확산됨에 따라 군역을 담당하는 경우도 있었다. 한 예로,『태종실록』태종 13년(1413) 9월 1일 條에 "騎船軍에 충당된 侍衛軍 안에는 일찍이 顯職을 지낸 자와 兩府 子孫이 모두 소속되어 있어 그 役을 이겨 내지 못할 뿐 아니라, 本朝의 尊卑에 등급이 있지만 門蔭을 承襲하는 법에는 섭섭한 점이 없지 않습니다"는 내용이 실려 있다.

115 『세종실록』세종 31년(1449) 8월 2일 條. "上項의 加定軍을 뽑는 다음 기사에 '재주가 적은 鄕校生徒 …(중략)… 등으로 일체 軍籍에 오르지 아니한 자'를 뽑는 내용이 실려 있다. 이는 鄕校生徒 등은 애초 군적에 오르지 않는 자임을 알 수 있다. "上項의 加定軍은 각 고을 수령이 成衆官과 吏典으로 去官한 자와, 品官의 아들·손자·사위·아우·조카와, 各年의 武科에 姓名이 기록된 자와, 甲士의 取才에서 入格되지 못한 자와, 나이는 장성하고 재주는 적은 鄕校生徒나, 鄕吏, 醫學, 律學

들 양반 자제 역시도 정전(丁錢)을 납부한 후 출가를 허락받았음을 알 수 있다. 이와 관련해 태종 3년(1403)과 태종 16년(1416) 무도첩승의 정전을 면제하고 도첩을 주었던 '제정전급첩법(除丁錢給牒法)'[116] 내지, 세종 11년(1429) 부역에 따른 도첩 발급이란 '준역급첩제(准役給牒制)'가 시행되기도 했으나,[117] 도첩 발급에 앞선 정전(丁錢)을 수납함은 도승의 일관된 방침으로 존재한 것이었다.

『세종실록』 2년(1420) 11월 기사에 역시 도승 자격과 정전 납부에 대한 다음의 유사한 규정이 실려 있기도 하다.

"무릇 체발자(剃髮者)는 반드시 도첩을 받고서야 비로소 출가를 허락한다는 분명한 영(令)이 있는데 …(중략)… 양반 자제뿐 아니라 역이 있는 군인, 향리, 역(驛)의 자식이나, 공사(公私)의 노비[隷]까지도 제멋대로 체발함은 매우 미편하다.

금후로 '양반 자제로 자원위승자(自願爲僧者)'는 그 부모나 친족이 승록사에 고하고 예조에 보고하여, 왕에게 취지를 아뢴 뒤 정전을 납부

등으로서 일체 軍籍에 오르지 아니한 자를 우선 뽑아 정하고…"

116 『태종실록』 태종 16년 8월 2일 條. "丙申년(1416) …(중략)… 7월 이전에 삭발한 各宗의 大選 외 僧人은 오는 정유년 3월 그믐을 기한으로 하여, 良賤과 종전의 도첩 유무를 논하지 말고 정전을 받지 말고 도첩을 만들어 줘라."

117 准役給牒制의 경우 『세종실록』(세종 20년 2월 26일, 세종 28년 3월 28일)과 『세조실록』(세조 8년 4월 4일, 세조 10년 5월 6일), 『예종실록』(예종 1년 5월 9일) 등에 꾸준히 나타난다. 세종 20년 2월 26일 기사의 경우 '興天寺를 수리하는 일에 부역하는 僧으로 30일 동안 노역한 자는 도첩을 주라'는 내용이 실려 있으며, 세조 8년 4월 4일의 경우 유점사 부역시 43,894명, 懿墓와 간경도감 역사에 無定數, 檜庵寺 중수시 15,274명, 세조 10년 5월 6일의 경우 空名度牒 수천 수백 통을 주었다는 기록, 예종 1년 5월 9일의 경우 지난 회암사 중창 시 度牒을 받은 僧人이 무려 8만이었다는 기록 등이 실려 있다.

하고 도첩을 발급받아야 출가하기를 허락한다. 그 나머지 유역인(有役人)이나 독자, 처녀는 모두 금한다."[118]

위 내용은 '양반 자제 자원위승자(自願爲僧者)'라는 도승 자격과 함께, 부모나 친족이 승록사에 고하고 예조에 보고해 왕의 교지를 받은 연후, (군역이 면제되었을) 양반 자제 역시도 정전을 납부한 다음 도첩을 받을 수 있음을 전하고 있다. 이 같은 내용은 『세종실록』 20년(1438) 2월 기사 중 "신 등이 삼가 『원전(元典)』「도첩지법(度牒之法)」을 상고하오니, '비록 양가(良家) 자제(子弟) 자원위승자 일지라도' 포 100필을 바친 후 도첩을 주고 출가시킨다. 유역인(有役人)은 모두 금단한다"[119] 하여 『원전』「도첩지법」에 근거한 것임을 알수 있다.

한편 포 100필의 경우 『태조실록』 1년(1392) 9월 기사에 "양반 자제 오승포 100필"[120], 『태종실록』 8년(1408) 5월 기사에 '정전

---

118 『세종실록』 세종 2년 11월 7일 條;『세종실록』 세종 11년 4월 16일 條에도 유사한 내용이 실려 있다.

119 『세종실록』 세종 20년 2월 26일 條. "臣等謹稽 元典度牒之法 雖良家子弟 自願 爲僧者 納布百匹 然後給度牒出家 有役人 一皆禁斷";『세종실록』 세종 24년 2월 15일 條에도 유사한 내용이 실려 있다.

120 『태조실록』 태조 1년 9월 24일 條. 이때 庶人과 賤口의 度僧 역시 명문화되어 庶人 150필, 賤口 200필이란 丁錢價가 제시되었다. 그러나 公賤의 경우 丁錢 200필은 40년 치 身貢價에 해당되며, 당시 奴婢價가 오승포 150필임을 상기한다면 40년의 신공가인 정전 200필은 노비의 몸값을 상회하는 액수이다.
이에 이런 정전가는 실질적으로 양반 자제 이외의 도승 자체를 금지한 예가 된다고 이해할 수 있으며, 이 조치는 얼마 안 되어 없어지게 된다. 양혜원, 「조선초기 법전의 '僧' 연구」, 박사학위논문, 서울대학교대학원, 2017, pp.144-145 참조.

오승포 100필'[121], 『세종실록』 11년(1429) 4월 기사에 '오승포 100 필'[122]이라 하여 오승포 100필이라는 정전(丁錢)의 조건은 일관되게 시행되어 있음을 볼 수 있다.[123]

그런데 위 세종 2년(1420) 11월 기사 중 '양반(兩班) 자제'란 내용은 태조 1년(1392)[124] 내지 태종 8년(1408) 이래 시행된 도승 자격을 말하는 것으로,[125] 『세종실록』 1년(1419) 12월 기사 중 "서울 절[寺]에 거주하는 승도는 모두 양반 자제로…"[126]라는 표현과 함께 당시 도첩승의 신분을 말해주는 예가 되기도 한다. 그럼에도 세종 20년(1438) 2월 기사에서는 '양가(良家) 자제, 자원위승자(自願爲僧者)'로 도첩승의 조건이 '양반 자제'에서 '양가(良家) 자제'로 변화되어 있음을 볼 수 있다.

한편 앞서 필자는 도첩 발급에 앞선 '시재행'과 그에 따른 "중격자(中格者)가 '소과 입격[中格]'을 지칭한 것"임을 말한 바 있다. 즉

---

121 『태종실록』 태종 8년 5월 10일 條.

122 『세종실록』 세종 11년 4월 16일 條.

123 五升布 100필의 규정은 이후 오승포의 사용 및 시장 가치에 따라 변화됨을 볼 수 있다. 즉 세종 27년(7월 15일 條)에서는 '正布 30필'로, 세종 31년(1월 29일 條)에서는 '正布 20필, 綿布 15필'로, 『경국대전』에는 '正布 30필'로, 예종 1년(10월 27일 條)에는 "丁錢으로 正布 50필'로, 성종 1년(3월 6일 條)에서는 '正布 30필' 등으로 바뀌고 있으나, 원래 오승포 100필에 준하는 가격이 당시의 물가 수준에 따라 달리 기록된 예로 이해할 수 있다.
다만 예종 1년(10월 27일 條) 중 "丁錢으로 正布 50필 규정은 시행되지" 않았던 바, 너무 벅차므로, 성종 1년(3월 6일 條)에 『경국대전』에 의한 종전 규정대로 '正布 30필'로 시행한다는 내용이 실려 있다. 양혜원, 「조선초기 법전의 '僧' 연구」, 박사학위논문, 서울대학교대학원, 2017, pp.144-145 참조; 이승준 「朝鮮初期 度牒制의 運營과 그 推移」, 『湖西史學』29, 湖西史學會, 2000, p.10 참조.

124 『태조실록』 태조 1년 9월 24일 條.

125 『태종실록』 태종 8년 5월 10일 條.

126 『세종실록』 세종 1년 12월 10일 條. "京中之寺依住僧徒 率皆兩班子弟…"

'시재행'과 그에 따른 "중격자(中格者)에게 도첩을 발급함은 벼슬에 나아가는 입사(入仕)의 예와 같은 것임을 알 수 있는 것으로, 이와 관련해『태조실록』태조 1년 8월 기사에는 다음 내용이 실려 있다.

"입관 보리법(入官補吏法)을 제정하였다.
대개 처음에 유품(流品)에 입사(入仕)하는 것을 7과(科)로 만들어, 문음(文蔭)이나 문과(文科), 이과(吏科), 역과(譯科), 음양과(陰陽科), 의과(醫科)는 이조(吏曹)에서 이를 주관하고, 무과(武科)는 병조(兵曹)에서 이를 주관하는데, 그 출신(出身) 문자(文字)는 고려(高麗)의 '초입사례(初入仕例, 처음 벼슬에 나아가는 예)'와 같게 하고, 연갑(年甲), 본관(本貫), 삼대(三代)를 명백히 써서 대간(臺諫)에서 서경(署經)하되, 7과(科)를 거쳐 나오지 않은 사람은 유품(流品)에 들어오는 것을 허락하지 아니하며, 매양 제배(除拜)할 때마다 맡은 관청에서 그 출신(出身) 문자(文字)를 상고하고 난 후에야 서사(署謝)함을 허락하였다."[127]

이 내용은 벼슬에 나아간, 즉 입사(入仕)한 자에 대한 패(牌)를 작성할 때 고려의 초입사례(初入仕例)의 예에 따라 작성하며, 이를 통하지 않고서는 품직(品職)에 들어오지 못한다는 내용을 전하고 있다. 그런데 도첩 발급이 위와 같은 예로서 진행된 것임을 전하는 내용이『세종실록』3년(1421) 7월 기사에 다음과 같이 기록되어 있다.

"사간원에서 상소하기를 …(중략)… 원컨대, 지금부터 승인(僧人) 출

---

127 『태조실록』태조 1년(1392) 8월 2일 條.

가의 법은『경제육전』에 의거해 …(중략)… 도첩식(度牒式)은 초입사
례(初入仕例)에 따라 승록사에서 예조에 보고하고, 예조에서는 대간
에 공문을 보내 서경(署經)을 시행해야 합니다."[128]

위 내용은 도첩식이 '초입사례', 즉 '소과 입격의 예'에 따라 작
성된 것임을 말하고 있다. 이에 대해서는 앞서 중격자(中格者)가 소
과(小科) 입격자(入格者)를 뜻한 것이라 했던바, 도첩(度牒)은 소과
입격자의 백패(白牌)에 준해 작성되었으며, 소과 입격자와 같은 자
격을 부여받았을 것임을 추정할 수 있다.

그럼에도 현재 조선의 승려 도첩이 전해지지 않으며,『경국대
전』「도첩식(度牒式)」조(條)에 도첩 양식만이 소개되었을 뿐으로,
이를 인용하면 다음과 같다.[129] **[표4]**

표4.『경국대전』「도첩식」조에 따른 도첩(度牒) 양식

```
禮曹牒
〈學生〉某 年 甲本 某官
父 某職 某
外祖 某職 某 本 某官
本曹
 啓過準 禪宗(敎宗同) 呈該 某處住 某職 某狀 告內 男 某 願納丁錢 出家爲僧 名
某 伏乞出給度牒 擬此 照遵舊例 具本 於某年 月 日某承旨 臣 某 奉
 敎依允 敬此移關 該司 收訖丁錢 合給度牒者
 年 (印) 月 日
 牒 判書(押)   參判(押)   參議(押)   正郎(押)   佐郎(押)
```

---

128 『세종실록』세종 3년 7월 2일 條.

129 『경국대전』「禮典」條 '度牒式」條; 李能和,『朝鮮佛敎通史』(下, p.988)「僧尼分限
給付度牒」에 같은 내용이 실려 있다; 1785년 편찬된『大典通編』「禮典」의 度牒式
條에는 '增 今廢'란 기록이 추가되어, 당시는 度僧 자체가 행해지지 않았던 시기로
度牒 자체가 발급되지 않았음을 알 수 있다.

그런데 위 「도첩식」 중 수급자(收給者)인 승인(僧人)을 '학생(學生)'이라 명기하고 있는데, 이는 앞서 말했듯 도첩승의 신분과 위상을 알려주는 예라 할 수 있다.[130] 조선 전기에 학생은 성균관이나 사학(四學), 향교의 생도를 뜻한 채 유생(儒生)이라 불렸으며, 학생이 사마시(司馬試)나 문과에 나갈 때는 유학(幼學)으로 불렸다. 또한 이들 유생은 군역이 면제된 자이기도 하다.

한편 『세종실록』 18년(1436) 8월 기사에 "평안도, 함길도에 스스로 응모해 방위에 나간 사람 중 학생은 9품으로, 9품은 8품으로 차례로 승직케 하여 서용하소서"[131]라는 내용은 학생이라 칭해진 도첩승의 신분을 대과(大科)의 병과(丙科)에 급제한 정9품 정도의 신분으로 인식했음을 보여주는 예라 할 수 있다. 또한 『세종실록』 7년(1425) 6월 기사에, "환속승으로서 스스로 벼슬에 나가기 원하는 자는 그 조계(祖系)와 재품(才品)을 상고해 성중애마(成衆愛馬)[132]에 상당하는 곳에 차정(差定)하되 '하급 관리에 해당하는 성중애마로 임용'할 것을 청하는 이조의 계(啓)"가 실려 있음은[133] '시재행'과 그에 따른 '중격자에게 발급한 도첩' 자체가 하급 관리의 차정첩

---

130 양혜원, 「조선초기 법전의 僧 연구」, 박사학위논문, 서울대학교대학원, 2017, pp.259-261 참조.

131 『세종실록』세종 18년 8월 8일 條.

132 成衆愛馬란 조선전기 관직명의 의미보다 신분 계층의 의미가 강하였는데, 주로 문무 하급 관리를 지칭하였다. 김창수, 「成衆愛馬考 – 여말선초 신분계층의 일단면」, 『동국사학』10, 동국사학회, 1966, p.167.

133 『세종실록』세종 7년 6월 27일 條; 『성종실록』성종 8년 1월 20일 條에는, 세종 8년 (1426) 10월에 간행된 『新續六典』에 '還俗僧으로 벼슬에 나가기 원하는 자는 그 祖系와 才品을 상고하여 成衆愛馬에 상당하는 곳에 差定하되…'라는 내용이 실려 있다.

(差定帖)에 준하는 것이었음을 알 수 있다.

(3) 입선(入選)과 대선(大選) - 선시의 대과(大科)

앞서 시재행(試才行)이 생진과(生進科)에 준하는 것으로 대과(大科)
에 나아갈 수 있는 자격의 성격을 갖는다면, 전례강(典禮講)의 형식
으로서 '명칭가곡'의 송(誦)과 선시(選試)는 승려의 과거 중 대과에
비견될 수 있는 것으로, 중격자(中格者)인 도첩승에 한해 응시할 수
있었던 것으로 보인다. 『태종실록』 8년 무자년(戊子年, 1408) 5월 기
사 중 "지금 승록사(僧錄司) 첩정에 의하면 각 종(宗)의 선시(選試)가
임박했으므로 도첩 주기를 청하였는데…"[134]라는 내용을 통해 이
를 알 수 있다. 이에 대해 『경국대전』 「도승(度僧)」 조에 의하면 "선
교양종은 매 3년마다 선시(選試)한다"[135] 하여 식년(式年)에 해당하
는 자(子)·묘(卯)·오(午)·유년(酉年) 등 3년마다 시험을 치르는 것
으로, 위 내용은 태종 8년 무자년(戊子年)의 선시에 임박해 도첩을
청한 예임을 알 수 있다.

한편 『태종실록』 14년(1414) 7월 기사는 선시의 내용 및 절차
를 알려주는 다음 내용을 전하고 있다. 1414년 갑오년은 식년에
해당하는 해로, 이 역시 당해 연도에 행해진 선시 시행과 관련된 내
용임을 알 수 있다.

"사헌부 대사헌 유관 등이 상소하였다 …(중략)… 석씨(釋氏)의 도는

---

134 『태종실록』 태종 8년 5월 10일 條. "今據僧錄司牒呈 各宗選試臨近 請給度牒…"
135 『경국대전』 「禮典」 條 '度僧' 條.

선종(禪宗)이 있고 교종(敎宗)이 있는데 …(중략)… 종문(宗門)이 많아
지니 …(중략)… 근년에 각 종파에서 '초선(抄選)할 때를 당하여' 서
툴게 배운 무리들을 취하므로, 많으면 70~80명에 이르고 적으면
40~50명에 내려가지 않는데, 요행히 초선(抄選)에 입격하여 이름을
이롭게 하기를 꾀하고 사사(寺社)에 주재하기를 구하니, 어찌 처음에
법을 세운 뜻이겠습니까? 바라건대, 선종과 교종(禪敎)을 각 1종(宗)
으로 만들고 '문과 향시(鄕試)의 법'에 의거해 각 도에 선·교 2학(學)
을 설치하고, '시년(試年)에 당하여[當試年]' 학술에 면밀한 자를 뽑아
승록사에 올리고, 승록사는 그 선(選)을 다시 고찰한 뒤 선교 2종(宗)
에 이송하게 하소서. 선종과 교종 2종은 선발[抄選]하는 숫자도 매번
30인을 넘고 있으니, 입선(入選) 중 삼 분의 일만을 취하여[入選取三分
之一] 모람된 폐단을 혁거하소서 …(중략)… (하니) 그대로 따랐다. 이
에[唯] 선교 각 종(宗)은 '옛 선발[舊抄選]'에 의거해 그 입격자를 정수
대로 시행하였다."[136]

위 기사는 선시(選試)가 초시(初試)와 복시(覆試)로 나뉘어 있음
과 함께 그에 따른 입격자(入格者) 수를 전하고 있다. 즉 "각 종파에
서 '초선(抄選)할 때를 당하여' 많으면 70~80명, 적으면 40~50명"
이란 내용은 초시(初試) 입격자 수를 말한다. 여기서 '각 종파'라 함
은 오교(五敎) 양종(兩宗), 즉 5개의 교종과 나머지 선종을 뜻하는
것이라 할 수 있다. 한 예로『태조실록』태조 7년(1398) 기사에 "오

136 『태종실록』태종 14년 7월 4일 條.

교(五敎) 양종(兩宗)"[137]이란 표현이 등장함을 들 수 있다. 즉 태종 14년(1414) 12월에 조계종, 총지종(摠持宗), 천태소자종(天台疏字宗), 법사종(法事宗), 화엄종, 도문종(道文宗), 자은종(慈恩宗), 중도종(中道宗), 신인종(神印宗), 남산종(南山宗), 시흥종(始興宗) 등 11종이 화엄종, 자은종, 중신종(中神宗), 총남종(摠南宗), 시흥종, 조계종, 천태종 등 7종으로 통합되었으나,[138] 그보다 앞선 태조 7년(1398) 기사에 '오교(五敎) 양종(兩宗)'이 등장함은 이들 11종 내지 7종이 종파의 구분이라기보다는 선종과 교종 안에서의 다양한 종문(宗門)의 존재를 말하는 것으로 이해된다.

이에 위 "각 종파에서 '초선(抄選)할 때를 당하여' 많으면 70~80명, 적으면 40~50명"이란 내용은 – 교종과 선종에서 각각 많으면 적으면 40~50명 많으면 70~80명으로, 전체 숫자로 볼 때 적으면 80~100명에서 많으면 140~180명을 초시(初試) 입격자로 뽑았다는 것이다.

한편 "시년을 당하여[當試年]' …(중략)… 선종과 교종 2종은 초선의 수도 매번 30인을 넘고 있으니 '입선(入選) 중 삼 분의 일만을 취하여'"라는 표현은 선시 중 복시(覆試)의 예를 설명한 것으로, 초시 입격자를 입선(入選)이라 칭했음과 함께 '옛 선발[舊抄選]'의 예

---

137 『태조실록』 태조 7년 5월 12일 條.

138 『태종실록』 6년(1406) 3월 27일 기사에 의하면 당시 曹溪宗과 摠持宗, 天台疏字宗, 法事宗, 華嚴宗, 道文宗, 慈恩宗, 中道宗, 神印宗, 南山宗, 始興宗 등 11종이 있었으며, 『태종실록』 7년(1407) 12월 2일 기사에서는 曹溪宗과 天台宗의 禪宗과, 華嚴宗, 慈恩宗, 中神宗, 摠南宗, 始興宗의 敎宗으로 나뉘짐을 볼 수 있다. 이후 『세종실록』 6년(1424) 4월 5일 기사에서는 曹溪宗, 天台宗, 摠南宗 3宗을 禪宗으로, 華嚴宗, 慈恩宗, 中神宗, 始興宗 4宗을 敎宗으로 나누고 있음을 볼 수 있다.

에 따른 삼 분의 일의 복시 입격자는 선종과 교종 각각 13~16명에서 23~26명으로, 전체 입격자는 총 26~32명에서 46~52명 정도였음을 알 수 있다.[139]

이후 세종 6년(1424) 4월 오교양종의 7종은 선교양종(禪敎兩宗)의 2종으로 통합되었으며,『경국대전』「도승」조에 의하면 "선종은『전등(傳燈)』·『염송(拈頌)』을, 교종은『화엄경』「십지론」을 시험해 각 30인씩을 뽑는다"[140] 하고 있다. 이 내용은 선시 중 복시의 예만을 기록한 것으로, 3년마다 양종에서 30명씩 총 60명을 선시에서 뽑았음을 알 수 있다. 한편 성현(成俔, 1439~1504)의 저술로, 1525년 간행된『용재총화』는 세종 대(1418~1450)부터 연산군 대(1494~1506)에 이르는 선시 중 복시의 정황을 다음과 같이 전하고 있다.

> "… 그 시법(試法)은 선종에서는『전등』·『염송』을 강(講)하고, 교종에서는『화엄경』을 강하여 각 30명을 뽑는다. 전에는 내시별감이 명을 받들고 갔으나, 지금은 예조 낭청이 종(宗)에 가서 '판사(判事), 장무(掌務), 전법(傳法) 3인과 증의(證義) 10인이 함께 앉아' 시취(試取)하는데 …(중략)… 입격자는 대선(大選)이라 일컫는다."[141]

---

139 양혜원, 「조선초기 법전의 僧 연구」, 박사학위논문, 서울대학교대학원, 2017. pp.208-209 참조. 이에 대해 양혜원은 이를 오교양종의 7개 종파에 대비해 전체 초선 입격자는 280~560명 정도로, 복시 입격자는 93~187명 정도로 계산하였다.

140 『경국대전』「禮典」 '度僧' 條. "試 禪宗 則傳燈·拈頌 敎宗 則華嚴經·十地論 各取三十人."

141 『용재총화』(제9권). "共試法 禪宗講傳燈拈頌 敎宗講華嚴經 各取三十人 前者內侍別監奉命而往 今則禮曹郎廳往 宗與(判事 掌務傳法 三人證義 十人同坐)試

위 내용은 복시의 경우 내시별감 내지 예조 낭청이 종(宗)에 가서 판사, 장무, 전법 3인 및 증의 10인과 함께 시취하는 취재(取才) 방법을 알려주고 있다. 또한 복시 입격자를 대선(大選)으로 칭하는바, 이를 통해 선시의 경우 소과 입격자를 중격자(中格者), 대과의 경우 초시 입격자를 입선(入選), 복시 입격자를 대선(大選)으로 칭했음을 알 수 있다.

2) 선시와 등계(登階)

(1) 선시의 복시(覆試)

위 『용재총화』의 기사는 '선종과 교종에서 각 30명을 뽑는다'는 입격자 수에 대한 정보를 알려주고 있다. 한편 『명종실록』 9년(1554) 기사에는 연산군 11년(1504, 甲子)에 출신(出身)한 승인(僧人)들의 증언을 들어 선시 폐지 이전의 입격자 수에 대한 좀 더 구체적인 내용을 전하고 있다. 이를 인용하면 다음과 같다.

"예조에서 아뢰기를, '선과(禪科)에 관한 전례는 본조의 문안을 고찰해 보니 복시(覆試)의 날을 가린 일만 있고 초시(初試)에 관한 규정은 없었습니다. 다만 갑자년(1504)에 출신한 승인(僧人)들 말이 〈선과 초

取…入格者謂之大禪"; '判事掌務傳法三人 證義十人同坐' 부분의 경우 『조선불교통사』(하), p.942에서는 '兩宗判事가 掌務ᄒᆞ고 傳法師 一人과 證義 十人이 同座ᄒᆞ야'라고 잘못 기록하고 있다.

시 때 양종에서 각각 100명씩 뽑고, 이듬해의 복시 때 본조의 낭청을 보내 시험하여 뽑았다〉고 했습니다' 하니, 전교하기를 '전례대로 양종에서부터 초시를 보이라' 하였다."[142]

이 내용은 명종 9년(1554)의 기사이나, 선시 폐지 이전인 1504년(甲子)의 예를 기술한 것으로, 선시에 대한 4가지 중요 사실을 알려준다. 우선 ① 본조의 문안 가운데 초시에 관한 규정은 없다는 것이다. ② 선시는 초시와 복시로 나뉘며, ③ 초시는 식년시(式年試)에 해당하는 복시 1년 전에 양종에서 각각 100명씩 뽑고, ④ 복시 때는 본조 낭청을 보내 시험하여 뽑게 하였다는 것이다.

이상 앞의 내용들을 종합해 보면, 선시 입격자 수의 경우 초시에서 양종 각각 100명씩 총 200명을 뽑아 입선(入選)이라 하였고, 복시에서는 삼 분의 일 정도 인원으로 양종 각각 30명씩 총 60명을 뽑아 대선(大選)이라 칭했음을 알 수 있다. 그런데 양종에서 초시를 통해 각각 100명씩 200명을 뽑았다 함은, 앞서 태종 14년(1414) 7월 기사 중 '교종과 선종 각각 적으면 40~50명 많으면 70~80명'으로, 교종과 선종을 합해 적으면 80~100명에서 많으면 140~180명 중 140~180명은 '200명의 입선'에 근접한 숫자임을 알 수 있다. 또한 복시에서 삼 분의 일 정도 인원으로 양종 각각 30명씩 총 60명을 뽑았다 함은 태종 14년(1414) 7월 기사 중 '입선(入選) 중 삼 분의 일만을 취하여' 선종과 교종 각각 13~16명에서 23~26명으로, 전체 입격자 총 26~32명에서 46~52명 정도를 대

142 『명종실록』 명종 9년 8월 18일 條.

선(大選)으로 뽑는 예와 관련된 숫자임을 알 수 있다.

한편 식년시의 한 해 전에 초시에서 200명을 뽑는 예가 『경국
대전』 「예전」 '제과(諸科)'의 문무과(文武科) 초시의 예에서도 발견
되어, 이를 인용하면 다음과 같다.

> "3년에 한 차례 시(試)를 행한다. 전년 가을에 초시를 행하고 그해 초
> 봄에 복시와 전시(殿試)를 행한다 …(중략)… 문과 초시는 관시(館試)
> 에서는 50인 …(중략)… 향시(鄕試)는 경기 20인, 충청도, 전라도 각
> 25인, 경상도 30인, 강원도, 평안도 각 15인, 황해도, 영안도 각 10인
> 이다. 관찰사는 정해진 수에 어긋나지 않게 녹명 후 시취한다."[143]

이처럼 문무과 초시는 식년 한 해 전, 지방에 따라 정해진 선발
인원을 – 향시의 경우 관찰사가 – 시취해 전체 200명을 선발하는
것으로 되어 있다. 이에 선시(選試) 역시 식년(式年) 한해 전의 초시
때 양종에서 200명을 선발하는 형식은 문무과와 선시가 같은 형식
으로 치러진 것임을 말해준다.

이와 관련해 백곡처능(白谷處能, 1617~1680)의 『대각등계집(大
覺登階集)』 「봉은사중수기(奉恩寺重修記)」에는 선시의 형식에 대한
좀 더 구체적인 내용을 다음과 같이 전하고 있다.

> "국초(國初)에 나라에서는 왕실[陵寢室皇] 밖에 선교(禪敎) 양종(兩宗)
> 을 설치하고 특별히 승과(僧科)를 시설하였다. 국시(國試)의 예에 따

---

143 『경국대전』 「禮典」 '諸科' 條.

라 같은 날 개장하였다. 하관(夏官, 兵曹의 관리)을 파견하여 승려[釋子]
가운데 경전에 통달한 자를 살펴 뽑았다. 특별히 갑·을·병 등 3등의
차등을 두었으며 대선(大選)이라 칭하였다. 대선이란 곧 유가(儒家)
의 대과(大科)이다. 그리고 그 사이에 제작(制作)으로 발탁하여 참학
(參學)이라 하였는데, 참학이란 곧 유가의 소과(小科)이다. 대선을 거
쳐 다시 입격한 자를 중덕(中德)이라 하는데, 중덕이란 곧 유가의 중
시(重試, 현직 文武 堂下官을 위한 과거)이다."[144]

　　위 내용은 우선 제작(制作)의 방식으로 유가의 소과에 해당하
는 참학(參學)을 뽑았음을 전하고 있다. 여기서 참학이 유가(儒家)
의 소과(小科)와 같다 함은 고려 말의 기록『목은집(牧隱集)』에서도
보인다.
　　『목은집』에는 1364년(至正 24, 공민왕 13) 기록된「승련사기(勝蓮
寺記)」가 실려 있는데, 그 안에 충숙왕~공민왕 대에 활동한 홍혜국
사(弘慧國師)가 죽은 뒤 조계장로(曹溪長老)로 추대받은 졸암(拙菴)
과 관련한 내용을 기술하면서 "졸암(拙菴)은 …(중략)… 참학(參學)
에 네 번이나 으뜸으로 입선하였고, 진사과(進士科, 製述科)에 응시
하여 갑과(甲科)로 급제하였으며…"[145]란 기록이 실려 있는 것이다.
이에 참학이란 고려의 승과에서 사용된 소과(小科)에 해당하는 용

144　『大覺登階集』卷之二(『韓佛全』8), p.326上. "國初國家 設禪教兩宗於陵寢室皇
　　之外 特設僧科 例與國試 同日開場 命遣夏官 考選釋子之通經者 特授甲乙丙
　　三等之科 曰大選 大選者 即儒家之大科也 次以制作 間有拔擢者 曰參學 參學
　　者 即儒家之小科也 由大選而再舉入格者 曰中德 中德者 即儒家之重試也."
145　『牧隱集』,「牧隱文稿」제1권, '勝蓮寺記'.

어를 차용한 것임을 알 수 있다.

한편 국시(國試)인 문무과의 예에 따라 개장해 하관(夏官)을 파견했다 함은 참학을 대상으로 한 대과(大科)의 예로서, 선시의 시행 형태를 알려주는 예가 된다. 그런데 이 경우 병조(兵曹)의 관리인 "하관(夏官)을 파견해 살펴 석자(釋子)를 뽑았다" 함은 선시의 선발 방식 중 복시(覆試)의 예를 설명한 것임을 알 수 있다. 앞서 말했듯 문과 초시 중 향시의 경우 관찰사가 시취하는 것과는 달리, '복시의 경우 본조(本曹)에서 시취한다'[146]는 내용이 『경국대전』「예전(禮典)」'제과(諸科)' 조에 기록된 것과 같이, 하관의 파견이란 즉 복시의 형태를 알려주는 예이기 때문이다.

또한 위 『대각등계집』 가운데 복시를 통해 뽑힌 사람은 갑·을·병 등 3등의 차등을 두어 대선이라 칭하고, 이를 유가(儒家)의 대과(大科)와 같은 것이라 하고 있다. 이는 문무과의 전시(殿試)와 같은 방식으로, 문무과 전시의 경우 『경국대전』「예전」'제과' 가운데 "문과 전시 33인 중 갑과 3인, 을과 7인, 병과 23인이다"[147]는 내용과 유사한 형식임을 알 수 있다. 한편 "대선을 거쳐 다시 입격한 자를 중덕(中德)이라 함"은 대선 중에서 전시를 거쳐 중덕을 선발한 예를 설명한 것으로 이해할 수 있다.

이 같은 내용은 『조선불교통사』「명종복선과명심종(明宗復禪科明心宗)」 조에도 동일하게 서술되어 있다. 이 부분은 『정릉지(靖陵誌)』를 인용해 서술된 것으로, 연산군 10년(1504) 선시가 폐지된 이

---

146 『경국대전』「禮典」'諸科' 條. "文科覆試 三十三人…錄名 本曹試取."
147 『경국대전』「禮典」'諸科' 條. "文科殿試 三十三人(甲科3人,乙科7人,丙科23人)."

후, 선시가 복원된 명종 7년(1552, 식년) 이후의 상황을 전하고 있으나, 내용에 있어서는 선시가 폐지되기 이전의 상황을 전하고 있다. 그런데 그 서술 말미에 "방(牓)을 내걸고 패(牌)를 하사함은 문무과와 같았다"[148]는 내용이 실려 있다. 그리고 이와 관련한 좀 더 구체적인 내용이 『성종실록』 9년(1478) 8월의 다음 기사에 실려 있기도 하다.

"승인(僧人)의 선시는 문무과의 예와 같이 3년에 한 번씩 행하고 예조 낭관이 담당합니다. 이 선(選)에 입격한 자[中是選者]는 대선(大選)이 되고, 중덕(中德)이 됩니다. 주지(住持)가 되기에 이르면 판사가 반드시 서경(署經)하고 대간(臺諫)에서 고신(告身)을 줍니다."[149]

즉 "선(選)에 입격[中]한 자는 대선(大選)이 되고, 중덕(中德)이 된다"는 것으로, 이는 선시 중 복시를 통해 대선을 뽑고, 중시(重試)를 통해 대선 중에서 중덕을 뽑았던 예를 설명한 것임을 알 수 있다.

(2) 선시와 품계(品階)

여기서 대선과 중덕은 선시(選試)를 통한 품계에 해당하는 것임을 알 수 있다. 이에 『성종실록』 8년(1477) 1월 기사에는 승직(僧職)의 품계를 알려주는 다음 내용이 실려 있다.

148 『조선불교통사』(下), pp.798-799.
149 『성종실록』 성종9년(1478) 8월 4일 條.

"갑사(甲士) 손한우(孫旱雨)가 상언(上言)하기를, '처음에 승(僧)이 되어 일휴(日休)라는 이름으로 대선사(大禪師)를 받았는데, 이제 환속하여 갑사에 속하였습니다. 세종 때의 『경제육전(經濟六典)』에 〈환속한 사람으로서 스스로 벼슬하기를 원하는 자는 그 조계(祖系)와 재품(才品)을 상고하여 성중애마(成衆愛馬)에 상당하는 곳에 차정(差定)하되, 그중에서 재간이 있어 임용할 만한 자는 승직(僧職)을 준계(准計)하여 서용한다〉 하였습니다. 대선사도 임금이 내린 벼슬이니, 통계(通計)하여 벼슬 받기를 바랍니다.'

병조(兵曹)에서 이에 의거하여 아뢰기를, '이제 예조의 관문을 받으니, 선종의 첩정(牒呈)에, 〈대선사는 동반(東班), 서반(西班)의 4품에 준하고, 선사는 5품에 준하고, 중덕(中德)은 6품에 준한다〉 하였으나, 『이전(吏典)』을 상고하니 의거할 만한 성문(成文)이 없고, 『경제육전』은 금세에 통용되는 법이 아니며, 손한우는 별로 재간이 없는데 대선사라는 헛된 직함을 통계(通計)하여 4품을 초수(超授)하는 것은 이치에 합당하지 않으니, 청컨대 1 계자(階資)만을 더하여 주소서' 하니 그대로 따랐다."[150]

위 내용 중 전반부는 앞서 언급한 『세종실록』 7년(1425) 6월 기사 중, "환속승으로서 스스로 벼슬에 나가기 원하는 자는 그 조계(祖系)와 재품(才品)을 상고해 성중애마(成衆愛馬)에 상당하는 곳에 차정(差定)하되 '하급 관리에 해당하는 성중애마로 임용'할 것을 청

150 『성종실록』 성종 8년(1477) 1월 20일 條.

하는 이조의 계(啓)"[151]와 동일한 내용임을 알 수 있다. 그런데 여기서 갑사(甲士)란 과거시험과는 달리 이조, 병조, 예조 등에서 하급 관리의 임용을 위한 시험, 즉 취재(取才)를 통해 임용된, 현재로 치면 군대의 부사관 정도에 해당하는 직급이며, 이 청원에 따라 한 계급을 승진시켜 줬다는 내용이다.

한편 후반부의 경우 선종의 첩정(牒呈)에 의거해, "대선사는 동반(東班), 서반(西班)의 4품에 준하고, 선사는 5품에 준하고, 중덕(中德)은 6품에 준한다"는 내용을 전하고 있다. 즉 중덕은 6품에 준하는 품계에 해당하는 것으로, 이와 관련해 『연산군일기』에는 "과거의 장원은 1장(一場)의 대책(對策)으로 곧바로 6품에 오릅니다"[152]는 내용이 실려 있기도 하다. 이러한 예는 선시 역시 과거시험의 문과(文科)와 동일한 형식에 따른 품계를 받았음을 알려준다.

문과(文科)의 경우, 전시(殿試)를 거친 대과 급제자에 대해 『경국대전』「예전」'제과' 조에서는 "문과 전시 33인이다.(갑과 3인, 을과 7인, 병과 23인이다)"[153]라고 기록하고 있다. 한편 『경국대전』「이전(吏典)」'제과' 조에는 "문과 갑과 중 제1인은 종6품을 주고, 나머지는 정7품, 을과는 정8품 품계를, 병과는 정9품 품계를 준다"[154]라는 내

151 『세종실록』세종 7년 6월 27일 條; 『성종실록』성종 8년 1월 20일 條에는 세종 8년 (1426) 10월에 간행된 『新續六典』에 '還俗僧으로 벼슬에 나가기 원하는 자는 그 祖系와 才品을 상고하여 成衆愛馬에 상당하는 곳에 差定하되'라는 내용이 실려 있다.
152 『연산군일기』연산 1년 5월 28일 條.
153 『경국대전』「禮典」'諸科' 條. "文科殿試 三十三人(甲科三人 乙科七人 丙科 二十三人)."
154 『경국대전』「吏典」'諸科' 條. "文科甲科第一人授從六品 餘正七品 乙科正八品 階 丙科正九品階."

용이 기록되어 있다. 이를 놓고 볼 때 선시의 경우 복시를 통한 대선 30인 중 중시(重試)에서 갑과 3인, 을과 7인, 병과 20인을 뽑아 갑과 중 1인은 종6품의 중덕으로 뽑고, 나머지 2인은 정7품, 을과 7인은 정8품, 나머지 20인은 병과로 정9품의 품계(品階)를 주었을 가능성을 생각할 수 있다.

한편 앞서 『조선불교통사』 기록 중 "방을 내걸고 패를 하사함은 문무과와 같았다"[155]는 기록을 볼 때, 위 복시를 통해 대선과 중덕이 된 자는 홍패교지(紅牌教旨)를 받았을 것으로 추정된다. 또한 『성종실록』 9년(1478) 11월 기사에는 "대비(大比) 때마다 예조 낭관을 양종에 나누어 보내 문무과의 예에 따라 승인(僧人)을 선발하고, 이조에서는 이에 따라 작(爵)을 내리고 고신(告身)을 주니…"[156]라는 내용이 실려 있기도 하다.

선시와 관련된 문서가 현존하지 않는 상황에서 패(牌)의 종류 여하를 확정할 수 없으나, 위 내용 중 '문무과의 예에 따라 이조에서 작을 내리고 고신을 주니…'라는 예에 비추어 볼 때, 승인(僧人)에게도 문무과와 같이 홍패가 발급되었으리라 여겨진다.

이에 대한 실례로서 『동사열전』「청허존자전(淸虛尊者傳)」에는 다음 내용이 실려 있다.

"해남 두륜산 대둔사에 의승대장(義僧大將)의 황금가사(黃錦袈裟) 1

155　『조선불교통사』(下), p.799. "其出牓賜牌 一如文武科."
156　『성종실록』 성종 9년 11월 30일 條. "每當大比 分遣禮曹郎官於兩宗 依文武科選取僧人 吏曹又從而爵之 以給告身…"

벌[一領], 홍금가사(紅錦袈裟) 1벌, 백금장삼(白金長衫) 1벌, 벽옥(碧玉) 발우 3좌(座), 당혜(唐鞋) 2쌍, 검은 염주 3건, 옥사자(玉獅子) 연적(硯滴) 1좌, 중덕대선(中德大禪)의 홍패(紅牌) 1장(張), 낙산사 (주지) 차첩(差帖) 1장, 유점사 (주지) 차첩 1장 등이 보관되어 있다. 이것은 제자 영잠(靈岑) 대사가 (休靜이 입적한 뒤) 3년간 복(服)을 입은 후에 짊어지고 와서 보관한 것이다."[157]

여기서 청허휴정의 유품 중 "중덕대선(中德大禪)의 홍패(紅牌) 1장(張)"이란 내용은 중덕(中德)을 '중덕대선(中德大禪)'이라 칭했던 예와 함께, 선시를 통해 홍패교지를 받았음을 알려주는 예가 된다. 이에 선시에 입격한 자가 받았을 홍패의 양식을『경국대전』의「예전」「홍패식(紅牌式)」에서 찾을 수 있어, 예를 들면 다음과 같다.[표5]

표5.『경국대전』의「예전」조에 실린「紅牌式」

教旨
具官某文科(武科, 則稱武科) 某科(稱甲·乙·丙) 第幾人及第出身者
年 (寶) 月 日.[158]

한편 중덕 품계를 받은 자가 주지로 임명될 경우 관작에 따른 고신(告身)을 받았을 것으로,『태조실록』1년(1392) 10월 기사에는 다음의 고신 규정이 기록되어 있다.

---

157 『東師列傳』第二(『韓佛全』10), pp.1016下-1017上.
158 『경국대전』「禮典」, '紅牌式'條.

"고신의 법식을 고쳤다. 1품에서 4품까지는 왕의 교지(教旨)를 내리는데 이를 관교(官敎)라 하고, 5품에서 9품까지는 문하부(門下府)에서 교지를 받아 직첩(職牒)을 주는데 이를 교첩(敎牒)이라 하였다."[159]

즉 고신의 경우 1~4품까지는 왕의 교지를 관교(官敎)라 했고, 5~9품까지는 문하부(門下府)에서 교지를 받아 직첩(職牒)을 준 것으로, 이를 교첩(敎牒)이라 했다는 것이다. 한편 『태종실록』 16년 (1416) 12월 기사는 주지직에 따른 승인(僧人)의 고신 발급과 관련한 다음 내용을 전하고 있다.

"처음으로 이조에 명하여 승인(僧人)의 고신을 서경(署經)해 주었다. 사헌부에서 아뢰기를, '무릇 승이 각 사(寺)를 주지하면 그 작첩(爵牒)을 승록사에 이관하는데, 승록사는 신구례라 칭하여 범람한 일을 많이 행합니다. 청컨대 사첩(謝牒)을 이조에 이관하여 이조에서 서경하여 주게 하소서' 하니, 그대로 따랐다."[160]

이는 승록사에서 담당하던 고신(告身)을 이조에 이관해 서경(署經)해 주었다는 것으로, 주지직에 따른 교첩 발급의 예를 기록한 것임을 알 수 있다. 한편 『문종실록』 즉위년(1450) 7월 기사에는 관교 발급의 예가 기록되어 있다. 즉 "승(僧) 신미(信眉)를 선교종도총섭 밀전정법 비지쌍운 우국이세 원융무애 혜각존자(禪教宗都摠攝密

---

159 『태조실록』 태조 1년 10월 25일 條.
160 『태종실록』 태종 16년 12월 18일 條.

傳正法悲智雙運祐國利世圓融無礙慧覺尊者)로 삼고, 금란지에 관교(官敎)를 써 자초폭(紫綃幅)에 싸서 사람을 보내 주었는데, 우리 국조 이래로 이러한 승직이 없었다"[161]는 것이다. 이렇듯 태조 1년(1392) 10월 이래 1~4품까지는 관교를 발급하고, 5품 이하는 대간의 서경을 거쳐 교첩을 발급했던바, 선시 중 중시(重試)에 따른 중덕이 주지로 임명될 경우 6품의 예에 따라 고신 교첩을 발급했을 것이다. 이때 고신식(告身式)의 경우『경국대전』「예전」'용문자식(用文字式)'에 내용이 실려 있으며, 문무관 4품 이상과 5품 이하에 따라 그 형식이 다름을 알 수 있다.[표6]

표6.『경국대전』「예전」조에 실린 용문자식(用文字式)

(官敎에 해당)「**文武官四品以上告身式**」:
　教旨 / 某爲某階某職者 / 年 (寶) 月 日.

(敎牒에 해당)「**文武官五品以下告身式**」:
　某曹某年某月某日 奉 / 敎 具官某爲某階某職者」年 (印) 月 日」
　判書臣某, 參判臣某, 參議臣某, 正郎臣某, 佐郎臣某.[162]

　　이를 비추어 보면, 선시에 의해 중덕이 주지로 임명될 경우 『성종실록』성종 8년(1477) 1월 기사 중 "중덕은 6품에 준한다"[163]는 예에 따라 위「문무관 5품 이하 고신식(文武官五品以下告身式)」에

161　『문종실록』문종 즉위년 7월 6일 條.
162　『경국대전』「禮典」'用文字式' 條;『大典通編』「禮典」條.
163　『성종실록』성종 8년(1477) 1월 20일 條.

따른 교첩을 이조의 서경을 거쳐 발급했을 것으로, 연월(年月) 사이에 어보(御寶)가 아닌 모조인(某曹印)이 착압(着押)되었을 것임을 알수 있다. 한편 『경국대전』 「예전(禮典)」 '도승(度僧)' 조에 "모든 사찰의 주지는 양종에서 수를 헤아려 천거해 본조(本曹)에 보고하고, 이조(吏曹)에 이첩해서 차정(差定)해 보내되 30개월에 교체한다"[164] 하여 그 임기가 30개월이었음을 알 수 있다.

그런데 『성종실록』 성종 9년(1478) 8월 4일 기사 중 "'승인(僧人)의 선발 시험을 문과(文科)·무과(武科)의 예(例)와 같이 3년에 한 번씩 행하고, 예조 낭관(禮曹郎官)이 맡아서 이 선발에 입격하는 자는 대선(大禪)이 되고 중덕(中德)이 되며 주지(住旨)가 되는데, 판사(判事)가 반드시 서경(署經)을 하고 대간(臺諫)에서 고신(告身)을 줍니다. 일이 정당한 것이 아니니, 진실로 정지해서 파하는 것이 마땅합니다' 하자 …(중략)… 임금이 말하기를 '승직(僧職)은 서경할 것이 없다' 하였다"[165] 하였으니, 위 『동사열전』 「청허존자전(清虛尊者傳)」에 실린 청허휴정의 유품 중 "낙산사 (주지) 차첩(差帖) 1장, 유점사 (주지) 차첩 1장" 등은 교첩의 예에 따라 발급되었으되 대간의 서경이 빠졌을 것으로 추정된다.

이상의 예를 통해 볼 때 선시는 유가의 과거와 흡사한 형태로 시행되었음을 알 수 있다. 한편 『태종실록』 15년(1415) 11월 기사에는 형조(刑曹)에서 각 품(品)의 노비(奴婢)의 수를 다시 정하여 아

164 『경국대전』 「禮典」 '度僧' 條. "諸寺住持 兩宗擬數人薦望 報本曹 移文吏曹 磨勘 差遣 三十朔而遞."
165 『성종실록』 성종 9년(1478) 8월 4일 條.

뢰었는데, "승인(僧人)은 각종(各宗) 판사(判事) 이하 선사(禪師) 이상은 전에 정한 수에 의하여 15구(口)이고, 중덕(中德) 이하 대선(大禪) 이상은 전에 정한 수에 의하여 10구(口)이고, 무직(無職) 승인(僧人)은 전에 정한 수에 의하여 5구(口)이고…"[166]라 하여, 노비를 소유할 수 있는 수를 기록해 두기도 하였다. 이에 의하면 '중덕 이하 대선 이상은 (노비) 10구를 거느릴 수 있는'[167] 신분이기도 하였다.

그럼에도 이런 점들은 유생들 입장에서는 불교 비난의 단초가 되기도 하였다. 즉 『성종실록』 9년(1478) 9월 기사에 "3년마다 기예를 상고하고 시험하니 양종의 승도가 이를 문무과에 비기며, 그 출신자는 중덕이 되고 대사(大師)가 되고 주지가 되는 것은 유가의 시선(試選)과 같아 …(중략)… '유교와 불교는 같은 부류다' 하니, 어찌 마음이 아프지 않습니까? 무릇 과거(科擧)를 설치한 것은 본래 인재를 얻기 위한 것이고, 인재를 얻는 것은 쓰고자 함인데, 승도(僧徒)는 장차 어디에 쓸 것인지 알지 못하겠습니다"[168]라는 비난이 실려 있는 것이다.

---

166 『태종실록』 태종 15년(1415) 11월 21일 條.
167 『태종실록』 태종 15년 11월 21일 條.
168 『성종실록』 성종 9년 9월 29일 條.

3) 승인호패법(僧人號牌法)과 선시의 폐지
- 세조 대의 도첩 발급과 승인호패법

한편 『성종실록』 9년(1478) 9월의 위 기사에는 "백성 중 의지할 데 없는 자가 머리 깎고 치의(緇衣) 입고 모두 사(寺)에 의탁해 …(중략)… 승(僧)들은 부역으로부터 도피한 사람"[169]이란 비난이 실려 있기도 하다. 이런 비난은 무도첩승(無度牒僧) 내지 일부 무뢰승의 폐단을 말미암은 것이다.

이에 대해 양종(兩宗) 설립은 양종에 판사를 두어 승단을 장악, 안정케 하고자 했던 금승(禁僧) 대책 중 하나였으며, 시험을 통해 승직자를 선출하는 선시(選試) 역시 승단 통제를 위한 금승 대책의 일환으로 행해진 것이었다. 또한 '시재행(試才行)'과 정전 납부를 통한 도첩 발급은 승(僧)의 증가로 인한 군액(軍額)의 감소를 막기 위해 시행된 것으로, 모두 금승 조치의 예로 이해될 수 있다.

이외에 무도첩승에 대한 추쇄(推刷) 역시 금승(禁僧) 조치의 일환으로 행해진 것이라 할 수 있다. 그럼에도 세조 연간(1455~1468년 재위)의 경우 금승(禁僧) 조치가 제대로 시행되지 않았다. 한 예로 『세조실록』 2년(1456) 11월 기사에 무도첩승에 대한 추쇄 관련의 다음 내용이 실려 있음을 볼 수 있다.

"도첩이 없는 승(僧)이 한 나라에 퍼져 있는데, 경이 모조리 추쇄하여 …(중략)… 삼보(三寶)를 파훼(破毁)하는 것을 우선 삼는 것은 근일 간

---

169 『성종실록』 성종 9년 9월 29일 條.

신(姦臣)의 일이다. 이제부터 승(僧)을 침범해 어지럽히지 말고⋯"[170]

즉 "무도첩승을 추쇄함은 삼보를 파훼하는 것으로, 간신의 일이다"는 표현은 세조의 호불(護佛) 성향을 드러낸 예라 할 수 있다.

한편 도승 자격의 경우 『세종실록』 2년(1420) 11월 기사에 "'양반 자제 자원위승자'에 한정한 채, 역(役)이 있는 사람 내지 독자, 처녀는 모두 금한다"[171]는 예가 실려 있으며, 세종 20년(1438) 2월 기사에는 '양가 자제 자원위승자'[172]로 도승 자격을 한정했음을 볼 수 있다. 그러나 『세조실록』 7년(1461) 3월 기사에는 '공사(公私) 천민으로 승(僧)이 된 자의 금방조건(禁防條件)으로 『금강경』·『심경』·『살달타』를 능히 외우고, 승행(僧行)이 있는 자를 가려 ⋯(중략)⋯ 정전(丁錢)을 거두고 도첩을 주는 예'[173]가 기록되어, 도승 자격을 공사(公私)의 천민에까지 확대하고 있음을 볼 수 있다. 또한 세조 11년(1465) 기사에는 난신 연루자에게도 도승 자격을 부여한 예를 볼 수 있다.[174]

이처럼 '시재행(試才行)'과 정전 납부를 통한 도첩 발급 외에도, 부역을 통한 도첩 발급이 빈번히 행해지기도 하였다. 이는 『세조실

---

170 『세조실록』 세조 2년 11월 14일 條.
171 『세종실록』 세종 2년 11월 7일 條 ; 『세종실록』 세종 11년 4월 16일 條에도 유사한 내용이 실려 있다.
172 『세종실록』 세종 20년 2월 26일 條.
173 『세조실록』 세조 7년 3월 9일 條.
174 『세조실록』 세조 11년 1월 8일 條. "亂臣 연루자 중 僧이 되기 원하는 자는 僧이 되기를 自願하는 자로 經文을 잘 외우고, 心行이 취할 만한 자는 도첩을 주어 허락하다."

록』8년(1462) 4월 기사를 통해 그 정황을 알 수 있다.

"예조에서 아뢰기를, '전부터 있었던 도승(度僧)의 수(數)는 지금 상
고할 수 없으나, 무인년(1458, 세조 4) 8월부터 유점사 등 여러 곳의 부
역 승인(僧人)에게 이미 도첩을 준 자가 43,894명이고, 주지 않은 자
는 2,704명이니 합하면 46,598명이며, 의묘(懿墓, 의경세자인 덕종의 묘)
와 간경도감(刊經圖監)에 일을 시켜 도첩을 받은 자는 정수(定數)가
없고, 회암사(檜巖寺)를 중수하는데 공사를 마칠 것을 기약하고 이
미 도첩을 준 자가 15,274명이고, 주지 않은 자는 1,806명이니 합하
면 17,080명입니다 …(중략)… 그 폐단이 작지 않으니, 여러 곳의 부
역승은 청컨대 이제부터는 도첩을 주지 말고 원에 따라 상직(賞職)을
주소서' 하니, 그대로 따랐다."[175]

위 기록을 통해서만 해도 1458년부터 1462년까지 5년 동안
대략 6만 명에게 도첩이 발급되었음을 알 수 있는데, 이에 대해『성
종실록』성종 2년(1471) 6월 조에는 이와 유사한 내용이 실려 있기
도 하다.

"한치형 등이 상소하기를 …(중략)… 지난 무인년(1458, 세조 4)에 회암
(檜巖)·유점(楡岾) 두 절의 역사를 일으키는데 도첩을 받으려는 자가
6만 3천여 인이었고, 기타 간경도감과 의묘(懿廟, 덕종의 묘)의 부역에
서 도첩을 받은 수도 무궁하니, 이로써 추측건대 무인년부터 지금까

---

175 『세조실록』세조 8년 4월 4일 條.

지 14년간 함부로 삭발한 자가 그 몇 만만(萬萬)이 되는지 알지 못합니다."[176]

이외에 세조 연간에는 승인호패(僧人號牌)를 발급하기도 하였다. 세조 7년(1461) 8월 기록에 의하면, 그 취지는 "도첩에 명백하지 못한 자를 가려내 환속시키기 위한 목적"이었다. 우선 『세조실록』 기사를 인용하면 다음과 같다.

"'승도호패(僧徒號牌)를 자세히 조사하기가 어려우니, 내 생각으로는, 경중(京中)에는 양종(兩宗)으로 하여금 여러 절 승(僧)의 본관(本貫)과 생긴 모양을 갖춰 기록하여 해조(該曹)에 전보(轉報)하게 하고, 외방(外方)은 여러 산의 유나사(維那寺)로 하여금 여러 절의 승(僧)을 갖춰 기록하여 그 고을에 고하면 곧 인(印)을 찍어 주고, 만일 도첩(度牒)에 명백하지 못함이 있으면 패(牌)를 주지 말고 깊이 가려서 환속(還俗) 시키려고 하는데 어떨까?' 하니, 모두 말하기를, '좋습니다' 하므로 마침내 승인 호패법(僧人號牌法)을 정하였다.

一. 원패(圓牌)를 만들어 얼굴 모양, 나이 및 부(父)의 이름, 본관을 새긴다.

一. 경외관은 장부에 기록해 뒤에 참고토록 한다.

一. 기록해 보고할 때는 모름지기 도첩을 상고하게 하며, 그 가운데 나이가 늙었거나 여러 사람이 함께 아는 자로서 심행(心行)이 있는 자는 비록 도첩이 없을지라도 아울러 고하여 호패를 주고, 심행이 없고 경(經)을 외지 못하는 자는 고하지 말게 한다."[177]

그럼에도 이후『세조실록』기록에는 호패 발급 과정에서 양종에 소속된 사찰 승(僧)에게 도첩을 주고, 도첩이 없어도 50세 이상인 자, 또한 도첩이 없어도 환속하지 않는 경우 호패를 발급한 다음 예들이 실려 있다.

"호패의 조건은 …(중략)…

一. 경중(京中)은 양종 소속 사찰의 승(僧)을 기록하고 …(중략)… 외방은 산마다 거찰(巨刹)의 집사가 이름을 기록해 그 고을에 바쳐 도첩을 주되 …(중략)…

一. 도첩록보(度牒錄報)를 상고해 비록 도첩이 없더라도 나이가 50세이상 차거나, 여러 사람이 다 알고 주의를 기울여 행하는 자거든 그 자원(自願)을 허락할 것이며…"[178]

"어찰로 이르기를 …(중략)…

一. 승인(僧人)이 도첩이 없는데도 예에 환속하지 않는 자는 계문하여 호패를 줄 것."[179]

심지어 세조 13년(1467) 9월 기사에는 "니승(尼僧)의 호패를 승

177 『세조실록』세조 7년 8월 12일 條.
178 『세조실록』세조 7년 10월 9일 條.
179 『세조실록』세조 8년 7월 8일 條.

인(僧人)의 예와 같이 시행하라"[180] 하여 니승에 이르기까지 호패를 발급하기도 하였다. 이렇듯 세조 연간에는 수많은 도첩과 승인(僧人) 호패가 발급되었음을 알 수 있다.

이에 대해 『성종실록』 3년(1472) 3월 기사 중 "양인(良人)으로서도 양적(良籍)이 없는 자는 호패를 받기가 어려우므로…"[181]라는 표현은 호패 자체가 양인의 신분패로 인식되었음을 알 수 있다. 그럼에도 『성종실록』 10년(1479) 11월 기사에 "지난 정해년(1467) 호패를 시행했을 때 승(僧)의 무리가 30여만 명이나 되었으니, 이로써 살펴본다면 지금은 거의 40여만 명이나 될 것입니다"[182]는 우려가 기록되어 있기도 하다.

이런 인식 속에 『중종실록』에는 성균관 진사 유건 등의 다음 상소가 수록되어 있다.

"조종(祖宗) 때 도패(度牌)를 승(僧)에게 준 것은 지금의 호패와 같은데 …(중략)… 이제 승이 되는 것을 막으려 하면서 도리어 호패를 주는 것은 땔나무를 안고 불 끄러 가는 자와 무엇이 다르겠습니까. 호패는 승의 자격인데…"[183]

이처럼 세조 연간의 경우, '시재행(試才行)'과 정전 납부를 통한 도첩 발급 외에도 6만 명 이상에 대해 부역을 통한 도첩 발급, 40여

---

180 『세조실록』 세조 13년 9월 20일 條.
181 『성종실록』 성종 3년 3월 1일 條.
182 『성종실록』 성종 10년 11월 29일 條.
183 『중종실록』 중종 32년 2월 1일 條.

만 명에 대한 승인호패(僧人號牌)가 발급되었다. 그럼에도 선시는 식년시의 규범에 따라 제대로 시행되지 않았던 것 같다.『성종실록』2년(1471) 기사에 "무인년(세조4, 1458) 이래 양종에서 법에 의해 불경을 시험 본 자는 겨우 12인뿐이니, 비록 불경을 시험하고 전곡을 납부하는 법이 있더라도 또한 무엇이 유익하겠습니까?"[184] 라는 내용은 이를 말해준다.

이상의 예를 통해 볼 때 세조의 호불 성향으로부터 시행된, 선시(選試)와 정전(丁錢) 납부 여부를 떠나, 부역승에 대한 도첩 발급과 승인호패의 발급을 통한 승(僧)의 증대는 세조 사후(死後), 예종(睿宗)으로부터 성종과 연산군, 중종 대에 이르러 선시 폐지 및 도첩제 정지, 양종 혁파의 빌미가 되었음을 알 수 있다.

---

184 『성종실록』성종 2년 6월 8일 條.

2. 조선의 승과, 선시(選試) 혁파에 대한 고찰

1) 선시 혁파와 『대전속록』 「도승(度僧)」 조 폐기

세조의 호불 성향으로 인한 승(僧)의 증대는 이후 선시 폐지 및 도첩제의 정지, 양종 혁파의 빌미가 되었다. 이에 예종(睿宗) 대에는 금승조건(禁僧條件)이 시행되었고, 성종 즉위년(1469)에는 호패법이 폐지되기에 이르렀다. 또한 성종 23년(1492)에는 도첩제가 정지되었으며, 성종 24년(1493) 반포된 『대전속록(大典續錄)』에서는 '도승' 조가 폐기되기에 이르는 것이다.

(1) 예종(睿宗) 대, 금승조건(禁僧條件)의 시행

1468년 9월에 18세로 왕위에 오른 예종의 경우, 재위 기간이 13개월밖에 되지 않았고 세조 때의 중신 9인으로 구성된 원상(院相)들의 영향으로[185] 불교 정책에 큰 변화가 생겨나지 않았다. 또한 『예

---

185 『예종실록』 예종 즉위년(1468) 9월 21일 條. "고령군 申叔舟·상당군 韓明澮·능성군 具致寬·좌의정 朴元亨·영성군 崔恒·인산군 洪允成·창녕군 曹錫文·우의정 金礩·좌찬성 金國光 등을 院相으로 삼아 날마다 번갈아 승정원에 나아가 모든 정무를 의논하여 처결하도록 명하였다."

종실록』예종 즉위년(1468) 9월의 다음 기사는 세종과 세조 대에 활약한 신미(信眉), 수미(壽眉), 학열(學悅), 학조(學祖) 등의 영향이 왕실에 널리 미쳤음을 짐작케 한다.

> "승 신미(信眉), 수미(壽眉), 학열(學悅), 학조(學祖) 등이 매양 빈전(殯殿)에서 법석(法席)을 파하면 물러가서 광연루(廣延樓) 부용각(芙蓉閣)에 거처하였는데, 공급이 매우 넉넉하였고 무릇 불사(佛事)가 있으면 승지가 혹시 왕래하여 묻기도 하였다."[186]

당시 왕실의 이런 분위기는 세조의 며느리이자 예종의 생모인 수빈(粹嬪) 한씨(韓氏, 仁粹大妃)와 대비 정희왕후(貞熹王后)의 영향력에 의한 것으로, 동년 10월 기사에는 "어떤 승(僧)이 대비전(大妃殿)으로 인해서 족인(族人)에게 관작(官爵)을 주도록 임금에게 청하니 …(중략)… 지금 대궐에 있는 승인(僧人)들의 족인(族人)을 동반(東班, 문반)에 서용(敍用)토록 했다"[187]는 내용이 발견되기도 한다. 이렇듯 세종과 세조 대의 고승들을 예우한 처사 내지 예종의 생모 수빈 한씨, 그리고 대비 정희왕후의 영향력으로 인해 불교 관련 조항의 혁파가 생겨날 수 없었다.

그럼에도 예종 1년(1469)에 들어 정책에 약간의 변화가 생겨난다. 즉『예종실록』예종 1년 5월 기사에 "승인(僧人)으로 경문(經

---

186 『예종실록』예종 즉위년(1468) 9월 21일 條.
187 『예종실록』예종 즉위년(1468) 10월 條.

108

文)을 해독하지 못한 자를 …(중략)… 환속시키라는 논의"[188]가 생겨났으며, 『예종실록』 예종 1년 6월 24일 기사에는 "영의정 한명회가 『경국대전』 안에 고칠 만한 일을 초하여 아뢰기를 …(중략)… 부녀로서 절에 올라간 자와 도첩이 없이 몰래 삭발한 자는 『대전』에 의거해 유사(有司)로 하여금 잡아 검거하게 하소서"[189]라는 내용이 실려 있는 것이다.

이는 당시에도 시재행(試才行)과 정전 납부를 통한 도승 내지, 부역을 통한 도첩 발급, 그리고 호패 발급과는 무관하게 임의로 삭발한 무도첩승이 만연했음을 뜻하는 것이라 할 수 있다. 이에 무도첩승 내지 무자격승을 환속시키고자 하는 시도가 있었던 것으로, 이와 관련해 『예종실록』 예종 1년(1469) 6월 기사에는 신미(信眉)가 (정희왕후에게) 계(啓)하는 다음 내용이 실려 있다.

"승(僧) 신미가 '임금이 승(僧)에게 『금강경』과 『법화경』의 강(講)을 시험해 능하지 못한 자는 모두 환속시키려 한다'는 말을 듣고, 언문(諺文)으로 글을 써서 비밀히 (정희왕후에게) 아뢰기를, '승(僧)으로서 경(經)을 외는 자는 간혹 있으나, 만약 강경(講經)을 하면 천 명이나 만 명 중 겨우 한둘뿐일 것이니, 원컨대 다만 외는 것만으로 시험하게 하소서.'"[190]

---

188 『예종실록』 예종 1년 5월 8일 條.
189 『예종실록』 예종 1년 6월 24일 條.
190 『예종실록』 예종 1년(1469) 6월 27일 條.

이는 선시(選試) 중 소과에 해당하는 재시행(才試行), 즉 시경(試經)을 행함에 있어 기존의 송경(誦經)을 강경(講經)으로 대체코자 한다는 소문를 듣고, 신미가 정희왕후에게 언문을 써 아뢴 내용이 왕에게 전달된 것임을 알 수 있다. 이 말을 들은 예종은 신미에게 환관을 보내 경위를 추궁한 뒤, "신미를 졸(卒)한 광평대군 집에 거처하게 하고, 병졸로 하여금 문을 지켜 사알(私謁)을 금하게 하였다"[191]는 내용이 뒤따르고 있다. 그런데 신미에 대한 이런 조치는 당일 실록 기사에 승(僧) 학열(學悅)과 학조(學祖) 등이 세종과 세조 대의 총애를 믿고 예종에게 불손한 행동을 한 것[192]과의 관련 속에, 이들 내지 승려에 대한 불쾌감에 의한 것이었으리라 여겨진다.

이런 정황과의 관련 속에 예종 1년 10월 기사에는 – 세조 7년(1461)에 시행한 「금방조건(禁防條件)」에 대한 –「금승조건(禁僧條件)」을 시행한 예가 발견된다. 『예종실록』 예종 1년 10월 기사에 다음 내용이 실려 있다.

"「금승조건」을 초(草)하게 하였다. 한명회 등이 초하여 아뢰기를, '도첩의 법이 『대전』에 실려 있으나, 향리와 역자(驛子), 관노(官奴)들이

---

191 『예종실록』 예종 1년(1469) 6월 27일 條.
192 『예종실록』 예종 1년 6월 27일 條. "奉先寺가 이루어지니, 學悅과 學祖에게 명하여 가서 制度의 工拙을 살피고, 그대로 머물면서 감독하게 하였다 …(중략)… 임금이 구치관에게 묻기를, '학열이 아뢰지도 않고 마음대로 僧堂을 헐었는데, 경은 어찌하여 저지하지 않았는가?' …(중략)… 임금이 이로 인하여 기뻐하지 않으니, 학열이 병을 핑계하여 가버렸다. 학열은 幹事를 잘 하여 累朝에서 총애를 받아 津寬寺와 大慈寺, 洛山寺 등의 절을 맡아 영조하여 民力을 모두 소모하였는데, 지금 또 이같이 백성들을 수고롭게 하고 재물을 손상시키고도 오히려 두려워하지 않으므로, 이때 사람들이 분하게 여기었다."

역을 피하고자 법을 어기고 삭발한 자가 더욱 많으니, 금후 향리와 역리로서 승이 되고자 하는 자는 …(중략)… 예조에서는 양종(兩宗)에 명하여 『심경』·『금강경』·『살달타』·『법화경』을 시험해 중격자(中格者)를 보고하고, 정전(丁錢) 정포(正布) 50필을 받고 도첩을 주게 하소서…"[193]

즉 '승이 되고자 하는 자는 석 달 안에 선종·교종에 고한 후 『심경』·『금강경』·『살달타』를 시험해 외우게[試誦] 하고, 예조에 고하면 예조에서 계문하여 정전으로 정포 30필을 거두고 도첩을 준다'는 『대전』의 예[194]가 있었으나, 향리와 역자, 관노들이 역을 피해 삭발자가 많아지자, 기존 『대전』의 예와는 달리 시경(試經) 과목으로 『법화경』을 추가하고, 정전을 30필에서 50필로 올려 도승 자체를 어렵게 하고자 한 것이었다.[195] 그런데 이 영이 내려진 뒤 한 달

---

193 『예종실록』 예종 1년 10월 27일 條.
194 『성종실록』 성종 1년 3월 6일 條; 여기서 『大典』이란 태조 6년 반포된 『경제육전』과 세종 이후 정비된 『속대전』을 말한다. 성종 15년(1485) 『경국대전』이 완성되는 바, 『경국대전』 조항 대부분은 이전 [大典]에 바탕한 것이며, 이 예는 『경국대전』 실행 이전부터 『大典』의 예에 따라 통용되었으리라 여겨진다.
195 丁錢價의 경우 포목의 匹 數가 시기에 따라 달라진다. 태조 1년(9월 24일 條)에는 兩班子弟 五升布 100필로 세종 27년(7월 15일 條)에는 正布 30필로, 세종 31년(1월 29일 條)에는 正布 20필, 綿布 15필로, 『경국대전』에는 正布 30필로, 예종 1년(10월 27일 條)에는 正布 50필로, 성종 1년(3월 6일 條)에는 正布 30필 등으로 바뀌고 있으나, 원래 오승포 100필에 준하는 가격이 당시의 물가 수준에 따라 달리 조정된 예로 이해할 수 있다.(양혜원, 「조선초기 법전의 僧 연구」, 박사학위논문, 서울대학교대학원, 2017, pp.144-261 참조). 다만 예종 1년(10월 27일 條) 中 正布 50필 규정은 시행되지 않았던 바, 너무 벅차므로, 성종 1년(3월 6일 條)에 『경국대전』에 의한 종전 규정대로 正布 30필로 시행한다는 내용이 실려 있다.

만인 동년 11월 28일 예종이 서거하고,[196] 이어 성종(成宗)이 즉위하게 되었다.

(2) 성종(成宗) 대, 도승(度僧)의 정황

예종에 이어 1469년 12월 성종(成宗)이 즉위했는데,[197] 13세에 즉위한 성종 초에는 세조비(世祖妃) 정희대왕대비의 8년간 섭정(1470~1477)과 1476년까지 운영된 원상제(院相制)의 영향으로 도승과 관련한 세조 대의 기존 정책에 큰 변화가 생겨나지 않았다.

우선 예종의 상여를 발인(發引)할 때, 세조대왕의 발인 때와 같이 승인(僧人) 5, 6명이 운구하되 아미타불[彌陀]이 먼저 이끌고 간 예를 모방해 의식을 치렀으며,[198] 성종 1년(1470) 3월에는 앞서 언급한 예종 1년(1469) 10월에 시행한 「금승조건」을 폐기하기도 하였다.[199] 『성종실록』 성종 1년 8월 기사에는 다음과 같이 폐기 이유가 실려 있다.

> "'지금 어찌하여 예종 때의 법을 적용하는가? 세조가 승인(僧人)을 보호하고 불쌍히 여긴 것을 잘못이라 여겨 그런 것 아니겠는가? 세조가 승하한 지 오래되지 않았는데, 세상일이 갑자기 변한 것이 이와 같으니, 내가 실로 마음이 아프다' 하였다."[200]

---

196 『예종실록』 예종 1년(1469) 11월 28일 條.
197 『예종실록』 예종 1년 11월 28일 條.
198 『성종실록』 성종 1년 1월 22일 條.
199 『성종실록』 성종 1년 3월 6일 條.
200 『성종실록』 성종 1년 8월 28일 條.

이는 성종의 언급이라기보다는 당시 섭정을 맡던 정희대왕대
비의 조치라 이해할 수 있다. 이런 상황 속에서 『성종실록』 성종 2
년(1471) 6월 기사에는 도승(度僧) 조항을 엄격히 하자는 다음의 상
소가 실려지게 된다.

"한치형 등이 상소하기를 …(중략)… '지난 무인년(1458, 세조 4)에 회
암(檜巖)·유점(楡岾) 두 절의 역사를 일으키는데 도첩을 받으려는 자
가 6만3천여 인이었고, 기타 간경도감과 의묘(懿廟, 덕종의 묘)의 부역
에서 도첩을 받은 수도 무궁하니, 이로써 추측건대 무인년(1458)부터
지금까지 14년간 함부로 삭발한 자가 그 몇 만만(萬萬)이 되는지 알
지 못합니다. 그런데도 양종에서 법에 의해 불경을 시험 본 자는 겨
우 12인뿐이니, 비록 불경을 시험하고 전곡을 납부하는 법이 있더라
도 또한 무엇이 유익하겠습니까?'"[201]

이는 세조 4년 이래 1471년까지 14년간 『대전』 '도승' 조의 규
범에 따라 시경(試經)과 정전 납부 후 도첩을 받은 자가 12인밖에
되지 않았음을 말하는 것으로, 『대전』의 '도승' 조 규범이 무력화된
상황을 전하고 있다. 한편, 부역을 통해 몇만 명이 도첩을 받았음을
전하는 것으로, 이런 세태에 따라 불교 정책에 변화가 생겨나게 되
었다.

즉 『성종실록』 성종 6년(1475) 5월 기사에, 기간을 정해 니사
(尼舍)를 허는 것을 의논하고, 도승의 법을 엄하게 하자는 의견이

---

201 『성종실록』 성종 2년 6월 8일 條.

논의되기도 하였다.[202] 또한 성종 7년(1476) 10월 기사에는 "군안(軍案)의 장부를 작성하는 동안에는 도승을 허락치 말라"[203]는 교지를 내렸는데, 이는 대규모의 도첩 발급으로 군사의 수가 부족한 상황에서 나온 조치였다. 이에 당시 군사 수와 승도 수를 비교한 가운데, 도승에 대한 우려를 표하는 내용이 성종 8년(1477)과 성종 15년(1484) 기사 속에서 발견된다.

> "지금 강무(講武)에 5도(道)의 군사를 모두 징집하니, 도합 25,000입니다. 세조 때 승이 10여 만이 있었는데 …(중략)… 만약 머리를 기르게 한다면 실로 건졸(健卒) 10여 만을 얻을 수 있을 것입니다."[204]

> "도승(度僧)이 1천 명이면 이것은 1천 명의 군정(軍丁)을 잃는 것이고, 도승이 1만 명이면 이것은 1만 명의 군정을 잃는 것입니다."[205]

한편 성종 10년(1479) 기사에는 "지난 정해년(1467, 세조 13) 호패를 시행했을 때 승의 무리가 30여만 명이 되었으니 …(중략)… 지금은 거의 40여만 명이나 될 것입니다"[206] 하여 부역에 따른 호패 내지 도첩 발급에 대한 우려가 기록되어 있다. 그럼에도 부역에 따른 도첩 발급은 정희대왕대비의 섭정이 끝난(1477) 이후 뿐

---

202 『성종실록』 성종 6년 5월 27일 條.
203 『성종실록』 성종 7년 10월 12일 條.
204 『성종실록』 성종 8년 2월 19일 條.
205 『성종실록』 성종 15년 2월 6일 條.
206 『성종실록』 성종 10년 11월 29일 條.

아니라, 사후(1483.3)에도 여전히 지속되었다. 즉『성종실록』성종 14년(1483) 8월 14일 기사에는 수강궁(壽康宮) 영조(營造)와 관련해 "역승(役僧)에게 도첩을 줄 절목(節目)을 함께 의논해 아뢰도록 하라"[207]는 내용에 이어 다음 사목(事目)이 제시되어 있는 것이다.

"一. 무도첩 승인(僧人) 중 부역에 자원하는 자의 수를 정하지 않으면, 부역할 자가 많아 번거로움을 감당할 수 없으니, 그 수를 2천 명으로 제한한다.
一. 스스로 양식을 가지고 와서 30일간 역사(役事)한다.
一. 병적(兵籍)이 있음에도 무릅쓰고 도첩을 받은 자의 경우 친족과 이웃, 사승(師僧), 관리를 모두 논죄하고, 당사자는 도첩을 거두고 공천(公賤) 내지 사천(私賤)으로 차역(差役)함은 고례대로 시행한다.
一. 역을 마친 자는 도감(都監)이 이름을 기록해 예조에 이관하여 도첩을 주도록 한다."[208]

또한 당일 14일 기사에는 노역을 대가로 대사(大師)의 승직(僧職)을 제수하였던 다음 내용이 기록되어 있기도 하다.

"수리도감 제조(修理都監提調)가 아뢰기를, '공사는 크고 노역(勞役)은 번거로운데 공장(工匠)은 많지 않고, 승(僧)들은 도첩은 있는데 직품(職品)이 없어서 직품을 받기 원하는 자가 반드시 많이 있을 것입니

207 『성종실록』성종 14년 8월 14일 條.
208 『성종실록』성종 14년(1483) 8월 14일 條.

다. 이전에는 영선(營繕)하는 데 부역한 승들에게 검직(檢職, 임시 虛職)의 예(例)와 같이 대사(大師)의 직품을 주어 포상(褒賞)하였습니다. 지금도 도첩이 있고 손재주가 좋은 승들에게 자원해서 부역에 나올 수 있도록 허락하여, 20일을 기준 삼아 각자가 준비한 양식으로 일한 자에게는 이조(吏曹)로 하여금 전례(前例)에 따라 승직(僧職)을 제수(除授)하게 하는 것이 어떻겠습니까?' 하니, 그대로 따랐다."[209]

즉 도첩을 가진 손재주가 좋은 승들 가운데 직품(職品)을 받기를 원하는 자는 20일을 기준 삼아 각자 준비한 양식으로 일한 자에게 검직(檢職: 임시로 祿俸을 주기 위해 설치한 虛職)의 예로써 대사(大師)의 직을 제수하게 하였던 것이다. 또한 성종 14년(1483) 8월 21일 기사에는 "만일 부득이하다면 일찍이 도첩을 받은 자로 나이 50세가 안 된 자들은 모두 쇄출(刷出)해서 부역하도록 하고, 한 달이 차거든 선사(禪師) 또는 대선사(大禪師)의 직첩(職牒)을 주도록 하소서. 그렇게 한다면 승은 더 많아지지 않을 것이고, 군액(軍額)도 감손(減損)되지 않을 것입니다"[210]는 기사가 실려 있기도 하다.

이렇듯 노역을 대가로 도첩이 발급되었으며, 기존 도첩승의 경우 20일 내지 한 달의 역사를 통해 이조에서 검직(檢職)의 예로서 대사, 선사, 대선사의 직첩을 수여하기도 했던 것이다.

이외에 『성종실록』에는 부역에 따른 도첩 발급과 관련된 다음 사례들이 실려 있기도 하다.

---

209 『성종실록』 성종 14년(1483) 8월 14일 條.
210 『성종실록』 성종 14년(1483) 8월 21일 條.

"근자에 공역(工役)으로 인해 수리도감에 승 2,000명이 나가고, 또 개경사에 200명이 부역하며, 수십 일만 취역하면 도첩을 주는 것을 허락했는데, 지금 또 2,000명 이외에 액수를 한정하지 않고 부역하는 것을 허락하자, 이로 말미암아 군역을 도피하고 적(籍)에서 누락된 자가 연달아 모여, 전일의 도승쇄충법(度僧刷充法)이 이미 문구(文具)가 되었으니 …(중략)… 군액에 손실이 있습니다."[211]

"지난해 …(중략)… 도첩을 받고 떠난 자가 이미 3천여 명이나 되는데, 이제 또 1천여 명을 더 역사시키면 무릇 4천여 명이나 되니 …(중략)… 군역을 피했다가 삭발하고 부역하러 온 자도 많이 있을 것이니…"[212]

"정전을 납부하고 도첩을 주는 것이 법인데, 이제 영선(營繕)으로 인해 한 달의 노고로써 반전(半錢)도 수납하지 않고 영원히 도승된 자가 몇천 명인지 알지 못하겠습니다."[213]

"원각사를 수리하게 하였다 하니 …(중략)… 도승과 선승(選僧)은 좋은 법이 아니니, 비록 선후(先后)의 유교(遺敎)가 있더라도 …(중략)… 그대로 따르는 것은 적당하지 않습니다."[214]

---

211 『성종실록』성종 14년 9월 10일 條.
212 『성종실록』성종 15년 2월 6일 條.
213 『성종실록』성종 15년 2월 26일 條.
214 『성종실록』성종 20년 6월 20일 條.

위 내용들은 부역과 관련한 도첩 발급이 선승(選僧, 選試)과 정전, 무도첩승에 대한 추쇄(推刷) 등 제반 문제와 관련된 것임을 알게끔 한다. 그리고 이에 대한 대안으로 양종에서 먼저 경문을 시험한 후 부역하게 하는 방법이 제시되었던 한편, 군액 감소에 대한 우려[215] 등으로 인한 반대 상소가 연이어 생겨나기도 하였다.[216] 그럼에도 이에 대해 『성종실록』성종 20년(1489) 6월 기사에는 성종의 다음과 같은 해명이 실려 있다.

"도승법이 『대전(경국대전)』에 실려 있으니, 승을 없앨 수 없음이 명백하다. 전일 정희왕후께서 내가 불도(佛道)를 좋아하지 않음을 아시고 여러 번 석씨(釋氏)의 일을 하교하시면서 줄이거나 보태지 말도록 하셨다. 그러나 이는 …(중략)… 선왕의 뜻을 떨어뜨리지 말게 하려 하신 것뿐이다 …(중략)… 더욱이 대비께서도 선후(先后)의 가르침을 들으셨는데, 만약 하루아침에 허물어뜨리면 대비께서 나를 어떻게 여기시겠는가?"[217]

즉 『대전(경국대전)』에 실려 있기에, 그리고 (1483년 서거한) 정희왕후의 유교(遺教)와 생모 인수대비(仁粹大妃)의 뜻을 거스를 수 없어 부역에 따른 도승을 시행했음을 말하는 것이다. 그런데 위 성종 20년(1489) 6월 20일 기사 중 "도승과 선승(選僧)은 좋은 법이 아니

---

215 『성종실록』성종 14년 9월 11일 條.
216 『성종실록』중 성종 14년 9월 11일 條, 성종 15년 1월 28일 條, 성종 15년 2월 5일 條, 성종 15년 2월 7일 條 등에 연이어 반대 상소가 실려 있다.
217 『성종실록』성종 20년 6월 20일 條.

니…"라는 표현은, 부역만이 아닌 선시(選試)를 통한 도첩 발급의 예를 말하고 있어, 당시에 선시가 여전히 시행되었음을 뜻한다고 할 수 있다. 그러나 이 경우에도 논란이 있어, 도승을 위한 정전(丁錢) 정포 30필이 적은 액수임을 말하는 기사들이 『성종실록』에 실려 있기도 하다.

> "도승의 정전으로 다만 정포 30필만 납부하고 있어, 그 수량이 너무 가벼워 …(중략)… 수량을 더해 갑절로 무겁게 하면 승이 되는 자가 드물 것입니다."[218]

> "근래 금전을 바치고 도승하려는 자가 전일의 갑절이나 된다 하니, 이는 백성들 거의가 비로소 정역(征役)의 괴로움을 알고, 차라리 파산하고 승이 될지언정 병졸 되는 것은 원치 않고 있기 때문입니다."[219]

> "군보(軍保)가 면포를 내어 호수(戶首)에 바치는 것이 1년에 거의 30필에 이르나 도승의 정전은 15필에 지나지 않으니, 이것을 가지고 종신토록 한가롭게 놀게 됩니다. 이것이 승이 되는 자가 많은 까닭입니다."[220]

---

218 『성종실록』성종 22년 12월 7일 條.
219 『성종실록』성종 23년 1월 19일 條.
220 『성종실록』성종 23년 1월 30일 條.

위 내용 중 성종 23년(1492) 1월 30일 기사의 경우 도승을 위한 정전이 30필에서 15필로 감액되었음을 볼 수 있는데, 이에 대해 『성종실록』 성종 23년(1492) 1월 29일 기사에는 "유독 도승 등의 일만은 금석같이 지키시니 …(중략)… 전하께서는 조종(祖宗)의 뜻을 이어 왕업을 전하는 효(孝)가 된다고 여기십니까?"[221]라는 신하들의 힐난이 생겨나기도 하였다.

(3) 성종 대, 도첩 발급 정지와 『대전속록』 「도승」 조 폐기

이상 부역 내지 선시(選試)에 따른 도첩 발급에 대한 상소뿐만이 아닌, 『대전』의 예에 따라 3년마다 선시(選試)로 승려를 선발하는 것과 승려를 계문(啓聞)한 뒤에 수금(囚禁)함, 그리고 사찰을 수색하는 데 계문하는 법 등 불교 우대 조항을 폐지하자는 상소 역시 성종 15년[222] 이래 성종 22년에 이르기까지[223] 지속적으로 생겨나기도 하였다. 그리고 이에 대해 성종 23년(1492) 1월 19일에 역시 '승려 선발과 계문 후 수금(囚禁)함, 계문 후 사찰을 수색하는 등의 법령을 삭제할 것을 청하는 신하들의 요청'에 '선왕의 『대전』을 가볍게 고칠 수 없다'[224]는 성종의 언급이 이어지고 있다.

한편 동년 1월 29일 기사에는 "'조종(祖宗)의 법은 가볍게 고칠 수 없다' 하고, 또 말하기를, '사람에게 도첩을 주어 승이 되게 하는 것이 곧 승이 되는 길을 금절하는 길이다'라고 하니, 그 미봉(彌縫)

---

221 『성종실록』 성종 23년 1월 29일 條.
222 『성종실록』 성종 15년 7월 24일 條.
223 『성종실록』 성종 22년 12월 8일 條.
224 『성종실록』 성종 23년 1월 19일 條.

하고 부회(傅會)하는 것이 여러 신하들의 말을 막고 전하의 뜻을 굳게 함이 더욱 심하다"[225]는 비난이 실려 있기도 하다.

이런 일련의 과정을 거치는 가운데 성종 23년(1492) 2월에는 예조에서 다음 내용의 「금승절목(禁僧節目)」을 아뢰었다.

> "一. 승이 되고자 하면 먼저 본관(本官)에서 부역이 없다는 공문을 받아 본조(本曹)에 바치면, 비로소 도첩 줌을 허락할 것.
>
> 一. 선시(選試)에서 취재(取才)한 승(僧)일지라도 본조에서 거듭 경문을 강(講)하게 하되, 능히 통하지 못하면 죄를 주도록 하고, 시험을 감독했던 승도 아울러 논죄할 것.
>
> 一. 선시를 행할 때 간혹 대신 강(講)하는 폐단이 있으니, 본관(本官)의 공문에 형모(形貌)를 기록하게 할 것.
>
> 一. 소재지 관리로서 무도첩승을 마음을 써 추쇄하지 않는 자는 그 마을의 색장(色掌)과 함께 과죄(科罪)하게 하소서."[226]

이에 대해 성종은 위 기사에 이어 "지금 서북에 사변이 있는데 [今方西北有事] 군액이 날로 줄어들기 때문에 도첩 발급을 정지하는 것이니…"[227]라는 이유를 들어 도첩 발급을 정지하였다. 그럼에도 이 기사 말미에는 "안침 등이 『속록(대전속록)』을 감교(勘校)할 때 4개의 조항을 삭제시키려고 여러 번 상소하여 힘써 말하였으나, 임

---

225 『성종실록』 성종 23년 1월 29일 條.
226 『성종실록』 성종 23년 2월 3일 條.
227 『성종실록』 성종 23년 2월 3일 條. "今方西北有事 軍額日減 故姑停度牒耳…"

121

금이 정희왕후의 유교(遺敎)가 있다는 것으로 차마 갑자기 고치지 못한다 하여 …(중략)… 잘못된 명령이 아직도 남아있어 사림(士林)이 한스럽게 여겼다"[228]는 사신의 논평이 실려 있기도 하다.

위 도첩 발급의 중지에 이어 동년 2월 11일 기사에는 (성종 15년 완성된)『대전(경국대전)』을 수정하자는 여러 차례의 청원이 생겨나기도 하였다.[229] 이에 대해 동년 2월 18일 기사에 "옛날 정희왕후께서 내가 선왕의 법을 고치지 않을까 의심하여 항상 나에게 말씀하셨는데, 그 말씀이 아직 귀에 쟁쟁하게 남아있으므로, 내가 차마 갑자기 고치지 못하는 것이다"[230]는 항변을 싣고 있다.

이런 곡절을 거쳐 성종 후기인 23년(1492) 7월 편찬된[231] 『대전속록』에서 '도승' 조가 폐기되었으며,『대전속록』「예전」'잡령(雜令)' 조에는 "군액이 널리 치성할 때는 도승을 금지한다. 이를 어기고 승이 된 자는 일족을 가두고 집을 감시하게 한다"[232]는 내용이 실려, 이후 도승 금지가 본격화되었음을 알 수 있다.

한편『대전속록』에 '도승' 조가 폐기된 이후,『성종실록』성종 23년(1492) 11월 기사에는 이와 관련해 인수왕대비와 인혜왕대비가 언문을 내렸음이 실록에 기록되어 있다.

"도승의 법이『대전』에 실렸는데 하루아침에 갑자기 개혁하니, 비록

---

228 『성종실록』성종 23년 2월 3일 條.
228 『성종실록』성종 23년 2월 3일 條.
229 『성종실록』성종 23년 2월 17일 條, 동년 2월 18일 條, 동년 2월 21일 條 등에『大典(경국대전)』을 고치자는 청원이 실려 있다.
230 『성종실록』성종 23년 2월 18일 條.
231 『성종실록』성종 23년 7월 28일 條.
232 『大典續錄』「禮典」'雜令' 條.

법에 의하여 머리를 깎은 자일지라도 또한 으레 도첩 없이 역(役)을 피하는 자로 여겨 당차(當差)하고, 사주(寺主), 사승(師僧), 유나(維那)에게 아울러 역을 정하니, 이는 백성을 속이는 것입니다. 역대 제왕이 어찌 불교를 배척하려 하지 아니하였겠습니다만 이제까지 근절시키지 아니하였으니 …(중략)… 우리나라가 비록 작을지라도 병혁(兵革)이 견고하고 날카로워 족히 천하의 군사를 대적할 만한데, 이제 쥐와 개 같은 좀도둑의 작은 무리를 위해 조종(祖宗)의 구원(久遠)한 법을 무너뜨림이 옳겠습니까…"[233]

위 언문에 대해 성종은 당일 기사에 "내가 생각건대 법을 고치는 것은 가벼운 일이고 대비의 뜻을 거스르는 것은 중한 것이기 때문에 이전의 법을 고치려고 한다. 다시 의논하여 아뢰라"는 교지를 내리기도 하였다. 그리고 동년 12월 2일 기사에는 두 대비의 언문이 또다시 등장한다.

"대간(臺諫)이 문득 공격하여 임금으로 하여금 바른 의논을 듣지 못하게 하니, 이것도 적당하지 못하다 …(중략)…『대전』에 따르자는 것으로 헌의(獻議)한 자를 가리켜 나라를 망하게 하는 신하라 배척하는 데 이르렀으니 …(중략)… 태종께서 비록 사사(寺社)의 전민(田民)을 혁파하셨다 해도 승도는 이제까지 그대로 있고, 세종께서 비록 승도가 서울에 들어오는 것을 허락하지 아니하였다 해도 양종(兩宗)은 그대로 두고 단지 그 법을 어기고 승이 되는 것만 규검(糾檢)할 뿐이었는데,

233 『성종실록』 성종 23년 11월 21일 條.

이제 갑자기 도승의 법을 폐하고, 또 있는 곳에 따라 승도를 구집(拘執)하여 각박(刻薄)함이 지나치기 때문에 우리들이 이루어진 법에 따르기를 청한 것이다 …(중략)… 세조의 옛 신하로서 세조의 조정에 있었으면서 마침내 세조의 법을 허물어뜨리는 것이 가하겠는가?…"[234]

이 같은 인수왕대비와 인혜왕대비의 언문 교지에도 불구하고 성종은 신하들의 뜻을 거스를 수 없었던 것 같다. 이에 성종 말년에 행해진 도승 정책의 변화에 대해 『연산군일기』 연산 1년(1495) 11월 기사에는 "성종께서는 장차 승도를 다 없애고자 도승을 허락하지 않고, 팔도에 유시하여 무도첩승을 모두 추쇄하여 충군하셨으니, 승도를 금하고자 했던 뜻이 날카로웠음을 알 수 있습니다"[235]는 내용이 실려 있다. 또한 『연산군일기』 연산 1년(1495) 1월 기사에는 성종의 행장 기록 가운데 "(弘治) 2년(1489, 성종 20) 정월에 …(중략)… 예조에 명하여 '다시는 도승하지 말라' 하였다"[236]는 새로운 사실이 기록되어 있음을 볼 수 있기도 하다.

2) 양종도회소 혁파와 『경국대전』 「도승」 조 삭제

이렇듯 성종 23년(1492) 『대전속록』에서 '도승' 조가 폐기된 이래,

---

234 『성종실록』 성종 23년 12월 2일 條.
235 『연산군일기』 연산 1년 11월 10일 條.
236 『연산군일기』 연산 1년 1월 13일 條. "(弘治)二年正月 …又命該曹 勿復度僧."

연산군 대에 이르러서는 양종 혁파가 진행되기도 하였다. 그럼에도 연산군 10년(1504) 양종(선종도회소 흥천사와 교종도회소 흥덕사)이 불타버린 금승(禁僧)의 상황에서도 1504년까지는 선시가 시행되었으나, 이때를 마지막으로 중종 즉위 2년(1507) 식년에는 선시가 더 이상 시행되지 않았다. 그리고 중종 11년(1516)에는 『경국대전』에서마저 「도승(度僧)」조가 삭제되기에 이른다.

(1) 연산군 대, 선시(選試) 부흥 시도와 양종도회소 혁파

성종 말년에 행해진 금승(禁僧) 조치는 연산군 초에 이르기까지 이어졌음을 알 수 있다. 이에 『연산군일기』 연산 2년(1496) 4월 기사에 "…앞으로 추쇄할 때 도첩이 없는 승은 힘써 추궁하여 나의 뜻에 맞추어 공자의 도를 일으키고, 불씨(佛氏)의 교를 쇠하게 하라"[237]는 내용이 실려 있으며, 동년 12월 기사에는 "도첩이 없는 승을 환속시키지 못하는 수령을 파면했으니, 이 때문에 중외에서는 전하께서 불교를 숭상하지 않음을 분명히 알게 됐습니다"[238]는 내용이 실려 있음을 볼 수 있다. 또한 연산 3년(1497) 2월 11일 기사에 "승인에게 도첩을 주지 않아 사찰이 모두 비어 있다"[239]는 내용은 성종 말기에 이어 연산군 초의 폐불 상황을 전해주고 있다.

그럼에도 연산군 3년(1497) 2월 11일을 기점으로 연산의 불교 정책에 변화가 생겨남을 볼 수 있다. 즉 2월 11일의 이어지는 기

---

237 『연산군일기』 연산 2년 4월 11일 條.
238 『연산군일기』 연산 2년 12월 22일 條.
239 『연산군일기』 연산 3년 2월 11일 條.

사에 "이날은 왕이 종묘에 나가 성종대왕과 성종비(妃) 공혜왕후의 신주를 사당에 모시고 부묘제(祔廟祭)를 거행한 날로, '지금 경사가 있으니 역시 도첩을 주는 것이 어떤가'"라는 연산군의 청이 실려 있음을 볼 수 있다. 이어 동년 3년 7월 기사에는 "도승을 금하지말 것을 의정부와 육조에 의논토록 하라"[240]는 전교에 이어, 동년 8월 기사에 "성종께서 도승법을 혁파한 것은 내 생각엔 군액이 부실하므로 부성할 때까지만 혁파하신 것이라 여겨진다. 승도들을 결국 모두 제거하지 못할 것이니, 1년에 10인만을 한정해 도첩을 주는 것은 어떤가?"[241]라는 연산의 의견이 제시되고 있다. 이때 연산의 의견은 신하들에 의해 받아들여지지 않았다.

그럼에도 연산 9년(1503) 당시까지 선시(選試)는 여전히 시행되었으며, 이를 알려주는 내용이 실록에 실려 있다. 먼저 연산 3년 8월 기사에는 다음 내용이 실려 있다.

> "헌납 손중돈(孫仲暾)이 아뢰기를, '대선(大選)을 시취(試取)하는 방법이 과거(科擧)와 다름이 없는데, 진실로 쓸 만한 곳이 없습니다. 하물며 청정(淸淨)하고 욕심이 적은 것이 그 도(道)이온데, 지금 대선에 입격된 자만이 주지(住持)가 되니, 이는 명리(名利)를 취하는 사람입니다. 그것은 도가 아니오니, 혁파하는 것만 못하겠습니다' …(중략)…하니 왕이 이르기를, '조종조(祖宗朝) 때부터 있었던 것이다. 그러므로 성종께서 불교를 신앙하지 않았지만 역시 다 혁파하시지 않았

---

240 『연산군일기』 연산 3년 7월 1일 條.
241 『연산군일기』 연산 3년 8월 6일 條.

다…'"[242]

또한 연산 9년(1503) 조에는 다음 2건의 기사가 실려 있기도 하다.

"장원서(掌苑署)의 장원(掌苑) 신자건(愼自建)이 아뢰기를 …(중략)… '식년(式年)마다 대선(大選)을 뽑으니, 이것은 근본은 헤아리지 않고 말단만 가지런히 하는 것입니다…'"[243]

"시강관(侍講官) 정인인(鄭麟仁)이 아뢰기를, '국가에서 이단을 물리침이 지금 같은 적이 없었으니 참으로 우리 도(道)의 다행입니다. 그러나 그 뿌리를 쾌히 끊어버리지 않으면, 우리 도가 천일(天日)하에 게시될 수 없습니다. 양종(兩宗) 대선(大選)의 불법(佛法) 같은 것은 당연히 먼저 금지하여야 합니다' …(중략)… 하였는데, 대답하지 않았다."[244]

이어 동년 11월 3일 기사에는 "식년에 문무과가 있을 때 으레 승도 뽑았는데 …(중략)… 승을 뽑는 것을 혁파하시기 바랍니다"[245]는 청원이 생겨났다. 그리고 동년 11월 9일 기사에 "전하께서 도승(度僧)하지 않고 승(僧)의 입성(入城)을 폐하시어 이단의 기미가 없

---

242 『연산군일기』 연산 3년 8월 2일 條.
243 『연산군일기』 연산 9년(1503) 1월 7일 條.
244 『연산군일기』 연산 9년 4월 28일 條.
245 『연산군일기』 연산 9년 11월 3일 條.

어졌는데, 선승(選僧)의 일[選試]만은 유독 폐하지 않으십니까?"라는 신하들의 계(啓)가 실려 있는 것이다.

이에 "왕이 이르되, '선승(選僧)의 일은 …(중략)… 선왕과 선후(先后)의 기신재(忌晨齋)를 설하기 위함이다'"[246]는 답에 이어, 연산 10년(1504) 1월에는 정현왕대비(貞顯王大妃)의 전지에 따라 "해마다 승 10인에게 도첩을 주도록 하라. 대비께서 미령(未寧)하시니, 지금 자전(慈殿, 정현왕후)의 전지에 따라 부득이 하는 것이다"[247]는 전교를 내리기도 하였다. 이후 『연산군일기』에는 무려 10여 차례에 걸쳐 도승 금지에 대한 신하들의 청이 실려 있으나,[248] 이에 대해 정현왕대비(貞顯王大妃)의 전지와 관련해 연산 10년 2월 기사에는 다음과 같은 연산의 말이 실려 있다.

"자친(慈親, 정현왕후)을 위로하고 기쁘게 해드리는 것이 어찌 법에 관계되랴? 또 선조(先朝)께서 도승을 금한 것은 병액(兵額)이 늘어 차기 전까지를 기한으로 한 것이지, 영구히 도첩을 주지 않으려 함이 아니었다."[249]

---

246 『연산군일기』 연산 9년 11월 9일 條.
247 『연산군일기』 연산 10년 1월 6일 條.
248 『연산군일기』 연산 10년 1월 15일 條; 『연산군일기』 연산 10년 1월 16일 條; 『연산군일기』 연산 10년 1월 18일 條; 『연산군일기』 연산 10년 1월 24일 條; 『연산군일기』 연산 10년 1월 25일 條; 『연산군일기』 연산 10년 1월 26일 條; 『연산군일기』 연산 10년 1월 30일 條; 『연산군일기』 연산 10년 2월 1일 條; 『연산군일기』 연산 10년 2월 5일 條; 『연산군일기』 연산 10년 2월 6일 條 등.
249 『연산군일기』 연산 10년 2월 7일 條.

위 언급과 함께 연산은 "너희들은 부모도 없느냐?"[250]는 말까지 내뱉고 있음을 볼 수 있다. 즉 정현왕대비(貞顯王大妃)에 대한 효(孝)와 선왕과 선후(先后)를 위한 기신재는 도승(度僧) 내지 선승, 즉 선시(選試) 유지의 최후 보루가 되었던 것이다. 이에 동년 2월 기사에 "지금 비록 한 해 10인에 한정한다지만…"[251]이란 신하들의 상소가 실려 있음은 1504년(갑자)에 도승과 아울러 선시(選試)가 행해졌음과 함께, 이때 10인의 입격자가 선발되었음을 추정케 한다.

연산 10년, 1504년 갑자년 식년시는 4월 18일 "왕이 인정전(仁政殿)에 납시어 문·무 과거의 방을 발표하였다"[252]는 내용을 미루어 4월 18일 마쳤음을 알 수 있다. 그리고 선시 역시 전례에 따라 시행되었는데, 이때 시행된 선시의 정황에 대해 『명종실록』 9년(1554) 8월 13일 기사에는 다음 내용이 실려 있다.

> "갑자년(1504)에 출신(出身)한 승인(僧人)들 말이 '선과(禪科) 초시(初試) 때 양종에서 각각 100명씩 뽑고, 이듬해의 복시(覆試) 때 본조의 낭청을 보내 시험하여 뽑았다' 했습니다 하니…"[253]

그런데 연산 10년(1504) 갑자년의 식년시 이후 더 이상 선시가 시행되지 않았음을 알 수 있다. 연산의 불교에 대한 입장은 연산 10년(1504) 4월 23일 생모인 "폐비(윤씨) 일에 관련된 자들에 대한 처

250 『연산군일기』 연산 10년 2월 8일 條.
251 『연산군일기』 연산 10년 2월 9일 條. "今雖歲限十人."
252 『연산군일기』 연산 10년 4월 18일 條.
253 『명종실록』 명종 9년 8월 18일 條.

벌"²⁵⁴과 함께, 동년 4월 27일 인수왕대비의 서거²⁵⁵를 계기로 전연 반대 방향으로 돌아서게 된다. 불과 몇 달 전에 시행한 '한 해 10인에게 도첩을 주는 규정' 역시도 동년 윤4월 기사에 "전에 해마다 도승 10인을 허가하였는데, 해마다 도승이 거듭되면 승이 되는 자가 많아질 것이니, 승인이 희소해지기를 기다려 도승을 허가하라"²⁵⁶는 전교를 통해 뒤바뀌어 버린 것이다.

한편 동년 7월 10일에는 세조가 창설한 원각사에 대해 "원각사 불상[圓覺之佛]이 외람되이 향사(享祀)를 받은 지 오래이니, 원각사 불상을 물리치고 공자(孔子)의 신위(神位)를 옮겨 모신 후 성균관을 철거함이 어떠한가?"²⁵⁷라는 말에 이어, 7월 15일 "흥덕사를 원각사에 옮기라"²⁵⁸는 전교를 내린 것이다.²⁵⁹ 또한 동년(1504) 7월 29일 장의사(藏義寺) 불상을 다른 곳으로 옮기고,²⁶⁰ 정업원(淨業院)과 안암사(安庵寺)의 니승(尼僧)을 한치형의 집으로 옮겨 살게 했으며, 내불당을 흥천사로 옮기고, 향림사 불상을 회암사로 옮기는 일이 행해지기도 하였다.²⁶¹

이어 연산 10년(1504) 12월에는 흥천사에 불이 나, 전년에 불

---

254 『연산군일기』 연산 10년 4월 23일 條.
255 『연산군일기』 연산 10년 4월 27일 條.
256 『연산군일기』 연산 10년 윤4월 8일 條.
257 『연산군일기』 연산 10년 7월 10일 條.
258 『연산군일기』 연산 10년 7월 15일 條.
259 이후 "원각사 僧徒들을 축출하고 절을 비워 두었다가…(『연산군일기』 연산 10년 12월 26일 條), 다음 해 1505년에는 궁중 의식을 담당하는 掌樂院을 원각사에 옮기게 하였다."(『연산군일기』 연산 11년 2월 21일 條).
260 『연산군일기』 연산 10년 7월 17일 條.
261 『연산군일기』 연산 10년 7월 29일 條.

130

난 흥덕사[262]와 더불어 양종 모두가 불타버렸으며, 연산 11년(1505)에는 흥천사를 기구(驥廐) 즉 마구간으로 삼아 버렸던 것이다.[263]

그럼에도 연산 12년(1506) 8월 기사에 "국기(國忌)는 행하지 않더라도 기신재(忌晨齋)는 전대로 행하라"[264]라는 연산의 전교는, 기신재를 주관할 승(僧)을 선발하기 위한 도승 내지 선시(選試)가 유지될 수 있는 최소의 전제이기도 하였다.

(2) 중종(中宗) 대, 양종 혁파와 『경국대전』「도승」조 삭제

연산군에 이어 19세에 왕위에 오른 중종(中宗)의 경우, 연산군을 폐하고 중종을 옹립한 반정(反正) 세력의 득세로 인해 권력을 갖지 못하였다. 즉위 초인 중종 1년(1506)부터 신하들의 종용에 의해 수륙재 및 능침(陵寢)을 위한 위전(位田)을 혁파했으며,[265] 도성 안에 원각사 등의 절과 외방에 사찰 창건을 금하고, 승도(僧徒)도 도첩이 있는 자 외에는 금할 것을 팔도에 유시하기도 하였다.[266]

그럼에도 중종 2년(1507)에 접어들어 중종의 생모 정현왕후(貞顯王后)가 조종조(祖宗朝)의 유교(遺敎)를 근거로 양종(兩宗) 및 조종조에서 창건한 도성 안의 사찰을 복원코자 했던바, 『중종실록』 중종 2년 1월 기사에는 다음과 같은 대비의 교지가 실려 있다.

---

262 『연산군일기』연산 10년 12월 9일 條; 『세종실록』세종 6년 4월 5일 條에 興天寺를 禪宗都會所로, 興德寺를 敎宗都會所로 삼은 일이 기록되어 있다.

263 『연산군일기』연산 11년 5월 29일 條.

264 『연산군일기』연산 12년 8월 18일 條.

265 『중종실록』중종 1년 10월 15일 條.

266 『중종실록』중종 1년 10월 16일 條.

"양종은 개국 초부터 있었고, 내불당과 원각사·정업원 역시 세종과 세조께서 세운 것으로 조종(祖宗)의 유교가 정녕하다. 또 정희왕후께서 세종과 세조의 유교를 성종대왕에게 부탁하여 후세 자손으로 하여금 이 뜻을 알아 조종의 뜻을 상하지 않게 하시었는데, 이것은 … (중략)… 도성을 중히 여겨서인 것이다."[267]

그러나 대비의 교지에도 불구하고 양종은 원래 기능을 회복하지 못한 채, 중종 2년 4월에는 양종의 노비와 전지(田地)가 내수사(內需司)에 이속되었다.[268] 그럼에도 당시까지 양종은 혁파되지 않았음을 알 수 있다. 이에 중종 3년(1508) 이래 5월 8일부터 5월 14일까지 양종 혁파의 상소가 수십 차례 이어지기도 하였다. 또한 중종 3년 10월 기사에는 기신재와 양종 혁파에 대한 다음 내용이 실려 있다.

"정언 박수문(朴守紋)이 아뢰기를 …(중략)… '신이 젊었을 때 절에 가서 글을 읽다가 소위 기신재(忌晨齋)란 것을 보았는데, 반드시 걸인들에게 다 먹인 뒤에, 선왕 선후(先王先后)의 영가(靈駕)를 불러 하단(下壇)에서 제사하니 이를 흠향하실 리가 없습니다. 성종(成宗)께서는 재위하신 기간이 길지 못하였기 때문에 미처 혁파하지 못한 것이며, 이는 승도(僧徒)들의 자생(資生)의 술책이요 선왕을 위하는 것이 아닙니다 …(중략)… 양종(兩宗)과 원각사(圓覺寺)의 승도(僧徒)들이

---

267 『중종실록』 중종 2년 1월 10일 條.
268 『중종실록』 중종 2년 4월 7일 條.

지금 경산(京山)에서 장인(掌印)을 하고 있으니, 이 또한 혁파하여 그 근본을 끊어야 합니다. 전하(殿下)께서 지금 대간(臺諫)의 말을 따르지 않으시고 중외(中外)에 구언(求言)을 하시는 것은 또한 말절(末節)입니다' 하였다 …(중략)… 임금이 답하지 않았다."[269]

여기서 기신재란 앞서 말했듯이 조종(朝宗)의 신위(神位)를 위한 제사 의식으로, 기신재는 이를 주관할 승(僧)을 선발하기 위한 도승 내지 선시(選試) 유지의 최소 전제였다. 그럼에도 이를 혁파하고자 청을 올린 것이다. 또한 위 내용 중 "양종(兩宗)과 원각사(圓覺寺)의 승도(僧徒)들이 지금 경산(京山)에서 장인(掌印)을 하고 있다"는 것은 노비와 전지(田地)가 내수사(內需司)에 이속되었음에도 경산(京山) 즉 청계사(靑溪寺)에서 '장인(掌印)' 즉 '인신(印信)을 찍어 공문을 발송'하는 등 양종이 기능이 유지되었음을 알려준다.

연산군 대에 흥덕사와 흥천사 등 도회소(都會所)가 불탄 후 양종도회소는 청계사[270]뿐만 아니라 용문사, 신륵사 등으로 그 역할이 이전되었던 것 같다. 이에 대해 "청계(靑溪), 용문(龍門), 신륵(神勒) 등 절의 승들이 장인(掌印)하는 것을 혁파할 것을 청하는 일 등을 아뢰었으나, 모두 윤허하지 않았다"는 내용이 같은 날 기사에 실려 있기도 하다. 또한 동년 11월 기사에 "양종이 비록 도성에서 없어졌다 해도 장인(掌印)의 권한은 여전하니…"[271]라는 내용은 당

269 『중종실록』 중종 3년 10월 14일 條.
270 高橋亨, 『李朝佛教』, 서울, 國學資料院, 1980, pp.244-256.
271 『중종실록』 중종 3년 11월 22일 條.

시까지도 양종이 존재했으며, 그 역할을 수행했음을 알려준다.

그럼에도 중종 4년(1509) 1월에는 양종의 위전(位田)을 혁파했으며,[272] 중종 7년(1512) 5월에는 혁파된 선교양종의 인신(印信)을 거둬 예조에 간직하게 하였다.[273] 그리고 중종 10년(1515) 3월 기사에 "선교양종이 혁파된 지 이미 오래되었다"[274]는 내용은 중종 7년 경에 이르러 양종이 더 이상 존재하지 않았음을 알려준다. 이후 양종의 노비와 전지(田地)를 이속받은 내수사(內需司)가 양종의 역할을 맡았던 것으로 보인다.

한편 선시(選試)의 경우, 앞서 정현왕후가 교지를 내린 중종 2년(1507)은 정묘(丁卯)년 식년임에도 선시가 시행된 기록을 발견할 수 없는데, 이는 당시 양종 해체가 고려되는 상황 때문이었던 것으로 보인다. 또한 중종 4년 9월 기사에 "대선(大禪)을 취재(取才)하고 승에게 도첩을 줌은 …(중략)… 조종(祖宗) 때의 옛 법이니, 비록 그대로 있더라도 시행하지 않는다면 무방하리라"[275]는 내용은, 선시 내지 도첩제 자체는 존재하나 시행되지 않았던 당시 상황을 말해주고 있다.

이렇듯 중종 초의 경우, 중종 4년(1509) 3월에 '도승지법(度僧之法)'의 혁파를 거듭 시행해, 도첩이 없는 승인을 환속시켜 역(役)에

---

272 『중종실록』 중종 4년 1월 19일 條.
273 『중종실록』 중종 7년 5월 9일 條. "禪敎兩宗을 혁파한 지 이미 오래인데, 各寺의 僧人이 檢擧를 핑계로 判事라 칭하면서 印信을 사용하여 각 衙門에 공공연하게 문서를 보내니, 심히 불가합니다. 청컨대 인신을 거둬 本曹에 간직케 하소서' 하니, '그리 하라'고 전교하였다."
274 『중종실록』 중종 10년 3월 21일 條. "禪敎兩宗 革罷已久."
275 『중종실록』 중종 4년 9월 27일 條.

처하도록 했던'[276] 때로, 중종 8년(1513) 9월 기사에 의하면 "도첩승도 가리지 않고 이미 각 도(道)로 하여금 군액에 편입하게 하였고, 또 도승을 허가하지 말도록 한 지 이미 오래니 …(중략)… 도첩을 받은 자가 얼마 안 되는"[277] 상황이었다. 그리하여 『중종실록』 중종 11년(1516) 4월 기사에는 "도첩을 주어 승을 만들지 않기 때문에 점차 승이 없어져, 기신재 때 본사에 승이 없으므로 여러 절의 승을 초청해 겨우 재를 베푸는"[278] 상황이기도 하였다.

그럼에도 기신재 역시 유가(儒家)의 신하들 입장에서는 혁파 대상이기도 했던바, 중종 10년(1515) 1월 기사에 다음과 같은 시강관 유보(柳溥)의 청이 실려 있음을 볼 수 있다.

"지금은 비록 불교를 존중하지는 않지만 기신재는 매양 사찰에서 베푸는데, 신자(臣子)들이 차마 볼 수 없는 일이 많습니다. 바야흐로 부처를 공양할 때 선왕(先王)과 선후(先后)의 신주(神主)를 먼저 욕실에 보내 목욕을 시킨 뒤 뜰에 꿇어앉아 절하게 하니, 생사가 다름이 없거늘 어찌 임금에게 이런 굴욕을 줄 수 있겠습니까? …(중략)… 조종(祖宗) 때부터 오래 해온 구습(舊習)이라 갑자기 그 폐단을 고치기는 어려울 듯하지만 …(중략)… 이와 같은 일은 빨리 혁파해야 할 것입니다."[279]

---

276 『중종실록』 중종 4년 3월 21일 條.
277 『중종실록』 중종 8년 9월 17일 條.
278 『중종실록』 중종 11년 4월 17일 條.
279 『중종실록』 중종 10년 1월 23일 條.

이는 기신재에 앞선 관욕(灌浴) 의식 중 신위(神位)를 영단에 모시기에 앞서 시련(侍輦) 절차 가운데 신위를 불상(佛像)에 절하게 하는 예를 문제 삼은 것으로,『중종실록』에 의하면 중종 11년(1516) 2월 20일부터 6월 1일에 걸쳐 11차례에 이르는 기신재 혁파의 상소가 이어졌음을 볼 수 있다.[280] 이어 중종 11년 6월 16일 기사에 "근일 기신재 및 내수사의 장리(長利) 등 큰일은 다 이미 혁파하였으나…"[281]라는 기록을 통해 볼 때, 이때를 기점으로 기신재 또한 혁파되었음을 알 수 있다.

이에 앞서『연산군일기』연산 9년 11월 9일 기사 중 "선승(選僧)의 일은 …(중략)… 선왕과 선후(先后)의 기신재를 설하기 위함이다"[282]는 내용을 통해 볼 때 선왕과 선후의 기신재는 도승, 즉 선시(選試) 유지의 최후 보루였으며, 연산군조차 연산 12년 8월 기사에 "국기(國忌)는 행하지 않더라도 기신재는 전대로 행하라"[283] 하였던 상황 속에서, 중종 11년(1516) 기신재의 혁파는 더 이상 도승의 필요성 또한 존립할 수 없게 만든 것이다.

이와 관련해 성종 15년에 완성된『경국대전』'도승' 조를 삭제코자 하는 논의로서, 중종 6년(1511) 기사에 "대저 양종과 도승이 모두『대전』에 실려 있는데도 파했으니, 이 역시 혁파해야 합니

---

280 『중종실록』중종 11년 3월 9일 條, 3월 19일 條, 5월 1일 條, 5월 8일 條, 5월 17일 條, 5월 18일 條, 5월 19일 條, 5월 20일 條, 5월 22일 條, 5월 27일 條, 6월 1일 條 에 기신재 혁파 관련 상소가 이어지고 있다.
281 『중종실록』중종 11년 6월 16일 條.
282 『연산군일기』연산 9년 11월 9일 條. "選僧事…爲設先王先后(忌晨)齋也."
283 『연산군일기』연산 12년 8월 18일 條.

다."[284]는 논리가 적용되기도 하였다. 이제는 기신재를 주관할 승려의 필요성마저 없어지게 된 상황이 펼쳐진 것이다.

이에 중종 11년(1516) 12월 16일에 『경국대전』 중 「도승」 조를 삭제토록 명하기도 하였다.[285] 성종 24년(1493) 반포된 『대전속록』에 「도승」 조가 폐기된 이래, 이제 『경국대전』에서 마저 「도승」 조가 폐기되었던 것이다. 그 결과 중종 23년(1528) 8월 기사에는 "국가에서 승니(僧尼)에게 도첩(度牒)을 허락하지 않은 지 이미 오래이므로 나이가 젊은 승은 반드시 도첩이 없을 것이니, 서울은 법사(法司)가 규찰(糾察)하고 외방(外方)은 수령들이 검속(檢束)하여, 도첩이 없는 승은 일체 정역(定役)시키는 것이 가합니다"[286]라는 당시 상황이 실려 있기도 하다.

3) 승인호패법, 또 다른 형태의 도첩제 실시

이렇듯 "나이가 젊은 승은 반드시 도첩이 없을 것이니…"라는 당시 상황에도 불구하고, 『중종실록』 중종 30년(1535) 8월 기사에는 "불교의 쇠퇴가 지금 극도에 달했는데, 승의 숫자는 전에 비해 가장 많습니다. 따라서 막아 금지할 방법을 하루빨리 강구하지 않으면 안 되겠습니다"[287]라는 내용이 실려 있음을 볼 수 있다. 그리고

---

284 『중종실록』 중종 6년 5월 11일 條.
285 『중종실록』 중종 11년 12월 16일 條.
286 『중종실록』 중종 23년 8월 14일 條.
287 『중종실록』 중종 30년 8월 11일 條.

이에 대한 다음 계책이 제시되기도 하였다.

"옛날 유명한 절은 관에서 주지를 차임(差任)했고 …(중략)… 관에서
도첩을 주었으며, 도첩이 없는 자에게는 모두 정역(定役)이 있었습니
다. 그리고 …(중략)… 승이 되는 자에 대해 금방(禁防)이 있었습니다.
그런데 지금은 관에서 주지를 차임하지 않고 관에서 도첩을 발급하
지도 않으니 …(중략)… 그런데도 절은 전같이 중수하는가 하면 …(중
략)… 죄진 자와 역사를 피한 자와 도둑질하는 자들이 절을 소굴로
삼고 있습니다 …(중략)… 그 피해는 도리어 불교를 숭상하던 때보다
더 심합니다.
…(중략)… 양민의 장정으로서 승이 된 자[良丁爲僧者]를 역(役)에 모
집해 …(중략)… 공이 가장 많은 사람에게 기한을 정해 관에서 관향
(貫鄕)과 4조(四祖)와 나이와 용모를 새기고 낙인(烙印)을 찍은 호패
를 발급해 주어 빙험(憑驗)할 수 있게 하소서. 그리고 호패가 있는 사
람은 소재지의 지방관으로 하여금 오래된 사찰에 나누어 지키게 하
고…"[288]

즉 전에는 관에서 도첩을 주었으며 승이 되는 자에게 금방(禁
防)의 조치가 있었으나, 현재는 도첩을 발급하지 않음으로 무도첩
승으로 인한 피해가 오히려 심하다는 내용을 말하고 있다. 이에 양
정(良丁)으로서 승이 된 자에게 신역(身役)을 시킨 뒤 호패를 주어
사찰을 지키게 하자는 것으로, 이는 호패 발급을 통해 무도첩승으

---

288 『중종실록』 중종 30년 8월 11일 條.

로 인한 피해를 막는 한편, 무도첩승을 추쇄(推刷)하여 군역(軍役)
에 충당코자 하는 계책이기도 하였다.

그럼에도 다른 측면에서 볼 때, 승인에 대한 호패 발급은 또 다
른 형태의 도첩제가 재시행된 예로 이해될 수 있는 측면이 있다. 즉
『중종실록』중종 32년(1537) 2월 1일 기사에 "조종(祖宗) 때 도패(度
牌)를 승인(僧人)에게 준 것은 지금의 호패와 같은데"[289]라는 기록
이 실려 있으며, 중종 34년(1539) 6월 기사에 호패와 도첩을 동일시
한 다음 내용이 실려 있기도 하다.

"'승 역시 백성이니 부역을 시키고자 하면 각 도에 명해 뽑아 보내
게 하면 될 것을 어찌 굳이 호패로 유인한단 말입니까' 하니, 상(上)
이 이르되, '승을 부역시키고 도첩(度牒)을 발급해 주는 것에 대해서
는…'"[290]

한편 중종 32년(1537) 2월 5일 기사에는 "이제 승도를 부리고
호패를 준다면, 몇 달 동안 서울에서 토목 일을 하는 괴로움으로 일
생 동안 침해당하는 고통을 벗어나니, 사람이면 누구인들 나아가
기를 즐기지 않겠습니까"[291]라는 말과 함께 호패 발급 중단을 요구
하는 상소가 올라오기도 하였다.

이렇듯 중종 후반에는 호패 내지 도패(度牌) 발급이라는 또 다

289 『중종실록』중종 32년 2월 1일 條.
290 『중종실록』중종 34년 6월 10일 條.
291 『중종실록』중종 32년 2월 5일 條.

른 형태의 도첩제가 시행되었으나, 이것은 『경국대전』 규범에 따른 시재행(試才行)과 정전 납부를 통한 도첩 발급, 그리고 시경(試經)을 통한 승직자 선출이란 선시(選試)의 원칙을 벗어난 예였음을 알 수 있다. 즉 무도첩승으로 인한 폐단을 막고, 그들을 군역에 처하기 위한 방책에서 마련된 부역승(赴役僧) 양성의 예로, 엄밀한 의미에서 도승(度僧)이 아닌 금승(禁僧)을 위한 조치였음을 알 수 있다.

이에 부역을 통한 호패 발급이 진행되는 중에도 『중종실록』 중종 33년(1538) 9월 기사에 의하면 "『여지승람[東國輿地勝覽]』에 기록돼 있지 않은 사찰을 일체 철거하라는 전교"가 내려졌으며,[292] 중종 38년(1543) 간행된 『경국대전 후속록(後續錄)』에 여전히 「도승(度僧)」조가 실리지 않았음을 볼 수 있다.

---

292 『중종실록』 중종 33년 9월 26일 條.

3. 명종(明宗)대 선과(禪科) 복원에 대한 고찰

조선 초에는 태조 6년(1397)에 공포된『경제육전』이래 시승(試僧)에 의해 승직자(僧職者)를 선출하는 승려의 과거제도, 즉 승과(僧科)가 실시되었다. 또한 태종 2년(1402)에는『경제육전』에 근거한 시재행(試才行, 재행 시험)을 통해 도첩 발급이 행해졌으며, 성종 15년(1485) 완성된『경국대전』중「예전」의 '도승(度僧)' 조 규범은, 도첩제 시행은 물론 승과 즉 선시(選試) 시행의 근거가 되기도 하였다. 그러나 성종 23년(1492)『대전속록』에서 '도승' 조가 폐기된 이래, 연산군 10년(1504)을 기점으로 이후 선시가 더 이상 시행되지 않았다. 또한 중종 7년(1512)에는 양종(兩宗)이 혁파되고, 중종 11년(1516) 12월에는『경국대전』에서「도승」조가 삭제되어 선시가 시행될 수 있는 법적 근거마저 존재하지 못한 상황이 되고 말았다.

이후 1545년 명종(明宗)이 11세의 나이로 즉위하였고, 수렴청정을 맡게 된 명종의 자친(慈親) 문정왕후는 명종 5년(1550) 양종 복립을 명하였고, 명종 7년(1552)에는 허응당 보우(虛應堂 普雨)와 함께 승과를 복원하였다. 이때 복원된 승과는 선과(禪科)라 칭해진 채, 명종 19년(1564)에 또다시 선과가 중단되기까지 겨우 12년을 존속하였다. 그럼에도 이 기간에 시행된 선과는 청허휴정(淸虛休

靜)과 사명유정(四溟惟政) 등의 명승(名僧)을 배출했으며, 당시 선과와 관련된 기록은 이전 시기에 행해진 선시(選試)의 형식을 알려주는 중요한 단초를 제공해 주고 있다.

1) 양종(兩宗) 복립과 선과(禪科) 복원

(1) 양종(兩宗)과 선과(禪科) 복원

1544년 11월 중종(中宗) 서거 후, 인종(仁宗, 1544~1545)의 8개월간 재위를 거쳐, 1545년 7월에는 명종(明宗)이 11세의 어린 나이로 즉위하게 되었다. 이에 명종의 자친(慈親) 문정왕후의 수렴청정은 도승(度僧)과 양종(兩宗) 복립의 계기가 되었다.

당시는 중종 11년(1516)에 『경국대전』에서 「도승」 조가 삭제되어 승려가 될 수 있는 법적 근거가 존재하지 않은 상황이었다. 그럼에도 『명종실록』 2년(1547) 2월 기사에 의하면 "승려들이 점차 불어나는 것이 숭불(崇佛)하던 때보다 심하여, 양인과 천인이 신역(身役)을 피해 도망하여 날로 승려가 되는데, 군액이 줄어듦은 이 때문이니…"[293]라는 우려가 존재하기도 하였다.

이렇듯 승려가 불어난 까닭은 부역에 따른 호패(號牌) 발급이라는 당시의 정책 역시도 작용했던 것 같다. 이에 『명종실록』 3년(1548) 4월 기사에는 '부역에 따른 호패 발급'이라는 당시의 정황을 알려주는 내용이 실려 있다.

---

293 『명종실록』 2년(1547) 2월 9일 條.

"호조의 계목(啓目)을 정원에 내리면서 일렀다 …(중략)… 계목은 다음과 같다. '부산포(釜山浦)의 담쌓는 승군(僧軍)이 6백여 명이나 되는데, 양천(良賤)을 구분하지 않고 1~2개월 역사(役事)를 하면 곧 호패(號牌)를 주어 죽을 때까지 한역(閒役)을 하게 되니, 도리어 정전(丁錢)·도첩(度牒)의 법이 가벼워져, 승(僧)이 국역(國役)을 회피하는 길을 더 크게 열어 놓았습니다. 앞으로 그 폐단을 구하기 어려울 것이니, 본도의 감사에게 양천 및 역사의 긴요 여부를 조사하여 계문하게 한 뒤에 시행하는 것이 어떻겠습니까?'"[294]

여기서 '승군(僧軍)'이란 부역승(赴役僧)을 일컫는 것으로, 양천(良賤)을 구분하지 않고 1~2개월 역사(役事)를 통해 호패를 발급했던 사실을 전하고 있다. 또한 동년 8월 기사에는 "영의정 홍언필이 의논드리기를, '신이 일찍이 견항(犬項, 중랑천)에 처음 제방 쌓는 것을 보았습니다. 승군을 많이 징발하여 들판 곳곳에 가득 모여 있었는데 호패를 받으려고 기꺼이 역사(役事)에 나아갔던 것입니다'"[295]라는 이질적인 상황이 생겨나기도 하였다. 이는 조선 초에 양반 자제로 한정되었던 도승 자격이 천민까지 확대된 예로, 부역승의 양산은 승려 신분을 비하시키는 요인이기도 했으나 한편으로는 다수의 승려를 양산하는 결과를 낳게 된 것이다.

이때는 대비(문정왕후)가 불교를 일으키고자, 주장할 만한 승려를 널리 수소문해 정만종(鄭萬鍾)과 내수사(內需司)의 추천으로 허

---

294 『명종실록』 명종 3년(1548) 4월 4일 條.
295 『명종실록』 명종 3년(1548) 8월 30일 條.

응당 보우(普雨, 1507 또는 1509?~1565)를 발탁하였던 때로,[296] 1548
년(명종3) 12월 보우를 지음(持音)으로 차임(差任)해 봉은사 주지로
임명한 때이기도 하였다.[297]

내수사는 원래 왕실 재산을 관리하던 기관으로, 양종이 혁파
된 후에는 양종의 노비와 전지(田地)를 이속받아 양종의 역할을 대
신 수행하였던 기관이다. 또한 왕실과 관련된 원당(願堂) 관리라는
명목하에 지음(持音)이란 직책으로 승(僧)을 선발하여 사찰 주지를
맡기기도 했는데,『연산군일기』연산 4년(1498) 7월 기사에 "해인
사는 본시 차정(差定)된 주지(住持)인데 학조가 내지(內旨)를 칭탁하
고 그 권속으로써 노상 지음(持音)을 삼기 때문에…"[298]라는 내용
역시 내수사에서 지음을 주지로 임명한 예를 보여주는 것이라 할
수 있다.

이 같은 정황 속에서 보우를 지음으로 차임해 봉은사 주지로
임명한 후 문정왕후는 양종 복립(復立)을 추진했던바,『명종실록』5
년(1550) 12월 기사에 다음 내용이 실려 있다.

"선교양종의 복립을 명하였다. 자전(慈殿, 문정왕후)이 (예문관) 상진에
게 내린 비망기에 이르기를, '양민의 수가 날로 줄어 …(중략)… 백성
들이 4~5명의 아들이 있을 경우 군역의 괴로움을 꺼려 모두 도망

---

296 『명종실록』6년(1551) 2월 12일 條,『명종실록』7년 5월 29일 條,『명종실록』21년
     7월 25일 條 참조.
297 『명종실록』4년 9월 20일 條. "普雨는 오도를 좀먹는 賊입니다 …(중략)… 文墨의
     技藝까지 곁들인 자로서 그가 內命으로 奉恩寺 住持가 되었을 때…"
298 『연산군일기』연산 4년 7월 12일 條.

하여 승이 되는데 …(중략)… 승도들 중 통솔하는 이가 없으면 잡승을 금단하기 어렵다. 조종조(祖宗朝)의 『대전』에 선종과 교종을 설립한 것은 …(중략)… 승이 됨을 막고자 함이었는데, 근래 혁파했기 때문에 폐단을 막기 어렵게 되었다. 봉은사와 봉선사를 선종과 교종의 본산으로 삼아 『대전』에 따라 「대선취재(大禪取才)」조 및 승(僧)이 될 수 있는 조건을 신명하여 거행토록 하라.'"299

봉은사와 봉선사를 선종과 교종의 본산으로 삼아 양종을 복립하게 한 문정왕후[慈殿]의 비망기는 군역을 피해 도망한 잡승을 금한다는 표면적 이유를 내세웠음에도,300 실제는 불교 중흥을 위한 조치였음을 알 수 있다. 그리고 이에 대한 후속 조치로 명종 6년(1551) 5월 26일 「양종응행절목(兩宗應行節目)」을 예조에 전교했으며,301 한 달 후에는 "특명으로 보우(普雨)를 판선종사 도대선사(判禪宗事都大禪師) 봉은사 주지(奉恩寺住持)로, 수진(守眞)을 판교종사 도대사(判敎宗事都大師) 봉선사 주지(奉先寺住持)로 삼기도 하였다.302 이에 보우(普雨)의 『허응당집(虛應堂集)』「선종판사계명록(禪宗判事繼名錄)」에는 당시 불교의 정황과 선종판사로 임명된 보우의 불교 중흥의 꿈을 담은 다음 내용이 실려 있다.

299 『명종실록』 5년 12월 15일 條.
300 『명종실록』 7년 5월 22일 條. "度僧 등의 일에 대해서는 慈殿께서 불교를 신봉해서가 아니다. 근래 僧徒를 통괄하는 데가 없어 나라의 큰 폐단을 야기시킨다고 경연 석상에서 논한 지 오래이므로 대간이 아뢴 바를 따르지 않은 것이다."
301 『명종실록』 6년 5월 26일 條.
302 『명종실록』 6년 6월 25일 條.

"본조(조선)의 연산군 때에 한차례 거센 산바람 불어닥쳤고 중종 때까지 계속되었다. 이로 인해 선풍(禪風)은 가리어지고 불일(佛日)도 빛남을 감추게 되었다. 무릇 나라 안의 사찰들은 해와 달이 갈수록 없어지고 훼손되어, 산에는 절이 없고 절에는 승이 없어졌다. 요행히 삼림 속에서 머리 깎고 치의(緇衣) 입은 자에게도 관리가 침범하고 세속의 빌미가 되어 눈에는 눈물이, 그 눈물에는 피가 흘렀다 …(중략)…

이제 신해년(1551) 여름 6월에 양종을 일으키라 명하시고, 신승(臣僧) 모(某)를 선(禪)의 종정(宗正)으로 삼아 모든 고을의 300여 사찰을 부흥시키라 명을 내리시니, 이전 잘못된 전례를 없애고 도승과 (초시, 복시 등) 두 차례의 (승과를) 열어 불일(佛日)이 계속되고 순임금 치세[舜日]가 다시 빛나며, 선풍(禪風)과 요임금 때의 평온[堯風]이 다시 펼쳐지게 하리라."[303]

이 글에는 중종 이래 혁파된 양종을 부흥시키고, 연산군 이래 중단된 선시(選試)를 열어 요순(堯舜)시대와 같이 나라의 안녕은 물론 3백여 사찰을 부흥해 불일(佛日)을 빛나게 하겠다는 보우의 꿈이 담겨 있다.

이 계획은 곧바로 실행에 옮겨졌음을 알 수 있다. 즉 명종 6년

---

303 『虛應堂集』(下)(『韓佛全』7, p.549下. "本朝燕山之時 一見嵐風之吹 永爲中庙之棄 由是禪風掩扇 佛日潛輝 凡寺刹於國內者 日亡月毁 山無寺而寺無僧 幸髡緇於林下者 官侵俗崇 眼有淚而淚有血也 …(중략)… 乃於辛亥之夏六月有日 煥起宸斷 詔興兩宗 命批臣僧某爲禪宗正 而光闡大猷 崇淨刹諸州於三百有寺 逈追先典 闢度僧二載于 使佛日連舜日而重輝 禪風共堯風而再扇."

(1551) 8월 12일, "내원당에 새로 소속시킬 지음(持音)은 우선 소재지의 본 고을로 하여금 유명한 승(僧)을 선택하여 지음으로 차출하게 하고 …(중략)… 차첩(差帖)을 받을 지음승(持音僧)은 명년 선과(禪科)를 치른 후 양종에서 천거해 의망(擬望)토록 하라"[304]는 명이『명종실록』에 실려 있는 것이다. 또한 다음날인 8월 13일 기사에 선종과 교종 400여 곳 절의 지음을 뽑도록 조치하고 있으며,[305]『명종실록』 6년 8월 23일 기사에는 정전 수납 후 도첩 발급에 따른 도승(度僧)이 행해졌음을 볼 수 있다.[306] 한편 당일 기사에 "승(僧) 보우(普雨)가 내수사(內需司)를 총섭(總攝)한다고 하는데, 신은 나라의 정사가 여러 곳에서 나오는 폐단이 있을까 염려됩니다"라는 내용이 실려 있어, 이 모두는 내수사를 총섭하게 된 보우의 계획에 따른 것이었음을 알 수 있다.

여기서 지음이란 (選試 입격을 거쳐) 차정첩을 받아 임명된 주지가 아닌, 내원당(內願堂)에 소속되어 원당 관리를 위해 왕실의 내지(內旨)를 통해 임명된 자를 말한다.[307] 이에 지음을 뽑아 선과(禪科)

---

304 『명종실록』 6년 8월 12일 條. "而受差帖持音僧人 則明年禪科後 令兩宗擧望."

305 『명종실록』 6년 8월 13일 條.

306 『명종실록』 6년 8월 23일 條;『명종실록』 16년 10월 30일 條에는 호패 발급과 관련해, 명종 10년(1555) 『경국대전』 조문과 용어를 주석해 간행한『經國大典註解』(後集) 「禮典」 '春官 宗伯 度僧' 條에는 "關防牌面을 懸帶(휴대)해야 한다는 律에 의거해 杖一百(의 벌을) 논한다. 그 正犯에 비추어 의거한다"는 항목에 대해 "度牒을 빌린 자나 빌려주는 자는 懸帶關防牌面律論(관방패면을 휴대해야 한다는 律에 의거해 논한다)"는 註解가 실려 있다(『經國大典註解』(後集) 「禮典」 '春官 宗伯 度僧' 條).

307 持音은 內願堂에 속한 자로『명종실록』 6년〈1551〉 8월 12일 條. "이제부터 內願堂에 새로 소속시킬 持音은…") 왕실 內旨를 통해 임명되었다.(『연산군일기』 연산 4년〈1498〉 7월 12일 條. "海印寺는 본시 差定된 住持인데 학조가 內旨를 칭탁하고 그 권

를 치르게 한 것은 3백 내지 4백여 사찰의 정식 주지를 임명해 부흥코자 했던 것으로, 이에 선시, 즉 선과의 복원 이유가 있었음을 알 수 있다.

명종 대에 복원된 승과(僧科)는 폐지 이전에 선시(選試), 시선(試選), 승선(僧選) 등으로 불렸던 것과는 달리 선과(禪科)라 칭해졌으며, 간혹 승과(僧科)라 칭해지기도 하였다.[308] 선과는 양종(兩宗) 회복을 위한 전제로 행해지기도 했던바, 『명종실록』 7년(1552) 1월 8일 기사에는 식년인 임오년(1552)의 '시재행'과 함께 도첩을 발급한 다음 기사가 실려 있다.

"승정원이 아뢰기를, '양종을 회복시키라는 승전(承傳)에 따라 3경(三經)을 시송(試誦)시켜 경의(經義)를 잘 해득하는 자에게 도첩을 발급하라' 하였습니다. 지난번 선종이 보고한 입시승[入試之僧]이 4백여 명이나 되었는데, 그들의 취사를 물어보니 와서 시험을 친 자[來試者] 모두를 뽑았다고 했습니다."[309]

즉 양종을 회복시키라는 승전에 따라 『심경(心經)』·『금강경』·『살달타(薩怛陀)』 등 3종 경전의 송경(誦經)을 시험해 4백여 명 모두에게 도첩을 발급했다는 것으로, 이는 중종 11년(1516) 『경국대전』

속으로서 노상 持音을 삼기 때문에 그런 것이다."

308 명종대의 僧科는 『명종실록』에 무려 173회에 걸쳐 禪科란 용어로 사용되었으며, 단지 2회에 걸쳐 僧科란 용어가 사용되었다. 이에 명종 대의 승려 과거를 칭함에 있어 禪科란 용어를 사용하기로 한다. 僧科란 용어가 사용된 경우는 『명종실록』 6년 1월 15일 條와, 『명종실록』 7년 4월 12일 條 등을 들 수 있다.

309 『명종실록』 7년 1월 8일 條.

「도승」조를 삭제토록 명한[310] 후 이를 복원한 첫 사례였음을 알 수 있다.

(2) 복원된 선과의 형식

한편 위 내용 중 "3경을 시송(試誦)시켜 경의(經義)를 잘 해득하는 자에게 도첩을 발급하라 하였습니다. 지난번 선종이 보고한⋯"이란 부분은 명종 대에 복원된 선과의 형식을 알려주는 예라 할 수 있다.

　그런데 이 내용은『경국대전』규정과 비교해 볼 때 몇몇 부분에서 차이점이 발견된다. 우선『경국대전』의 경우「예전」'도승' 조에 "승이 되고자 하는 자[爲僧者]는 3달 안에 선종 혹 교종에 고하고,『심경』·『금강경』·『살달타』의 송경을 시험하여 본조(예조)에 보고한다"는 내용과 함께 "사천(私賤)은 본래 주인의 청원에 따른다. 왕에게 계문(啓聞)한 후 정전을 ⋯(중략)⋯ 거두고 도첩을 발급한다"[311]는 조항이 추가되고 있음에 비해, 위 내용은 '사천(私賤)'의 경우와 '왕에게 계문한 후 정전을 거두고⋯'라는 부분이 생략되어 있음을 알 수 있다.

　또한 명종 10년(1555)에『경국대전』조문과 용어를 주석 간행한『경국대전주해』의「예전」중 '춘관종백(春官宗伯)'의 '도승' 조에 "도승이란 승려 됨[爲僧]을 말한다. 3개월 내에 선종, 혹 교종에 고

---

310 『중종실록』11년 12월 16일 條.
311 『경국대전』「禮典」'度僧' 條. "爲僧者 三朔內 告禪宗或敎宗 試誦經 心經 金剛經 薩怛陁 報本曹 私賤 則從本主情願 啓聞 收丁錢⋯給度牒."

하고 송경을 시험한다"³¹² 하여 '사천(私賤)' 및 '왕에게 계문'과 함께 '정전(丁錢) 납부'의 예가 생략되어 있음을 볼 수 있다. 여기서 '사천' 내지 '정전 납부를 통한 도첩 발급'은 금승(禁僧)을 위한 조치로서 승의 증가로 인한 군액 감소를 막기 위한 목적이라 할 수 있다면, 명종 대에 복원된 선과의 경우 금승의 개념이 완화된 형식으로, 당시 상황을 고려한 처사였으리라 생각할 수 있다.

금승의 개념이 완화된 또 다른 예는 위 인용 중 '입시승 4백여 명 모두를 뽑아 도첩을 발급했다'는 내용을 통해서도 드러난다. 이는 명종 6년(1551) 8월 13일 기사에 따른, 4백여 곳 절의 지음(持音)을 뽑게끔 임시 조치한 것임을 알 수 있다. 그러나 『명종실록』 7년(1552) 1월 8일 기사에 "추후 시험부터는 근각(根脚)까지 자세히 조사하게 하라"³¹³ 하였으며, 동년 2월 14일 기사에 "시경(試經)하여 도승(度僧)하는 것을 양종(兩宗)에 전임시켰기 때문에 시경할 때 외람된 일이 많다고 한다"는 내용이 실려 있다. 이는 '입시승 4백여 명 모두를 뽑아 도첩을 발급했다'는 것에 대한 반발로 보이며, 이에 따라 "금후부터는 예조 낭관(禮曹郎官)을 보내 양종승(兩宗僧)과 함께 시취(試取)하여 잘 외는 자는 그 조부(祖父)와 외조부(外祖父)의 이름 및 관향을 물은 다음, 한결같이 중종조(中宗朝) 때 견항(犬項)의 역사(役事)를 거친 후에 도첩을 발급하던 예에 의해 본 고을로 하여금 추열(推閱)하여 도첩을 발급하도록 양종에 이르라"³¹⁴는 전

---

312 『經國大典註解』(後集)「禮典」'春官 宗伯 度僧' 條. "度僧 爲僧者 三朔內 告禪宗或敎宗 試誦經."
313 『명종실록』 7년 1월 8일 條.
314 『명종실록』 7년 2월 14일 條.

교가 내려졌다. 즉 시경의 형식 및 시경승(試經僧)의 자격을 다소 강화했음을 알 수 있다.

한편 『명종실록』7년(1552) 4월 12일 기사에는 선과 중 복시(覆試) 시행을 추정케 하는 다음 내용이 실려 있다.

"예조 정랑을 …(중략)… 봉선(奉先)과 봉은(奉恩) 두 절에 보내 승인(僧人)을 시경(試經)해 선종 21인과 교종 12인을 뽑았는데, 승정원에 전교하였다. '선과에 응시한 승인은 모두 경을 잘 욀 것인데, 지금 유사(有司)가 뽑은 것을 보니 그 숫자가 매우 적다. 삼 분의 일을 뽑지 않은 것이 틀림없으니, 이와 같다면 도승의 일을 유사가 모두 헛되게 만드는 것이다.'

사신은 논한다. 다시 승과를 설치하게 된 것은, 교활하고 말에 능한 승(僧) 보우(普雨)란 자가 있었는데 자전이 그 이름을 듣고 존신(尊信)했기 때문이다."[315]

위 내용은 선시(選試) 폐지 이전에 예조 낭관이 선시를 담당했던 예[316]와 같이, 예조 정랑을 봉선사, 봉은사에 보내 선종 21인과 교종 12인을 뽑았음을 기록하고 있다. 이 기사 중 명종 7년(1552)은 식년(式年)에 해당하는 해로, 『경국대전주해』「예전」'제과(諸科)'조에 "(諸科는) 전년 가을에 초시(初試)를 행하고, 초봄에 복시(覆試),

---

315 『명종실록』7년 4월 12일 條.
316 『성종실록』9년 8월 4일 條. "僧人의 選試는 文武科의 예와 같이 3년에 한 번씩 행하고 禮曹의 郎官이 담당합니다."

전시(殿試)를 행한다"[317]는 예에 따라, 한 해 전에 입시승 4백여 명 모두를 뽑아 도첩을 발급한 '시재행'에 이어 행해진 선과 중 복시(覆試)의 예를 기록한 것임을 알 수 있다.

그런데 위 인용 중 "유사가 뽑은 것을 보니 그 숫자가 매우 적다. 삼 분의 일을 뽑지 않은 것이 틀림없으니"란 부분은 선과의 취재 인원에 대해 말하고 있다. 이에 대해 『태종실록』 14년(1414) 7월 기사에 의하면, 선시의 경우 – 오교양종의 7종의 체제에서는 – 초시에서 280~560명 정도를 뽑아 입선(入選)이라 칭하고, 복시에서는 입선 중 삼 분의 일만을 취해 입격자 93~187명 정도를 뽑았음을 알 수 있다.[318] 오교양종(五敎兩宗)의 7종에 따른 선시는 세종 5년(1423)까지 유지되었던바,[319] 세종 6년(1424) 4월 이후[320] 선교양종(禪敎兩宗)의 2종 체제에서의 예를 전하는 『경국대전』 「도승」 조의 경우, 복시의 예로서 '선종과 교종 각 30인씩을 뽑는다'[321] 하고

---

317 『經國大典註解』(後集) 「禮典」 '春官 宗伯 諸科' 條. "覆試 三年一試 前秋初試 春初覆試殿試"; 『경국대전주해』는 『경국대전』 조문과 용어를 주석한 책으로 명종 10년(1555) 간행되었으나, 이 규범은 명종 7년(1552)에 역시 시행되었을 가능성이 있다는 전제로 이를 인용하였다.

318 『태종실록』 14년 7월 4일 條.; 양혜원, 「조선초기 법전의 僧 연구」, 박사학위논문, 서울대학교대학원, 2017, pp.208-209 참조.

319 『세종실록』 6년(1424) 3월 27일 기사 중 "사헌부에서 啓하기를, '지난 癸卯年 (1423) 〈華嚴宗〉選試 때 證義가 誓師가 되었는데…'"라는 내용은 1423년(癸卯) 까지 五敎兩宗의 7종에 따른 選試가 행해졌음을 알려준다. 이 내용 중 〈華嚴宗〉 이란 華嚴宗, 慈恩宗, 中神宗, 摠南宗, 始興宗 등 다섯 敎宗과, 曹溪宗, 天台宗 등 두 禪宗을 합한 五敎兩宗의 7宗 중 하나를 말하고 있기 때문이다.

320 『세종실록』 6년(1424) 4월 5일 기사에 (五敎兩宗의) 7종 중 "曹溪·天台·摠南 3종을 합쳐 禪宗으로, 華嚴·慈恩·中神·始興 4종을 합쳐 敎宗으로 삼고자 청하는 禮曹의 啓"와, 이를 "從之하였다"는 내용이 실려 있다.

321 『경국대전』 「禮典」 '度僧' 條. "試 禪宗 則傳燈·拈頌 敎宗 則華嚴經·十地論 各取三十人."

있다.[322]

이 두 사례는 모두 복시에서 입선 중 삼 분의 일을 뽑았음을 전하는 것으로, 명종 대의 선과에서도 이 원칙을 동일하게 적용하고자 했음을 알 수 있다. 이에 『명종실록』의 같은 달(4월) 18일 기사에는 위 내용과 관련해 "지금 뽑은 사람이 삼 분의 일이 안 되니 … (중략)… 윤허하지 않는다"[323]는 내용이 실려 있는 것이다.

이에 대한 반발이 생겨나기도 하였다. 즉 『명종실록』 명종 7년(1552) 9월 기사에는 다음 내용이 실려 있다.

"이조 판서 송세형이 아뢰기를, '유생(儒生)의 과거는 식년(式年)이면 강(講)에 응시하는 자가 3백여 명에 입격자(入格者)는 불과 30~40명이고, 별과(別科)의 경우에는 강에 응시하는 자가 6백여 명에 입격자는 역시 30~40명에 불과해도 아직껏 지나치게 엄격하고 소략하게 뽑는다는 책망이 없었습니다. 그런데 …(중략)… 선교(禪教)의 시경에서 예관(禮官)이 삼 분의 일을 뽑는다 함은 300~600명에서 30~40명만 뽑는 것에 비하면 과람합니다. 40년 동안 경문(經文) 외는 것을 폐했다가 1년 안에 억지로 익히니 어떻게 밝게 이해하여 익히 욀 수 있겠습니까? 그 숫자가 많지 않음은 필연적인 형세인 것이지, 예관이 지나치게 엄격하게 해서 그런 것은 아닙니다."[324]

---

322 양혜원, 「조선초기 법전의 僧 연구」, 박사학위논문, 서울대학교대학원, 2017, pp.208-209 참조: 1525년 간행된 성현(1439~1504)의 『慵齋叢話』(제9권) 역시 "그 試法은 선종에서는 전등, 염송을 講하고, 교종에서는 화엄경을 講하여 각 30명을 뽑는다"는 내용을 전하고 있다.
323 『명종실록』 7년 4월 18일 條.
324 『명종실록』 명종 7년(1552) 9월 2일 條.

위 송세형의 주장은 『경국대전』 「예전(禮典)」의 '제과(諸科)' 조에 따라 문무과(文武科) 전시(殿試)에서의 선발 인원 33인(갑과 3인, 을과 7인, 병과 23인)[325] 을 염두에 둔 것으로, 이에 맞춰 선종 21인과 교종 12인을 합해 총 33인을 뽑았음을 알 수 있다. 그럼에도 "윤허하지 않는다"는 주장의 경우 『경국대전』 「도승」 조에 "선종 교종 양종은 매 3년마다 선시한다. 선종은 전등(傳燈)과 염송(拈頌)을, 교종은 화엄경과 십지론을 시험하여 각 30인씩을 뽑는다"[326] 는 입장에서 총 60명 중 왜 33명만 뽑았느냐는 입장이었음을 알 수 있다.

하지만 이때의 기사에 "윤허하지 않는다" 했음에도, 이때 입격한 선종 21인과 교종 12인 중 일부는 입격자로 처리되었음을 알 수 있다. 이에 대한 예로, 묵암최눌(默庵最訥)의 법을 이은 전령(展翎, ?~1826)의 문집 『해붕집(海鵬集)』의 「허응당경찬(敬贊虛應堂)」 항목에 허응당 보우에 대해 "선불장(選佛場)에서 심공급제(心空及第)하셨으니, 이 스님이야말로 용호방(龍虎榜) 아래에서 문장으로 날실을 삼고 무예로 씨실을 삼은 재주를 지닌 분이었네"[327] 라는 기록이 발견된다. 『명종실록』 4년 9월 기록에 의하면 '보우는 내명(內命)으로 봉은사 주지가 되었던' 자로 지음(持音)의 신분이었을 것이다. 이에 위 『해붕집』 「허응당경찬」 기록 중 "선불장(選佛場)에서 심공급제(心空及第)하셨다"는 내용에서 볼 때 보우는 이때의 선과에

---

325 『經國大典』 「禮典」 '諸科' 條.

326 『경국대전』 「禮典」 '度僧' 條. "禪敎兩宗, 每三年選試, 禪宗, 則傳燈·拈頌, 敎宗, 則華嚴經·十地論, 各取三十人."

327 『海鵬集』(『韓佛全』 12), p.245上. "選佛場中 心空及第也 此可謂龍虎榜下 文經武緯之才."

서 입격하여 이후 선과를 주관했을 가능성이 있다고 할 수 있다.

또한『제월당대사집』「청허대사행적」에 "임자년(壬子, 1552) 방
(牓)에 선과(禪科)에 출신(出身)하였다. 처음에 낙산사[洛山] 주지가
되었으며, 다음에는 선종(禪宗) 전법사(傳法師)를 지냈고…"[328]라는
내용이 실려 있으며,『청허당집』「청허집보유」에 "나이 30에 선과
에 입격[中]하여…"[329]란 기록은 명종 7년(1552)의 선과가 공식 인
정되었음과 함께, '선종 21인'에 허응당 보우와 함께 청허휴정(清虛
休靜)이 포함되어 낙산사 주지로 임명되었을 가능성이 있는 것이
다.

이때 시행된 선과의 경우『경국대전』규범과는 다른 모습을
발견할 수 있다. 즉『경국대전주해』「예전」'제과' 조에 "(諸科는) 전
년 가을에 초시(初試)를 행하고, 초봄에 복시(覆試), 전시(殿試)를 행
한다"[330]는 규범에도 불구하고, 명종 7년(1552) 1월 8일에 '3경(三
經) 시송(試誦)'의 시재행(試才行)을 통해 입시승 4백여 명을 뽑은
후, 동년 4월 12일 봉선사와 봉은사에서 선종 21인과 교종 12인을
뽑았던 것이다. 즉 시재행 후 초시를 생략한 채 복시와 전시가 행해
졌음을 알 수 있다.

한편『청허집』중 이봉성 시(詩)에 대한 청허의 차운(次韻) 가

---

328 『霽月堂大師集』(上),「清虛大師行蹟」條.(『韓佛全』8), p.120. "壬子牓禪科出身
初行洛山住持 次行禪宗傳法師…"

329 『清虛堂集』,「清虛集補遺」條.(『韓佛全』7), p.735上. "年三十 中禪科…"

330 『經國大典註解』(後集)「禮典」'春官 宗伯 諸科' 條. "覆試 三年一試 前秋初試
春初覆試殿試"; 『경국대전주해』는『경국대전』조문과 용어를 주석한 책으로 명종
10년(1555) 간행되었으나, 이 규범은 명종 7년(1552)에 역시 시행되었을 가능성이
있다는 전제로 이를 인용하였다.

운데 "산인 역시 홍패(紅牌) 찬 객이어서(山人亦是紅腰客)"[331]란 표현이 쓰여 있음을 미루어, 이때 선과에 입격한 승(僧)에게 홍패교지(紅牌敎旨)를 발급했음을 알 수 있기도 하다.[332]

그럼에도 위 (4월) 18일 기사 중 "지금 뽑은 사람이 삼 분의 일이 안 되니 …(중략)… 윤허하지 않는다"는 내용과 관련해, 이틀 후 본격적으로 선과가 재시행된 구체적 예를 실록에서 발견할 수 있다.

2) 명종 대 선과(禪科)의 양상

선과(禪科) 시행에 대해 『조선불교통사』에서는 "명종 7년 임자년(1552)으로부터 비로소 선과의 초시(初試)를 실시하였다. 강경(講經)과 제술(製述)을 시험해 도첩을 주니 간략하게나마 문무과(文武科)를 모방한 것이다"[333] 하고 있다. 또한 "명종대왕 때 봉은사에 선과를 설치하여 보우(普雨) 화상이 주(主)가 되어 시험을 치렀는

---

331 『淸虛集』(卷之三)(『韓佛全』7), p.698下. "走次李鳳城老倅 韻 公句 / 老我至今 貪五斗 三城奔走怵龍鍾 / 一(句) 雨歇頭流千萬峯 芙蓉爭揷白雲中 山人亦是 紅腰客 還愧西庵隔暮鍾. 二(句) 曾栖智異最高峯 却愧身遊道路中 今宿古城鄰 古寺 暮天風送一聲鍾."

332 『명종실록』 7년(1552) 4월 28일 기사에 禪科 입격자에게 '잡과의 예에 의한 白牌 발급'을 말하고 있어, 이때를 기점으로 紅牌에서 白牌 발급으로 형식이 전환되었으리라 추정된다. 이에 紅牌를 수급한 淸虛의 경우 1552년 4월 28일 이전에 禪科에 입격한 것임을 알 수 있다.

333 『조선불교통사』, 「明宗復禪科明心宗」條.

데…"³³⁴라 하여 보우가 선과를 주관했음을 전하고 있다. 이때 시행된 선과의 경우, 『명종실록』과 『경국대전』에는 응시 자격과 함께 복시(覆試) 내지 중시(重試)에 따른 등제(等第), 그리고 입격자에게 주어지는 도첩식(度牒式)과 백패(白牌), 또한 참학입선첩(參學入選帖)과, 초시(初試) 선발 인원 등에 대한 구체적 설명이 담겨 있어 이를 정리하면 다음과 같다.

(1) 응시 자격과 복시(覆試), 중시(重試)에 따른 등제(等第)

우선 『명종실록』 7년(1552) 4월 20일 기사에는 역첩(役牒)을 받은 자와 주지·지음(持音)으로서 내수사(內需司)의 차첩을 받은 자, 본 고을의 진성(陳省, 신원)이 확인된 자 등에게 선과 응시를 허락하는 다음 내용이 실려 있다.

> "'지금 선과는 비록 문무과 등 제과(諸科)와 비교할 수는 없으나 조종조로부터 종문(宗門)에서 각각 먼저 도첩을 상고한 후 응시를 허락하였는데, 지금은 소속 없는 승(僧)도 모두 모여들어 응시합니다. 전일의 승전(承傳)에 의해 견항(犬項)과 의항(蟻項)에서 역첩을 받은 자와 주지·지음으로 내수사의 차첩을 받은 자 외에, 본 고을의 진성(신원)이 분명하다 하여 응시를 허락하는 것은 조종조의 구규(舊規)에 어긋나니, 어떻게 해야 할지 모르겠습니다' 하니 전교하기를, '폐지한 지 이미 50여 년이나 되었으니 어떻게 도첩을 받은 자가 있을 것이며 …(중략)… 견항과 의항에서 역첩을 받은 승은 모두 잡류들이었으니

---

334 『조선불교통사』, 「高麗選佛初設僧科」 條.

경문을 해득하는 자가 몇이나 되겠는가. 본 고을에서 먼저 그 근각을 살핀 후 진성(신원)을 발급하게 하고, 그 진성에 의해 응시를 허가하게 하라' 하였다."[335]

위 내용은 부역을 통해 역첩(役帖)을 받은 자와 내수사의 차첩을 받은 자뿐만이 아닌, 진성(신원) 확인자 모두에게 선과 응시 자격을 부여했음을 알려 준다. 여기서 '내수사 차첩'의 경우, 연산군 대에 양종도회소가 불탄 후 도회소(都會所)가 청계사 내지 용문사, 신륵사 등으로 이전되었고,"[336] 중종 2년(1507)에 양종의 노비와 전지(田地)가 내수사에 이속되었던바,[337] 왕실 재정을 관리하던 '내수사에서 승도의 차첩을 발급했다' 함은, 내수사가 양종 기능의 일부를 대신하여 차첩을 발급했음을 의미한다.

이어 『명종실록』 7년(1552) 4월 28일 기사에서는 선과의 복시 내지 중시의 예를 설명하고 있는데, 선과 입격자에게 홍패를 발급한 이전 4월 12일의 예 – 청허휴정의 예 – 와는 달리,[338] 선과의 등제(等弟) 및 잡과(雜科)의 예에 의해 백패를 발급한다는 내용이 실

---

335 『명종실록』 명종 7년 4월 20일 條.
336 『중종실록』 중종 3년 11월 22일 條; 高橋亨, 『李朝佛敎』, 서울: 國學資料院, 1980, pp.244-256.
337 『중종실록』 2년 4월 7일 條.
338 앞서 필자는 『명종실록』 7년(1552) 4월 12일 기사 중 試經을 통해 禪宗 21인과 敎宗 12인을 뽑은 예와 함께, 『청허집』 중 청허의 次韻을 인용하는 가운데 선과 입격 후 紅牌 受給의 예를 언급한 바 있다. 이에 비해 다음의 『명종실록』 7년(1552) 4월 28일 기사에는 禪科 登第에 대한 下問과 관련해 '잡과의 예에 의한 白牌 발급'을 말하고 있어, 이때를 기점으로 紅牌에서 白牌 발급으로 형식이 전환되었으리라 추정할 수 있다.

려 있다.

"승정원이 아뢰기를, '어제 선과의 등제를 하문하셨는데 …(중략)…
선종승[普雨]은 방목을 상고하여 1등·2등으로 나누되 잡과의 예와
같이 했다 하였고, 교종승[守眞]은 증거할 만한 문적이 없어 상고하
기 어렵다 하였습니다. 또 잡과는 1등·2등으로 나누어 정7품·정8품
의 직을 주기 때문에 등수가 있으나, 선과는 이와 다르기 때문에 『대
전』에 등제의 분별이 없습니다' 하니 답하기를, '이미 선과라 하였다
면 잡과와 무엇이 다르겠는가 …(중략)… 다른 잡과의 예에 의해 백
패를 발급하고 등수를 나눌 것을 사목(事目)에 기록하도록 하라. 옛
날에는 선과에 참여하지 못한 자에게 참학입선첩(參學入選帖)을 발
급했으니, 고례에 의해 성급토록 하라. 주지는 출신승(出身僧)으로 하
고, 지음은 참학승(參學僧)으로 차임해 보내면 잡승은 자연 없어질
것이다. 이를 양종에 이르라' 하였다."[339]

즉 선시 결과를 "1등·2등으로 나누되 잡과의 예와 같이 했다"
는 선종승[普雨]의 말에 따라 잡과의 예에 의해 백패를 발급하고 등
수 나눌 것을 명한 내용으로, 이는 초시(初試)에 입격한 입선(入選)
을 대상으로, 복시(覆試)를 거쳐 중시(重試) 결과에 따라 이를 1등·
2등으로 나누어 정7품·정8품 등의 직을 주었음을 추정케 하는 대
목이다. 그런데 이와 관련해 『조선불교통사』 「명종복선과명심종
(明宗復禪科明心宗)」 조에는 『정릉지(靖陵誌)』를 인용하는 가운데 선

---

339 『명종실록』 명종 7년 4월 28일 條.

과의 복시 내지 중시에 대한 약간 다른 내용을 기록하고 있다.

"다시 선과를 세웠다. 문무과와 같은 날 개장하여 시험을 치렀다. 하
관(夏官, 兵曹 관리)[340]을 파견해 석자(釋子)를 살펴 경교(經教)에 능통
한 자를 뽑았다. 갑·을·병 3등 과(科)를 주었으며, 대선(大選, 大選은 文
武의 大科와 같다)이라 이름하였다. 참학자(參學者)는 제술(製述)로 거듭
[再] 뽑았다. 입격자를 중덕(中德)이라 불렀다(中德은 文武의 重試와 같
다). 방을 내걸고 패(牌)를 하사함은 문무과와 같았다."[341]

위 내용 중 "문무과와 같은 날 개장해 경교(經教)에 능통한 자
를 뽑아 대선(大選)이라 하였다" 함은 복시의 예를 설명한 것임을
알 수 있으며, 『경국대전』「도승」조 중 복시의 예로서 '선종과 교종
각 30인씩을 뽑았음'[342]을 알 수 있다. 그런데 다음 기록인 "갑·을
·병 3등 과를 주었다"는 부분은 중시(重試)를 말하는 것으로, 『경국
대전』「예전」 '제과' 조에 "문무(文科) 전시(殿試)는 33인이다(갑과 3
인, 을과 7인, 병과 23인이다)"[343]는 내용을 비추어 볼 때, 중시를 통해 문
무과의 전시와 같이 갑·을·병 3등의 과를 주었고, 그 인원에 있어

---

340 僧錄司 내지 選試는 禮曹 관할이기에 禮曹 관리인 禮曹郎廳이라 기록되어야 할
     것이다.
341 『조선불교통사』(下), pp.798-799; 白谷處能(1617~1680)의 『大覺登階集』 중 「奉
     恩寺重修記」에도 거의 유사한 기록이 실려 있다. 『大覺登階集』(卷之二)(『韓佛
     全』8), p.325下.
342 『경국대전』「禮典」 '度僧' 條. "試 禪宗 則傳燈·拈頌 教宗 則華嚴經·十地論 各
     取三十人."
343 『경국대전』「禮典」 '諸科' 條. "文科殿試 三十三人(甲科3人, 乙科7人, 丙科23人)."

서는 선종과 교종 각 30인씩 총 60인을 뽑아 등과를 배당했으리라 추정할 수 있다.

한편 『경국대전』「이전(吏典)」'제과' 조에는 문과 급제자의 갑·을·병 3등 과에 따른 품계에 대해, "문과 갑과 중 제1인은 종6품을, 나머지는 정7품, 을과는 정8품 품계를, 병과는 정9품 품계를 준다"[344]라고 기록되어 있어, 위 『조선불교통사』의 내용에 따르면 선과(禪科) 중시의 경우 역시 이에 따른 품계를 받았으리라 여겨진다. 또한 『성종실록』에 "선(選)에 입격한 자[中是選者]는 대선(大選)이 되고, 중덕(中德)이 됩니다"[345]는 기록 및 "중덕은 6품에 준한다[中德準六品]"[346]는 내용을 미루어 볼 때 선과의 중시를 거쳐 갑과 중 1인은 종6품의 중덕으로 뽑고, 나머지 2인은 정7품, 을과 7인은 정8품, 나머지는 병과로서 정9품의 품계를 받았을 수도 있다. 이는 앞의 인용 가운데 "방을 내걸고 패를 하사함은 문무과와 같았다"는 내용과 부합하는 것이기도 하다.

그럼에도 선과가 복원된 명종 대의 『명종실록』 기사에 "잡과의 예에 의해 백패를 발급하고 등수를 나눌 것을 하문"하고 있음을 미루어, 이 부분에는 새로운 이해가 요구된다. 이를 설명하기 위해 『경국대전』「이전(吏典)」 제과(諸科) 조에 기록된 '잡과 입격자' 항목을 들면 다음과 같다.[표7]

344　『경국대전』「吏典」'諸科' 條. "文科 甲科第一人授從六品, 餘正七品, 乙科正八品階, 丙科正九品階."
345　『성종실록』 성종 9년 8월 4일 條.
346　『성종실록』 성종 8년 1월 20일 條.

표7.『경국대전』「이전(吏典)」제과(諸科) 조의 '잡과 입격자' 항목

- 雜科入格者 條 :
    譯科 : 一等 授從七品(於本衙門敍用 下同), 二等 從八品階, 三等 從九品階.
    陰陽科·醫科·律科 : 一等 竝從八品, 二等 正九品階, 三等 從九品階.[347]

이에 따르면 잡과 중 역과(譯科)의 경우 1등은 종7품, 2등은 종8품, 3등은 종9품의 품계를, 음양과(陰陽科)와 의과(醫科), 율과(律科)의 경우 1등은 종8품, 2등은 정9품, 3등은 종9품의 품계를 주는 것으로, "중덕은 6품에 준한다[中德準六品]"[348]는 예에 비추어 문과 급제자와 동일 품계가 적용된 『성종실록』 기록과는 달리, 명종 대에는 잡과의 예에 따라 7품 이하의 품계가 적용되었을 가능성이 있기도 하다.

(2) 도첩식(度牒式)과 백패(白牌), 참학입선첩(參學入選帖)

한편 위 명종 7년(1552) 4월 28일 기사 중 입격자에게 홍패가 아닌, "잡과의 예에 의한 백패를 발급하라"는 경우, 현재 승인(僧人)의 백패가 전해지지 않는 까닭에, 『경국대전』에 실린 「도첩식」과 「잡과 백패식」, 「백패식」을 비교하여 그 형식과 내용을 추정할 수 있을 뿐이다.[349] 또한 이를 통해 도첩의 형식 역시 살펴볼 수 있다. 먼저 표를 통해 「도첩식」과 「백패식」의 형식 및 내용을 말해 보기로 한

---

347 『경국대전』「吏典」諸科 條.
348 『성종실록』성종 8년 1월 20일 條.
349 『경국대전』「禮典」條 '用文字式' 항목; 전영근, 「조선시대 사찰문서 연구」, 박사학위논문, 한국학중앙연구원 한국학대학원, 2010, p.61 참조.

162

다.[표8]

표8. 『경국대전』에 실린 도첩식(度牒式)과 백패식(白牌式)

도첩식(度牒式)	잡과백패식	백패식
禮曹牒 ① 學生某年甲本某官 ② 父某職某 ③ 外祖某職某本某官 本曹 啓過準(禪宗)(敎宗同) 呈該 某處住 某職 某狀 告內 男某 願納丁錢出家爲僧 名某 伏乞出給度牒 擬此 照遵舊例 具本 於某年月日 某承旨臣某奉 敎依允 敬此移關 該司 收訖丁錢 合給度牒者 年(印)月日 (牒)判書(押) 參判(押) 參議(押) 正郎(押) 佐郎(押)	某曹牒 敎具官某 某科 幾等 第幾人 出身者 年(印)月日 判書臣某 參判臣某 參議臣某 正郎臣某 佐郎臣某	敎旨 具官某 生員(進士則稱進士) 幾等 第幾人 入格者 年(寶)月日

위 표를 비교해 볼 때, 「도첩식」은 「잡과백패식」과 형식이 동일한 것임을 알 수 있다. 즉 연월 사이에 보(寶, 御寶)가 아닌 인(印, 禮曹印)을 착압(着押)하고, 판서와 참판, 참의, 정랑, 좌랑의 서경(署經)을 거쳐 발급된 예를 볼 수 있는 것이다. 다만 「도첩식」의 경우 「잡과백패식」과는 달리 다음 내용이 추가되어 있다. 즉 ① 도첩을 받는 자[學生]의 나이, 본관, 관직 및, ② 부(父)의 성명과 직책, 외조(外祖)의 성명과 직책, 본관, 관직 등 '두 조상[二祖]' 관련이 추가 기록되어 있다.

또한 ③ 본조(예조)에서 왕에게 아뢴 뒤, 선종(교종)에서 올린

"모처(某處)에 거주하는 모직(某職) 모상(某狀)의 남자 모(某)가 정전을 납부하고 출가해 승명(僧名) 모(某)가 되기를 원하여 도첩을 출급해 줄 것을 엎드려 바란다"는 원에 의해, 구례에 따라 본을 갖춰 모년(某年) 월일(月日)에 (某)승지 신(臣) (某)가 "(이를) 윤허한다는 (왕의) 가르침"을 받들어 공경스러이 해당 관사(官司)에 관(關)을 보냈고, 정전 수납을 마쳤으니 도첩을 발급한다는 구체적 내용이 추가되어 있다.

한편 위 「도첩식」 중 ② 부(父)와 외조 등 2조(二祖)와 관련해 『세종실록』 20년(1438) 2월 기사에는 "예조는 부와 외조만을 살펴 천인이 아니면 서명해 줄 뿐이었다"[350]는 내용을 전하고 있다. 또한 『명종실록』 7년(1552) 8월 기사 역시 "예조에서 승인의 도첩단자를 입계(入啓)하면서 아뢰기를, '시경(試經)한 승인(僧人)을 검열해 …(중략)… 2조(二祖) 중 부(父)의 이름과 승(僧)의 속명이 각기 달리 기록된 자는 도첩을 작성하는 격례에 어려움이 있으니…'"[351]라 하여 도첩에 2조(二祖) 관련 내용이 기록되어 있음을 볼 수 있다. 이는 세종 대로부터 명종 대에 이르기까지 도첩이 위 「도첩식」의 예에 따라 동일하게 작성되었음을 추정케 하는 근거이기도 하다.

또한 승인(僧人) 백패(白牌)의 경우 문무과의 백패가 아닌 '잡과의 예'에 따른 백패를 발급받는다는 『명종실록』 7년(1552) 4월 기사를 미루어 볼 때, 백패 수급자는 위 「잡과백패식」의 예에 따라 입

---

350 『세종실록』 세종 20년 2월 19일 條. "禮曹但考 父與外祖 不係賤人 則行署而已."
351 『명종실록』 명종 7년 8월 17일 條. "禮曹以僧人度牒單子入啓曰 '試經僧人推閱…差錯之中 二祖父名 僧俗名各異者 成牒格例爲難…'"

격자(入格者) 아닌 출신자(出身者)로 명명됨과 함께, 연월 사이에 보(어보)가 아닌 인(예조인)을 착압하고, 판서와 참판, 참의, 정랑, 좌랑의 서경을 거친 백패를 발급받았을 것임을 알 수 있다.

그리고 위 "선과에 선과에 들지(입격하지) 못한 자[禪科未參者]에게 참학입선첩(參學入選帖)을 발급하였다"는 기록 중 참학(參學)에 대한 설명이 백곡처능(白谷處能, 1617~1680)의 『대각등계집』「봉은사중수기」에 실려 있다.

"다음으로, 제작(制作)으로 틈틈이[間] 발탁된 자를 참학자(參學者)라 일컬었다. 참학이란 즉 유가의 소과(小科)이다."[352]

즉 '제작(制作)을 통해 틈틈이 발탁된 자를 참학자(參學者)'라 하며 '유가의 소과(小科)와 같다'는 것으로, 이는 '시재행(試才行)'을 통해 도첩을 발급받은 중격자(中格者) 내지, 이들 중 일정 시험을 통과한 자를 말하는 것으로 이해된다. 그리고 위 명종 7년(1552) 4월 28일 기사에서는 '이들에게 참학입선첩을 발급한다' 하고 있다.

그런데 이와 관련해 『태종실록』 14년(1414) 7월 기사에서 선시(選試) 중 초시에 해당하는 초선(初選) 입격자를 입선(入選)이라 칭했으며,[353] 『명종실록』 7년(1552) 5월 4일 기사에 "대선(大禪) 취재 때 분수(分數)가 차지 않은(입격하지 못한) 승려에게 입선차첩(入禪

---

352 『大覺登階集』(卷之二)(『韓佛全』8), 325下面. "次以制作 間有拔擢者 曰叅學 叅學者 即儒家之小科也."
353 『태종실록』 태종 14년 7월 4일 條.

差帖)을 주게끔 한"예[354]를 견주어 볼 때, '참학입선첩'은 초시 입격자인 입선이 받게 될 입선차첩보다는 한 단계 밑의 차첩(差帖)으로 추정된다. 이러한 예는 참학입선첩의 성격을 말해주는 동시에 '제작을 통해 발탁된 참학자'에게도 차첩이 발급되었음을 알게 한다.

즉 선과(禪科) 결과에 따라 복시 내지 중시에 합격한 출신승에게는 '잡과백패식'에 따른 백패 발급과 함께 선종승[普雨]의 상고에 따라 정7품·정8품의 등의 품계 내지, 『정릉지(靖陵誌)』의 기록에 따라 갑·을·병 3등 과(科)를 주어 주지(住持)로 차임하고, 초시에 합격한 입선으로서 대선 취재 때 '분수가 차지 않은(입격하지 못한)' 자에게 입선차첩을 주며, 제작으로 발탁된 참학자에게는 참학입선첩을 발급해 지음(持音)에 차임했음을 알 수 있다.

이렇듯 백패 내지 차첩을 받게 된 자들은 「대선방(大選榜)」에 이름을 올리게 되었을 것으로, 『허응당집』에는 합격자 발표일에 봉은사 선불장(選佛場)에 붙여둔 것으로 추정되는, 「대선 방방일서(大選放榜日書) 시삽원고사(示卅員高士)」라는 시(詩)가 실려 있다. 여기서 '삽원고사(卅員高士)' 즉 '30명(卅員)의 훌륭한 선사(高士)'란 선종과 교종 각 30인씩 총 60인의 입격자 가운데 ─ 교종의 합격자로 봉선사에 방을 붙여둔 30명을 제외한 ─ 봉은사에서 취재한 선종 합격자 30명을 뜻하는 것으로, 여기 실린 시(詩)의 내용은 다음과 같다.

"옛날 일찍이 대선(大選)이 있음을 들었건만(古昔曾聞有大選)
지금 어찌 이런 의식 보게 될 줄 알았으리(當今何計見眞儀)

---

354 『명종실록』 명종 7년 5월 4일 條.

천생(天生)의 대비께서 발(簾)을 드리운 날(天生聖后垂簾日)

큰 산에서 내리신 명군(明君)께서 어거하신 때로다.(岳降明君御宇時)

순임금[舜]의 태양 거듭 밝아, 경과 탑은 밤과 같고(舜日再明經塔夜)

요임금[堯]의 바람 거듭 불어, 법의 숲 시들하니(堯風重扇法林萎)

응당 과거 마당에 출현해 만날 어진 준 걸 기약하며(應期賢俊逢場出)

이름 얼굴 가지런히 보니 기쁨 또한 슬픔 있어라(名相齊觀喜且悲)."[355]

또한 대선에 합격한 자들은 각 사찰의 주지(住持) 차첩(差帖)을 받게 되었을 것으로,『허응당집』에는 다음과 같이 이들을 위한 축성(祝聖)의 시를 싣고 있다.

"모든 대선(大選)의 무리들, 같이 주지(住持)의 첩(帖)을 받았네(諸大選輩 同受住持之帖).

각기 1사(一寺)의 주인 되어 돌아가니, 게(偈)로서 교시[示]하느라 (各作一寺之主以歸 以偈示之)

순임금[舜]의 태양 사사로움 없이 석문(釋門) 비추고(舜日無私照釋門)

선림(禪林)은 의구하여 이 첩(帖)을 보게 되누나(禪林依舊見斯文).

모든 스님들이여 이제 다행히 앞선 자취 받들게 되니(諸師今幸承前躅)

모두 이름난 가람에 가서 부지런히 축성(祝聖)하세(各去名藍祝聖勤)."[356]

355 『虛應堂集』(下)(『韓佛全』7),550下.
356 『虛應堂集』(下)(『韓佛全』7),550下.

한편 명종 7년(1552) 5월 4일 실록 기사에는 "그 나머지는 비록 차첩을 주지 않더라도 근각(根脚)·호구(戶口)가 이미 진성(陳省, 신원)에 기록되어 있으니 빠짐없이 치부(置簿)하여 지음(持音)으로 차임한다면 잡승이 그 사이에 끼지 못할 것이다"[357] 하여, 도첩승 내지 호패승의 경우 선과에 따른 차첩(差帖) 발급 여부를 떠나 지음에 차임했음을 알 수 있다. 그런데 위 내용 중 '근각을 조사한 예'로서 명종 7년(1552) 7월 기사에 "아비의 이름을 물었으면 그 근각을 조사했다고 할 수 있다"[358] 하여, 도첩 발급과 관련해 대규모의 '지음(持音) 차임(差任)'이 행해졌음을 알 수 있다.

그럼에도 이어진 명종 7년(1552) 8월 기사에 "군적 정리가 임박했으니, 속히 시경(試經)하여야 잘하지 못한 자를 정역(定役)시킬 수 있다"[359] 하여 시경(試經)이 잡승을 걸러내 군역을 부과하기 위한 목적 또한 있었음을 알게 된다. 그러나 이런 조치에 대해 육조(六曹)의 당상(堂上)은 "상(上)께서 매양 군액이 감축되는 것을 걱정하시어 정녕한 분부를 내리셨습니다만, 실은 한 나라의 백성을 모조리 상문(桑門, 불교)에 몰아넣고 있습니다"[360]는 우려를 전하고 있기도 하다.

---

357 『명종실록』 명종 7년 5월 4일 條.
358 『명종실록』 명종 7년 7월 3일 條.
359 『명종실록』 명종 7년 8월 4일 條.
360 『명종실록』 명종 7년 8월 6일 條.

(3) 도첩승과 선과(禪科) 초시(初試) 선발 인원

당시(1552) 보우(普雨)는 내수사(內需司)를 총섭(總攝)하였고,[361] 선종판사(禪宗判事)로 있었으며,[362] 「선종판사계명록(禪宗判事繼名錄)」에 300여 사찰을 부흥해 불일(佛日)을 빛나게 하겠다는 의지를 밝혔던 때이기도 하다. 그리고 이 계획의 일환으로 식년인 임오년(1552) 1월, 시재행(試才行)을 통해 4백여 명에게 도첩을 발급하였다. 그러나 동년 2월 14일 실록 기사에 의하면 이때 도승(度僧)과 관련하여 "시경(試經)하여 도승하는 것을 양종(兩宗)에 전임시켰기 때문에 시경할 때 외람된 일이 많다"[363]는 여론이 생겨났다. 이에 이후에는 – 여론을 의식한 가운데 – 다음 절차에 따라 선과가 시행되었음을 알 수 있다.

우선 시경(試經)에 따른 도첩승의 인원을 한정했던바, 『명종실록』 7년(1552) 10월 기사에 다음 내용이 실려 있다.

"양종에서 시경(試經)하는 승의 숫자를 정하지 않으면 반드시 너무 많이 뽑게 될 것이다. 더구나 양계(兩界)의 승은 많이 뽑을 수 없으니, 이번에 정한 액수 외에 다시는 지나치게 뽑지 말라는 것으로 예조에 이르라(평안도·함경도는 각 100명, 전라도·경상도는 각 500명, 황해도·청홍도는 각 400명, 경기·강원도는 각 300명, 합 2,600명으로, 이 숫자를 양종으로 나누었

---

361 『명종실록』 명종 6년(1551) 8월 23일 條.
362 『명종실록』 명종 7년 8월 6일 條.
363 『명종실록』 명종 7년 2월 14일 條. "試經하여 度僧하는 것을 兩宗에 전임시켰기 때문에 試經할 때 외람된 일이 많다고 한다."

다).”[364]

즉 합 2,600명을 나누어 선종 1,300명과 교종 1,300명의 시경승을 뽑은 것으로, 이처럼 시경승의 정액을 한정한 것은『경국대전』「예전」조에 생원시와 진사시의 경우 각 700인씩 1,400명을 뽑은 예[365]에 비추어, 숫자를 조정한 것으로 이해된다. 그리고『명종실록』8년(1553) 1월 기사에 “양종의 시경승 원래의 수 2,600명 중 2,580명에게 도첩을 성급해 주었습니다. 교종의 시경에서 전라도의 승(僧) 250명 중 20명이 차지 않았기 때문입니다”[366]는 내용은 위 정액에 따른 재시행(才試行)과 도첩 발급이 행해졌음을 알려준다.

이후『명종실록』9년(1554) 8월 13일에 “내년은 식년이므로 선과 또한 시행해야 할 것인데, 예조가 선과의 절목을 계하(啓下) 받은 적이 없다. 만일 관련 부서[該曹, 예조]에 등록이 없다면 양종에 물어 미리 살피도록 하라”[367]는 교서에 따라 동년 8월 18일 다음 기사가 실려 있다.

“예조에서 아뢰기를, ‘선과에 관한 전례는 본조의 문안을 고찰해 보니 복시 날을 가린 일만 있고 초시에 관한 규정은 없었습니다. 다만

---

364 『명종실록』명종 7년 10월 16일 條.
365 『경국대전』「禮典」‘諸科’條. “漢城試二百人. ○鄕試, 京畿六十人, 忠淸道·全羅道各九十人, 慶尙道一百人, 江原道·平安道各四十五人, 黃海道·永安道各三十五人.”
366 『명종실록』명종 8년 1월 19일 條.
367 『명종실록』명종 9년 8월 13일 條.

갑자년(1504)에 출신(出身)한 승인(僧人)들 말이 〈선과 초시 때 양종에서 각각 100명씩 뽑고, 이듬해의 복시 때 본조의 낭청을 보내 시험하여 뽑았다〉 했습니다' 하니, 전교하기를 '전례대로 양종에서부터 초시를 보이라' 하였다."[368]

이 기사는 『명종실록』 9년(1554) 8월 18일에, 선시 폐지 이전인 1504년(甲子)의 예를 기술한 것으로, 본조 문안에 초시 관련 규정이 없기에 1504년의 출신승 말에 의거해 초시 때 양종 각각 100명씩 뽑는 예를 전하고 있다. 이에 따르면 명종 대의 경우, 1554년 이전의 선과에서는 초시가 행해지지 않았음을 알 수 있다. 이에 대해 『조선불교통사』에 "명종 7년 임자년(1552)으로부터 비로소 선과의 초시(初試)를 실시하였다"[369]는 내용 중 '명종 7년 임자년'은 '명종 9년 갑인년(1554)'을 잘못 기록한 것임을 알 수 있다.

여하튼 갑인년(1554) 이후의 경우 위 규정에 따라 초시 때 양종에서 각각 100명씩 200명을 뽑았음을 알 수 있다. 또한 다음 해 식년(1555)에 치러진 복시와 중시의 경우 『경국대전』「예전」 '제과' 조에서 "문무(文科) 전시(殿試)는 33인이다"[370]는 예에 따라 33인을 뽑았을 가능성이 있다. 또한 앞서 언급한 『경국대전』「도승」 조에서 복시 때 '선종과 교종 각 30인씩을 뽑는다'[371]는 예에 비추어, 입

---

368 『명종실록』 명종 9년 8월 18일 條.
369 『조선불교통사』, 「明宗復禪科明心宗」 條.
370 『경국대전』「禮典」 '諸科' 條. "文科殿試 三十三人(甲科3人, 乙科7人, 丙科23人)."
371 『경국대전』「禮典」 '度僧' 條. "試 禪宗 則傳燈·拈頌 教宗 則華嚴經·十地論 各取三十人."

선 중 선종과 교종 각각 30인씩 총 60인이거나, 양종 모두를 합하여 30인을 뽑았을 가능성이 있기도 하다. 그럼에도 『허응당집』「대선 방방일서(大選放榜日書) 시삽원고사(示卅員高士)」[372]란 항목 중 '삽원고사(卅員高士)'에서 삽원(卅員)이 30인을 뜻하는 점을 미루어 양종 각각 30인씩을 뽑았을 가능성이 더 크다고 하겠다.

한편 『조선불교통사』는 이어 "강경(講經)과 제술(製述)을 시험해 도첩을 주니, 간략하게나마 문무과(文武科)를 모방한 것이다"[373]라는 내용을 기록하고 있다. 또한 "명종대왕 때 봉은사에 선과를 설치하여 보우(普雨) 화상이 주(主)가 되어 시험을 치렀는데…"[374]라 하여 보우가 선과를 주관했음을 전하고 있다.

이와 관련해 『허응당집』「갑인(甲寅, 1554) 10월 15일, 선종초시선불장방(禪宗初試選佛場榜)」조에는 선과의 초시(初試) 시행일에 봉은사 선불장(選佛場)에 붙여둔 것으로 추정되는 다음 내용이 실려 있다.

"성군께옵서 특별히 …(중략)… 과거(科擧)의 법을 설치하시니 …(중략)… 유교·불교에서의 지극히 공평하고 사심 없는 도(道)인 것이다 …(중략)… 뜰에 가득한 모든 고인(高人)들은 이미 성군의 시대를 만나 다행히 과거 마당에 들어온 행운 얻었으니, 마땅히 모름지기 각기 자기 재능을 다함으로써 응당 사심 없는 선발에 응해야 할 것이다.

---

372 『虛應堂集』(下)(『韓佛全』7), p.550下.
373 『조선불교통사』, 「明宗復禪科明心宗」條.
374 『조선불교통사』, 「高麗選佛初設僧科」條.

천 권 불경과 게송을 보았고, 만 권의 시를 품어 무리 가운데 뛰어난 그릇이라면 자연 함(函)과 덮개가 서로 맞겠지만, 혹시라도 배움에 있어 삼여(三餘)가 없고, 재주에 있어 칠보시(七步詩)의 재간이 없다면 …(중략)… 필히 구차한 마음에 얻고자 하여 몰래 남의 손을 빌리려 할 것이다. 그러한즉 취한 허물이 가볍지 않아 반드시 방출될 것이다. 모름지기 이 같은 이치를 방(榜)에 보이니, 미리 깨닫지 못함을 금하는 바이다."[375]

또한 『허응당집』에는 "이 방(榜)을 선불장 앞에 크게 내걸어 뜰 가득한 고인(高人)들이 금령(禁令)을 좇고 의지해 서로 속임이 없이, 혹 금율(禁律)을 어겨 후회하지 않게끔 이를 새벽에 게시하고 각자에게 영(令)을 통지하라"[376] 하여 당시 선불장(選佛場)의 광경을 설명하고 있다.

이후 1558년(戊午) 식년의 선과 관련 기록은 발견되지 않는다. 이어 다음 식년인 1561년(辛酉) 선과와 관련해 『사명당대사집』 중 문제자(門弟子) 해안(海眼)이 찬(撰)한 「사명당송운대사행적(四溟堂松雲大師行蹟)」에 다음 내용이 기록되어 있다.

---

375 『虛應堂集』(『韓佛全』7), p.554上. "〈禪宗初試選佛場榜 甲寅十月十五日也〉聖君特…設科擧之法…儒釋 至公無私之道也…諸滿庭高人 旣遇聖朝 幸獲逢場 當須各盡己才 以應無私之選也 若也 目千經偈 腹萬卷詩 出衆茂器 自然函盖相稱 倘或學無三餘 才乏七步…必懷苟得 陰借他手 然則取過非輕 必見放黜 理須榜示 預禁未諭者."

376 『虛應堂集』(『韓佛全』7), p.554上. "右榜出示於 選佛場前張掛 仰滿庭高人 遵依禁令 無得相欺 倘落禁律 後悔何及 故玆曉示 各令通知."

"(송운대사는) 신유(辛酉, 1561, 명종 16)에 선과(禪科)에 입격[中]하였다. 당시 학사(學士) 대부(大夫)로서, 박사암[朴淳]과 이아계[李山海], 고제 봉(高敬命) …(중략)… 같은 무리들이 모두 대사를 받들어[酬唱] (이름이) 사림(詞林)에 전파되었다."[377]

즉 1561년(辛酉) 사명당 송운대사가 선과에 급제했음을 전하는 것으로, 『조선불교통사』에는 당시 출시(出試) 시제(試題)와 관련된 다음 내용이 기록되어 있다.

"명종대왕 때 봉은사에 선과를 설치하여 보우(普雨) 화상이 그 시험에 실주(實主)가 되었으며, 청허(淸虛, 서산대사)와 송운(松雲, 사명대사)이 다 선과에 입격하였다. 세상에 전하기를, 보우가 출시(出試)한 시제(試題)에 이르되 '청정본연인데 어찌 홀연히 산하대지가 생겨났는가(淸靜本然 云何忽生 山河大地)?'라 하였고, 송운의 답안 역시 이르되, '청정본연인데 어찌 홀연히 산하대지가 생겨났는가?'라 하였다."[378]

(4) 선과 및 도승제 혁파
『조선불교통사』에는 위 내용에 이어, 이후 선과 폐지와 관련해 "보

---

377 『四溟大師集』, 「有明朝鮮國慈通廣漚尊者四溟堂松雲大師行蹟」(『韓佛全』8), p.75中. "辛酉中禪科 一時學士大夫 如朴思菴 李鵝溪 高霽峰 崔駕運 許美淑 林子順 李益之 之輩 咸與之酬唱 傳播詞林."

378 『朝鮮佛教通史』, 「高麗選佛初設僧科」條. "明宗大王時 奉恩寺 設禪科 普雨和尚 實主其試 淸虛 松雲 皆中禪科 世傳 普雨出試題曰 淸靜本然 云何忽生 山河大地 松雲答案亦云 淸靜本然 云何忽生 山河大地 及普雨死 永廢禪科 實明宗朝二十年也."

우가 죽음에 이르러 영원히 선과가 폐지되었으니, 실로 명종 20년이었다"[379]라는 기록을 싣고 있다. 즉 문정왕후가 양종 복립(復立)을 추진했던 명종 5년(1550) 이래, 명종 6년(1551) 5월 보우(普雨)를 판선종사 도대선사(判禪宗事都大禪師) 봉은사 주지(奉恩寺住持)로 삼고, 보우가 「선종판사계명록」에 3백여 사찰을 부흥해 불일(佛日)을 빛나게 하겠다는 의지 속에 선과를 복립시킨 지 14년만인 1564년에 또다시 선과가 폐지되었던 것이다.

당시 선과와 관련된 내용을 종합해 보면 다음과 같다. 우선 『명종실록』 16년(1561) 11월 기사에는 "양종에 문의해 보았는데, 양종이 다시 설립된 뒤로 도첩을 받은 자가 무려 5천여 명이나 되고…"[380]라는 내용이 실려 있다. 그럼에도 이 내용은 선과(禪科) 부활 후 당시까지 1552년(壬子), 1555년(乙卯), 1558년(戊午), 1561년(辛酉) 등 4회의 식년이 있었음과 명종 8년(1553) 1월 기사 중 "양종의 시경승 2,600명"이란 정액승 숫자를 감안할 때, 5천여 명이란 숫자는 2회 정도의 시경(試經) 인원에 해당한 것임을 알 수 있다. 이는 선과가 식년시에 따라 제대로 시행되지 못했음을 추정케 하는 내용이다.

그리고 이후 『명종실록』 17년(1562) 7월 기사에 "보우의 도대선(都大禪) 관교(官敎) 직위를 삭탈하라 명하였다"[381]는 내용이 실

---

379 『朝鮮佛敎通史』「高麗選佛初設僧科」條. "明宗大王時 奉恩寺 設禪科 普雨和尙 實主其試 淸虛 松雲 皆中禪科 世傳 普雨出試題曰 淸靜本然 云何忽生 山河大地 松雲答案亦云 淸靜本然 云何忽生 山河大地 及普雨死 永廢禪科 實明宗朝二十年也."

380 『명종실록』 명종 16년 11월 10일 條.

381 『명종실록』 명종 17년 7월 4일 條.

려 있으며, 연이은 보우의 체임[命遞]³⁸²은 그의 실각으로 이어졌을 것임을 짐작케 한다.³⁸³ 이러한 정황 속에 1564년에 이르러 선과가 폐지되던바, 『대각등계집(大覺登階集)』 「봉은사중수기」에는 선과의 폐지 정황을 알려주는 다음 내용이 전한다.

"가정(嘉靖) 갑자세(1564, 명종 19) 조정회의[朝議]에서 승과(僧科)를 없앤 까닭에 선교(禪敎)가 일어나지 못한 지 108년이 되었다."³⁸⁴

이후 『명종실록』 20년(1565) 3월 12일 "문정왕후가 …(중략)… 원각사를 다시 세우려 했으나 조정의 논의를 꺼려 감히 하지 못하였다"³⁸⁵는 기사 및 보우(普雨)의 권유로 인한 회암사의 무차회(無遮會) 불사로 인해 동년 3월 28일 문정왕후의 병환,³⁸⁶ 4월 6일 문정왕후의 서거, 그리고 명종 21년(1566) 보우가 제주도에 유배되어 주살(誅殺)된 사건과의 관련 속에 복원된 선과는 막을 내리게 되었음을 알 수 있다. 그리고 선과의 최종적 혁파에 대해 『명종실록』 21년(1566) 4월 20일 기사에는 다음 내용이 전하고 있다.

"전교하였다. '양종과 선과는 공론을 쫓아 혁파하겠다.' 처음에 승 보

---

382 『명종실록』 명종 17년 9월 29일 條. "禪宗判事 普雨를 체임시켰다."
383 『명종실록』 명종 17년 12월 19일 條. "이조에 전교하기를, '선종 판사 보우에게 직첩을 환급하라' 하였다."
384 『大覺登階集』(卷之二)(『韓佛全』8), p.325下. "嘉靖甲子歲 朝議革除僧科故 禪敎之不振者 百有八年於斯矣."
385 『명종실록』 명종 20년 3월 12일 條.
386 『명종실록』 명종 20년 3월 28일 條. "대왕대비의 병환이 오랫동안 낫지 않았다."

우가 문정(文定王后)을 속여 양종의 선과를 설치하게 하였다가, 문정(文定王后)이 세상을 떠난 뒤 조정과 유생이 잇달아 죄 주기를 청하여 제주도에 유배되어, 목사 변협(邊協)에게 주살당했다. 양종 선과는 혁파되지 않다가 이때에 이르러 양사(兩司)의 계청으로 혁파되었다."[387]

또한 "양종과 선과는 공론을 따라 혁파하도록 하겠다"는 위 내용과 함께 『명종실록』 21년(1566) 11월 16일 기사에 "전조(前朝) '도승니(度僧尼)의 실정[蠱政]'과 팔관회의 비용[糜費] 모두가 혁파되었다"[388]는 기록은 도승제 혁파와 관련한 종지부에 해당한 것임을 알 수 있다.

387 『명종실록』 명종 21년 4월 20일 條.
388 『명종실록』 명종 21년 11월 16일 條.

4. 또다시 회복된 선과(禪科), 기형화된 모습

명종 19년(1564)에 선과가 폐지된 지 29년이 지난 후, 임진왜란 중에 선과(禪科)란 용어가 또다시 실록에 등장한다.

임진왜란은 선조 25년(1592) 임진년 4월부터 1596년 명(明)과 일본의 평화협정이 진행될 때까지 벌어진 조선과 왜군과의 전쟁을 말한다. 또한 1597년 정유년 8월부터 1598년 12월까지 왜군이 재침입한 정유재란(丁酉再亂)까지를 포함해 임진왜란이라 칭하기도 한다.

그 과정을 간략히 하면, 1592년(선조25) 4월 13일 부산진 공격을 시작으로 왜군은 5월 3일 한양을 함락했으며, 평양으로 진격하였다. 이때 개성을 거쳐 평양으로 몽진(蒙塵)을 가 있던 선조(宣祖)는 평양을 방어하고자 했으며, 이 상황 속에 승군(僧軍)이 처음 등장하고 있다.

『선조실록』 25년(1592) 5월 27일 기사에 다음 내용이 실려 있다.

"비변사가 회계하기를, '즉시 감사·병사와 더불어 함께 의논하였습니다. (평양) 각 고을의 잡류군(雜類軍)이 지금 막 모여들었고, 지난

3~4월의 하번 군사(下番軍士)에게도 통지하여 나아오게 하였습니다. 각 사찰의 승군(僧軍)도 500~600명이 있고 수령들도 아병(牙兵) 2백여 명을 가지고 있으니 원군(元軍) 4,000명 외에 이 숫자도 수천 명은 됩니다."[389]

그럼에도 6월 15일 평양성이 함락되었고, 임금은 6월 22일 의주로 몽진을 가게 되었다. 이런 상황에서 선조는 1568년(선조 1)에 '판대화엄종사(判大華嚴宗師) 판대조계종사(判大曹溪宗師)'를 역임했던 휴정(休靜)[390]을 다시 선교도총섭(禪敎都總攝)에 임명했으며, 제자 의엄(義嚴)과 유정(惟政), 처영(處英) 등을 장수로 삼아 승군을 모집하게 하였다. 당시 상황을 『선조수정실록』 선조 25년(1592) 7월 1일 기사에는 다음 내용이 기록되어 있다.

"승통(僧統)을 설치하여 승군(僧軍)을 모집하였다. 행조(行朝)에서 묘향산의 옛 승관(僧官) 휴정(休靜)을 불러 그로 하여금 승을 모집해 군사를 만들도록 하였다 …(중략)… 제자 의엄(義嚴)을 총섭(總攝)으로 삼아 그들을 거느리게 하고 …(중략)… 유정(惟政)과 호남(湖南)의 처영(處英)을 장수로 삼아 각기 본도에서 군사를 일으키게 하여 수천 명을 얻었다."[391]

---

389 『선조실록』 선조 25년(1592) 5월 27일 條.
390 1568년 보현사에서 간행된 『二老行錄』 말미에 "隆慶戊辰良月下澣 判大華嚴宗師 判大曹溪宗師 休靜 謹書"라는 내용이 실려 있어, 당시 휴정이 교종과 선종을 통괄한 판사에 임명되었음을 알 수 있다.
391 『선조수정실록』, 선조 25년(1592) 7월 1일 條.

이때 휴정(休靜)에게 선교
도총섭(禪敎都摠攝)을 제수할
때 발급한 고신(告身)의 재발급
교지(敎旨)가 〈해남 대흥사 서
산대사 유물〉(보물)로 전해지고
있으며,[도1] 다음 내용이 실려
있다.

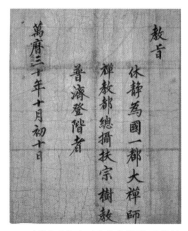

도1. 〈해남 대흥사 서산대사 유물〉 중 敎旨

　"**敎旨**

　　休靜 爲國一都大禪師

　　禪敎都總攝扶宗樹敎

　　普濟登階者

　　萬曆三十年六月初十日."[392]

　한편 당시 청주에서는 청주성 탈환을 위한 전투가 있었고, 8
월 2일 청주성을 탈환하는 데 활약한 승장(僧將) 영규(靈圭)대사와
관련해『선조실록』25년(1592) 9월 기사에는 다음 내용이 기록되

392　위 유물은 선조 26년(1593) 5월 이전에 발급한 교지가 화재로 소실되어 다시 발급
　　한 것으로,『선조실록』선조 35년(1602) 10월 7일 기사에는 재발급과 관련된 다음
　　내용이 실려 있다. "비변사가 아뢰기를, '休靜이 都摠攝에서 체직된 후에 義嚴이
　　그 대를 이었는데, 의엄은 총섭의 告身이 있으나 휴정은 화재를 만나 잃어버렸습니
　　다. 이번에 유정이 자기 스승을 위하여 本司에 호소하기를 '고신을 다시 만들어 스
　　승이 있는 곳으로 보내고 嶺南으로 내려가고 싶다'고 하였습니다. 이 승은 지금 한
　　창 국사에 분주한 중이니 원하는 바에 따라 고신을 만들어 주어 그의 마음을 위로하
　　는 것이 어떠하겠습니까?' 하니, 윤허한다고 전교하였다."

어 있다.

"영규는 공주(公州) 사람이다. 본주의 목사 허욱(許頊)이 …(중략)… 도
내의 승군을 선발, 영규(靈圭)를 장수로 삼아 청주의 왜적을 토벌하
였다 …(중략)… 윤승훈은 아뢰기를, '영규는 자신이 승군을 모집한
것이 아니나 …(중략)… 청주의 왜적은 이 군사가 아니었다면 이길
수 없었을 것입니다.'"[393]

또한 같은 날 기사에는 다음 내용이 기록되어 있기도 하다.

"윤두수가 아뢰기를, '본도에 고승(高僧) 휴정(休靜)이 있는데 통지하
여 군사를 모으게 할까 합니다' 하니 상이 이르기를, '승군(僧軍)은 궤
멸되지 않았는가? 본사(本司)에서는 영규를 당상(堂上)에 올리려 하
는가? 그렇다면 당상으로 올리라' 하였다 …(중략)… 두수가 아뢰기
를, '승려를 당상관에 제수한 것은 개벽(開闢) 이래 아직 듣지 못하였
던 것입니다. 하지만 현재로선 의당 특이한 법전을 써야 합니다.'"[394]

위 내용은 함경도 전투에서 서산대사 휴정(休靜)이 이끌던 승
군이 궤멸한 예를 전하고 있으며, 또한 청주성을 탈환한 영규대사
를 당상관(堂上官)에 제수할 것을 허락한 내용을 담고 있다. 또한 선
조 26년(1593) 2월에는 평양성 탈환을 위한 공격이 있었는데, 이때

---

393 『선조실록』 선조 25년 9월 12일 條.
394 『선조실록』 선조 25년 9월 12일 條.

조명(朝明) 연합군으로 명나라 군사 4만3천과 조선 군사 8천, 사명대사 유정(惟政)이 이끄는 승병 2천2백 명이 참전한 내용이 실록에 실려 있기도 하다.

1) 기형화된 선과의 양상

선조 26년(1593) 2월 12일에는 조명(朝明)연합군과 사명대사 유정(惟政)이 이끄는 승병에 의해 평양이 수복되었으며, 이와 관련해 선조26년(1593) 3월의 실록 기사에는 다음 내용이 실려 있다.

> "상이 승장(僧將) 유정(惟政)이 여러 차례 전공을 세웠다 하여 해당 부서[該曹]로 하여금 특별히 선교종판사(禪敎宗判事)를 제수하여 호령을 내릴 수 있는 권병(權柄)을 지니게 하고, 적을 참한 승에게도 선과(禪科)를 제수하여 포장하는 뜻을 보이게 하였다."[395]

그런데 위 기록에는 1566년에 양종(兩宗)이 혁파된 지 27년이 지난 시점에 양종(兩宗)의 승직(僧職)인 '선교종판사(禪敎宗判事)'란 용어가 등장하며, 1564년에 선과(禪科)가 폐지된 후 29년이 지난 시점에 다시금 '선과(禪科)'란 용어가 등장하고 있다. 그럼에도 이때의 선과는 '전공을 세운 대가' 내지 '적을 참한 대가'라는 기형적 형태에 바탕하고 있음을 볼 수 있다.

---

395 『선조실록』 선조 26년 3월 27일 條.

한편 선조 26년(1593) 4월에는 왕의 하교(下敎)에 의해 공식적으로 양종(兩宗)과 선과(禪科)의 복원이 논의되기도 하였다.

즉『선조실록』선조 26년(1593) 4월 6일 기사에 "사헌부가 아뢰기를, '승려들이 나라에 충성을 다하여 여러 번 왜적을 생포하기도 하고 수급을 바치기도 하였으므로 위에서 양종(兩宗)의 선과를 회복시키라고 명하였습니다'"[396] 라는 내용이 수록되어 있는 것이다.[397]

그리고 실록에는 얼마 지나지 않아 사미(沙彌)에게 '선가(禪家) 판사(判事)'의 승직을 주었던 다음 내용이 기록되어 있기도 하다.

"비변사가 획계하기를, 사미(沙彌)에게 군직을 제수하거나 면역시키는 일은, 그중에 특출하여 칭송할 만한 자로는 속명(俗名)이 곽언수(郭彦秀)인 의엄(義嚴)과 속명이 변헌(卞獻)인 쌍익(雙翼)이 있습니다. 의엄은 전에 왜적을 만났을 때와 군량을 모집할 때 모두 공이 있었는데도 …(중략)… 선가(禪家)의 판사(判事)가 되기를 원하니, 해조(該曹)로 하여금 원하는 대로 직첩을 주게 하소서."[398]

위 기사에 보이는 의엄(義嚴)의 경우 곧바로 '선가(禪家)의 판사'에 임명되었던 것 같다. 또한 1년 후『선조실록』27년(1594) 7월 8일에 "의엄이 도총섭(都總攝)이 되었으니 그 관교(官敎)에 어보(御

---

396 『선조실록』선조 26년(1593) 4월 6일 條.
397 『선조실록』선조 26년(1593) 4월 6일 條. 그럼에도 이 명은 신하들의 반대에 의해 시행되지 못했다
398 『선조실록』선조 26년(1593) 5월 15일 條.

寶)를 찍어 영광으로 삼기를 원한다 하였는데, 의엄은 전후에 걸쳐 국사에 힘을 다한 이유로 이미 상호군(上護軍, 중앙군 五衛에 속한 정3품 당하관)이 되었습니다"[399]는 내용이 수록되어 있기도 하다. 즉 '군량미 모집의 공'으로 '선가(선종)판사'가 되고 1년 후 도총섭이 되었으며, 상호군이란 정3품의 벼슬을 얻었음을 말하고 있다.

또한 선조 29년(1596) 4월 기사에는 "팔도선교종도총섭(八道禪敎宗都總攝) 석의엄(釋義嚴)"[400]이란 내용이 실려 있으며, 선조 35년(1603) 10월 기사에는 "휴정(休靜)이 도총섭에서 체직된 후 의엄이 그 대를 이었다"[401]는 내용이 기록되어 있기도 하다.

여기서 '선가(禪家)의 판사'란, 양종(兩宗) 혁파 이전에 선종과 교종의 양종 가운데 선종 최고 승직인 선종판사(禪宗判事)를 뜻하는 것으로, 명종 17년(1562) 12월 '선종 판사 보우의 직첩을 환급'[402]한 이래 더 이상 임명되지 않았던 직책이었다. 그리고 이후 31년이 지난 선조 26년(1593) 3월 "승장(僧將) 유정(惟政)에게 …(중략)… 선교종판사를 제수하여 호령을 내릴 수 있는 권병(權柄)을 지니게 하였다"[403] 하여 '선교종판사'가 등장하는데, 이는 선종과 교종을 통합 관장한 직책임을 알 수 있다.

그런데 유정을 '선교종판사'에 임명한 지 한 달여 만에 사미 의엄을 '선가의 판사'에 임명한다는 기사가 실려 있는 것이다. 또한

399 『선조실록』 선조 27년(1594) 7월 8일 條.
400 『선조실록』 선조 29년 4월 12일 條.
401 『선조실록』 선조 35년 10월 7일 條.
402 『명종실록』 명종 17년(1562) 12월 19일 條. "이조에 전교하기를, '선종 판사 보우에게 직첩을 환급하라' 하였다."
403 『선조실록』 선조 26년 3월 27일 條.

동년 7월에는 선종 및 교종판사 2인의 임명과 관련해 다음 기사가 등장하기도 한다.

"비변사가 아뢰기를 …(중략)… '휴정이 보낸 승(僧) 쌍언(雙彦)이 말하기를 〈만약 선종(禪宗)·교종(敎宗)의 판사(判事) 두 사람을 시급히 차출(差出)하여 승군을 거느리게 한다면 형세가 퍽 수월할 것이다. 상주(尙珠)와 쌍인(雙印)이 현재 향산(香山)에 있으니 그들을 임사(任使)하라〉 하였습니다' …(중략)… 하니, 상이 따랐다."[404]

한편 선조 26년(1593) 8월 기사에는 "승군(僧軍)을 초적(抄籍)하여 임시해서 쓰기로 하였으나 주관할 사람이 없기 때문에 팔도 각처의 선종(禪宗)과 교종(敎宗)에 각각 판사(判事) 1인씩을 임명하여 이 16인을 주관자로 삼을 것을 계하(啓下)하였습니다'"[405]라는 내용이 실려 있기도 하다. 또한 같은 날 기사에 "판사라는 이름이 마치 선종과 교종을 설립(設立)하는 것 같아 후환이 없지 않을 듯하니 …(중략)… 총섭(摠攝)이란 호칭으로 각도마다 두 사람씩을 차송(差送)하는 것이 무방할 것이다 …(중략)… 하니, 상이 따랐다"[406] 하여 이후 판사에서 총섭(摠攝)으로 그 명칭이 변화했음을 알 수 있다.

그리고 이때 사명당 유정은 16인 중 하나로 '경상도의 선종(禪宗) 총섭'에 임명되었으며, 이때 임명된 교첩(敎牒)은 〈사명당 유정

---

404 『선조실록』선조 26년 7월 20일 條.
405 『선조실록』선조 26년 8월 7일 條.
406 『선조실록』선조 26년 8월 7일 條.

교첩〉(경남 문화재자료)이란 명칭으로 표충사에 전해지고 있으며,[도
2] 다음 내용이 기록되어 있다.

도2. 〈사명대사 유정 교첩〉, 경남 문화재자료

"備邊司 萬曆二十一年(1593) 八月 初三日 奉

敎 僧人 大選惟政 爲 慶尙道 禪宗捴攝者.

萬曆二十一年 九月 日. 提調. 郎廳."

2) 승군(僧軍)과 매골승 등 다수의 승직자 양산

이렇듯 선조 대에 다시 등장한 양종은 '전공을 세움' 내지 '군량미 모
집'에 따른 예로서, 그리고 선과는 '왜적의 목을 벤 대가'에 대한 보상
이었던 것으로, 『선조실록』 26년 6월 29일 기사에는 이런 기형적 형
태의 선과 회복에 대한 선조(宣祖)의 솔직한 심정이 전해지고 있다.

"각도 승려의 수가 상당히 많지만 …(중략)… 구름처럼 떠도는 무리라 국가에서 사역시킬 수 없으니 …(중략)… 한 장의 종이를 주어 적의 수급 하나라도 얻는 것이 낫지 않겠는가? …(중략)… 이는 이단을 존숭하여 선과(禪科)를 회복시키려는 것이 아니라, 임시로 적을 초토하려는 술책일 뿐이다."[407]

즉 "한 장의 종이를 주어 적의 수급을 하나라도 얻자"는 것이 선과 회복의 목적이었고, 양종판사 내지 그를 대신한 총섭의 임명은 이들 승군을 통솔하기 위한 계책이었음을 알 수 있다. 이후에도 이와 관련된 몇 건의 기사가 실록에 실려 있어 이를 간략히 인용하면 다음과 같다.

선조 26년(1593) 4월 12일

"승장(僧將) 유정(惟政)은 여러 번 전공을 세웠으니 당상관으로 올려 주라."[408]

선조 26년(1593) 9월 8일

"유정의 승군(僧軍)은 비할 수 없이 용감한데 이제 또 왜적을 죽여 수급을 베고 배를 빼앗았으니, 즉시 공로에 따라서 중한 상을 주라 …(중략)… 그 상이 선과(禪科)에 해당하는 자는 앞서 전교한 대로 또한

---

407 『선조실록』 선조 26년(1593) 6월 29일 條.
408 『선조실록』 선조 26년(1593) 4월 12일 條.

즉시 급과(給科)하라."[409]

선조 26년(1593) 9월 9일

"유정의 승군으로서 수급을 벤 자는 즉시 선과의 도첩(度牒)을 줄 것
과…"[410]

한편 이후 한양이 수복되고, 선조 27년(1594) 10월 1일 의주까
지 피신했던 선조가 한양에 돌아왔는데, 그때 상황을 『선조실록』
26년 10월 2일 기사는 다음과 같이 적고 있다.

"들건대 서울 안팎에 시체가 쌓여 있는데도 유사들이 거두어 묻지
못하고 있다 하는데 이는 인력이 모자라기 때문일 것이다. 평소에 승
(僧)으로서 해골 묻어주는 것을 업으로 삼는 사람이 있기도 했었다
…(중략)… 그중에 잘 묻어준 사람에게는 선과(禪科)를 주기도 하고
도첩(度帖)을 주기도 하겠다는 내용으로 비변사로 하여금 의논하여
아뢰게 하라."[411]

위 기사는 선과(禪科) 내지 도첩(度牒)을 조건으로 승군(僧軍)
내지 매골승(埋骨僧)을 양성코자 한 선조 대의 불교 정책을 여실히
보여주는 것이라 하겠다.

---

409 『선조실록』 선조 26년(1593) 9월 8일 條.
410 『선조실록』 선조 26년(1593) 9월 9일 條.
411 『선조실록』 선조 26년(1593) 10월 2일 條.

물론 임진왜란 당시 국가를 위해 헌신한 승군에 대한 보답의
차원이 존재하기도 하였다. 한 예로 『선조실록』 선조 27년(1594) 11
월 기사에는 유정에 대한 다음 내용이 실려 있다.

"비변사가 아뢰기를, '유정(惟政)이 승군을 거느리고 오랫동안 군열
(軍列)에 있었고 지금 적진(賊陣)을 두 번씩이나 드나들었습니다. 그
가 나라를 위하여 몸을 돌보지 않고 범굴에 들어간 공로를 갚지 않
을 수 없으니, 첨지(僉知)의 실직(實職)을 제수하여 후인들을 권장하
소서' 하니, 상이 따랐다."[412]

이때 사명당 유정은 "절충장군(折衝將軍) 첨지중추부사(僉知中
樞府事)"의 교지(敎旨)를 제수받았다. 〈사명대사 유정 교지〉(경남 유
형문화재)는 현재 표충사에 전해지고 있으며,[도3] 다음 내용을 담고
있다.

도3. 〈사명대사 유정 교지〉, 경남 유형문화재

---

412 『선조실록』 선조 27년(1594) 11월 1일 條.

"教旨 / 惟政 爲 折衝將軍 僉知中樞府事者.

萬曆二十二年 十一月 初一日."

여기서 절충장군은 무반의 정3품 품계이며, 첨지중추부사는 중추부(中樞府)의 당상관으로, 일종의 명예직으로 주어진 벼슬임을 알 수 있다. 위 교지는 비변사의 청에 의해 내린 것으로, 선조 또한 유정에 대한 깊은 신뢰를 가졌던 것으로 보인다. 『선조실록』 29년 12월 5일 기사에는 유정(惟政)과 의엄(義嚴)에 대한 선조의 신뢰가 다음과 같이 기록되어 있다.

"유정(惟政)은 지금 어느 곳에 있는가? 이 사람은 비록 승이기는 하나 장수로 쓸 만한 사람이다 …(중략)… 다만 의엄과 유정 두 승에게 공명고신(空名告身)을 지급할 수는 없으나 선과(禪科)에 대해서는 첩(貼)을 많이 만들어 주어, 권위가 그들로부터 나오게 한다면 그 부하들에게 호령을 행할 수 있을 것이다."[413]

이는 신뢰와 함께 의엄과 유정에게 선과첩(禪科帖)을 발급할 권한을 부여한 것으로, 3일 후인 12월 8일 기사에는 "선과(禪科), 승직(僧職), 도첩(度牒)을 유정과 의엄에게 물어서 각각 몇 장(張)씩을 해조가 작성해 주어 그들로 하여금 쌀을 구입해 그 군사를 먹이도록 하는 것이 무방할 것입니다"[414] 라는 기사가 실려 있기도 하다.

---

413 『선조실록』 선조29년 12월 5일 條.
414 『선조실록』 선조29년 12월 8일 條.

그러나 임진왜란이 끝나고, 왜란 당시 수급을 벤 공로로 선과
첩을 발급한 일과, 양식을 구하기 위해 승직 내지 도첩을 발급한 것
은 많은 혼란을 야기했던 것으로 보인다. 이런 정황에 대해『선조
실록』32년(1600) 4월 기사에 다음 내용이 실려 있다.

> "국가가 임진년 변란 때부터 기강이 해이해져 구차스런 일을 많이
> 시행하여 공명고신(空名告身)을 가지고 백성들에게 재물을 거두어들
> 였다. 그리하여 체찰사 이하 승도 총섭(僧徒摠攝)에 이르기까지 각자
> 공명 고신을 지니고 가호를 헤아려 주기도 하고, 사람을 호적에 올
> 려서 분급하기도 하여, 비록 짐승을 기르는 하천(下賤)이라도 관작을
> 얻지 않은 자가 없었으니 명기(名器)의 문란함이 이에 이르러 극도에
> 달하였다."[415]

이외에 임진왜란이 끝난 후, 왜란 당시 국가에서 팔도에 선종
과 교종의 총섭을 1인씩 16인을 임명했던 전례에도 변화가 생겨,
지방 수령이 총섭을 임명하는 예가 생겨났음을 볼 수 있다.

즉『선조실록』38년(1605) 2월 기사에 "황해 감사 권희(權憘)가
아뢰었다 …(중략)… 성중에 은적사(隱迹寺)가 있는데 …(중략)… 본
고을의 승을 소집하여 들어와 살게 하고 능력 있는 승 한 사람을 뽑
아 총섭(摠攝)이라고 호칭해 주관하게 하여 다수를 모집하도록 할
것을 현재 계획하고 있습니다"[416]라는 내용이 실려 있는 것이다.

415 『선조실록』 선조 32년(1600) 4월 4일 條.
416 『선조실록』 선조 38년(1605) 2월 23일 條.

이상의 예를 통해 볼 때 1556년에 양종(兩宗)이 혁파된 이후, 27년이 지나 임진왜란을 계기로 양종의 승직 '선교종판사(禪敎宗判事)'란 용어가 등장하고 있으나, 이때 사용된 양종 내지 판사, 총섭 등은 본래의 의미를 벗어나 사용된 것임을 알 수 있다. 또한 1564년에 선과(禪科)가 폐지된 지 29년이 지나 선과란 용어가 실록에 등장하고 있으나, 이 역시 '목을 벤 대가' 내지 '군량미 모집', '매골승'을 위한 선과첩(禪科帖)과 승직(僧職), 도첩(度牒) 발급이라는 기형적 형태로 사용되었음을 알 수 있다.

그리고 이때 발급된 다수의 도첩 내지 선과첩, 승직 공명첩 등은 이후 선사, 대선사 등의 칭호를 가진 다수의 승직자를 양산해 냈음을 알 수 있다.

3) 승단 등계(登階)의 변화

임진왜란은 선조 대에 다수의 승직자를 양산해 낸 것뿐만이 아니라, 기존 승단의 등계(登階)에도 영향을 미쳤음을 볼 수 있다. 이를 설명하기 위해 먼저 '수급을 벤 사람에게 홍패를 발급한 예'가 기록된 『선조실록』 선조 26년(1593) 10월 기사를 인용해 보기로 한다.

"비변사가 아뢰기를, '수급(首級)을 벤 사람에게 홍패(紅牌)를 주는 일을 …(중략)… 혹자는 먼저 수급을 벤 사람으로 장원(壯元)을 삼고 그 다음은 신보(申報)해 오는 것에 따라 석차를 정하되, 갑과(甲科)는 1

인, 을과(乙科)는 7인, 병과(丙科)는 일정한 수가 없이 하여 선후에 따라 홍패를 써 주어야 한다. 만일 2급·3급으로 잇달아 벤 사람이 있게 되면 즉시 직장(直長)·주부(主簿)로 차례에 따라 논공해야 한다. 그렇게 하면 상이 시기를 넘기지 않아 공 세우기를 권장하는 뜻이 있게 될 것이다라고 했습니다."[417]

이렇듯 '수급을 벤 대가로 홍패를 발급'한 예는 승려에게도 적용되었으며, 전통적인 승가의 등계(登階)에 영향을 미쳤던 것 같다. 한 예로 1596년에 중수한 〈삼척 천은사 목조아미타여래삼존좌상〉 중수기(重修記)를 들 수 있다.[도4]

도4. 〈삼척 천은사 목조아미타여래삼존좌상〉 중수기(重修記), 1596년

이 중수기에는 중수에 참여한 흑악사(黑岳寺)와 중대사(中臺寺), 영은사(靈隱寺) 등 3개 사찰의 대중 명단이 실려 있는데, 이 가운데 품계 내지 직책이 명기된 예로는 중대사 대중 가운데 '선종참학(禪宗參學) 축자(竺慈)'와 '선백(禪伯) 신해(信海)'를 들 수 있다.

417 『선조실록』 선조 26년(1593) 10월 24일 條.

그리고 중대사 오봉암(五峯庵) 대중 중에는 '참학(參學) 지은(知訔)'과 '참학 보담(普淡)'이, 영은사 대중 중에는 '선종참학 원민(圓敏)'과 '을과(乙科) 선백(禪伯) 청원(淸元)', '을과 선백 상견(尙堅)', '선종 을과(禪宗乙科) 계순(戒淳)', '선백(禪伯) 현욱(玄旭)', '선백 담징(淡澄)', '본사주지 법능(法舷)', '본사주지 성혜(性惠)', '선참(禪參, 선종참학) 쌍일(双一)' 등이 실려 있다.

그런데 위 기록 중 '을과(乙科) 선백(禪伯)' 내지 '선종 을과(禪宗乙科)' 등이 '선종 참학(參學)' 다음에 기록된 점을 주목할 수 있다. 참학이란 명종 대에 시행된 선과(禪科)의 예에서 살펴본바, 선과 제도를 통해 '참학입선첩(參學入選帖)'을 발급받은 자로, 주지를 대신한 지음(持音)의 신분임을 알 수 있다. 그리고 뒤에 기록된 '을과(乙科)'란 표현은 앞서 『선조실록』 선조 26년(1593) 10월 기사 가운데 '수급을 벤 사람에게 홍패를 발급한 예'로서 "갑과(甲科)는 1인, 을과(乙科)는 7인, 병과(丙科)는 …(중략)… 선후에 따라 홍패를 써 주어야 한다"는 내용에 따른 등계(登階)임을 알 수 있다.

이는 전통의 선과(禪科)에 따른 '참학'이란 등계(登階) 다음에 임진왜란 당시에 생겨난 갑과, 을과 등을 등계 안에 포함했음을 알려주는 예가 된다. 한편 위 기록 중 '선백(禪伯)'이란 표현이 등장하는데, 이는 '선(禪)'에 일가를 이룬 사람(伯)' 즉 원로에 대한 존칭임을 알 수 있다. 이에 〈삼척 천은사 목조아미타여래삼존좌상〉 중수기의 경우 같은 '을과' 중에서도 '을과선백'을 앞에 기록한 것임을 알 수 있다.

여기서 선백(禪伯)은 813년 세워진 〈산청 단속사 신행선사비(神行禪師碑)〉에 "선백(禪伯)께서 입적하시자(禪伯登眞)…"란 내용 이래 고려시대 금석문에 다수 등장하는 표현으로,[418] 조선시대의 경우 1462년 견불암 간행의『육경합부』에 그 표현이 등장하고 있다. 즉 품계와는 무관하게 대선사 사이에 '선백(禪伯) 계백(戒白)'이 실려 있는 것이다.[도5][419]

도5.『육경합부』간행질, 1462년 見佛庵刊

　　그런데 선조 재위 기간(1567. 7~1608. 2)인 1569년 동원사(同願寺) 간행의『금강반야바라밀경오가해』에 '선백(禪伯) 선각(先覺)'과 '선백 원오(元悟)'가 실려 있으며,[420] 1569년 안심사 간행의『대방광원각수다라요의경』에 '선백 의호(義浩)', '선백 법행(法行)', '선백 치

418　813년 山淸 斷俗寺 神行禪師碑, 890년 堤川 月光寺址 圓朗禪師塔碑, 900년 伽倻山海印寺 善安住院 壁記, 924년 昌原 鳳林寺址 眞鏡大師塔碑, 940년 普賢山地藏禪院　朗圓大師悟眞之塔碑, 940년 弘法寺 眞空大師碑, 943년 淨土寺 法鏡大師 慈燈之塔碑, 946년 無爲岬寺 先覺大師 遍光靈塔碑, 950년 大安寺 廣慈大師碑, 954년 太子寺 朗空大師碑, 975년 高達寺元宗大師慧眞塔碑 등 고려시대 금석문에 '禪伯'이란 표현이 실려 있다.

419　『六經合部』, 慶尙道晋州地金龍山見佛庵開板 天順六年壬午(1462) 六月日.

420　『금강반야바라밀경오가해』, 隆慶3年己巳(1569)4月上澣戊子 全羅道羅州伏龍山同願(寺).

운(緇雲)', '선백 영우(英牛)' 등이 실려 있다.[421]

　이는 선과(禪科)와 양종(兩宗)이 혁파되어 승단의 공식 등계(登階)가 존재하지 않게 된 선조 당시에 존칭으로서 선백(禪伯)이란 호칭이 확산되었으며, 임진왜란을 계기로 국가에서 특정 품계를 받은 경우, 기존 선과에 의한 등계(登階)와는 무관하게 선백이란 칭호와 함께 특정 품계가 추가되어 승려 품계의 예로 자리 잡게 되었음을 알 수 있다.

421　『대방광원각수다라요의경』, 隆慶3年己巳(1569)夏 無等山安心寺開板.

IV.
승과(僧科)의 주관자와
입격자

이 장에서는 먼저 〈1. 선시(選試)와 선과(禪科)의 주관자〉란 제목하에 승과의 실무를 담당했던 판사(判事), 장무(掌務), 전법(傳法,), 증의(證義) 등 '1) 선시(選試) 주관자'와 '2) 복원된 선과(禪科)와 주관자'에 대해 설명하고자 하며, 이와 관련된 자들의 상세 명단까지를 제시하고자 한다.

이어 〈2. 선시(選試) 입격자〉 항목을 통해 태조로부터 연산군~중종 대에 활동한 선시 입격자를 파악해, 상세 명단까지를 제시하기로 한다. 또한 〈3. 선과(禪科) 입격자〉 항목에서는 '1) 명종(明宗) 대에 활동한 선시, 선과 입격자'를 파악하고자 하며, 상세 명단까지를 제시하기로 한다. 또한 '2) 선조(宣祖) 대 선과 입격자의 활동'에서는 마지막 선과가 행해진 명종 16년(1561) 이후, 선조 재위 기간(1567~1608)에 활동한 입격자들의 활동과 그 명단을 제시하기로 한다.

이에 필자는 조선왕조실록과 문집류(文集類), 불상 조상기(造成記)와 불화(佛畫) 화기(畫記), 그리고 조선시대 간행 불서(佛書)의 간행질(刊行秩)에 수록된 시주질 및 간행에 종사한 인물들을 분석하는 가운데 승과 입격자를 찾아내고자 하였다. 한편 이를 서술하는 과정 속에 승과 입격자들이 대선을 거쳐 중덕에 이르고, 이후 상위의 승직에 오른 과정까지를 추적할 수 있게 되는데, 이는 조선 전기 불교사 연구뿐만 아니라, 승관제 연구에도 좋은 자료가 될 것이다.

1. 선시(選試)와 선과(禪科)의 주관자

『삼국유사』「자장정률(慈藏定律)」조에 "(643년) 자장(慈藏)을 대국통(大國統)으로 삼고 무릇 승니(僧尼)의 일체 법규를 승통(僧統)에게 위임하여 주관하게 했다"는 내용이 실려 있다. 이어 "지계(持戒)와 범계(犯戒)를 알게 하였으며 관원을 두어 이를 유지하게 했다. 또한 순사(巡使)를 보내 외사(外寺)를 돌며 검사하고, 승려들의 잘못을 살피며 경전과 불상을 엄중하게 정비하여 규정 형식을 만들었다"[422]는 내용이 실려 있기도 하다. 이는 대국통이란 승단의 직책이 존재했으며, 승가(僧伽)의 일상을 규제하는 기관이 존재했음을 말해준다. 그리고 『삼국유사』「사불산 굴불산 만불산」조에 의하면 이 기관은 '양가(兩街)'라 칭할 수 있는 것이었다.[423]

　　고려시대 역시 신라의 전통에 따라 양가(兩街)가 존재했으며, 고려 개국 초기에 양가는 승록사(僧錄司)에 속하였음을 알 수 있다. 즉 『고려사절요』「태조신성대왕(太祖神聖大王)」조에 "무술 21년(938) 봄 3월. 서천축의 승려가 왔다. 왕이 승록사 양가(兩街)의

422 　『삼국유사』권제4, 義解第五, 「慈藏定律」條.
423 　『삼국유사』권제3, 塔像第四, 「四佛山 掘佛山 萬佛山」條.

위의와 법가(法駕)를 준비하여 맞이하였다"[424]는 기록이 남아있는 것이다. 또한『동문선』에 "충선왕(忠宣王)이 즉위하여 혼구(混丘, 1251~1322)에게 양가도승통(兩街都僧統)을 제수하였다"[425]는 기록은 고려 말에 이르기까지 승록사가 존재했음을 말해준다.

한편 1393년(태조2) 7월에 태조 이성계가 해인사에 대장경을 봉안하면서 쓴「원성대장어제문(願成大藏御製文)」에는 "전(前) 선교도총섭(禪敎都摠攝) 통판승록사사(統判僧錄司事) 해인사 주지 국일도대사(國一都大師) 경남(敬南)"[426]이 기록되어 있다. 또한 1395년(태조4) 회암사에서 간행된『인천안목(人天眼目)』말미에 기록된 "왕사(王師) 대조계종사(大曹溪宗師) 선교도총섭(禪敎都摠攝) …(중략)… 도대선사(都大禪師) 묘엄존자(妙嚴尊者) 무학(無學)"[427]이란 내용은 조선 초에 선교도총섭(禪敎都摠攝)이자 승록사를 총괄하는 '통판승록사사(統判僧錄司事)'로서 '도대사(都大師) 경남(敬南)'과 왕사(王師)이자 선교도총섭(禪敎都摠攝) 내지 도대선사(都大禪師) 무학(無學)에 의해 승록사가 운영되었음을 알려준다.

또한『태종실록』태종 2년(1402) 6월 기사에는 승록사와 관련된 다음 내용이 실려 있다.

---

424 『고려사절요』권1, 太祖神聖大王 條.
425 『동문선』제118권, 碑銘, '有元高麗國曹溪宗慈氏山 瑩源寺寶鑑國師碑銘 幷序' 條.
426 『조선불교통사』상편 2,「불화시처」2.「願成大藏御製文」, "同願 前禪敎都摠攝 統判僧錄司事 海印寺住持 國一都大師 敬南."
427 『人天眼目』(권하), 보물, 강태영 소장. "洪武乙亥十月日 …(중략)… 李穡 謹誌. 王師 大曹溪宗師 禪敎都摠攝 傳佛心印辯智無礙 扶宗樹敎弘利普濟 都大禪師 妙嚴尊者 無學. 檜嵓寺留板."

"무릇 승니(僧尼)는 재주를 시험[試才行]하여 도첩(度牒)을 발급해 주고 삭발하도록 허용함이 『육전(六典)』에 기재되어 있습니다 …(중략)… 양민(良民)으로서 만약 자원하여 삭발할 자가 있으면 그 부모 일족이 각각 그 이유를 갖추어 …(중략)… 고(告)하게 하여 도관찰사(都觀察使)에게 보고하고, 도관찰사는 의정부에 전보(傳報)하여 예조에 내려보내 …(중략)… 재가를 받은 뒤에 승록사(僧錄司)로 이관(移關)하여 도첩(度牒)을 주게 하고 삭발하도록 허락하소서."[428]

이 내용은 '예조의 재가를 거쳐 승니(僧尼)의 재주를 시험[試才行]하여 도첩(度牒)을 발급하고 삭발(削髮)하도록 허용함'이라는 승록사의 역할을 알려주고 있다. 즉 승록사에서 재시행(試才行)과 도첩(度牒) 발급을 담당했다는 말이다.

그런데 태종 5년(1405) 국가 편제를 새롭게 정하는 가운데 승록사가 예조(禮曹)에 소속하게 되었다.[429] 또한 『태종실록』 태종 14년(1414) 7월 4일 기사에는 "선종(禪宗)·교종(敎宗)으로 하여금 …(중략)… 문과 향시(文科鄕試)의 법에 의하여 …(중략)… 시년(試年)을 당하여 학술에 정(精)한 자를 뽑아 승록사(僧錄司)에 올리고, 승록사에서 그 초선(抄選)을 다시 고찰한 뒤에 (예조에) 이송하도록 하소서"[430]라는 내용이 실려 있어, 승록사에서 선시(選試)를 주관하되

---

428 『태종실록』 태종 2년(1402) 6월 18일 條.
429 『태종실록』 태종 5년(1405) 3월 1일 條. "禮曹에서 六曹의 직무 분담과 소속을 상정하여 啓聞하였다 …(중략)… 禮曹에 속한 것은 藝文館, 春秋館 …(중략)… 僧錄司 …(중략)… 등이고…"
430 『태종실록』 태종 14년 7월 4일 條.

최종적으로 예조에서 이를 관할했음을 알 수 있다. 한편 태종 15년 (1415) 7월 기사에는 '승록장무승(僧錄掌務僧)'이란 용어가 등장하고 있어,[431] 승록사에 장무(掌務)란 직책이 존재했음을 알 수 있으며, 승록사의 역할 중 선시(選試) 시행의 경우 장무(掌務)가 예조의 관할하에 이를 담당했으리라 추정된다.

한편『세종실록』3년(1421) 7월 기사에 "도첩식(度牒式)은 초입사례(初入仕例)에 따라 승록사에서 예조에 보고하고, 예조에서는 대간에 공문을 보내 서경(署經)을 시행해야 한다"[432]는 내용이 실려 있어 승록사의 최종적 권한이 여전히 예조에 일임되었음을 알 수 있다.

이후 세종 6년(1424) 4월에는 승록사(僧錄司)가 혁파되었으며, 승록사는 선종과 교종 등 양종(兩宗)으로 통합되었다. 그리고 서울의 흥천사(興天寺)를 선종도회소(禪宗都會所)로 흥덕사(興德寺)를 교종도회소(敎宗都會所)로 삼고, 양종에 행수(行首)와 장무(掌務)를 임명해 양종을 통솔하게 하였다. 이때 양종 체제에서 시행된 선시에 대해 성현(成俔, 1439~1504)의 저술『용재총화(慵齋叢話)』에서는 세종 대(1418~1450)부터 연산군 대(1494~1506)에 이르기까지 시행된, 선시 중 복시(覆試)의 정황을 다음과 같이 전하고 있다.

---

431 『태종실록』태종 15년 7월 23일 條. "檢校 戶曹參議 김계란과 內官 노희봉의 죄를 용서하였다. 처음에 임금이 부처의 眞僞를 시험하고자 하여 僧 思近·雪悟 등 100명을 興天寺 舍利殿에 모아 精勤法席을 베풀어 (舍利의) 分身을 기도하였다. 노희봉과 僧錄掌務僧이 먼저 舍利 한 개를 바치었다." 『세종실록』세종 3년(1421) 7월 2일 기사에서는 僧錄掌務僧을 色掌僧人이라 칭하고 있다.

432 『세종실록』세종 3년 7월 2일 條.

"…선종에서는 『전등』·『염송』을 강(講)하고, 교종에서는 『화엄경』을 강하여 각 30명을 뽑는다. 전에는 내시별감(內侍別監)이 명을 받들고 갔으나, 지금은 예조 낭청(禮曹郎廳)이 종(宗)에 가서 '판사(判事), 장무(掌務), 전법(傳法) 3인과 증의(證義) 10인과 함께 앉아 시취(試取)하는데' …(중략)… 입격자는 대선(大選)이라 일컫는다."[433]

위 내용은 선시를 주관함에 있어 내시별감 내지 예조 낭청 등 관리가 파견되며, 양종에서는 판사(判事), 장무(掌務), 전법(傳法) 3인과 증의(證義) 10인이 참석해 선시를 주관했음을 알려준다. 또한 『명종실록』 명종 7년(1552) 4월 기사에는 "'양종(兩宗)을 시험하여 선발할 때 예관(禮官)에게만 늠료(廩料)를 제공하고 있다. 양종의 판사(判事)와 기타 출신(出身)한 승(僧)도 필시 동참(同參)할 것이니, 예조에 하문하라' 하였다 …(중략)… 전교하기를, …(중략)… 지금부터 양종의 판사 및 동참하여 시취(試取)하는 노승(老僧)에게는 모두 늠료를 지급하라"[434]는 기록이 실려 있어, 양종 판사와 함께 이전 선시(選試)에 입격한 자들이 시취(試取)에 참석했음을 알 수 있다.

---

433 『용재총화』(제9권). "共試法 禪宗講傳燈拈頌 敎宗講華嚴經 各取三十人 前者內侍別監奉命而往 今則禮曹郎廳往 宗與〈判事 掌務傳法 三人證義 十人同坐〉試取…入格者謂之大禪'; '判事掌務傳法三人 證義十人同坐' 부분의 경우 『조선불교통사』(하), p.942에서는 '兩宗判事가 掌務ᄒᆞ고 傳法師 一人과 證義 十人이 同座ᄒᆞ야'라고 잘못 기록하고 있다.
434 『명종실록』 명종 7년 4월 23일 條.

1) 선시(選試) 주관자

위 기록에 의하면 승록사가 혁파되기 전에는 각종(各宗)의 판사(判事)와 승록사의 장무(掌務)가 선시 시행에 중요 역할을 담당했으리라 추정된다. 또한 승록사 폐지 후 양종(兩宗) 체제에서는 『용재총화』에 기록된 것과 같이 양종에서 각각 판사(判事), 장무(掌務), 전법(傳法) 3인과 증의(證義) 10인 등 총 13인씩이 참석해 선시를 주관했음을 알 수 있다.

그런데 일반 과거의 경우 취재를 주관한 관리와 출신자(出身者) 명단을 기록한 소과(小科)의 『사마방목(司馬榜目)』과 대과(大科)의 『문무과전시방목(文武科殿試榜目)』 내지 『국조방목(國朝榜目)』 등이 전해지는 것과는 달리, 선시(選試)의 경우 이 같은 명단이 존재하지 않는다. 이에 필자는 조선왕조실록 기사와 여러 사료를 정리하는 가운데 선시를 주관한 인물들을 정리해 보고자 하는데, 이는 이후 불교사 연구에 있어 중요 자료가 될 것이다.

(1) 판사(判事)

선시(選試)는 1392년 조선 개국 이래 연산군 10년(1504)에 이르기까지 시행되었으며, 당시 판사와 장무, 전법(傳法), 그리고 증의(證義)가 선시를 주관하였다. 이 가운데 판사는 승단 최고의 승직으로, 앞서 든 바와 같이 '전(前) 선교도총섭통 통판승록사사 해인사 주지 국일도대사 경남(敬南)'[435]과 '왕사(王師) 대조계종사 선교도총

---

435   李穡이 쓴 〈彰聖寺眞覺國師大覺圓照塔碑〉에 의하면 敬南은 眞覺國師 千熙의

섭 …(중략)… 도대선사 묘엄존자(妙嚴尊者) 무학(無學)'을 들 수 있으며, 이들의 경우 선교도총섭통(禪敎都摠攝) 내지 통판승록사사(統判僧錄司事), 도대사(都大師), 도대선사(都大禪師) 등의 칭호를 쓰고 있음을 알 수 있다.

이후 승록사(僧錄司) 혁파를 전후해서는 도승통(都僧統)이란 칭호가 사용되었는데, 조선왕조실록 가운데 도승통이 처음 언급된 것은 태조 5년(1396)부터로, 태조 대로부터 태종 대에 이르는 도승통 관련 기사를 살펴보면 다음과 같다.

태조 5년(1396) 3월

"자은도승통(慈恩都僧統) 종림(宗林)이 전 판사(判事) 윤안정(尹安鼎)과 함께 판교원(板橋院)을 짓고, 성 쌓는 사람들과 왕래하다가 병이 있는 자에게 의원을 청하여 병을 진찰시키고 약을 지어 구료했으며, 또한 음식도 공급하여 병이 나으면 식량을 주어서 보냈다."[436]

태조 7년(1398) 1월

"임금이 지천사(支天寺)에 거동하니 도승통(都僧統) 설오(雪悟)가 금강산(金剛山)에서 왔다."[437]

문도로("有敬南▨▨▨▨▨▨▨▨▨山 今始至 微文 具語 其事曰 甲辰秋 吾師 航海 抵杭 吾執侍跬步不離側"), 1383년(우왕 9) 건립된 〈神勒寺大藏閣記碑〉의 陰記에 "浮石寺 敬南"이라 기록되어 당시 부석사 주지로 재직했음을 알 수 있다.

436 『태조실록』 태조 5년(1396) 3월 4일 條.
437 『태조실록』 태조 7년(1398) 1월 22일 條.

정종 2년(1400) 10월

"법왕도승통(法王都僧統) 설오(雪悟)를 신도(新都)에 보내어 태상왕의 환가(還駕)를 청하였는데…"[438]

태종 7년(1407) 1월

"태상왕(太上王)이 새 전각을 희사하여 절을 만들고 도승통 설오(雪悟)로 주지를 삼으니, 임금이 절의 이름을 흥덕(興德)이라 내려 주고 화엄종(華嚴宗)에 붙였으며…"[439]

태종 8년(1408) 1월

"도승통 설오는 수륙재(水陸齋)를 덕방사(德方寺)에 베풀었는데 태상왕의 병이 조금 나았다."[440]

태종 10년(1410) 9월

"화엄도승통(華嚴都僧統) 설오와 더불어 태조를 안주(安州)에서 맞아 행궁에 이르러 알현하니 태조께서 기뻐하여 조용히 담소하였다."[441]

한편 태종대 후반에는 도승통을 대신해 판사(判事)란 칭호가 사용되며, 이와 관련해 『태종실록』에는 다음 기사가 실려 있다.

---

438 『정종실록』 정종 2년(1400) 10월 26일 條.
439 『태종실록』 태종 7년(1407) 1월 24일 條.
440 『태종실록』 태종 8년(1408) 1월 28일 條.
441 『태종실록』 태종 10년(1410) 9월 9일 條.

태종 13년(1413) 7월

"옥천군(玉川君) 유창(劉敞) 등을 …(중략)… 보내 기우제(祈雨祭)를 행하고, 승(僧) 100명을 흥천사 사리탑(舍利塔)에 모아서 조계종(曹溪宗) 판사(判事) 상형(尙形)에게 향(香)을 받들어 비를 빌게 하고…"[442]

태종 18년(1418) 6월

"판사(判事) 설내(偰耐)를 보내 동문(東門)에서 기청(祈晴)하였다."[443]

위 내용 중 태조 때의 자은도승통(慈恩都僧統) 종림(宗林)은 고려 공민왕 대로부터 활동한 승려로, 『고려사』에 "(趙云仡은) 자은사(慈恩寺) 승려 종림(宗林)과 함께 속세를 벗어나 사귀면서 초연히 세상 밖의 생각을 하였다"[444]는 기록이 발견된다. 또한 고려 말 이색(李穡, 1328~1396)의 저서 『목은시고』에 "어제 자은종 도승통 우세군(祐世君, 宗林)이 새로 밀직(密直)에 임명된 종덕(種德)을 축하하러 와서는 성찬(盛饌)을 또 베풀었다"[445]는 내용이 실려 있어 자은도승통이란 승직은 고려 말에 임명된 것임을 알 수 있다.

한편 법왕대승통 설오(雪悟)는 화엄종에 속한 화엄대승통으로, 『여지도서(輿地圖書)』의 석왕사(釋王寺) 관련 기록 중 "태조 등극 후 3년에 …(중략)… 승통(僧統) 설오(雪悟)는 심검당(尋釰堂)을 건립

---

442 『태종실록』 태종 13년(1413) 7월 5일 條.
443 『태종실록』 태종 18년(1418) 6월 7일 條.
444 『고려사』 권112, 열전 권제25, 諸臣, 趙云仡 條. "(趙云仡은) 慈恩寺 승려 宗林과 함께 속세를 벗어나 사귀면서 초연히 세상 밖의 생각을 하였다."
445 『목은시고』 제28권, 詩.

했으며…"⁴⁴⁶라 하여 태조 3년(1394) 승통에서 태조 7년(1398)에 대
승통으로 승급되었음을 알 수 있다. 또한 태종 후반에는 선종에 속
하는 조계종(曹溪宗) 판사 상형(尙形)과 판사 설내(楔耐)가 승록사의
실무를 관장했음을 알 수 있으며, 1416년 첩봉(疊峯)이 간행한 『불
설장수멸죄호제동자다라니경』에는 판사(判事) 희선(希善)이 실려
있기도 하다.⁴⁴⁷ 이들은 고려시대에 승과에 입격한 자들로 추정되
며, 태조~태종 대에 승록사의 최고 실무자였음을 알 수 있다.

그런데 세종 대의 경우 승록사의 최고 실무자로서 판사와 도
승통이란 칭호가 같이 쓰이고 있는데, 세종 대에 활약한 판사 내지
도승통의 경우 태조 이후 선시(選試)에 입격한 자들로 추정된다. 이
에 『세종실록』에는 판사 내지 도승통과 관련된 다음 기사가 실려
있다.

세종 1년(1419) 5월

"예조에서 계하기를, '이제부터 각종(各宗) 판사(判事)에 외방(外方)
주지(住持)는 허락치 말고, 다만 경중(京中) 도회소 주지(都會所住持)
만 시키도록 하라."⁴⁴⁸

---

446 『興地圖書』(下), 咸鏡道(關北邑誌), 咸鏡南道安邊都護府, 寺刹 條. "太祖登極
後三年始創大刹奉利君神照大師敬奉 聖旨始成普光殿僧統雪悟建尋釰堂."(태
조 등극 후 3년에 비로소 大刹로 만들었다. 奉利君 神照大師는 聖旨를 받들어 普光
殿을 건립하였고, 僧統 雪悟는 尋釰堂을 건립했으며…).

447 『불설장수멸죄호제동자다라니경』, 永樂蒼龍 丙申二月 日 湖月軒山人 疊峯謹跋,
보물 제1092호.

448 『세종실록』세종 1년(1419) 5월 19일 條.

212

세종 6년(1424) 2월

"도승통 혜진(惠眞)과 흥천사(興天寺) 주지(主持) 종안(宗眼)과…"[449]

세종 6년(1424) 4월

"승록사(僧錄司)를 혁파하고, 서울에 있는 흥천사(興天寺)를 선종도회소(禪宗都會所)로, 흥덕사(興德寺)를 교종도회소(教宗都會所)로 하며, 나이와 행동이 아울러 높은 자를 가려 뽑아 양종의 행수(行首)와 장무(掌務)로 삼아 승들의 일을 살피게 하기를 청합니다 …(중략)… 하니 그대로 따랐다."[450]

위 내용은 세종 초부터 각종(各宗) 판사는 경중(京中) 도회소 주지(都會所住持)를 맡았으며, 혜진(惠眞)이 도승통을 맡았음을 알려준다. 그리고 세종 6년(1424) 4월에 승록사를 혁파하고 '흥천사(興天寺)를 선종도회소(禪宗都會所)로, 흥덕사(興德寺)를 교종도회소(教宗都會所)로 삼았던'[451] 예에 비추어 볼 때, 혜진은 승록사에서 선종의 최고권자였음을 알 수 있다. 한편 승록사에서 교종을 통솔한 자로는 운오(云悟)를 들 수 있어, 『세종실록』 세종 7년 기사에 다음 내용이 실려 있다.

---

449 『세종실록』세종 6년(1424) 2월 14일 條.
450 『세종실록』세종 6년(1424) 4월 5일 條.
451 『세종실록』세종 6년(1424) 4월 5일 條.

세종 7년(1425) 5월

"희(黃喜)가 전일에 화엄도승통 운오(云悟)와 사귀어 친하였는
데…"[452]

한편 세종 6년(1424) 4월에 승록사가 혁파된 후에는 기존에 사
용되던 도승통 내지 판사 대신 선종의 경우 판선종사(判禪宗事)와
함께 도대선사(都大禪師), 교종의 경우 판교종사(判敎宗事)란 호칭
이 사용되었다. 또한 이와 관련해『세종실록』과『조선불교통사』,
그리고『현행서방경』발문과『사리영응기』에는 다음 내용이 실려
있다.

세종 7년(1425) 1월

"판선종사(判禪宗事) 중호(中皓)와 장무(掌務)인 중덕(中德) 보혜(寶惠)
와 대선사(大禪師) 조연(祖衍)과 판교종사(判敎宗事) 혜진(惠眞)과 장무
(掌務)인 대사(大師) 신위(信暐) 등이 비록 석가의 도제(徒弟)라 이르오
나…"[453]

『조선불교통사』'지숭감몽중창송사(志崇感夢重創松寺)' 조

"황명(皇明) 선덕(宣德) 6년(1431) 신해년 봄 정월일 지(誌). 주지 전 판
사(判事) 종사(宗師) 도대선사(都大禪師) 운곡(雲谷)."[454]

---

452 『세종실록』세종 7년(1425) 5월 21일 條.
453 『세종실록』세종 7년(1425) 1월 25일 條.
454 『조선불교통사』(하편),「이백품」(제2),'志崇感夢重創松寺' 條.

세종 21년(1439) 5월

"승 행호(行乎)를 보내 산으로 돌아가기를 명하고, 길 연변의 각 고을 수령과 각 역승(驛丞)들에게 전지하기를, '지금 내려가는 전 판선종 사(判禪宗事) 행호(行乎)에게 그 공억(供億)을 힘써 정결하게 하고, 감히 만홀하게 말지어다.'"[455]

『현행서방경(現行西方經)』, 金山郡地 黃嶽山直旨寺, 正統13年戊 辰(1448) 正月日

"선판도대선사(禪判都大禪師) 소언(少言) 발(跋)."[456]

『사리영응기(舍利靈應記)』, 上之31年(1449)秋七月十九日癸卯, 承 義郎守兵曹正郎臣金守溫(朝鮮)謹記

"대자암(大慈庵) 주지 도대선사(都大禪師) 신미(信眉), 판선종사(判禪宗 師) 도대선사 탄주(坦珠), 판교종사(判敎宗事) 도대선사 희인(希忍)."[457]

이 가운데 도대선사(都大禪師)와 관련해 『용재총화』에는 다음 내용이 실려 있다.

---

455 『세종실록』 세종 21년(1439) 5월 12일 條. 尹淮(1380~1436)가 지은「萬德山白蓮 社重創記」에 "天台領袖 都大禪師 乎公(行乎)이 백련사에 구경 갔다가 그 황폐한 것을 보고서 …(중략)… 孝寧大君에게 편지를 올려 大功德主가 되어 주기를 청하 니 …(중략)… 지금의 상께서 즉위하시자 判天台宗事로 부르시니…" 등의 기록이 있다.

456 『現行西方經』, 正統13年戊辰(1448) 正月日, 金山郡地 黃嶽山直旨寺.

457 『舍利靈應記』, 동국대 중앙도서관 관리번호:218.09 김57ㅅ // D16322.

"선종에서는 대선(大選)에서 올라 중덕(中德)이 되고, 중덕에서 올라 선사(禪師)가 되고, 선사에서 올라 대선사(大禪師)가 되고, 판사(判事)에 임명된 사람은 도대선사(都大禪師)라 한다. 교종에서는 대선에서 올라 중덕이 되고, 중덕에서 올라 대덕(大德)이 되고, 대덕에서 올라 대사(大師)가 되고, 판사에 임명된 사람은 도대사(都大師)라 한다. 양종에서 내외의 절을 각각 50 사찰쯤 나누어 관장한다."[458]

위 내용에 의하면 선종판사는 도대선사(都大禪師), 교종판사는 도대사(都大師)라 칭했다는 것으로, 이는 판선종사(判禪宗事) 내지 판교종사(判校宗事)와 함께 사용된 것임을 알 수 있다.

이상의 내용을 통해 볼 때, 세종 초에는 도승통 혜진(惠眞)과 화엄종 도승통 운오(云悟)가 승록사의 권한을 맡았으며, 세종 6년(1424) 4월에 승록사가 혁파된 후 선교양종 체제에서는 도승통 운오(云悟)를 대신해 판선종사(判禪宗事) 중호(中皓)가 선종을 관할했으며, 도승통 혜진(惠眞)이 판교종사(判校宗事)로 직명이 바뀐 채 교종을 관할했음을 알 수 있다. 그리고 이후 도대선사(都大禪師) 운곡(雲谷), 판선종사(判禪宗事) 행호(行乎), 선판도대선사(禪判都大禪師) 소언(少言), 도대선사(都大禪師) 신미(信眉), 판선종사(判禪宗師) 도대선사 탄주(坦珠), 판교종사(判敎宗事) 도대선사 희인(希忍) 등이 양종의 행수를 맡았음을 알 수 있다.

세조 대에는 선종판사(禪宗判事) 수미(守眉)와 교종판사(敎宗判事) 설준(雪俊)이 양종을 관할하였다. 설준과 관련해서는 『성종실

458 『慵齋叢話』 제9권.

록』성종 4년(1473) 7월 기사에 "설준(雪俊)이 교종판사(教宗判事)가 된 것은 곧 세조(世祖)께서 낙점(落點)하신 것이다"⁴⁵⁹라는 기록을 통해 이를 알 수 있다. 한편 수미(守眉)와 관련해서는 『조선불교통사』 '양종판사종무분담(兩宗判事宗務分擔)' 조에 "고려의 판조계종사(判曹溪宗事)는 조선시대에 판선종사(判禪宗師)가 되었다. 천순(天順) 원년(1456) 수미대사가 판선종사가 되어 왕명으로 영암 월출산 도갑사(道岬寺)를 중수하였다는 사실이 그 증거이다"⁴⁶⁰라는 기록이 실려 있으며, 〈견성암 약사삼존불상〉 복장 발원문 및 실록 기사에는 이를 반증하는 다음 내용이 실려 있기도 하다.

견성암 약사삼존불상 복장 발원문, 1456년 9월

"경태(景泰) 7년 병자(丙子, 1456) 9월 …(중략)… 대공덕주(大功德主) 판선종사(判禪宗事) 도대선사(都大禪師) 수미(守眉)."⁴⁶¹

세조 10년(1464) 4월

"전라도 관찰사 성임(成任)에게 어서(御書)로 유시(諭示)하기를, '전선종판사(禪宗判事) 수미(守眉)는 나의 잠저(潛邸) 때부터 구면(舊面)으로 알고 지내는 사이다 …(중략)… 감사(監司)가 나의 뜻을 본받아 수시로 마땅히 연화(緣化)를 도와주라' 하였다."⁴⁶²

---

459 『성종실록』성종 4년(1473) 7월 27일 條.
460 『조선불교통사』 '兩宗判事宗務分擔' 條.
461 유근자, 『조선시대 불상의 복장기록 연구』, 불광출판사, 2017. p.379.
462 『세조실록』세조 10년(1464) 4월 13일 條.

217

한편 성종과 연산군 대의 경우 선종판사 및 도대선사와 관련해 다음 기록을 찾을 수 있다.

『수륙무차평등재의촬요』, 見性寺開板, 成化6年庚寅(1470) 6月日 金守溫誌

"도대선사(都大禪師) 학열(學悅)."[463]

성종 13년(1482) 4월

"강귀손이 또 아뢰기를, '선종판사(禪宗判事) 승(僧) 내호(乃浩)가 다른 승에게 피소(被訴)되었으므로 본부(本府)에서 국문(鞠問)하였더니' … (중략)… 임금이 말하기를, '대비전(大妃殿)에서 하교(下敎)가 있었으므로 판사(判事)로 임명하였는데, 그 당자를 추포(追捕)하여 추국(推鞠)하는 것이 법의 규정이 있는가?…'"[464]

연산 2년(1496) 4월

"학조(學祖) 및 선종판사(禪宗判事) 보문(普文)과 원각사 주지 연희(衍熙)가 다 송씨의 불사(佛事)에 참여하였다 하므로…"[465]

이상, 조선 개국 이래 선시 시행이 중단된 연산군 10년(1504)에 이르기까지, 선시를 주관한 자는 도승통 내지 판사, 판선종사,

---

463 『水陸無遮平等齋儀撮要』, 成化6年庚寅(1470) 6月日 見性寺開板.
464 『성종실록』 성종 13년(1482) 4월 5일 條.
465 『연산군일기』 연산 2년(1496) 4월 24일 條.

판교종사, 도대선사 등으로 호칭에 변화가 있었음을 알 수 있다.

태조 때에는 도승통이란 호칭이 사용되어, 승록사를 관할한 '자은도승통 종림(宗林)'이 선시를 관할했음을 알 수 있다. 한편 도승통은 승록사가 혁파될 때까지 판사(判事)란 호칭과 함께 사용되어, 정종~세종조에는 '화엄도승통 설오(雪悟)', '도승통 혜진(惠眞)', '화엄도승통 운오(云悟)' 등과 함께 '조계종 판사(判事) 상형(尚形)', '판사 설내(偰耐)' 등이 선시를 관할했음을 알 수 있다.

승록사가 혁파된 세종 6년 이후에는 양종이 성립되어 판사 내지 도대선사(都大禪師)와 도대사(都大師), 판선종사(判禪宗事)와 판교종사(判校宗事)란 호칭이 사용되었으며, '판선종사 중호(中皓)'와 '판교종사 혜진(惠眞)', '판사 도대선사 운곡(雲谷)', '판선종사 행호(行乎)', '선판(禪判) 도대선사 소언(少言)', '도대선사 신미(信眉)', '판선종사 도대선사 탄주(坦珠)', '판교종사 도대선사 희인(希忍)' 등이 선시를 관할했음을 알 수 있다.

한편 세조 때에는 판사와 도대선사 등의 호칭이 사용되어, '판선종사 수미(守眉)'와 '교종판사 설준(雪俊)'이 활약하였다. 이후 성종 조에는 '도대선사(都大禪師) 학열(學悅)'과 '선종판사 내호(乃浩)'가 판사로 있었는데, 〈상원사 목조문수보살좌상 복장유물〉 중 「백지묵서 제진언(諸眞言)」(보물) 말미에 "天順七年癸未(1463, 세조 9) 七月初八日 梵書 禪宗禪師 乃浩…"라는 기록이 실려 있는 것으로 보아 내호(乃浩)의 경우 세조 9년에 선사(禪師)에서 이후 대선사에 올랐고, 이후 성종 대에 판사로 승급되었음을 알 수 있다. 이외에 연산군 대에는 '선종판사 보문(普文)' 등이 있어 – 세종 6년의 도승통 혜진과 세종 7년의 판교종사 혜진 등 중복 인물을 하나로 치면, 태조로부터 연산군 대에 이르기까지 총 18인이 판사의 직위에 있었음을 알 수 있다.

(2) 장무(掌務)와 전법(傳法, 傳法師), 증의(證義)

한편 앞서 든 『용재총화』 가운데 "판사(判事), 장무(掌務), 전법(傳法) 3인과 증의(證義) 10인과 함께 앉아 시취(試取)하는데…"[466]라는 내용을 통해 알 수 있듯이 판사 이외에 장무(掌務)와 전법(傳法), 증의(證義) 등이 선시를 관할하였다.

이 중 장무(掌務)는 『태종실록』 태종 15년(1415) 7월 기사에 "승록장무승(僧錄掌務僧)"[467]이란 내용이 기록되어, 승록사에 속한 장무승(掌務僧)이 태종 당시에 이미 존재했음을 알 수 있다. 장무승은 『세종실록』 내지 『세조실록』에서는 색장(色掌) 또는 색장승(色掌僧)이라고도 불렸으며, 승단의 통솔 내지 호패와 첩자(帖字)의 발급 등을 담당하였음을 다음의 실록(實錄) 기사를 통해 알 수 있다.

세종 1년(1419) 12월

"회암사(檜巖寺) 주지 및 색장(色掌)은 모두 계행을 지키는 도반승(道伴僧)으로 하게 하여 그 도(道)를 보전하게 하는 것이 가하다."[468]

---

466 『용재총화』(제9권). "共試法 禪宗講傳燈拈頌 教宗講華嚴經 各取三十人 前者內侍別監奉命而往 今則禮曹郎廳往 宗與〈判事 掌務傳法 三人證義 十人同坐〉試取…入格者謂之大禪'; '判事掌務傳法三人 證義十人同坐' 부분의 경우 『조선불교통사』(하), p.942에서는 '兩宗判事가 掌務ᄒ고 傳法師 一人과 證義 十人이 同座ᄒ야'라고 잘못 기록하고 있다.

467 『태종실록』 태종 15년 7월 23일 條.

468 『세종실록』 세종 1년(1419) 12월 27일 기사.

세종 3년(1421) 7월

"서울과 지방의 관리로 하여금 그 경내의 승(僧)들을 조사하여, 그 도
첩을 상고해 기록하여 안적(安籍)을 만들어서 …(중략)… 색장승인(色
掌僧人)을 정하여 통솔자가 있게 하고…"[469]

세종 12년(1430) 9월

"서울 안에 출입하는 승도들은 모두 첩자(帖字)를 상고하여, 선교종
(禪敎宗)의 승려는 각기 그 종(宗)의 색장(色掌)이, 각사(各司)의 임무
를 맡은 승려는 각각 그 관아에서 징험하되 …(중략)… 본조에 의뢰
하여 모두 인신(印信)이 찍힌 첩자를 발급해 주게 하고…"[470]

세조 9년(1463) 1월

"경중(京中)은 양종(兩宗)에서 …(중략)… 외방은 제사(諸寺)의 색장승
(色掌僧)을 경중(京中)의 예에 의하여 그 읍(邑)에 써서 바치되, 호패를
받을 때는 각각 도첩을 가지고 친히 예조(禮曹)와 도회관(都會官)에
이르러서 고준(考准)하여 호패를 주며…"[471]

또한 이와 관련해 『세종실록』 세종 6년(1424) 4월 5일 기사에
"나이와 행동이 아울러 높은 자를 가려 뽑아 양종의 행수(行首)와
장무(掌務)로 삼아 승들의 일을 살피게 하였다"[472]는 기록은 색장

---

469 『세종실록』 세종 3년(1421) 7월 2일 기사.
470 『세종실록』 세종 12년(1430) 9월 1일 기사.
471 『세조실록』 세조 9년(1463) 1월 12일 기사.
472 『세종실록』 세종 6년(1424) 4월 5일 條.

(色掌)과 장무(掌務)가 동일 기능의 호칭임을 알려준다.

앞서 든『용재총화』의 기록과 같이 장무는 선시(選試)를 관할하기도 했던바, 이중『세종실록』세종 7년(1425) 1월 기사에는 승록사를 대신한 양종(兩宗)의 현황 및 양종의 구성원에 대한 다음 내용이 실려 있다.

> "오교(五教)·양종(兩宗)을 줄여, 성안의 흥천사(興天寺)를 선종(禪宗)에 속하게 하시고, 흥덕사(興德寺)를 교종(教宗)에 속하게 하시고는, 거기에 거주하는 승려의 정수(定數)를 120으로 하고, 급전(給田)이 1백여 결(結)이요, 노비(奴婢)가 40구(口)인데다가 작위(爵位)까지 더하였으니, 그 덕이 지극히 우악(優渥)하시고, 은혜 또한 지극히 후하신 것이었습니다. 이제 판선종사(判禪宗事) 중호(中皓)와 장무(掌務)인 중덕(中德) 보혜(寶惠)와 대선사(大禪師) 조연(祖衍)과 판교종사(判校宗事) 혜진(惠眞)과 장무(掌務)인 대사(大師) 신위(信暐) 등이 비록 석가의 도제(徒弟)라 이르오나…"[473]

위 내용에 따르면 양종에는 각각 판사(판선종사, 판교종사)와 장무가 소속되었으며, 중덕과 대선사, 그리고 대사가 장무로 임용되었음을 알 수 있다. 한편『성종실록』기사에 대선사와 대사는 4품에 해당하며 중덕은 6품에 해당하는 점을 미루어[474] 4품~6품의 승

473 『세종실록』세종 7년(1425) 1월 25일 條.
474 『성종실록』성종 8년(1477) 1월 기사. "이제 禮曹의 關文을 받으니, 禪宗의 牒呈에, '대선사는 東班·西班의 4품에 준하고, 선사는 5품에 준하고, 中德은 6품에 준한다' 하였으나…"

직자 중에서 장무가 임용되었고, 보혜(寶惠)와 조연(祖衍), 신위(信暐) 등은 4품~6품의 승직자에 해당한 자였음을 알 수 있다.

한편 전법(傳法)의 경우 권근(權近. 1352~1409)의 문집『양촌선생문집』「송 갑산주지 원공 시 병서 ○ 성원(送岬山住持圓公詩 幷序 ○ 性圓)」 항목에 "원공(圓公, 性圓)은 신인종(神印宗)의 전법사(傳法師)이다 …(중략)… 건문(建文) 3년(1401, 태종 1) 봄에 계림(鷄林) 갑산사 주지로 되었는데…"[475]라는 내용을 통해 태종 때의 전법 1인으로 성원(性圓)이 소개되어 있다.

이외에 증의(證義)와 관련해서는『세종실록』세종 6년(1424) 3월 기사에 다음 내용이 실려 있다.

"사헌부에서 계하기를, '지난 계묘년에 화엄종(華嚴宗) 선시(選試)를 거행할 때 증의(證義)가 임명되어 그를 따라 모여서 술을 마신 일이 있었는데, 그때 외방에 있었기 때문에 추문(推問)하지 못한 대사(大師) 성현(省玄), 여윤(如允), 혜초(惠初)와 중덕(中德) 극명(克明), 보해(普解), 경균(冏均), 상등(尙登), 점상(占常), 그리고 대선(大選) 상목(尙鵠) 등은 이제 모두 복초(服招)하였으니, 청컨대 지난 2월 14일에 죄를 받은 대사(大師) 중연(中演)·신영(信英) 등의 예에 의하여 태(笞) 50도(度)로 논죄(論罪)하소서' 하니, 그대로 따랐다."[476]

475 『陽村先生文集』제8권, 詩類, 新都八景. 送岬山住持圓公詩 幷序 ○ 性圓 條. "圓公 神印之傳法也."
476 『세종실록』세종 6년(1424) 3월 27일 條.

위 기록은 식년이었던 1423년 계묘(癸卯)년에 선시가 시행되었음을 알려주며, 그때 증의(證義)에 임명된 11인과 그들의 음주에 대한 논죄(論罪)의 내용을 담고 있다. 『용재총화』에 의하면 "예조 낭청이 종(宗)에 가서 '판사(判事), 장무(掌務), 전법(傳法) 3인과 증의(證義) 10인과 함께 앉아' 시취(試取)한다" 하여 선시를 진행함에 증의 10인이 참여하도록 되어 있는데, 위 기록에서는 증의 11인이 선시 진행에 참여했음을 알려주고 있다. 또한 "외방에 있었기 때문에 추문(推問)하지 못한" 9명과 관련해 총 11인의 증의 가운데 2인은 한양에서, 나머지 9인은 외방에서 불러 모은 예를 알 수 있다. 그리고 위 11인의 증의는 대사(4품) 5인, 중덕(6품) 5인, 대선 1인으로 구성되어, 당시 선시를 행함에 있어 증의를 맡은 자의 품계를 짐작할 수 있다.

이상 조선 태조 이래 마지막 선시가 시행된 연산군 10년(1504)에 이르기까지, 선시를 주관한 인물들 중 파악 가능한 자들을 종합해 표로 들면 다음과 같다.[표9]

표9. 태조~연산군 대의 선시(選試) 주관자

조종 (祖宗)	해당 연월, 출전(出典)	判事(도승통, 판선종사, 판교 종사, 도대선사)	장무 (掌務)	전법 (傳法)	증의 (證義)
태조	1393년 7월 (願成大藏 御製文)	前 禪敎都摠攝 통판승록사사 (統判僧錄司事) 해인사주지 國一都大師 경남(敬南)			
	1395년 10월 (人天眼目)	왕사 大曹溪宗師 禪敎都摠 攝…도대선사(都大禪師) 妙 嚴尊者 무학(無學)			
	1396년 3월 (태조실록)	자은도승통(慈恩都僧統) 종 림(宗林)			
	1398년 1월 (태조실록)	도승통(都僧統) 설오(雪悟)			

정종	1400년 10월 (정종실록)	법왕도승통(法王都僧統) 설오(雪悟)		
태종	태종 초 (양촌선생문집)		性圓	
	1407년 1월 (태종실록)	도승통 설오(雪悟)		
	1408년 1월 (태종실록)	도승통 설오		
	1410년 9월 (태종실록)	화엄도승통(華嚴都僧統) 설오		
	1413년 7월 (태종실록)	조계종 판사(判事) 상형(尙形)		
	1416년 2월 (불설장수멸죄호제동자다라니경)	판사(判事) 희선(希善)		
	1418년 6월 (태종실록)	판사(判事) 설내(偰耐)		
세종	1424년 2월 (세종실록)	도승통 혜진(惠眞)		
	1424년 3월 (세종실록)			대사 省玄, 如允, 惠初, 중덕 克明, 普解, 冏均, 尙登, 占常, 대선 尙鵝, 대사 中演, 信英
	1425년 1월 (세종실록)	판선종사(判禪宗事) 중호(中皓), 판교종사(判校宗事) 혜진(惠眞)	중덕 寶惠, 대사 信暉	
	1425년 5월 (세종실록)	화엄도승통 운오(云悟)		
	1431년 (조선불교통사)	도대선사(都大禪師) 운곡(雲谷)		
	1439년 5월 (세종실록)	전 판선종사(判禪宗事) 행호(行乎)		
	1448년 正月 (현행서방경) 1449년 七月 (사리영응기)	선판도대선사(禪判都大禪師) 소언(少言), 도대선사(都大禪師) 신미(信眉), 판선종사(判禪宗師) 도대선사 탄주(坦珠), 판교종사 도대선사 희인(希忍)		

세조	1456년 9월 (견성암 약사삼존 불상 복장 발원문)	판선종사도대선사(判禪宗事 都大禪師) 수미(守眉)			
	1464년 4월 (세조실록)	전 선종판사(禪宗判事) 수미 (守眉)			
	1473년 7월 (성종실록)	교종판사(敎宗判事) 설준(雪 俊)			
성종	1470년 (수륙무차평등재의 촬요)	도대선사(都大禪師) 학열(學 悅)			
	1482년 4월 (성종실록)	선종판사(禪宗判事) 내호(乃 浩)			
연산군	1496년 4월 (연산군일기)	선종판사(禪宗判事) 보문(普 文)			

2) 복원된 선과(禪科)와 주관자

연산군 10년(1504)을 마지막으로 시행된 선시(選試)는 명종 7년
(1552) 양종(兩宗) 회복과 함께 선과(禪科)란 이름으로 복원되었다.
이에 대해 『허응당집』 「선종판사계명록(禪宗判事繼名錄)」에는 "(초
시, 복시 등) 두 차례의 (승과를) 열어 불일(佛日)이 계속되고 순임금
치세[舜日]가 다시 빛나며, 선풍(禪風)과 요임금 때의 평온[堯風]이
다시 펼쳐지게 하리라"[477]는 내용이 실려 있어 그 상황을 짐작할

---

477 『虛應堂集』(下)(『韓佛全』7, p.549下. "本朝燕山之時 一見嵐風之吹 永爲中庙之棄
由是禪風掩扇 佛日潛輝 凡寺利於國內者 日亡月毁 山無寺而寺無僧 幸髮緇於林
下者 官侵俗崇 眼有淚而淚有血也 …(중략)… 乃於辛亥之夏六月有日 渙起宸斷
詔興兩宗 命批臣僧某爲禪宗正 而光闡大猷 崇淨利諸州於三百有寺 遹追先典

수 있다. 그러나 명종 17년(1562) 7월 "보우의 도대선(都大禪) 관교
(官教) 직위의 삭탈"[478]과 동년 9월 보우의 체임[命遞][479]에 따라 선
과는 중지되었으며, 명종 21년(1566)에 최종적 혁파에 이르게 된
다.[480]

그럼에도 선과가 복원된 1552년부터 선과가 중지된 1562년
까지 1552년(壬子), 1555년(乙卯), 1558년(戊午), 1561년(辛酉) 등 4
차례의 식년이 있었다. 그렇다면 이때 선과를 주관한 판사(判事) 내
지 장무(掌務), 전법(傳法), 그리고 증의(證義) 10인은 어떤 사람들이
었을까?

(1) 판사(判事)

선과가 복원된 이후 최초 판사에 임명된 자는 보우(普雨)와 수진(守
眞)으로, 이에 대해 『명종실록』 명종 6년(1551) 6월 25일 기사에는
다음 내용이 실려 있다.

> "특명으로 보우(普雨)를 판선종사 도대선사(判禪宗事都大禪師) 봉은사
> 주지로, 수진(守眞)을 판교종사 도대사(判教宗事都大師) 봉선사 주지
> 로 삼았다."[481]

闢度僧二載于 使佛日連舜日而重輝 禪風共堯風而再扇."
478 『명종실록』 명종 17년 7월 4일 條.
479 『명종실록』 명종 17년 9월 29일 條. "禪宗判事 普雨를 체임시켰다."
480 禪科의 최종적 혁파에 대해 『明宗實錄』 21년(1566) 4월 20일 기사에 다음 내용이
전하고 있다. "전교하였다. '양종과 선과는 공론을 쫓아 혁파하겠다' …(중략)… 양
종 선과는 혁파되지 않다가 이때에 이르러 兩司의 계청으로 혁파되었다."
481 『명종실록』, 명종 6년 6월 25일 條.

여기서 수진(守眞)은 1493년 무량사 간행의 『묘법연화경』에 '대선사 수진(守眞)'이라 기록된 자로,[482] 1493년(성종 25)에 대선사 의 품계를 지닌 것으로 보아 성종 대에 선시에 입격한 자로 추정된 다. 이후 수진은 1553년 윤3월에 살인을 한 도적을 숨겨준 죄로 (교 종) 판사에서 체직되었으며,[483] 수진을 대신해 의상(義祥)이 교종판 사(教宗判事) 도대사(都大師)로 임명되었다. 이 내용은 1553년 여름 유점사에서 간행된 『선원제전집도서』의 다음 간행질을 통해서 알 수 있다.

嘉靖32年癸丑(1553)夏 金剛山楡岾寺開刊

"禪宗判事 都大禪師 奉恩住持 普雨, 教宗判事 都大師 奉先住持 義祥."[484]

선종판사 보우(普雨)의 직무는 1555년까지 이어졌을 것으로 추정된다. 1555년 5월 광덕사에서 간행된 『묘법연화경』 간행질 에 "선종판사 선교도대선사(禪教都大禪師) 수희대덕(随喜大德) 봉은 사주지 보우(普雨)'란 기록을 통해 그 내용을 알 수 있다. 한편 '교종 판사 도대사 봉선(사)주지 의상(義祥)은 '義尙'이라 달리 표기된 예 를 볼 수 있다. 즉 1549년 표훈사에서 간행된 『선문염송집』의 경

---

482 『묘법연화경』, 皇明弘治6年歲在癸丑(1493)仲春 贅世翁金悅卿謹跋, 無量寺刊.
483 『명종실록』 명종 8년(1553) 윤3월 5일 條. "영경연사 심연원이 아뢰기를, '수진은 宗門의 首僧으로서 살인한 도적을 숨겨주었으니 그 소임을 감당하지 못하는 것이 분명합니다' …(중략)… 하니, 전교하기를 '判事僧 守眞을 체직하고, 軍籍의 일은 거의 끝나가니 정파하지 말도록 하라' 하였다."
484 『禪源諸詮集都序』, 嘉靖32年癸丑(1553)夏 金剛山楡岾寺開刊.

우 "前 奉恩寺住 大禪師 義尙, 奉恩寺住持 寶雨"라 하여 의상(義尙)이 보우에 앞서 봉은사 주지를 역임했음을 전하고 있다. 또한 의상(義尙)은 1555년 광덕사 간행의 『묘법연화경』에 '교종판사 중덕(中德) 대선사 수희대덕(隨喜大德) 의상(義尙)'이라 기록된 점을 미루어 볼 때, 1555년 『묘법연화경』에 기록된 '교종판사 의상(義尙)'은 1549년 『선문염송집』에 기록된 '전 봉은사주(奉恩寺住) 대선사 의상(義尙)' 및 1553년 『선원제전집도서』에 기록된 '교종판사 의상(義祥)'과 동일인임을 알 수 있다.

이후 『제월당대사집(霽月堂大師集)』과 『동사열전(東師列傳)』 기록에 따르면 청허휴정(淸虛休靜)이 교종판사와 선종판사를 차례로 맡았음을 알 수 있다. 먼저 1637년에 간행된, 청허의 제자인 제월당 경헌(霽月堂 敬軒, 1544~1633)의 문집 『제월당대사집』 「청허대사행적」에 다음 내용이 전한다.

"임자년(壬子, 1552) 방(榜)에 선과(禪科)에 출신(出身)하였다. 처음에 낙산사[洛山] 주지가 되었으며, 다음에는 선종(禪宗) 전법사(傳法師)를 지냈다. 이어 판대화엄종사(判大華嚴宗事) 겸 판대조계종사(判大曹溪宗事)를 지냈다."[485]

또한 『동사열전』 「청허존자전(淸虛尊者傳)」에 다음 내용이 실려 있다.

---

485 『霽月堂大師集』(上),「淸虛大師行蹟」條,(『韓佛全』8), 120中면. "壬子榜禪科出身 初行洛山住持 次行禪宗傳法師 次行判大華嚴宗事兼判大曹溪宗事."

"그때 성조(聖朝)께서 양종(兩宗)을 다시 복원시켰는데, 마지못해 외인(外人)의 간청을 따라 1년 동안 대선(大選)이란 직책을 역임하고, 주지 직책을 맡은 지 두 해, 전법(傳法)이란 이름을 얻은 지 세 달, 교판(敎判, 敎宗判事)의 직책에 세 달, 선판(禪判, 禪宗判事)의 직책에 3년을 있었으니, 그때 휴정의 나이 37살이었다."[486]

한편 『청허당집(淸虛堂集)』 「청허집 보유」 조에 "(청허는) 나이 30에 선과에 입격[中]하여…"[487]란 내용을 통해 볼 때, 청허는 30세인 1552년 선과(禪科)에 출신(出身)했음을 알 수 있다. 이후 위 기록을 종합해 보면 청허는 (1552년) 1년간 대선(大選) 직책을 맡았으며, 그 후 (1552~1553년) 2년간 낙산사[洛山] 주지로 있었고, (1553년경) 3달간 선종(禪宗) 전법사(傳法師)를 지냈으며, (1553~1554년경) 교종판사(敎判) 3달을, 그리고 (1555~1557년경) 3년간 선종판사(禪判)를 지냈음을 알 수 있다.

이후 1557년 7월 귀진사(歸進寺)에서 간행된 『대방광불화엄경소주(大方廣佛華嚴經疏注)』의 간행질에는 교종판사 일주(一珠)와 관련한 다음 내용이 수록되어 있다.

"판선종사(判禪宗事) 도대선사(都大禪師) 보우(普雨), 판선종사(判禪宗事) 도대선사(都大禪師) 봉은사주지 일웅(一雄), 판교종사(判敎宗事) 도대선사(都大禪師) 봉선사주지 천칙(天則), 전(前) 교종판사(敎宗判事)

486 『東師列傳』 第二(『韓佛全』 10), p.1016 上.
487 『淸虛堂集』, 「淸虛集補遺」 條.(『韓佛全』 7), p.735 上. "年三十 中禪科…"

일주(一珠)."[488]

위 1557년 간행된『대방광불화엄경소주』에서 일주(一珠)를 "전(前) 교종판사"라 칭하고 있는데, 이는 (1553~1554년경) 청허가 3개월간 교종판사에 이어 선종판사를 맡았을 때 일주(一珠)가 청허 다음으로 교종판사를 맡았던 것임을 추정케 한다. 또한 같은 맥락에서 일웅(一雄)[489]은 청허에 이어 선종판사가 되었던 것으로 추정된다. 그리고 위『대방광불화엄경소주』에 따르면 1557년 7월에 또다시 판선종사 도대선사 보우(普雨)가 선종판사를 맡았고, 판교종사 도대선사 천칙(天則)이 봉선사 주지로서 교종판사를 맡았음을 알 수 있다.

이후 1559년 봄에 연봉사(烟峰寺)에서 간행된『묘법연화경』간행질에 따르면 선종판사가 "판선종사 도대선사(都大禪師) 각의(覺儀)"로 교체되었고,『명종실록』명종 15년(1560) 4월 기록에 의하면 선종판사가 또다시 일웅(一雄)으로 교체되었음을 알 수 있다.[490]

한편 1560년에는 청허휴정(淸虛休靜)이 교종판사와 선종판사를 겸하였던 것 같다. 이때의 사실은『조선불교통사』에 다음과 같이 기록되어 있다.

---

488 『大方廣佛華嚴經疏注』, 嘉靖36丁巳(1557)7月 日 黃海道瑞興地高德山歸進寺 開板.
489 一椎로 잘못 기재됨.
490 『명종실록』명종 15년(1560) 4월 13일 條. "禪宗判事 一雄(一椎로 잘못 기재)이 禮曹에 牒呈하면서 署名을 크게 하고 거만스럽고 무례하여 양사가 집요하게 탄핵을 논하였으나 상이 끝까지 치죄하지 않았다."

"『벽송당야로행록(碧松堂埜老行錄)』말미에 다음과 같이 쓰여 있다. '가정(嘉靖) 39년(1560, 명종 15) 5월 10일, 판교종사도대사(判教宗事都大師) 겸 판선종사도대선사(判禪宗師都大禪師) 봉은사 주지 휴정이 삼가 짓다.'"[491]

위 내용은 『제월당대사집』「청허대사행적」중 "판대화엄종사(判大華嚴宗事) 겸 판대조계종사(判大曹溪宗事)를 지냈다"[492]는 내용과 일치한 것임을 알 수 있다. 그리고 1560년 귀진사(歸進寺)에서 간행된 『대방광불화엄경소주』권38 말미의 간행질에는 "판선종사(判禪宗事) 도대선사 겸 봉은사주지 일웅(一雄), 판교종사(判教宗事) 도대사(都大師) 겸 봉선사주지 천칙(天則)"이 기록되어, 일웅(一雄)과 천칙(天則)이 선종판사와 교종판사를 맡았음을 알 수 있다.

이후 명종 16년(1561) 보우가 선종판사를 다시 맡게 되어, 1561년 귀진사(歸進寺) 간행의 『대방광불화엄경소주』권50 말미에 "판선종사 도대선사 겸 봉은사주지 보우, 판교종사 도대사 겸 봉선사주지 천칙"이 기록되어 있다. 1561년에 보우가 선종판사를 맡았던 사실은 『사명당대사집』「사명당송운대사행적(四溟堂松雲大師行蹟)」에 "(송운대사는) 신유(辛酉, 1561, 명종 16)에 선과(禪科)에 입격[中]하였다"[493]는 기록과 『조선불교통사』「고려선불초설승과(高

---

491 『조선불교통사』(하편), 「이백품」(제3), '兩宗判事宗務分擔' 條. "碧松堂埜老行錄之末云, 嘉靖三十九年(明宗十五年), 五月上澣刊. 判教宗事都大師兼 判禪宗師都大禪師 奉恩寺住持 休靜謹撰."
492 『霽月堂大師集』(上), 「淸虛大師行蹟」條. (『韓佛全』8), p.120中. "壬子牓禪科出身 初行洛山住持 次行禪宗傳法師 次行判大華嚴宗事兼判大曹溪宗事."
493 『四溟大師集』, 「有明朝鮮國慈通廣濟尊者四溟堂松雲大師行蹟」(『韓佛全』8),

麗選佛初設僧科)」조에 "세상에 전하기를, 보우가 출시(出試)한 시제 (試題)에 이르되 '청정본연인데 어찌 홀연히 산하대지가 생겨났는 가?(淸靜本然 云何忽生 山河大地)'라 하였고, 송운의 답안 역시 이르 되, '청정본연인데 어찌 홀연히 산하대지가 생겨났는가?'라 하였 다"[494]는 기록을 통해서도 알 수 있다. 또한 이 내용은 1561년에 보 우가 판사직에 복귀해 선과(禪科)의 시제(試題)를 출시(出試)했음을 알려주는 내용이기도 하다.

그러나 『명종실록』 17년(1562) 7월 기록에 의하면 보우는 도 대선(都大禪) 관교(官敎) 직위를 삭탈당했던바,[495] 1562년 7월 귀 진사(歸進寺)에서 간행된 『대방광불화엄경소주』권117 간행질에 "판교종사 도대선사 겸 행(行) 봉선사주지 천칙"만이 기록되어 당 시 선종판사는 공석이었던 것으로 보인다. 이어 〈목포 달성사 지 장삼존상〉 중 「지장보살 복장 발원문」에 "가정(嘉靖) 44년(1565) 10 월 초2일 기(記) …(중략)… 선종판사 혜능(惠能), 교종판사 설매(雪 梅)"[496]가 기록되어, 1565년에는 혜능(惠能)과 설매(雪梅)가 각각 선 종과 교종판사를 맡았음을 알 수 있다.

이후 명종 21년(1566) 4월 20일에 선과는 최종적 혁파에 이르

---

    p.75中. "辛酉中禪科 一時學士大夫 如朴思菴 李鵝溪 高霽峰 崔駕運 許美淑 林 子順 李益之 之輩 咸與之酬唱 傳播詞林."

494 『朝鮮佛敎通史』 「高麗選佛初設僧科」 條. "明宗大王時 奉恩寺 設禪科 普雨和 尙 實主其試 淸虛 松雲 皆中禪科 世傳 普雨出試題曰 淸靜本然 云何忽生 山河 大地 松雲答案亦云 淸靜本然 云何忽生 山河大地 及普雨死 永廢禪科 實明宗 朝二十年也."

495 『명종실록』 명종 17년 7월 4일 條.

496 유근자, 『조선시대 불상의 복장기록 연구』, 불광출판사, 2017. p.388. "嘉靖四十四 年乙丑(1565) 十月 初二日 記 …(중략)… 禪宗判事 惠能, 敎宗判事 雪梅."

게 되었는데,[497] 그럼에도 판사가 지속적으로 임명되었음을 알 수 있다. 즉 1566년 8월과 1567년 법흥사(法興寺)에서 간행된『선문염송집』말미에 "교판(敎判) 도대사(都大師) 일주(一珠)"가 기록되어 교종판사가 일주(一珠)로 교체되었음을 알 수 있다.[498] 또한 1568년 묘향산 보현사에서 간행된『이로행록(二老行錄)』말미에 "융경무진(隆慶戊辰, 1568) 양월(良月) 판대화엄종사(判大華嚴宗事) 판대조계종사(判大曹溪宗事) 휴정(休靜) 근서(謹書)"[499]가 기록된 점을 미루어 1568년에 휴정이 또다시 교종판사와 선종판사를 겸하였음을 알 수 있다.[500]

이렇듯 명종 대에 선과가 복원된 이후, 최초 판사에 임명된 보우(普雨)와 수진(守眞)으로부터, 선과가 최종적으로 혁파된 명종 21년(1566)에 이르기까지 보우(普雨), 수진(守眞), 의상(義祥), 청허(淸虛), 일웅(一雄), 천칙(天則), 일주(一珠), 각의(覺儀), 혜능(惠能), 설매(雪梅) 등 총 10인이 판사에 재직했음을 알 수 있다. 또한 선과 혁파 이후에도 교판(敎判) 도대사(都大師) 일주(一珠)와 판대화엄종사(判大華嚴宗事) 판대조계종사(判大曹溪宗事) 휴정(休靜) 등이 판사로 재임용되기도 하였다.

---

497 『明宗實錄』21년(1566) 4월 20일 기사. "전교하였다. '양종과 선과는 공론을 쫓아 혁파하겠다' …(중략)… 양종 선과는 혁파되지 않다가 이때에 이르러 兩司의 계청으로 혁파되었다."

498 『선문염송집』, 嘉靖肆拾伍年丙寅(1566)捌月日平安道順安地法興寺留板; 隆慶元年(1567)平安道順安地法弘山法興寺開板.

499 『二老行錄』, 隆慶3年己巳(1569)5月日 妙香山普賢寺開刊.

500 『조선불교통사』(권하)「兩宗判事宗務分擔」조에도 "此見 慶聖堂休翁行錄之末 '隆慶戊辰(宣祖元年, 1568) 良月 下澣 判大華嚴宗事 判大曹溪宗事 休靜 謹書'"라는 동일한 내용이 실려 있다.

그런데 이 가운데 수진은 1493년(성종 25)에 대선사의 품계를 지닌 자로, 성종 대에 선시에 입격한 자로 추정된다. 또한 의상은 선시 복원 전인 1549년 표훈사 간행의『선문염송집』에 "전(前) 봉은사주(奉恩寺住) 대선사 의상(義祥)"이라 기록되어 선시 혁파 이전에 선시에 입격한 자임을 알 수 있다.

(2) 장무(掌務)와 전법(傳法), 증의(證義)

한편 장무(掌務)와 관련해서는『명종실록』명종 8년(1553) 11월 기사에 "장무승(掌務僧) 영보(靈寶)"[501]가 기록되어 있다. 또한 1557년 7월 황해도 귀진사(歸進寺)에서 간행된『대방광불화엄경소주』간행질에 "행장무(行掌務) 화엄종중덕(華嚴宗中德) 숭인(崇印)"[502]이 기록되어 있는데, 숭인은 1562년 7월에 간행된『대방광불화엄경소주』권57에도 "행장무 화엄종중덕 숭인"[503]이라 실려 있어 5년여에 걸쳐 장무 신분을 유지했음을 알 수 있다. 또한 1562년 7월에 간행된『대방광불화엄경소주』권99에는 "화엄종중덕 정양사(正陽寺)주지 숭인"이 기록되어,[504] 중덕의 신분으로 장무 소임을 맡았으며, 동시에 정양사 주지를 겸했음을 알 수 있다.

---

501 『명종실록』명종 8년(1553) 11월 17일 條. "龍門山上院寺의 住持僧 神會와 掌務僧 靈寶 등이 內願堂이라 핑계대고 우리들의 田地를 뺏고 민가 7호를 협박하여 철거케 하려고 거짓말을 꾸며 계달하였는데…"

502 『大方廣佛華嚴經疏注』, 嘉靖36丁巳(1557)7月日 黃海道瑞興地高德山歸進寺開板.

503 『대방광불화엄경소주』, 嘉靖四十一年壬戌(1562)七月日黃海道瑞興地高德飯眞寺開板.

504 『大方廣佛華嚴經疏注』(권57). "嘉靖四十一年壬戌(1562)正月十八日, 華嚴宗中德正陽寺住持 崇印."

전법(傳法)과 관련해서는 1553년 심원사(深源寺)에서 간행된 『반야심경약소현정기언해(般若心經略疏顯正記諺解)』 간행질에 "교종전법대사(教宗傳法大師) 계묵(契默)"[505]이 기록되어 있다. 또한 『제월당대사집』 「청허대사행적」에 "임자년(壬子, 1552) 방(榜)에 선과(禪科)에 출신(出身)하였다. 처음에 낙산사 주지가 되었으며, 다음에는 선종 전법사(傳法師)를 지냈고…"[506]라는 기록 및 『동사열전』 「청허존자전(清虛尊者傳)」에 "외인(外人)의 간청을 따라 1년 동안 대선(大選)이란 직책을 역임하고, 주지 직책을 맡은 지 두 해, 전법(傳法)이란 이름을 얻은 지 세 달…"[507]이란 기록이 실려 있어, 청허는 (1553년경) 3달간 선종(禪宗) 전법사(傳法師)를 지냈음을 알 수 있다.

이외에 증의(證義)와 관련해 1553년 함경도 도성암에서 간행된 『불정심관세음보살대다라니경』 간행질에 "증의(證義) 일환(一還)"[508]이 실려 있기도 하다.

이상 장무와 전법, 증의에 해당하는 자들 모두는 1552년 이래에 출신(出身)한 자들로 추정되며, 화엄종중덕(華嚴宗中德) 숭인(崇印)의 경우 선과(禪科)의 복시에서 1위에 뽑힌 자로 추정된다.

이에 명종 대에 복원된 선과를 주관한 인물 중 파악 가능한 자들을 종합해 표로 들면 다음과 같다.[표10]

---

505 『般若心經略疏顯正記(諺解)』, 嘉靖32年癸丑(1553)五月日 黃海道黃州土慈悲山深源寺開板.

506 『霽月堂大師集』(上), 「清虛大師行蹟」條, (『韓佛全』8), p.120中. "壬子牓禪科出身 初行洛山住持 次行禪宗傳法師…"

507 東師列傳第二(『韓佛全』10), p.1016上.

508 『佛頂心觀世音菩薩大陀羅尼經』, 嘉靖32年癸丑(1553)正月日咸鏡道高原郡九龍山道成庵開刊 移實于釋王寺.

표10. 명종 대의 선시(選試) 주관자

명종 대: 연월일 (出典)	判事(도승통, 판선종사, 판교종사, 도대선사)	장무 (掌務)	전법 (傳法)	증의 (證義)
1551년 6월 25일 (명종실록)	判禪宗事 都大禪師 보우(普雨), 判敎宗事 都大師 수진(守眞)			
1553년 五月 (반야심경약소현 정기언해)			교종전법대사 (敎宗傳法大師) 계묵(契默)	
1553년 正月 (불정심관세음보 살대다라니경)				一還
1553년 윤3월 (명종실록)	판사승 수진(守眞) 체직			
1553년夏 (선원제전집도서)	禪宗判事 都大禪師 奉恩住持 보우(普雨), 敎宗判事 都大師 奉先住持 의상(義祥)			
1553년 11월 17일 (명종실록)		靈寶		
1554년 (霽月堂大師集, 東師列傳)			선종전법사 휴 정(休靜)	
1555년 五月 (묘법연화경)	禪宗判事 禪敎都大禪師 隨喜大 德 奉恩寺住持 보우(普雨), 敎 宗判事 中德 大禪師 隨喜大德 의상(義尙, 義祥)			
1554년경 (3개월) (霽月堂大師集, 東師列傳)	敎判(敎宗判事) 휴정(休靜)			
1555~1557년경 (霽月堂大師集, 東師列傳)	禪判(禪宗判事) 휴정(休靜)			
1556년 6월 (대방광불화엄경 소주)	判禪宗事 都大禪師兼 奉恩寺住 持 보우(普雨), 判敎宗事 都大 師兼 奉先寺住持 천칙(天則)			
1557년 8월 (십지경론)	判禪宗事 都大禪師 兼 奉恩寺 住持 보우(普雨),			

237

1557년 8월 (십지경론)	判教宗事 都大師 兼 奉先寺住 持 천칙(天則)		
1557년 孟秋 (대방광불화엄경 소주)	判禪宗事 都大禪師 兼 奉恩寺 住持 보우(普雨), 教宗判事 都 大師 前 奉先寺住持 일주(一珠)		
1559년 暮春 (묘법연화경)	判禪宗事 都大禪師 봉은사 주 지 각의(覺儀), 判禪宗事 都大 師 兼 奉先寺주지 천칙(天則)		
1560년 4월 (명종실록)	선종판사(禪宗判事) 일웅(一雄)		
1560년 5월 (조선불교통사)	판교종사도대사 겸 판선종사도 대선사 휴정(休靜)		
1560년 孟秋 (대방광불화엄경 소주)	判禪宗事 都大禪師 兼 奉恩寺 住持 일웅(一雄), 判教宗事 都 大師 兼 奉先寺住持 천칙(天則)		
1561년 孟秋 (대방광불화엄경 소주)	判禪宗事 都大禪師 兼 奉恩寺 住持 보우(普雨), 判教宗事 都 大師 兼 奉先寺住持 천칙(天則)		
1562년 正月 (대방광불화엄경 소주)		華嚴宗 中德 崇印	
1562년 7월 (명종실록)	보우, 도대선(都大禪) 관교(官 教) 직위 삭탈		
1562년 7월 (대방광불화엄경 소주)	判教宗事 都大禪師 兼行 奉先 寺住持 천칙(天則)	화엄종 중덕 正陽 寺주지 崇印	
1565년 10월 (달성사 지장삼존 상 복장 발원문)	禪宗判事 혜능(惠能), 教宗判事 설매(雪梅)		
1566년 8월 (선문염송집)	教判 都大師 일주(一珠)		
1567년 (선문염송집)	教判 都大師 일주(一珠)		
1568년 良月 (이로행록)	판대화엄종사 판대조계종사 휴 정(休靜)		

2. 선시(選試) 입격자

1392년 조선 개국 이래 시행된 승려의 과거 승과(僧科), 즉 선시(選試)는 연산군 10년(1504)을 마지막으로 더 이상 시행되지 못하였다. 이후 명종 7년(1552)에 선시는 선과(禪科)란 명칭으로 복원되었으며, 복원된 선과는 명종 16년(1561) 이후 또다시 혁파되었다. 선시는 식년마다 실시된 식년시(式年試)로, 개국 이래 1392년부터 마지막 선시가 행해진 1504년까지는 38회의 식년이 있어 30여 회의 식년에 따라 선시 입격자가 배출되었을 것이다.

이에 먼저, 태조로부터 연산군 대에 이르기까지 각 재위 기간 중 식년(式年)과 함께, 승과와 관련된 중요 사건을 기록한 표를 만들면 다음과 같다.[표11]

표11. 태조~연산군 대의 재위 기간과 식년(式年)표

	재위 기간	식년 회수	식년(式年)	비고
태조 (太祖)	1392.7 ~1398.12	2	1393년 癸酉, 1396년 丙子	
정종 (定宗)	1399.1 ~1400.12	1	1399년 己卯	

태종 (太宗)	1400.1 ~1418.8	6	1402년 壬午, 1405년 乙酉, 1408년 戊子, 1411년 辛卯, 1414년 甲午, 1417년 丁酉	
세종 (世宗)	1418.8 ~1450.2	10	1420년 庚子, 1423년 癸卯, 1426년 丙午, 1429년 己酉, 1432년 壬子, 1435년 乙卯, 1438년 戊午, 1441년 辛酉, 1444년 甲子, 1447년 丁卯	1423년 선시 시행 기록 존재
문종 (文宗)	1450.2 ~1452.5	1	1450년 庚午	
단종 (端宗)	1452.5~ 1455.윤6	1	1453년 癸酉	
세조 (世祖)	1455.윤6 ~1468.9	5	1456년 丙子, 1459년 己卯, 1462년 壬午, 1465년 乙酉, 1468년 戊子	1458~1571년의 14년 간 試才行者 12인
예종 (睿宗)	1468.9 ~1469.11			
성종 (成宗)	1469.11 ~1494.12	8	1471년 辛卯, 1474년 甲午, 1477년 丁酉, 1480년 庚子, 1483년 癸卯, 1486년 丙午, 1489년 己酉, 1492년 壬子	1493년『대전속록』 「度僧」條 삭제
연산군 (燕山君)	1494.12 ~1506.9	4	1495년 乙卯, 1498년 戊午, 1501년 辛酉, 1504년 甲子	1504년 4월. (마지막) 選試 거행
중종 7년(1512) 兩宗 혁파. 중종 11년(1516) 경국대전 度僧條 삭제				

한편 선발 인원의 경우, 태종 대에는 – 오교양종(五教兩宗)의 7종(宗) 체제에서 – 승록사(僧錄司)의 주관하에 초시(初試)에서 280~560명 정도를 뽑아 입선(入選)이라 칭했으며, 복시(覆試)에서는 입선 중 삼 분의 일인 93~187명 정도를 뽑아 대선(大選)이라 칭하였다.[509] 그리고 세종 대에는 선교양종(禪教兩宗)의 2종 체제에

---

509 『태종실록』14년(1414) 7월 4일 條 참조.

서, 복시의 경우 양종(兩宗)의 주관하에 『경국대전』 「도승」 조에 의거해 '선종과 교종 각 30인씩'[510]을 뽑았다. 또한 매번 선시 때마다 대선 중에서 한 명을 뽑아 중덕(中德)이라 칭하기도 하였다.

이렇듯 총 30여 회의 식년이 있었고 그때마다 식년시가 행해졌다면, 복시에서만 해도 1,800인 정도가 선발되어 대선(大選)이라 불렸을 것이며, 매번 선시마다 한 명의 중덕(中德)이 선발되었다면 30여 명의 중덕이 선발되기도 했을 것이다.

이외에 『대각등계집』 「봉은사중수기」에 실려 있듯, 제작(制作)으로 틈틈이 발탁된 참학(參學)이 존재했을 것이며, 이외에 양종이 혁파된 상황에서 그 기능을 대신한 내수사(內需司)에서 차첩을 받은 다수의 지음(持音)이 존재하기도 했을 것이다.

그럼에도 생진과(生進科) 출신자(出身者) 명단을 기록한 『사마방목』 내지 대과(大科) 급제자 명단을 기록한 『문무과전시방목』 같은 문헌이 승과의 경우 존재하지 않는다. 이에 필자는 조선왕조실록 기록과 승려 및 문인(文人)의 문집, 그리고 조선조에 간행된 불서(佛書), 당시 조성된 불화(佛畫)의 화기(畵記), 불상의 복장(腹藏) 발원문 등을 바탕으로 선시 입격자 명단을 파악해 보고자 한다.

이 중 조선시대 간행 불서에는 다량의 정보가 담겨 있다. 각 불서 말미에 책의 간행질(刊行秩) 내지 시주질(施主秩)이 실려 있는데, 그 안에는 승려의 법명(法名)뿐만 아니라 직책과 품계(品階)가 수록된 예가 발견되는 것이다. 물론 여기에도 한계가 있다. 조선 간행의

---

510 『경국대전』 「禮典」 '度僧' 條. "試 禪宗 則傳燈·拈頌 敎宗 則華嚴經·十地論 各取三十人."

불서 중 여전히 미발견 자료가 있으며 현전하는 불서 중에 일부가 누락 훼손된 경우가 있고, 동시대에 같은 법명(法名)을 사용한 예가 존재하여 분석의 어려움이 있기도 하다.

이런 점들을 감안하여 위에 든 자료를 바탕으로 선시 내지 선과 입격자를 정리하겠는데, 이는 추후 새로운 자료의 등장을 통해 보충되기도 할 것이다.

1) 선시(選試) 입격자의 한정

그런데 논의를 진행하기에 앞서 몇몇 전제를 설정해야 할 것이다. 먼저 조선 초에는 고려 말에 승과(僧科)에 입격해 품계를 받은 다수의 승려가 존재했기에 그들을 제외해야 한다는 점이다.

또한 입격자의 기준을 (유가의 생진과에 해당하는) 시재행(試才行)을 통해 입격한 중격자(中格者)부터 포함할 것인지, (유가의 대과에 해당하는) 선시(選試) 중 초시에 입격한 입선(入選)이거나 복시에 입격해 대선(大選)이 된 자로부터 이에 포함할 것인가 하는 점이다. 그리고 조선 초에는 선시를 통하지 않고 노역을 통해 선사 및 대선사의 관교(官敎)를 발급한 예가 있는데, 이를 어떻게 판단해야 할 것인가 하는 점이다.

(1) 고려조의 승과 입격자

고려 말 승과(僧科)에 입격해 품계를 받은 다수의 승려가 조선 초에 존재한 것과 관련해 먼저 고려시대의 승과에 대해 간략히 설명해 보기로 한다.

고려시대의 승과(僧科)는 승선(僧選), 부도선(浮屠選), 불선(佛選), 선불장(選佛場) 등으로 불렸다. 선종과 교종은 각 종파에서 자체적으로 종선(宗選)을 행했으며, 이는 유가의 소과(小科)에 해당하는 것이었다. 한편 국가 주관하에 실시된 대선(大選)은 대과(大科)에 해당하는 것이라 할 수 있다.

종선(宗選)은 ① 창살지장(唱薩之場),[511] ② 성복선(成福選),[512] ③ 중종선(中宗選),[513] ④ 조계선(曹溪選),[514] ⑤ 취석(聚席)[515] 등으로 불렸고, 대선의 경우 ① 대선(大選),[516] ② 성복선(成福選),[517] ③ 상상과(上上科)[518] 등으로 불렸다. 이에 각 종파에서 실시한 종선(宗選)에 입격하고, 이어 대선(大選)에 입격하면 대덕(大德)을 제수받았다. 이에 대한 예로 「박교웅(朴教雄) 묘지명」에는 다음 내용이 실려 있다.

"건통(乾統) 원년(1101) 처음으로 천태종의 대선(大選)을 시행하면서 …(중략)… 상상품(上上品)의 성적이었으므로 대덕(大德)을 주었다. 건통 5년(1105)에 대사(大師)를 주고, 태선(太選)에 나가 상품(上品)에 올

---

511 「法泉寺智光國師玄妙塔碑」, 『朝鮮金石總覽』(上), p.285.
512 「崔觀奧墓誌」, 『韓國金石文追補』, 아세아문화사, 1968, p.147.
513 「靈通寺住持智偁墓誌」, 『朝鮮金石總覽』(上), p.417.
514 「龍門寺重修碑」, 『朝鮮金石總覽』(上), p.410.
515 『동문선』 권117, 「臥龍山慈雲寺王師贈諡眞明國師碑銘 幷序」.
516 「法泉寺智光國師玄妙塔碑」, 『朝鮮金石總覽』(上), p.285. 「崔觀奧墓誌」, 『韓國金石文追補』, 아세아문화사, 1968, p.147.
517 「靈通寺住持智偁墓誌」, 『朝鮮金石總覽』(上), p.417.
518 『동문선』 권117, 「臥龍山慈雲寺王師贈諡眞明國師碑銘 幷序」.

랐으므로 …(중략)… 국청사 복강사(覆講師)가 되었고 …(중략)… 천경
(天慶) 5년(1115) …(중략)… 삼중대사(三重大師)를 제수하였다. 기해년
(1119) …(중략)… 다음 해에는 선사(禪師)에 제수되고 …(중략)… 을묘
년(1135) 국청사로 옮겨 주석하자 대선사(大禪師)로 삼으면서, 만수가
사(滿繡袈裟) 한 벌과 아울러 관고(官誥) 한 도(道)를 내려주었다."[519]

위 내용은 교종인 천태종 승려로서 대선에 입격해 '대덕 – 대
사 – 복강사(중대사) – 삼중대사 – 선사 – 대선사'로 법계가 승급된
예를 설명하고 있다. 한편 선종의 법계 승급에 대해서는 다음 두 예
를 통해 그 내용을 파악할 수 있다.

「승(僧) 최관오(崔觀奧) 묘지명」

"건통(乾統) 8년(1108)에 …(중략)… 계를 받았다. 천경(天慶) 3년(1113)
…(중략)… 성복선에 입격하였고, 7년 정유년(1117)에는 …(중략)… 대
선(大選)에 입격하여 대덕(大德)이 주어졌으며, 임인년(1122)과 계묘
년(1123)에는 특별한 은사로 대사(大師)와 중대사(重大師)가 더해졌
다."[520]

「승(僧) 김덕겸(金德謙) 묘지명」

"선불장(選佛場)에 나가 우수한 성적으로 입격하였으니 …(중략)… 병
오년(1126) …(중략)… 삼중대사를 더해주고 …(중략)… 수좌(首座)를

---

519 「僧 朴教雄 墓誌銘」, 소재 미상, 인종 20년(1142).
520 「僧 崔觀奧 묘지명」, 국립중앙박물관(No.신10038) 소장, 의종 12년(1158).

더하여 주고 …(중략)… 승통(僧統)을 더하여 주었다.”[521]

위에서 볼 때 선종의 경우 '대덕 – 대사 – 중대사 – 삼중대사 –
수좌 – 승통'으로 법계가 승급되는 예를 알 수 있다. 그리고 대선(大
選)이란 성복선 등의 종선(宗選)을 통과한 후, 국가에서 주관하는
승과의 명칭으로 사용되었음을 알 수 있다.

그런데 고려 말의 경우 대선(大選)이 승과의 명칭이 아닌, '승
과에 입격한 자' 또는 '입격한 자의 품계'를 뜻하는 예로 사용되기
도 하였다. 예를 들어 이색(李穡, 1328~1396)의『목은집(牧隱集)』「증
환옹상인서(贈幻翁上人序)」 항목에 “석탄여(釋坦如)가 집을 찾아와
청하기를, '저는 조계종(曹溪宗) 승려로, 올해 정사년(1377)에 대선
(大選)으로 뽑혔습니다”[522] 라는 내용이 실려 있으며,『목은시고』에
실린 「진관대선 내문 당시어의(眞觀大選來問唐詩語義)」란 시(詩)는
“진관사의 대선(大選)이 와서 당시(唐詩)의 어의(語義)를 묻다”[523] 라
고 해석할 수 있는 것이다.

한편 선광(宣光) 7년(1378, 우왕 4)에 간행된『법화삼매참조선강
의(法華三昧懺助宣講儀)』 말미에는 다음의 간행질이 수록되어 있기
도 하다.

“宣光七年丁巳(1378) 十二月 日 施主 靈嵒寺住持 禪師 妙慧 謹識

---

521 「僧 金德謙 묘지명」, 국립중앙박물관(No. 본9990) 소장, 의종 4년(1150).
522 『牧隱集』 牧隱文藁 제9권, '贈幻翁上人序'. “釋坦如 踵門請曰 如曹溪宗 今丁巳
年大選也.”
523 『牧隱集』, 「牧隱詩稿」 제15권, 詩. “眞觀大選來問唐詩語義.”

/ 同願 / 判天台宗事 龍岩寺住持 定慧 慈忍演妙普▨大禪師 口
口 / 推忠奮義輔理口口口口三重大匡 檜岩寺…口 / 口…口 / 安國
口…口 / 書寫大選 性徹 / 校整大選 慶廉."[524]

여기서 말미에 쓰인 '서사(書寫) 대선(大選) 성철(性徹)'과 '교정
(校整) 대선(大選) 경렴(慶廉)'의 경우 "대선 성철이 서사하였고, 대
선 경렴이 교정하였다"는 내용임을 알 수 있다. 이를 미루어 볼 때,
고려 말에는 대선이 '승과에 입격한 자' 내지 '품계(品階)의 한 예'
로 인식되었음을 알 수 있다. 이에 고려 말에 '대선(大選)'을 통해 품
계를 받은 승려가 조선 초에도 생존했을 것으로, 이들은 태종 말
(1418.8)에 이르기까지는 왕사 내지 판사, 도승통, 도총섭 등 승단의
고위직을 역임하였을 것이다.

이에 필자는 이들을 제외하는 가운데 조선시대 선시 입격자
만을 선별해 정리해 보고자 한다.

(2) 선시, 선과 입격자의 범위

그럼에도 이 부분을 서술하는 가운데 한계를 명확히 해야 할 부분
이 있다. 우선 조선시대 승려의 품계와 관련해 『용재총화』의 다음
내용을 참조해야 할 것이다.

"선종에서는 대선에서 중덕(中德)으로, 중덕에서 선사로, 선사에서

---

524 『法華三昧懺助宣講儀』(권하), 宣光七年丁巳(1378, 우왕 4) 二月 日. 보물 제959-
2-25호, 경주 기림사 소장.

부터 올라 대선사(大禪師)가 되는데, 판사에 임명된 사람은 도대선사(都大禪師)라 한다. 교종(敎宗)에서는 대선에서 중덕이 되고, 중덕에서 대덕이 되며, 대덕으로부터 올라 대사(大師)가 되는데, 판사에 임명된 자는 도대사(都大師)라 한다."[525]

이에 따르면 조선시대 승려의 품계(品階)는 선종의 경우 '판사(判事, 都大禪師) - 대선사 - 선사 - 중덕(中德) - 대선(大選)'이 존재하였고, 교종의 경우 '판사(判事, 都大師) - 대사 - 대덕(大德) - 중덕 - 대선'이 존재하였음을 알 수 있다.

이를 선시(選試)와 연관해 살펴보면, 우선 유가(儒家)의 생진과에 해당하는 '시재행(試才行)'을 통해 중격(中格)에 든 후, 선시(選試)의 초시를 통해 입선(入選)이 되며, 복시에 입격해 대선(大選) 내지 중덕(中德)에 이르러 비로소 품계에 들어서게 된다. 그리고 이후 교종의 경우 대덕 - 대사 - 판사(도대사)에 이르며, 선종의 경우 선사 - 대선사 - 판사(도대선사)에 이르는 구조임을 알 수 있다.

이런 점에서 본다면 판사와 대덕 내지 대사, 그리고 선사와 대선사 역시 선시를 거쳐 품계가 오른 자임을 알 수 있다. 또한 『연산군일기』 연산 3년(1497) 8월 기사에 "대선에 입격된 자만이 주지(住持)가 되니…"[526]라는 내용에 의하면 '주지는 선시를 통해 대선에 입격한 자'임을 알 수 있다.

이에 폭넓은 관점에서 볼 때 선시 입격자 안에는 (유가의 생진과

---

525 『慵齋叢話』제9권.
526 『연산군일기』연산 3년(1497) 8월 2일 條.

에 해당하는) 시재행(試才行)을 통해 중격(中格)에 든 자 내지, (유가의 대과에 해당하는) 선시(選試) 중 초시를 통해 입선(入選)이 된 자와 복시에 입격해 대선(大選) 내지 중덕(中德)이 된 자뿐만 아니라, 대덕과 대사 내지 선사와 대선사, 그리고 주지 역시 이에 포함될 수 있을 것이다.

그러나 중격자 명단은 어디서도 파악되지 않는다. 이에 필자는 대과에 해당하는 선시(선과)의 초시에 입격한 입선(入選), 그리고 복시를 통해 배출된 대선(大選)과 중덕(中德)을 대상으로 선시 입격자를 파악해 보고자 한다. 그리고 교종의 경우 중덕을 거쳐 대덕 – 대사 – 판사(도대사)에 이르며, 선종의 경우 선사 – 대선사 – 판사(도대선사)에 이른 자 역시 이 안에 포함하고자 한다. 이외에 양종(兩宗)에서 승직(僧職)을 맡아 선시를 주관했던 장무(掌務) 내지 전법(傳法), 증의(證義)와 양종에서 예조(禮曹)의 업무를 맡아 관할한 승직자가 선발되기도 했는데 이 또한 이 안에 포함되어야 할 것이다.

그리고 지음(持音)의 경우 『명종실록』 명종 7년(1552) 5월 기사에 "대선 취재(大禪取才) 때 분수(分數)가 차지 않은 승려는 전례에 의해 입선 차첩(入禪差帖)을 주고 그 나머지는 비록 차첩을 주지 않더라도 …(중략)… 지음(持音)으로 차임한다면…"[527]이란 내용이 실려 있다. 이에 따르면, 대선의 초시에 입격한 입선(入選)의 경우 입선 차첩을 주었고, 입선에 들지 못한 자를 지음에 차임했다는 것으로, 여기서 지음의 자격은 초시를 거친 중격자(中格者)에 해당하는 자임을 알 수 있다. 또한 『대각등계집』 「봉은사중수기」에 "제작(制

527 『명종실록』 명종 7년(1552) 5월 4일 條.

作)으로 발탁하여 참학(參學)이라 하였는데, 참학이란 곧 유가의 소과(小科)이다"[528]라는 기록에 의하면 참학 역시 선시 입격자 안에 포함될 수 있을 것이다.[529]

(3) 선사(禪師)와 대선사(大禪師), 대사(大師)의 예외

그런데 선사와 대선사, 대사를 선시 입격자에 포함하는 것에는 고려해 볼 사항이 있다. 이를 설명하기 위해 먼저 조선왕조실록 중 선사, 대선사 내지 대사와 관련된 내용 중 일부를 뽑아 소개해 보면 다음과 같다.

세종 11년(1429) 8월 7일

"형조에서 아뢰기를, '승려들이 각 관사(官司)의 건물이나 교량(橋梁)을 영조(營造)한 공로로 인해 대선사(大禪師)니 선사(禪師)니 하는 관교(官敎)를 받은 자가 아내를 얻고 속인(俗人)으로 되돌아가도 다시 관교(官敎)를 관(官)에 반납하지 아니하고 이름이 같은 승(僧)에게 전매(轉賣)하고 있사오니…'"[530]

세종 12년(1430) 8월 17일

"이조에서 아뢰기를, '앞서 각처의 건물을 영선(營繕)하거나 교량을

---

528 『大覺登階集』卷之二(『韓佛全』8, p.326上. "國初國家 設禪敎兩宗於陵寢室皇之外 特設僧科 例與國試 同日開場 命遣夏官 考選釋子之通經者 特授甲乙丙三等之科 曰大選 大選者 即儒家之大科也 次以制作 間有拔擢者 曰叅學 叅學者 即儒家之小科也 由大選而再擧入格者 曰中德 中德者 即儒家之重試也."

529 『세종실록』세종 11년(1429) 2월 3일 條.

530 『세종실록』세종 11년(1429) 8월 7일 條.

조성한 승(僧)들에게 그가 세운 공의 다소와 전직(前職)의 유무를 고
찰하지 않고 대선사(大禪師)에 발탁 임명하였사온데, 이는 실로 외람
된 일입니다.'"531

세종 20년(1438) 4월 20일

"왕년에 도성 안의 관부(官府)와 교량(橋梁)을 모두 승도(僧徒)로 하여
금 이를 영선(營繕)하게 하고는, 다만 선사(禪師)의 관교(官敎)만을 주
고 도첩(度牒)을 주는 법은 세우지 않았었는데…"532

세종 28년(1446) 3월 28일

"산릉도감(山陵都監)에서 아뢰기를, '지금 농사철을 당하였는데 농민
을 사역하여 농사 시기를 잃게 하오니 …(중략)… 도첩(度牒)이 없는
승인(僧人)은 모두 불러 모아서 사역하고 도첩(度牒)을 주고, 관직을
받고자 하는 사람에게는 관직을 받게 하고, 거처하는 사사(寺社)를
완호(完護)하고자 하는 사람은 들어주소서' 하니, 그대로 따랐다."533

문종 1년(1451) 4월 29일

"진관사(津寬寺)에 수륙사(水陸社)를 만든 승 218인을 대선사(大禪師)
로 제수하였다."534

---

531 『세종실록』 세종 12년(1430) 8월 17일 條.
532 『세종실록』 세종 20년(1438) 4월 20일 條.
533 『세종실록』 세종 28년(1446) 3월 28일 條.
534 『문종실록』 문종 1년(1451) 4월 29일 條.

문종1년(1451) 7월5일

"성상(聖上)을 위해 축리(祝釐)하는 것은 승들의 직책일 따름입니다 …(중략)… 이미 선사(禪師)의 직(職)으로 상을 주었는데, 이제 또 도첩을 추가하여 주면 역시 지나치지 않겠습니까?"[535]

문종2년(1452) 3월9일

"승군(僧軍)도 또한 20일 동안만 부역(赴役)하면 공에 따라 상(賞)과 직(職)을 주고…"[536]

단종2년(1454) 1월3일

"사헌부에서 아뢰기를, '승 각육(覺六)이 도첩도 없이 직(職)을 받았으니, 법에 의해 논죄하도록 청하였으나, 거론하지 말도록 명하였습니다.'"[537]

세조3년(1457) 3월23일

"예조(禮曹)에서는 …(중략)… 이미 선사(禪師)·대선사(大禪師)의 관교(官敎)를 받았으면 마땅히 다시 도첩(度牒)이 있고 없는 것은 묻지 않아야 한다."[538]

535 『문종실록』 문종1년(1451) 7월5일 條.
536 『문종실록』 문종2년(1452) 3월9일 條.
537 『단종실록』 단종2년(1454) 1월3일 條.
538 『세조실록』 세조3년(1457) 3월23일 條.

성종 8년(1477) 1월 20일

"갑사(甲士) 손한우(孫旱雨)가 상언(上言)하기를, '처음에 승(僧)이 되어 일휴(日休)라는 이름으로 대선사(大禪師)를 받았는데, 이제 환속하여 갑사에 속하였습니다' …(중략)… '대선사라는 헛된 직함을 통계(通計)하여 4품을 초수(超授)하는 것은 이치에 합당하지 않으니, 청컨대 1계자(階資)만을 더하여 주소서' 하니, 그대로 따랐다."[539]

성종 14년(1483) 8월 14일

"수리도감 제조(提調)가 아뢰기를, '공사는 크고 노역은 번거로운데 공장(工匠)은 많지 않고, 승들은 도첩은 있는데 직품(職品)이 없어서 직품을 받기를 원하는 자가 반드시 많이 있을 것입니다. 전에는 영선(營繕)하는 데 부역한 승들에게 검직(檢職, 임시로 녹봉을 주기 위해 만든 虛職)의 예와 같이 대사(大師)의 직품을 주어 포상하였습니다. 지금도 도첩이 있고 손재주가 좋은 승들에게 자원해서 부역에 나올 수 있도록 허락하여, 20일을 기준 삼아 각자가 준비한 양식으로 일한 자에게는 이조(吏曹)로 하여금 전례(前例)에 따라 승직(僧職)을 제수하게 하는 것이 어떻겠습니까?' 하니, 그대로 따랐다."[540]

성종 14년(1483) 8월 21일

"도첩을 받은 자로 나이 50세가 안 된 자들은 모두 쇄출(刷出)해서 부역하도록 하고, 한 달이 차거든 선사 또는 대선사의 직첩(職牒)을 주

539 『성종실록』 성종 8년 1월 20일 條.
540 『성종실록』 성종 14년(1483) 8월 14일 條.

도록 하소서. 그렇게 한다면 승은 더 많아지지 않을 것이고 군액(軍額)도 감손(減損)되지 않을 것입니다."[541]

위 내용에 의하면 선사, 대선사, 대사 중 일부는 선시에 입격한 후 품계가 승급된 자가 아닌, 각 관사(官司)의 건물이나 교량(橋梁)을 영조(營造), 수륙사(水陸社) 조성, 성상(聖上)을 위한 축리(祝釐), 20일 동안 부역(赴役)한 승군(僧軍), 쇄출(刷出)해서 한 달 동안 부역한 공로 등으로 (4품에 해당하는) 대선사와 대사, (5품에 해당하는) 선사의 관교(官敎)를 받은 자들임을 알 수 있다. 심지어 이들 중에는 세종 11년(1429) 기사 중 "대선사니 선사니 하는 관교(官敎)를 받은 자가 아내를 얻고 속인(俗人)으로 되돌아가도 다시 관교(官敎)를 관(官)에 반납하지 아니하고, 이름이 같은 승에게 전매(轉賣)하고 있사오니…"라거나, 단종 2년(1454)의 기사 중 "승 각육(覺六)이 도첩도 없이 직(職)을 받았으니…"라 하여 무도첩승 중에도 대선사, 대사, 선사가 있었음을 알 수 있기도 하다.

이렇듯 영조(營造)의 공로 등으로 대선사 내지 선사의 관교를 받은 자들은, 선시(選試)에 입격해 품계를 받은 자들과는 사찰 안에서도 구분이 있었던 것 같다. 한 예로 1496년 거창 옥천사(玉泉寺)에서 간행된 『육조대사법보단경』의 권말에 실린 간행질을 들 수 있다.[도6]

541 『성종실록』 성종 14년(1483) 8월 21일 條.

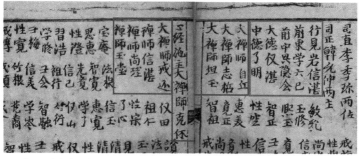

도6. 『육조대사법보단경』 간행질, 1496년(弘治 9) 居昌 玉泉寺 開板

　　이 간행질에는 다수의 인물이 실려 있는데, 그 가운데 승려의 경우 "행(行) 견암(見岩) 신담(信湛), 전(前) 동학(東學) 육사(六巳), 전(前) 중흥(中興) 은회(隱會)" 등과 같이 먼저 전현직 주지(住持)를 앞에 실은 후, 다음에 "대덕(大德) 부담(仅湛), 중덕(中德) 요명(了明)" 등 선시에 입격해 품계를 받은 자들을 먼저 실어 두었음을 볼 수 있다. 그리고 다음으로 "대선사 자구(自丘), 대선사 지철(志哲), 대선사 탄옥(坦玉), 심경(心經) 시주 대선사 극휴(克休), 대선사 계환(戒還), 선사 신담(信湛), 선사 상규(尙珪), 선사 옥당(玉堂)"이 실려 있고, 이어서 나머지 품계가 없는 승려 명단이 실려 있음을 볼 수 있다.[542]

　　그런데 여기서 대선사는 선종의 4품에 해당하는 품계이며 선사는 5품에 해당한다. 또한 대덕은 교종의 5품에 해당하며, 중덕의 경우 6품에 해당한다. 이에 품계의 순서에 따른다면 대선사가 대덕 내지 중덕 앞에 실려야 하며 선사 역시 중덕 앞에 실려야 할 것인데, 위 간행질에서는 대덕과 중덕 다음에 대선사와 선사가 실려

---

[542]　『六曹大師法寶壇經』, 弘治9年(1496) 5月 日 慶尙道居昌土玉泉寺開板.

있는 것이다.

이 같은 예는 단위 사찰에서도 선시를 통해 품계를 받은 자와 영조(營造)의 공로로 대선사 내지 선사의 품계를 받은 자를 차별하고 있었음을 보여주는 예라 할 수 있다.

이를 밝히기 위해 먼저 영조(營造)의 공로로 대선사 내지 선사의 품계를 받았을 것으로 추정되는 인물들이 1496년에 간행된 『육조대사법보단경』의 간행과 비슷한 시기의 기록에 어떻게 묘사되었는지를 살펴보기로 한다.

이 중에서 '대선사 자구(自丘)'와 '선사 옥당(玉堂)'은 당대의 여타 기록에 전혀 보이지 않고 있다. 한편 '대선사 지철(志哲)'의 경우 1470년 견성사(見性寺)에서 간행된 『수륙무차평등재의촬요』에 그 법명이 보이고 있다. 이 책 말미에는 왕실 관련 시주자로서 영가부부인(永嘉府夫人) 신씨(申氏) 혜원(慧圓) 등 55인, 제작에 간여한 승려로는 혜각존자(慧覺尊者) 신미(信眉) 등 194인, 관리로는 별좌(別坐) 정선기(丁善琦) 등 3인, 제작에 간여한 안수좌(安守佐) 등 92인, 각수 전록동(全彔同) 등 3인 등이 기록되어 있다.

이 중 194인의 승려 가운데 품계 내지 직책이 기록된 자로는 혜각존자 신미(信眉)와 평암(平庵) (주지) 성균(性均), 도대선사(都大禪師) 학열(學悅), 대선사 학조(學祖), 대선사 성주(省珠), 대선(大選) 설순(雪順) 등 6인이 발견된다. 그리고 앞서 든 '대선사 지철(志哲)'의 경우 어떤 품계도 쓰이지 않은 채 "지철(志哲)"이란 법명만이 쓰여 있다.[543] 이는 선시를 통해 품계를 얻지 못했음을 말해주는 것이라

---

543 『수륙무차평등재의촬요』, 成化己丑(1469)...永順君溥謹跋/成化6年庚寅(1470)6

할 수 있다.[표12-①]

표12. 불서 간행질에 기록된 영조(營造)의 공로 등으로 인한 선사와 대선사

① 『수륙무차평등재의촬요』, 1470년, 견성사	② 『현수제승법수』, 1500년, 봉서사	③ 『묘법연화경』, 1531년, 중대사	④ 『천지명양수륙재의찬요』, 1532년, 공산본사

한편 '대선사 탄옥(坦玉)'과 '심경(心經)시주 대선사 극휴(克休)'의 경우 1500년 봉서사 간행의 『현수제승법수』에서 나란히 발견되는데, 중덕(中德) 혜통(惠通)에 이어 품계가 없는 일반 대중으로 기록되어 있다.[표12-②]544

또한 '대선사 계환(戒還)'의 경우 1531년 진안 중대사 간행의 『묘법연화경』에 품계가 없는 채 기록되어 있음을 볼 수 있다.[표12-③]545

그리고 '선사 신담(信湛)' 역시 1532년 공산본사 간행의『천지명양수륙재의찬요』에 품계 없이 법명만 기록되어 있어,[표12-④]546

月日 金守溫誌. 見性寺開板.

544 『현수제승법수』, 慶尙道陜川地伽倻山鳳栖寺開板, 弘治13年庚申(1500)自懿月海印寺老衲燈谷跋.

545 『묘법연화경』, 嘉靖10年辛卯(1531)8月日 全羅道鎭安地中臺寺開板.

546 『천지명양수륙재의찬요』嘉靖11年壬辰(1532)5月日 慶尙道永川地公山本寺開板.

256

앞서 언급된 '행(行) 견암(見岩) (주지) 신담(信湛)'과는 동일 법명을 가진 다른 인물임을 알 수 있다.

한편 '선사 상규(尙珪)'는 1472년 중대사 간행의 『묘법연화경』 간행질에 '선사 상규(尙珪)'가 기록되어 있다.[도7]

전체 7권 중 5권 말미에 수록된 것으로, 5권 말미에는 전(前) 쌍봉사 주지 대선사 및 전 장안사 주지 대선

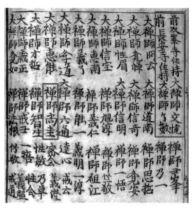

도7. 『묘법연화경』, 1472년, 중대사

사 등 대선사 2인과 대선사 15인, 선사 17인, 그리고 품계가 없는 승려 49인 등 총 83인이 수록되어 있다. 『묘법연화경』의 경우 보통 3권과 5권, 7권 말미에 간행질이 수록되어 있는데, 5권 말미에만 83인이 수록된 것을 미루어, 책 전체에 대략 250인 이상의 명단이 수록되었을 것으로 추정된다.

그런데 5권에 수록된 명단의 경우 전체 83인 모두가 승려로서, 40% 이상인 34인이 선사 내지 대선사 품계를 지닌 것으로 기록되었음을 볼 수 있다. 이에 3권과 7권 말미에도 다수의 인원이 실려 있을 것을 예상한다면 대략 200인 이상의 승려가 간행질에 실렸을 것이며, 그중 40% 정도가 선사 내지 대선사 품계자라 한다면 중대사 간행의 『묘법연화경』 전체에는 80인 이상의 선사 내지 대선사가 실렸을 것으로 추정된다.

앞서 1470년 견성사(見性寺)에서 간행된 『수륙무차평등재의

촬요』의 경우 간행질 전체의 인원 344인(人) 가운데 승려 194인이 실려 있고, 194인 가운데 혜각존자 신미(信眉)와 평암(平庵) (주지) 성균(性均), 도대선사(都大禪師) 학열(學悅), 대선사 학조(學祖), 대선사 성주(省珠), 대선(大選) 설순(雪順) 등 품계 내지 직책이 기록된 자가 6인에 불과하다는 점을 미루어 볼 때, 위 중대사 간행의『묘법연화경』에 전체 인원 중 40% 정도가 선사 내지 대선사로 채워져 있다는 것은 비정상적인 것임을 알 수 있다. 이에 여기 기록된 선사 및 대선사의 경우 영조(營造)의 공로로 품계를 받았으리라 추정되는 인물들이 대다수였을 것으로 이해된다.

이런 점에서 볼 때, 앞서 든 1496년 거창 옥천사 간행의『육조대사법보단경』에 실린 '선사 상규(尙珪)'가 1472년 중대사 간행의『묘법연화경』에 '선사 상규(尙珪)'라 기록된 것은, '상규'가 1472년 이전에 영조(營造)의 공로로 선사 품계를 받았으며, 24년이 지난 1496년에도 선사 품계에 변화가 없었음을 말해준다. 만약 '상규'가 선시(選試)를 통해 품계를 받았던 자라면 24년 동안 충분히 대선사의 품계에 올랐을 것이다.

이런 점을 미루어 볼 때, 중대사 간행의『묘법연화경』에 실린 전체 83인 중 '전(前) 쌍봉사 주지 대선사 문열(文悅)'과 '전 장안사 주지 대선사 요민(了敏)'을 제외한 선사 내지 대선사 32인은 영조(營造)의 공로로 품계를 받았던 인물로 이해된다. 그리고 이런 까닭으로 인해 1496년 거창 옥천사 간행의『육조대사법보단경』에서는 6품의 중덕 다음에 (4품의) 대선사와 (5품의) 선사가 실렸을 것으로 생각된다.

이 같은 예는 1443년 화암사(花岩寺)에서 간행된『묘법연화경』간행질에서도 발견된다.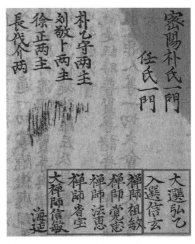
이 책의 간행질에는 전체 명
단 가운데 대선사27인과 선
사 58인이 실려 있음을 볼
수 있다. 그런데 권7에 실린
간행질의 경우, (6품 이하의)
'대선(大選) 홍을(弘乙)'과 (품
계가 없는) '입선(入選) 신현(信
玄)' 다음에 (5품에 해당하는)
선사 조민(祖敏)과 각에(覺   도8.『묘법연화경』, 1443년, 화암사
悳), 법혜(法惠), 성보(省宝)와
(4품에 해당하는) 대선사 신민(信敏)이 실려진 예를 발견할 수 있는 것
이다.[547][도8]

또한 1488년 무량사(無量寺) 간행의『대불정여래밀인수증요
의제보살만행수능엄경』[548]과 1493년 무량사 간행의『묘법연화
경』[549]에서도 다수의 선사와 대선사가 실려 있음을 볼 수 있다. 이
런 현상은 간행질 가운데 영조(營造)의 공로로 품계를 받았던 인물
이 선사 내지 대선사의 품계자와 함께 기록된 까닭으로 생각된다.
이에 필자는 이후, 경전 간행질에 실린 선사 내지 대선사, 대사의

---

547 『묘법연화경』, 全羅道 高山地 佛名山花岩寺 開板, 正統八年癸亥 5月日 崇祿大
     夫 判中樞院事 昌寧 成達生 謹跋.
548 『대불정여래밀인수증요의제보살만행수능엄경』, 弘治元年戊申(1488)8月日 忠清
     道鴻山萬壽山無量寺開.
549 『묘법연화경』, 皇明弘治6年歲在癸丑(1493)仲春 贅世翁金悅卿謹跋, 無量寺刊.

경우 전후 자료와 대조하는 가운데 명확히 선시를 통해 품계를 받았다고 여겨지는 인물들만을 선별해 싣고자 한다.

2) 태조~태종 대의 입격자

(1) 태조 대의 입격자

태조(1392. 7~1398. 12 재위) 연간에는 1393년(癸酉)과 1396년(丙子) 등 두 차례의 식년이 존재했으며, 식년시(式年試)에 따라 선시(選試) 가 시행되었으리라 추정된다. 선시는 문무과(文武科)의 예를 따라 시행된 것으로, 같은 날 개장하여 시험을 치렀던 것으로 보인다. 그런데 『경국대전』 「예전」 '제과(諸科)' 조의 문무과(文武科) 항목에 "3년에 한 차례 시(試)를 행한다. 전년 가을에 초시를 행하고 그해 초봄에 복시와 전시(殿試)를 행한다"[550] 하고 있으니, 식년에 앞선 1392년과 1395년 가을에 초시를 행했을 것이다.

그런데 선시란 대과에 해당하는 것으로, 선시의 초시를 행하기에 앞서 소과(小科)를 행해야 할 것이다. 이에 필자는 앞서 『세종실록』 중 "승인(僧人) 출가의 법은 『경제육전』에 의거해 …(중략)… 도첩식(度牒式)은 초입사례(初入仕例)에 따라 승록사에서 예조에 보고하고…"[551] 내지 『예종실록』 중 "예조에서 양종(兩宗)으로 하여금 『심경』·『금강경』·『살달타』·『법화경』 등을 시험해 중격자(中格者)

550 『경국대전』 「禮典」 '諸科' 條.
551 『세종실록』 세종 3년 7월 2일 條.

를 보고하게 하고…"552라는 기사를 드는 가운데,『심경』·『금강경』등의 시험인 시재행(試才行)을 거쳐 정전(丁錢)을 받고 도첩을 발급함이 '초입사례'인 '소과 입격의 예'에 해당함을 말한 바 있다. 즉 대과에 해당하는 선시(選試)의 초시(初試)에 앞서 중격자(中格者)에 대한 정전 납부와 도첩 발급이 선행되어야 한다는 것이다.

이에『태조실록』(식년 전 해인) 태조 1년(1392) 9월 기사에 '양반 자제 오승포 100필, 서인 150필, 천구(賤口) 200필을 받은 후 도첩을 주어 출가를 허락하게 한'553 예는, 이때 도첩 발급에 따른 중격자를 배출하였고, 이어 선시 중 초시가 행해졌음을 추정케 한다. '재주를 시험[試才行]하여 도첩(度牒)을 발급한다'는 내용은『태종실록』태종 2년(1402) 6월 18일 기사에도 등장한다. "무릇 승니(僧尼)는 재주를 시험[試才行]하여 도첩을 발급해 주고 삭발하도록 허용함이『육전(六典)』에 기재되어 있습니다…"554는 내용으로, 이렇듯 도첩을 발급해 중격자를 배출한 후 선시의 초시(初試)가 진행되었을 것이다.

태조(1392. 7~1398. 12 재위) 연간에 선시가 시행되었음을 알려주는 예로는 이단(李旦), 즉 태조 이성계가 1393년(洪武 26) 7월일에 발문(跋文)을 쓴 「원성대장어제문(願成大藏御製文)」을 들 수 있다. 태조는 어제문(御製文) 가운데 조선의 건국은 조상과 부처님 도

---

552 『예종실록』예종 1년 10월 27일 條; 시험 과목으로 추가된『法華經』의 경우『성종실록』성종 1년 3월 6일 條에 "『法華經』은 帙이 많으니, 아울러 大典에 의해 시행하는 것이 편합니다' 하니 전지하기를, '가하다' 하였다"는 내용을 통해 예종대에 일시적으로 시행되었음을 알 수 있다.
553 『태조실록』태조 1년 9월 24일 條.
554 『태종실록』태종 2년(1402) 6월 18일 條.

움으로 이루어졌음을 밝혔던바, 그 말미에는 동원자(同願者)로 "전 (前) 선교도총섭(禪敎都摠攝) 통판승록사사(統判僧錄司事) 해인사 주 지 국일도대사(國一都大師) 경남(敬南), 동량선덕(棟樑禪德) 신원(信源), 선림사(禪林寺) 주지 만웅(萬雄), 향산(香山) 중덕(中德) 각소(覺蘇)…"[555] 등이 기록되어 이들 대부분은 고려시대에 승과에 입격한 자들로 생각할 수 있다. 그런데 이들 가운데 '향산 중덕(中德) 각소 (覺蘇)'의 경우 선시에 입격해 대선(大選)에 뽑힌 후 승급되었거나, 또는 선시(選試)의 복시(覆試)를 통해 중덕에 임명된 자로 추정된 다. 이에 『경국대전』의 규범에 따라 (식년 전 해인) 태조 1년(1392) 9월 에 도첩 발급에 따른 중격자를 배출하였고 이어 선시 중 초시가 행 해졌다면, 식년인 1393년에는 복시가 행해졌을 것으로, '향산 중덕 (中德) 각소(覺蘇)'는 태조 당시 선시를 통해 중덕(中德) 품계를 받았 을 가능성이 있는 것이다.

(2) 정종~태종 대에 활동한 선시 입격자

한편 정종(1399.1~1400.8.12 재위)~태종(1401.1~1418.11 재위) 연간에 는 정종 대에 1399년(己卯), 태종 대에 1402년(壬午), 1405년(乙酉), 1408년(戊子), 1411년(辛卯), 1414년(甲午), 1417년(丁酉) 등 일곱 차례의 식년이 존재하였다.

  이 가운데 정종 대에 활동한 선시 입격자를 알려주는 예로

---

[555] 『조선불교통사』 상편 2, 「불화시처」 2. 「願成大藏御製文」, "同願 前禪敎都摠攝 統判僧錄司事 海印寺住持 國一都大師 敬南, 棟樑禪德 信源, 禪林寺住持 萬 雄, 香山中德 覺蘇, 志寶, 天珪, 信成, 志禪, 信宗, 戒願, 達禪, 希志, 佛心, 海樞, 覺海, 志傳, 宗淵, 希全, 信連, 覺正."

는, 1399년 왕실에서 간행된『묘법연화경』[556]을 들 수 있다. 이 책 말미에 실린 남재(南在)의 발문(跋文)에 의하면 이 책은 도인(道人) 해린(海麟)이 단월(檀越) 정천익(鄭天益)과 이양(李穰) 등의 시주로 1398년(태조 7) 7월 간행에 착수해 1399년(정종 1) 7월에 마친 것으로, '전(前) 안양사 주지(安養寺住持) 대선사 선묵(禪黙)'과 '도인 각진(覺眞)' 등이 간행에 참여한 것으로 기록되어 있다. 여기서 '전(前) 안양사주지(安養寺住持) 대선사 선묵(禪黙)'의 경우 태조(1392. 7~1398. 12 재위) 연간에 행해진 선시에 입격한 자일 가능성이 있다고 하겠다. 또한 앞서 언급했듯이,『양촌선생문집』에 실린 '신인종(神印宗) 전법사(傳法師) 성원(性圓)'의 경우 "건문(建文) 3년(1401, 태종 1) 봄에 계림(鷄林) 갑산사 주지가 되었던바"[557] 그 역시 태조 연간에 행해진 선시에 입격한 자일 가능성이 있다고 하겠다.

한편 1401년(태종 1) 간행된『대불정여래밀인수증료의제보살만행수능엄경』은 태상왕 태조가 신총(信聰)에게 대자(大字)로『능엄경』을 쓰게 하고 어람(御覽) 후 판각한 것으로, 이 책 말미에는 다음의 간행질에 실려 있다.

"建文三年辛巳(1401) 五月 日」
前楊井寺住持 勤修本智佑世大師 信聰書」

---

556 『妙法蓮華經』, 建文元年己卯(1399)七月日...南在 跋. 보물 제1081호, 국립중앙박물관 소장. "道人 海隣 得戒環註解精李一部 欲鋟梓廣施 檀越 鄭君天益 李君穰 出財若干 贊成其志二 始於戊寅七月 事訖于翌年七月 …(중략)… 前安養寺住持 大禪師禪黙 同願道人 覺眞…"
557 『陽村先生文集』제8권, 詩類, 新都八景. 送岬山住持圓公詩 幷序○性圓 條. "圓公 神印之傳法也."

刻手大德明昊 善觀 中悟 惠空 智孚」金悟 盧信 任得中 金潤 崔
漳」

崔宥」監宮內速古赤通善郎承寧府判官尹伯顔」。"[558]

위 내용 중 이 책을 필사한 신총(信聰)은 '전(前) 양정사(楊井寺)
주지'로 '근수본지우세대사(勤修本智佑世大師)'란 존호를 갖고 있다.
또한 '각수(刻手) 대덕(大德) 명호(明昊)'는 태종 4년(1404) 제릉(齊陵)
의 비(碑)를 조성할 때 돌에 각자(刻字)를 한 인물로,[559] 『세종실록』
세종 9년(1427) 기사에서는 대사승(大師僧)이라 기록되어 있으며
1423년(癸卯) 죽은 것으로 되어 있다.[560] 이에 의하면 명호(明昊)는
교종에 속하는 승려로, 선시를 통해 대선(大選)과 중덕(中德)을 거
쳐 태종 대에 대덕(大德) 품계를 받았으며, 이후 세종 대에는 대사
품계를 받았음을 알 수 있다.

한편 『태종실록』 태종 2년(1402) 12월 기사에 "주상께서 전 정
승(政丞) 이서(李舒)와 대선사(大禪師) 익륜(益倫)과 설오(雪悟)를 시
켜 문안하게 하였사온데, 길이 막혀서 도달하지 못하고 돌아갔습
니다' 하니, 태상왕이 말하였다. '모두 내가 믿고 중하게 여기는 사
람이기 때문에 보낸 것이다'"[561]라는 내용이 실려 있다. 여기서 설
오(雪悟)는 태조~태종 대에 도승통을 지낸 자이다. 또한 대선사(大

558　『大佛頂如來密因修證了義諸菩薩萬行首楞嚴經』, 建文三年辛巳(1401)五月
日, 왕실 간행. 보물 제759호, 국립중앙박물관 소장.
559　『태종실록』 태종 4년(1404) 3월 16일 條.
560　『세종실록』 세종 9년(1426) 4월 24일 條.
561　『태종실록』 태종 2년(1402) 12월 2일 條.

禪師) 익륜(益倫)은 『태종실록』 태종 1년(1401) 4월 기사에 '태상왕 및 태종과 종친, 대신들과의 연향(宴享)에 참석해 즐겼던 조계승(曹溪僧) 익륜'[562]으로, 대선사(大禪師)란 품계로 볼 때 태조 내지 정종 대에 선시에 입격한 인물로 추정된다.

한편 1405년(태종 5) 3월 안심사에서 간행된 『묘법연화경』은 성달생(成達生)과 성개(成槪)가 필서하고 조계종(曹溪宗)의 대선(大選) 신희(信希) 등이 판각한 것으로, 도인 신문(信文)이 전라도 안심사(安心寺)에서 개판한 책이다. 이 책 말미에 수록된 권근(權近)의 발문과 간행질에는 다음의 승려 명단이 수록되어 있다.

"[權近 발문] 〈曺溪宗大選〉信希 等」

[간행질] 隨喜施主 前中顯大夫軍器 尹楊鎭,

前天涯寺住持〈中德〉志頡」

大施主〈禪德〉達嚴, 志安, 弘辯, 能惠, 義明, 希珠, 前靈泉寺住持〈大選〉慶喜」

同願施主〈揔持宗大選〉慈玉, 〈禪和〉德恬, 定粹, 尙義, 〈禪德〉覚禪, 鏡明, 一沉, 信然, 〈禪師 覚雲〉, 信了,」行禪, 信玄

大化主〈禪師〉明會, 前正山寺住持〈大選〉信坑, 前五色寺住持〈禪師〉仁坦, 前覺林寺住持〈禪師〉行瑚.」

勸緣〈禪德〉信解, 中德 德弟」"[563]

562 『태종실록』 태종 1년(1401) 4월 28일 條.
563 『妙法蓮華經』(권4~7), 永樂三年(1405) 春三月下澣 陽村權近 跋, 安心寺. 보물 제961-1호, 원명사 소장. 보물 제1607호, 동화사 소장.

위 내용에는 대선(大選), 중덕(中德), 선덕(禪德), 총지종 대선(摠持宗大選), 선화(禪和), 선사(禪師) 등 다수의 품계 내지 존칭이 쓰여 있는데, 이 가운데 선시와 관련된 품계의 인물로는 신희(信希)와 경희(慶喜), 자옥(慈玉), 신윤(信玩) 등 대선(大選) 4인과 지갑(志頡), 덕제(德弟) 등 중덕(中德) 2인, 각운(覚雲, 覺雲), 명회(明會), 인탄(仁坦), 행호(行瑚) 등 선사(禪師) 4인을 들 수 있다.

이 가운데 대선(大選) 경희(慶喜)와 대선(大選) 신윤(信玩), 중덕(中德) 지갑(志頡) 등 3인은 '전(前) 주지(住持)'로 기록되어 있다. 이에 『경국대전』 '도승(度僧)' 조에 "모든 사찰의 주지는 …(중략)… 30개월에 교체한다"[564]는 내용에 의하면 이들은 1405년 3월의 30개월 전인 1402년 9월 이전에 선시를 통해 배출된 인물임을 알 수 있다. 그리고 이는 태조(1392.7~1398.12 재위) 내지 정종(1399.1~1400.12 재위), 또는 태종(1400.1~1418.8 재위) 초에 선시가 시행되었음을 알려주는 예가 된다.

한편 『태종실록』 태종 5년(1405) 9월 기사에는 태조 대의 왕사 무학자초(無學自超, 1327~1405)와 관련된 다음 내용이 실려 있다.

"사간원에서 상소하기를 …(중략)… '승 자초(自超)가 왕사(王師)의 이름을 분수없이 받았으므로, 식자(識者)들이 비방할 뿐만 아니라, 그 무리들도 또한 비소(非笑)합니다 …(중략)… 지금 그의 문도(門徒) 선사(禪師) 신총(信聰)·신당(信幢), 입선(入選) 신우(信祐) 등이 임의로 해

『경국대전』「禮典」 '度僧' 條. "諸寺住持 兩宗擬數人薦望 報本曹 移文吏曹 磨勘差遣 三十朔而遞."

골(骸骨)을 안치하고, 방자하게 광탄(誑誕)한 일을 행하여 밝은 시대를 더럽히니, 그 죄를 징계하지 않을 수 없습니다 …(중략)… 그 탑묘(塔廟)를 헐어버리고, 그 해골(骸骨)을 흩어버리게 하소서' 하였다."[565]

위 내용은 무학왕사(無學王師)의 다비 후 사리(舍利)를 봉안한 일에 대한 상소로, 그의 문도 가운데 선사 신총(信聰)과 신당(信幢), 신우(信祐) 등이 실려 있다. 이 가운데 신총은 1401년 간행된『대불정여래밀인수증료의제보살만행수능엄경』을 필사한 자로, 앞서 근수본지우세대사(勤修本智佑世大師)라 칭해진 것과는 달리 여기서는 선사(禪師)라는 칭호를 쓰고 있다. 뒤이어 입선(入選) 신우(信祐)의 경우 1405년 이전에 선시를 통해 입선에 선발된 자임을 알려준다.

이외에 식년에 해당하는 태종 8년(1408) 5월 기사에 "지금 승록사의 첩정(牒呈)에 의거하면 각종(各宗)의 선시(選試)가 임박하였으므로 도첩을 주기를 청하였는데…"[566]라는 내용은 1408년에 선시가 시행되었음을 알려준다. 또한 식년인 태종 11년(1411) 6월의『태종실록』기사에는 다음 내용이 실려 있기도 하다.

"사헌부에서 상왕전(上王殿)의 중관(中官)을 탄핵하니, 명하여 거론하지 말게 하였다. 처음에 각종(各宗)에 선(選)을 두었는데, 상왕이 잘 아는 승을 대선(大選)으로 삼고자 하여 승록사에 청했더니, 중관(中官)이 '상왕의 명령이라' 거짓 전하여, 함부로 대선(大選)이 된 사람

---

565 『태종실록』태종 5년(1405) 9월 20일 條.
566 『태종실록』태종 8년(1408) 5월 10일 條.

이 자못 많았다. 헌부(憲府)에서 이 사실을 듣고 탄핵하였기 때문이다."[567]

상왕인 정종(또는 태상왕 태종)의 명령을 거짓 전하여 대선(大選)이 된 사실을 전하고 있는 이 내용은 당해 연도에 선시가 행해졌음과 함께 이때 다수의 인원이 대선에 뽑혔음을 알려준다. 이외에 또 다른 식년인 태종 14년(1414) 7월 기사에도 선시 시행과 관련된 다음 내용이 실려 있기도 하다.

"근년에 각 종파에서 '초선(抄選)할 때를 당하여' 서툴게 배운 무리들을 취하므로, 많으면 70~80명에 이르고 적으면 40~50명에 내려가지 않는데, 요행히 초선(初選)에 입격하여 이름을 이롭게 하기를 꾀하고 사사(寺社)에 주재하기를 구하니, 어찌 처음에 법을 세운 뜻이겠습니까? …(중략)… 선종과 교종 2종은 초선(抄選)하는 숫자도 매번 30인을 넘고 있으니, 입선(入選) 중 삼 분의 일만을 취하여[入選取三分之一] 모람된 폐단을 혁거하소서."[568]

위 내용 중 "입선(入選) 중 삼 분의 일만을 취하여[入選取三分之一]"라는 표현은 선시 중 복시(覆試) 때의 선발 인원을 한정하자는 것으로, 이 역시 당해 연도에 선시가 행해졌음과 함께, 선시 때 매번 30인 이상이 대선(大選)에 선발되었던 예를 알려준다.

567 『태종실록』 태종 11년(1411) 6월 25일 條.
568 『태종실록』 태종 14년 7월 4일 條.

이외에 사찰 간행 불서에 선시 입격자들이 기록되어 있는데, 이 가운데 우선 태종 당시 간행된 불서에 기록된 선시 입격자들의 현황을 표로 제시하고자 한다.[표13] [569]

표13. 태조~태종 대 간행 불서에 실린 선시 입격자

간행 연대	경명 (經名)	간행 기록	선시 입격자
1415년	금강경오가해	永樂乙未(1415) 五月有日 前安嚴 寺住持大師 省琚 書.烟峰寺開刊	전 安嚴寺住持 大師 성거(省琚), 전 檜巖 寺住持 원명(圓明), 대선사 월암(月菴), 진 관사주지 曹溪大禪師 천택(天澤), 중덕(中 德) 신경(信瓊), 중덕 석안(釋安), 중덕 희 선(禧善), 대선(大還) 신명(信明), 선사(禪 師) 신전(信田), 입선(入選) 혜봉(惠峰)
1416년	불설장수멸죄 호제동자다라 니경	永樂蒼龍 丙申 (1416)二月日 湖 月軒山人 疊峯謹 跋 (보물)	判事 희선(希善), 同願大禪師 홍인(洪因)
1417년	집주금강반야 바라밀경	永樂15年丁酉 (1417)9月日 空 林寺開板	前桐裏住持 大禪師 을초(乙超), 前兩街都 僧錄 大師 도생(道生)
1417년	묘법연화경	永樂十五丁酉年 (1417) 夏募高敵 地文殊寺刻板	禪師 신공(信空)

이상의 예를 통해 볼 때, 태조~태종 대에 활동한 선시에 입격한 인물 내지, 대선과 중덕을 거친 인물들로는 대사 성거(省琚)를

---

569 조선시대 간행 佛書의 刊行秩에는 간행에 관여한 다수의 人名이 품계와 함께 실 려 있다. 동국대 불교기록유산아카이브 사이트 https://kabc.dongguk.edu/index 에 현재까지 조사된 모든 佛書가 실려 있는데, 이를 참고로 추후 選試 入格者 명단 을 작성하기로 한다.

포함하여 총 37인을 들 수 있다.

한편 태조~태종 대에 주지에 임명되었던 자들 중 일부가 실록에 기록되어 있는데, 이들 역시 선시에 입격한 자들임을 알 수 있다.

태종 2년(1402) 7월 13일

"왕사(王師) 자초(自超)를 회암사(檜巖寺)의 감주(監主)로 삼고, 조선(祖禪)을 주지(住持)로 삼았으니, 태상왕의 뜻을 따른 것이었다."[570]

태종 5년(1405) 11월 21일

"금산사 주지 도징(道澄)이 그 절의 종[婢] 강장(姜庄)·강덕(姜德) 형제(兄弟)를 간통하고 …(중략)… 와룡사(臥龍寺) 주지 설연(雪然)이 그 절[寺]의 종[婢] 가이(加伊) 등 다섯 명을 간통하였다."[571]

태종 7년(1407) 1월 24일

"태상왕이 새 전각(殿閣)을 희사하여 절[寺]을 만들고 도승통(都僧統) 설오(雪悟)로 주지를 삼으니, 임금이 절의 이름을 흥덕(興德)이라 내려주고…"[572]

태종 9년(1409) 1월 24일

"흥천사 주지 운오(云悟)가 백은(白銀) 50냥을 올리니, 관에서 그 값

---

570 『태종실록』 태종 2년(1402) 7월 13일 條.
571 『태종실록』 태종 5년(1405) 11월 21일 條.
572 『태종실록』 태종 7년(1407) 1월 24일 條.

을 주게 하되 상례(常例)에 비하여 한 배 반(半)을 더 주도록 명하였다."[573]

태종 10년(1410) 12월 20일

"원주(原州) 각림사(覺林寺)에 향(香)을 내렸다 …(중략)… 승 석초(釋超)가 주지로 간다고 하직하니, 향(香)을 주어 보냈다."[574]

태종 12년(1412) 10월 17일

"원주 각림사(覺林寺) 주지(住持) 석휴(釋休)가 와서 아뢰었다."[575]

태종 12년(1412) 10월 18일

"계림 백률사(栢栗寺)의 전단상 관음(栴檀像觀音)을 개경사에 이안(移安)하였는데, 개경사 주지 성민(省敏)의 아룀을 좇은 것이었다."[576]

태종 14년(1414) 2월 19일

"연경사(衍慶寺) 주지(住持) 회우(恢佑)가 병에 걸리니, 민환에게 명하여 진맥(胗脈)하게 하였는데…"[577]

이상의 내용 중 태종 말(1418.8)에 이르기까지 선시(選試)를 주

---

573 『태종실록』 태종 9년(1409) 1월 24일 條.
574 『태종실록』 태종 10년(1410) 12월 20일 條.
575 『태종실록』 태종 12년(1412) 10월 17일 條.
576 『태종실록』 태종 12년(1412) 10월 18일 條
577 태종 14년(1414) 2월 19일 條.

관한 판사(도승통, 도총섭)의 경우 당대 선시 입격자가 아닌, 고려의 승과 출신자일 가능성이 있을 것이다. 이에 위 내용 가운데 판사(도승통, 도총섭)를 제외한 선시(選試) 입격자들을 표로 만들면 다음과 같다. 이때 하위 법계에서 상위 법계로 승급한 경우 상위 법계에 그 내용을 중복 표현하되 굵은 글씨로 표기했으며, 이 경우 상위 법계의 전체 인원 중 ( ) 안에 그 인원을 제외하고 기록하였다.[표14]

표14. 태조~태종 대에 활동한 선시 입격자

품계	선시 입격자 및 상위 품계자	인원
입선 (入選)	신우(信祐), 혜봉(惠蜂)	2인
대선 (大選)	신희(信希), 경희(慶喜), 자옥(慈玉), 신윤(信玧), 신명(信明)	5인
중덕 (中德)	각소(覺蘇), 지갑(志頡), 덕제(德弟), 신경(信瓊), 석안(釋安), 희선(禧善)	6인
대덕 (大德)	명호(明昊)	1인
대사 (大師)	신총(信聰 → 禪師), 성거(省琚), 양가도승록(兩街都僧錄) 대사(大師) 도생(道生)	3인
선사 (禪師)	각운(覚雲), 명회(明會), 인탄(仁坦), 행호(行瑚), 신당(信幢), 신전(信田), 신공(信空), **신총(信聰 → 大師)**	8인 (7)
대선사 (大禪師)	선묵(禪黙), 익륜(益倫), 월암(月菴), 천택(天澤), 홍인(洪因), 을초(乙超)	6인
주지 (住持)	만웅(萬雄), 원명(圓明), 조선(祖禪), 도징(道澄), 설연(雪然), 운오(云悟), 석초(釋超), 석휴(釋休), 성민(省敏), 회우(恢佑)	10인
전법사 (傳法師)	성원(性圓)	1인

그런데 앞『태종실록』기사 중 "지금 그(무학자초)의 문도(門徒) 선사(禪師) 신총(信聰), 신당(信幢), 입선(入選) 신우(信祐) 등이…"라는 예에서 무학자초의 문도들의 법명(法名)에 신(信) 자가 사용되고 있음을 미루어 볼 때, 위 선시 입격자 중 입선 신우(信祐), 대선 신희(信希), 신윤(信玩), 신명(信明), 그리고 중덕 신경(信瓊), 선사 신총(信聰), 신당(信幢), 신전(信田) 등 무학자초의 문도들이 다수 포함되어 있음을 알 수 있다.

3) 세종~단종 대에 활동한 선시 입격자

(1) 세종 대에 활동한 선시 입격자

세종(1418. 8~1450. 2 재위) 연간에는 1420년(庚子), 1423년(癸卯), 1426년(병오), 1429년(己酉), 1432년(임자), 1435년(乙卯), 1438년(戊午), 1441년(辛酉), 1444년(甲子), 1447년(丁卯), 1450년(庚午) 등 11차례의 식년이 존재하였다.

이와 관련해『세종실록』3년(1421) 7월 기사에 "지금부터 승인(僧人) 출가의 법은『경제육전』에 의거해 …(중략)… 도첩식(度牒式)은 초입사례(初入仕例)에 따라 …(중략)… 시행해야 한다"[578]는 내용이 실려 있다. 도첩식이 「초입사례」, 즉 '소과 입격의 예'에 따라 작

<hr>

578 『세종실록』세종 3년 7월 2일 條. "사간원에서 상소하기를 …(중략)… 원컨대, 지금부터 僧人 출가의 법은『경제육선』에 의거해 …(중략)… 度牒式은 初入仕例에 따라 승록사에서 예조에 보고하고, 예조에서는 대간에 공문을 보내 署經을 시행해야 합니다."

성되어야 함을 말하고 있다. 그런데 이런 표현이 실록에 등장한 것은 1420년에 선시가 시행되었음을 암시한다.

그리고 『세종실록』 세종 5년(1423) 3월 기사에 "예조에서 계하기를, '지금 식년(式年)에 조계종(曹溪宗)과 천태종(天台宗)을 뽑는데, 3월 20일로 시작할 것입니다'라고 하였다"[579]는 내용은 1423년에 식년에 따라 선시가 진행되었음을 알려준다.

한편 『세종실록』 세종 6년(1424) 2월 기사에는 도승통, 대사, 대덕 등이 실려 있는데, 이 가운데 대선(大選) 성봉(性峯)·혜생(惠生) 등 선시 입격자와 도승통 혜진(惠眞), 주지 종안(宗眼), 대사 중연(中演)·신영(信英)·해영(海英)·내운(乃云)·인근(仁近)·탄선(坦宣)·성운(省云), 대덕(大德) 인제(仁濟)·성해(性海)·신봉(信峯) 등 대선과 중덕을 거친 다수의 인물들이 명기되어 있음을 볼 수 있다.

> "도승통 혜진(惠眞)과 홍천사 주지 종안(宗眼)과, 대사 중연(中演)·신영(信英)·해영(海英)·내운(乃云)·인근(仁近)·탄선(坦宣)·성운(省云)과, 대덕(大德) 인제(仁濟)·성해(性海)·신봉(信峯)과 대선(大選) 성봉(性峯)·혜생(惠生)과 무직승(無職僧)으로 있는 상경(尙絅) 등이 …(중략)… 술과 유밀과를 사용하여 금령을 범하였고, 종안은 홍천사에서 분향수도(焚香修道)하는 승려의 급료 액수를 감한 죄가 있으니…"[580]

한편 세종 6년(1424) 3월 기사에는 선시 시행과 관련된 직접적

579 『세종실록』 세종 5년(1423) 3월 16일 條.
580 『세종실록』 세종 6년(1424) 2월 14일 條.

기록이 보이고 있다.

> "사헌부에서 계하기를, '지난 계묘년(1423)에 화엄종 선시(選試)를 시
> 행할 때 증의(證義)를 위촉했는데, 그에 따라 (위촉된 자들이) 모여 술
> 마신 일이 있었고, 그때 외방에 있어 추문(推問)하지 못한 대사 성현
> (省玄)·여윤(如允)·혜초(惠初)와 중덕(中德)인 극명(克明)·보해(普解)
> ·경균(冏均)·상등(尙登)·점상(占常), 대선(大選) 상목(尙鵠) 등은 모두
> 복초(服招)하였으니, 청컨대 …(중략)… 태(笞, 곤장) 50도(度)로 논죄(論
> 罪)하소서' 하니, 그대로 따랐다."[581]

위 내용은 1423년 계묘년에 선시가 시행되었음과 함께, "판
사, 장무, 전법 3인과 증의(證義) 10인이 함께 앉아 시취(試取)하는
데…"[582]라는 『용재총화』의 기록과 같이 선시 진행에 증의(證義)가
위촉되었음을 알려준다. 한편 위 기사는 (추문한 대사 1인을 포함해) 대
사 4인과 중덕(中德) 5인, 대선(大選) 1인 등 증의(證義) 10인의 구성
과 함께 증의에 위촉된 자들 중 성현·여윤·혜초·중연·신영 등 대
사와 극명·보해·경균·상등·점상 등의 중덕, 그리고 대선 상목 등
기존 선시에 입격한 자들에 대한 정보를 알려주고 있다.

한편 『세종실록』 세종 7년(1425) 1월 기사에는 증의뿐만이 아

---

581 『세종실록』 세종 6년(1424) 3월 27일 條.
582 『용재총화』(제9권). "共試法 禪宗講傳燈拈頌 敎宗講華嚴經 各取三十人 前者內
侍別監奉命而往 今則禮曹郎廳往 宗輿〈判事 掌務傳法 三人證義 十人同坐〉試
取…入格者謂之大禪"; '判事掌務傳法三人 證義十人同坐' 부분의 경우 『조선불
교통사』(하), p.942에서는 '兩宗判事가 掌務ᄒᆞ고 傳法師 一人과 證義 十人이 同
座ᄒᆞ야'라고 잘못 기록하고 있다.

닌, 선시 진행자 중 판사(判事)와 장무(掌務)에 대한 내용을 전하고 있다. 즉 "판선종사(判禪宗事) 중호(中皓)와 장무(掌務)인 중덕(中德) 보혜(寶惠)와, 대선사(大禪師) 조연(祖衍), 판교종사(判校宗事) 혜진(惠眞)과 장무(掌務)인 대사(大師) 신위(信暐) 등이 비록 석가의 도제(徒弟)라 이르오나…"[583]라 하여 장무의 경우 중덕 내지 대사, 대선사 중에서 임명된 예와 함께 선시 입격자의 정보를 알려주고 있다.

이외에 『세종실록』 세종 8년(1426) 3월 기사에 "사헌부에서 계하기를, '개경사(開慶寺) 주지 설우(雪牛)와 각림사(覺林寺) 주지 중호(中皓), 대선사(大禪師) 해초(海超)·이인(以仁)·학녕(學寧) 등이 조계종(曹溪宗)의 은으로 만든 그릇을 없애려 하여…"[584]라는 기록을 통해 당시 활동한 선시 입격자의 명단을 확인할 수 있기도 하다.

세종 6년(1424) 4월에 오교양종의 7종은 선교양종(禪教兩宗)의 2종으로 통합되었다. 그리고 『경국대전』 「도승」 조에 "선종은 『전등(傳燈)』·『염송(拈頌)』을, 교종은 『화엄경』 「십지론」을 시험해 각 30인씩을 뽑는다"[585] 하고 있으니, 3년마다 양종에서 입선(入選) 중에서 30명씩 총 60명을 뽑아 대선(大選) 내지 중덕에 임명했을 것이다. 이후에도 선시 시행이 정례화되었을 것으로, 식년에 해당하는 『세종실록』 세종 11년(1429) 4월 기사에 '정전(丁錢)'을 바치고 도첩(度牒)을 주어 출가(出家)케 하는 예가 실려 있으며,[586] 세종 20년

---

583 『세종실록』 세종 7년(1425) 1월 25일 條.
584 『세종실록』 세종 8년(1426) 3월 9일 條.
585 『경국대전』 「禮典」 '度僧' 條. "試 禪宗 則傳燈·拈頌 教宗 則華嚴經·十地論 各取三十人."
586 『세종실록』 세종 11년(1429) 4월 16일 條.

(1428) 7월 기사에는 선시가 정례화되었음을 암시하는 다음 내용이 실려 있기도 하다.

"우리 전하께 미쳐서는 선대왕의 뜻을 준수하시어 6개 종파를 합해 2개 종파로 하시고 사설 사찰을 혁파하여 …(중략)… 줄이고 삭제해서 없애심이 참으로 전고에 일찍이 듣지 못하던 바입니다. 유독 승선(僧選)·승전의 법만은 아직도 구습을 그대로 좇으시어 …(중략)… 자(子)·오(午)·묘(卯)·유(酉)년에는 으레 승선(僧選)을 실시하여 …(중략)… 이는 전조(前朝)의 낡은 법이 오늘까지도 다 혁파되지 않은 것이 아니겠습니까."[587]

이렇듯 세종 대에는 식년시(式年試)의 예에 따라 승선(僧選), 즉 선시가 시행되었음을 알 수 있다. 그러나 실록에서는 선시 입격자에 대한 더 이상의 기록이 발견되지 않는다. 대신 문인의 문집에서 선시 입격자를 찾을 수 있다. 한 예로 서거정(徐居正, 1420~1488)의 시문집 『사가집(四佳集)』「송 준상인 유묘향산서(送峻上人遊妙香山序)」에는 설준(雪峻)에 대한 다음과 같은 내용이 실려 있다.

"상인(上人, 설준)은 교종(敎宗)의 갑자년(1444, 세종 26) 대선(大選) 출신이고 나 또한 갑자년 과거에 급제하였으니, 비록 유가(儒家)와 불가(佛家)의 구별은 있으나 동년(同年)의 교분이 있어 서로 사귄 지가 어언 30년이 되어 간다. 상인은 일찍이 판교종사(判敎宗師)를 역임하고

587 『세종실록』세종 20년(1438) 7월 9일 條.

지금은 정인사(正印寺)의 주지로 승려들의 영수(領袖)가 되어 있으니, 또한 무슨 겨를이 있어 사방을 유람하겠는가."[588]

또한『사가집』「증 행상인서(贈行上人序)」에는 다음 내용이 수록되어 있기도 하다.

"경태(景泰) 임신년(1452, 문종 2) 맹춘(孟春)에 나는 다섯 선생과 함께 흥덕사(興德寺)에서 글을 읽고 있었다. 덕행(德行)이란 승려가 와서 안부를 물으며 은근한 정을 다하였는데 …(중략)… 하루는 행(덕행) 상인이 조용히 나에게 말하기를, '저는 교종(敎宗)의 갑자년(1444, 세종 26) 승과(僧科) 출신입니다. 들으니 선생께서도 갑자년 을과(乙科) 출신이라 하니, 비록 유가와 불가를 나란히 비교할 수는 없으나 외람되이 이 시험을 치른 것이 요행히 선생과 같은 해입니다…'"[589]

이를 통해 볼 때 설준(雪峻)과 덕행(德行)은 1444년의 식년시에 대선에 입격했음을 알 수 있다. 한편 앞서 〈2. 선시 주관자〉의 '1) 판사' 항목에서 든 1431년(宣德 6)의 기록 중『조선불교통사』「지숭감몽중창송사(志崇感夢重創松寺)」 항목에는 주지 전 판사(判事) 종사(宗師) 도대선사(都大禪師) 운곡(雲谷) 외에 "전 수증사(修證寺) 주지 대선사 육미(六眉), 고봉(高峯) 제자 대선사 상제(尙濟), 전 금동사(金洞寺) 주지 대선사 해선(海禪), 전 백운사(白雲寺) 주지 대

---

588 『四佳集』,「四佳文集」제5권, 序, '送峻上人遊妙香山序' 條.
589 『四佳集』,「四佳文集」제6권, 序, '贈行上人序' 條.

선사 각웅(覺雄)"[590] 등이 추가로 실려 있다. 그리고『동문선』「금주 안양사탑 중신기(衿州安養寺塔重新記)」에 양가도승통 종림(宗林)의 제자인 "(안양사)주지 대사(大師) 혜겸(惠謙)"[591]이 실려 있어, 이 또한 선시에 입격한 인물임을 알 수 있다.

이외에 사찰 간행 불서 내지 불상 조성기(造成記)와 불화(佛畫) 화기(畵記)에 선시 입격자들이 기록되어 있는데, 이 가운데 우선 세종 당시 간행된 불서에 기록된 선시 입격자들의 현황을 표로 제시해 보기로 한다. 이 부분의 경우 앞서 언급했듯이 세종 11년(1429) 8월부터는 부역을 통해 관교를 받은 다수의 선사, 대선사가 양산되었던 까닭에 1429년 8월 이후 기록된 선사 및 대선사의 경우 '전(前) 주지'라 명기된 인물 내지 입선, 대선 등의 품계를 거쳐 선사, 대선사에 올랐던 것으로 판단된 자들만을 추려 수록하였다.[표15]

표15. 세종 대 간행 불서에 실린 선시 입격자

간행 연대	서명	간행 기록	세종 대에 활동한 선시 입격자
1420년	묘법연화경	永樂18年庚子(1420)8月日 九月山長佛寺開板.	華嚴大師 省琚
1422년	묘법연화경	永樂壬寅(1422)卞季良, 權近, 無準敬跂, 대자사	天台判事 行乎, 檜巖寺住持 琮山, 大禪師 仁哲, 大禪師 海澄, 大禪師 信瑛, 大師 海瓊, 禪師 信玄, 禪師 海瑛

---

590 『조선불교통사』(하편),「이백품」(제2), '志崇感夢重創松寺' 條. "皇明宣德六年辛亥年(1431)春正月日誌. 住持 前判事 宗師都大禪師 雲谷, 侍者 前修證寺住持 大禪師 六眉記. 高峯弟子 大禪師 尙濟, 入室 前金洞寺住持 大禪師 海禪, 上室 前白雲寺住持 大禪師 覺雄."

591 『東文選』제76권, 記,「衿州安養寺塔重新記」條. "今住持大師惠謙."

1424년	육경합부	全羅道高山地安心寺開板, 跋文: 永樂甲辰 6月日…成達生跋	大禪師 宗海, 大德 海如, 大德 信哲, 大德 信希, 禪師 海賛, 禪師 信沈, 大選 信圓
1425년	불정심관세음보살대다라니경	洪熙乙巳(1425)8月日開板	釋禪師 信環
1426년	금강경천로해	宣德元年丙午(1426)正月日刊 幹善鏡庵 鎭板慶尙道長水山無住菴	前 高川(寺) 大禪師 可宣
1430년	부모은중경	宣德五年庚戌(1430)八月日開板	大師 信斉, 禪師 志明
1431년	육경합부	宣德六年辛亥 臘月日 珠菴書. 영광 불갑사 불복장 전적(보물)	大禪師 信覚, 禪師 志瓊, 禪師 笒通, 前妙德寺住持 中德 禪珦, 前住鎭國大師 信英, 大禪師 信敏[592]
1432년	영가진각선사증도가	宣德七年壬子(1432)二月日 雲住山龍藏寺刊	前月南寺住持禪師 義元, 大禪師 信惠
1435년	普濟尊者三種歌	宣德10年乙卯(1435)2月日 松廣寺開	전 □□사주지 大禪師 □□, 전 □□사주지 大禪師 洪渲, 禪師 希宝, 大禪師 海瓊
1436년	묘법연화경	時正統元年 七月吉日 老人隱夫 跋, 公山 桐華寺刊(보물)	前大慈住持 隱庵, 禪師 海仏, 大選 德南, 禪師 義衍, 禪師 玄俊
1438년	육경합부	江原道蔚珍正林寺開板留板眞觀寺, 正統3(1438)年…大慈庵住持…慧凞拜手稽手敬跋	大慈庵住持 老大禪師 陽崖慧凞, 禪師 正心, 禪師 義俊, 禪師 海月
1440년	육경합부	正統五年庚申, 華岳山永濟菴開板	仲德 惠澄, 大選 祖行
1441년	목우자수심결	正統6年辛酉(1441)2月日 寧海龍頭山閏筆菴刊板	前月奄寺 住持 大禪師 信仏, 禪師 智如, 大禪師 宗月

---

592 세종 11년(1429) 8월부터는 부역을 통해 관교를 받은 다수의 선사, 대선사가 양산되었던 까닭에, 1429년 8월 이후에 기록된 선사 및 대선사의 경우 '前 住持'라 명기된 인물 내지 입선, 대선 등의 품계를 거쳐 선사, 대선사에 올랐던 것으로 판단된 자들만을 추려 수록하였다. 이에 대선사 德生, 禪師 信正, 大禪師 海衍, 禪師 智守, 禪師 信照, 禪師 空敏, 禪師 信云, 禪師 信宝 등은 명단에서 제외하였다.

1442년	금강경오가해	正統7年壬戌(1442)7月日 陽山寺留板	兩街都僧錄 大師 道生
1443년	육경합부	正統8年癸亥(1443)有月日 花岩寺開板	大禪師 思安
1443년	묘법연화경 (黃振孫 書本)	全羅道 高山地 佛名山花岩寺 開板, 正統八年 癸亥 5月日 崇禄大夫 判中樞院事 昌寧 成達生 謹跋.	(黃振孫 書本, 권1-3) (대선사)前淸涼寺 大禪師 信瓊, 前開天寺 大禪師 信敏, 前正陽寺 大禪師 敬桓, 禪宗大禪師 思濟, 前大藏寺 大禪師 園惠, 前吉祥寺 大禪師 信明, 前蓮花寺 大禪師 学修, 前月南寺 大禪師 義元, 前華嚴寺 大禪師 信連, 前龍門寺 大禪師 海逢, 前東華寺 大禪師 海瓊, 前松林寺 大禪師 海淵, 前三龍寺 大禪師 道海, 前慶天寺 大禪師 惠尙, 前月南寺 大禪師 行沈, 大禪師 洪惠, (선사)正心, 洪照, 学了, 海連, (대사)大師 久田, (중덕)前玉龍寺 中德 省惠, (입선)入選 信海, (주지)前双峯寺 住持 尙悟, 前德川寺 住持 信澄, 前貞觀寺 信月.[593] (권4-7, 玉䂆刀) (대선사)선종대선사 道器, 선종대선사 省還, 대선사 思安, (대덕)전 龍?寺 大德 信哲, (대선)大選 弘乙, (입선)入選 信玄.[594]
1445년	육경합부	智異山君子寺開板. 正統十年 乙丑(1445)仲春上 曹溪老衲靈谷跋. 淸源寺住持大禪師海悟刊	中德 坦珠,[595] 淸源寺주지 大禪師 海悟

---

593 세종 11년(1429) 8월부터는 부역을 통해 관교를 받은 다수의 선사, 대선사가 양산되었던 까닭에, 1429년 8월 이후에 기록된 선사 및 대선사의 경우 '前 住持'라 명기된 인물 내지 입선, 대선 등의 품계를 거쳐 선사, 대선사에 올랐던 것으로 판단된 자들만을 추려 수록하였다. 이에 권1에서 (대선사) 海哲, 信照, 洪戒, 志生, 善逈, 惠照와 (선사) 宝瓊, 信玕, 尙然, 性天, 海嵒, 義惠, 志元, 学哲, 洪智, 覺能, 覺如, 그리고 권3에서 (대선사) 海菲, 性沈, 学文, 覚一, 明岩, 洪禪, 信心, 普明과 (선사) 信修, 性延, 祖海, 敬祔, 法空, 宝能, 海敬, 性天, 剋道, 惠伯, 性宝, 了義, 信生, 性南, 省明, 思濟, 信安, 義厶, 智延, 德尊, 信會, 牲倫, 乃湜, 義摠, 信厶 등 대선사 14인과 선사 36인을 제외하였다.

594 권4에서 (선사) 海義, 性厶 德定, 了明을, 그리고 권5에서 (대선사) 信德, 法賛, 信林, 洪济, (선사) 性澄, 海峯, 敬海, 海祥, 洪敏, 信道를, 그리고 권7에서 (선사) 祖敏, 覺患, 法惠, 省宝, 信孝, 海南, 法澄, (대선사) 達空 등 22인을 제외하였다.

595 중덕 앞 대선사 3인은 판독 불가하며, 中德 坦珠 이하 신사 海能, 신사 覺明 외 선사 7명과 대선사 1명 역시 판독 불가한 상태이며, 중덕 이하에 기록된 인물들은 선시 입격자에서 제외하였다.

1446년	불설장수멸 죄호제동자 다라니경	正統十日年丙寅 2月日 伽倻 山止觀寺開板	中德 仁壽[596]
1448년	현행서방경	金山郡地黃嶽山直旨寺. 正統 十三年戊辰 正月日 禪判都大 禪師少言跋	화엄대사 義聰, 判禪宗事 흥천사 주지 도대선사 少言, 海印寺주지 大師 允正, 전 松廣寺주지 大禪 弘義
1448년	묘법연화경	正統13(1448)年戊辰夏4月日 安平大君瑢拜手書(보물)	(4권)(대선사)大禪師 正心, 대선 사 衍海, (선사)禪師 海月, 선사 閏敬, 선사 義俊, (입선)入選 草 龜[597]
1449년	육경합부	留後所(開城)金沙寺開板, 時 正統十四年己巳 正月日 比丘 克敬謹跋	大德 義方, 대덕 信浩, 대덕 勝 起, 入選 克浩[598]
1449년	사리영응기	上之31年(1449)秋七月十九 日癸卯, 承義郞守兵曺正郞臣 金守溫(朝鮮)謹記	대자암주지 都大禪師 信眉, 판선 종사 都大禪師 坦珠, 판교종사 都大禪師 希忍, 전개경사주지 대 선사 敬田, 개경사주지 대선사 守 眉, 진관사주지 대선사 心明, 대 선사 信柔, 입선 性寒, 대선사 智 牛, 중덕 海祐, 전승가사주지 대 선사 信敬, 중덕 雪徽, 대선 義 琳, 전대자암주지 智海, 대선 道 傳

　　위 표 가운데 1420년 장불사 간행『묘법연화경』에 실린 '화엄
대사(華嚴大師) 성거(省琚)'는 1415년 연봉사(烟峰寺) 간행의『금강
경오가해』에 '전 안엄사(安嚴寺) 주지 대사 성거(省琚)'로 기록되어
태종 대에 선시에 입격한 자임을 알 수 있다.

596　선사 信惠는 營造의 공로 등으로 대선사 내지 선사의 관교를 받은 자로 판단되어
　　명단에서 제외하였다.

597　入選 草龜 다음에 기록된 木手禪師 性敏, 施主禪師 雪峰 등 2인을 제외하였다.

598　대선사 尙澄, 대선사 惠能, 선사 信觀, 선사 尙敏 등은 營造의 공로 등으로 대선사
　　내지 선사의 관교를 받은 자로 판단되어 명단에서 제외하였다.

한편 1422년 대자암 간행의『묘법연화경』에 기록된 '선사 신현(信玄)'의 경우, 동일 법명이 1405년 안심사 간행의『묘법연화경』에는 법계가 없이 기록되어 있다. 그리고 1443년 화암사 간행의『묘법연화경』에는 '입선(入選) 신현'이란 기록이 발견된다. 이에 이 두 인물은 각기 다른 사람으로 여겨지며, 1405년에 무직승으로 기록된 신현의 경우는 1443년경에 선시의 초시(初試)에 입격해 입선(入選)의 품계를 받은 것으로 이해된다.

1424년 안심사 간행의『육경합부』중 '대덕 신철(信哲)'은 1443년 화암사 간행의『묘법연화경』에 '전 용□사(龍□寺) 대덕 신철(信哲)'로 기록되어 있다. 또한 '대덕 신희(信希)'의 경우 1405년 안심사 간행의『묘법연화경』에 '조계종대선(曹溪宗大選)'이라 기록되었음에 비해, 1424년 간행된『육경합부』에는 '대덕(大德) 신희'라 기록되어 1405년 이후 대선에서 대덕으로 품계가 승급되었음을 알 수 있다.

한편 불갑사 복장에서 수습된 1431년 간행의『육경합부』에 '전(前) 주(住) 진국(鎭國)사(寺) 대사(大師) 신영(信英)'은『세종실록』세종 6년(1424) 3월 기사에 '대사 신영(信英)'이라 기록된 인물임을 알 수 있다. 그리고 1442년 양산사 간행의『금강경오가해』에 실린 '양가도승록(兩街都僧錄) 대사 도생(道生)'은 1417년 간행된『집주금강반야바라밀경』(보물)에 '전(前) 양가도승록 대사 도생'이라 기록되어, 1417년 이후 1442년에 또다시 양가도승록을 맡았음을 알 수 있다.

1435년 송광사 간행의『보제존자삼종가(普濟尊者三種歌)』에 실린 '대선사 해경(海瓊)'은 1422년 대자사 간행의『묘법연화경』에

'대사(大師) 해경(海瓊)'이라 기록되어 있으며, 1443년 화암사 간행의 『묘법연화경』에는 '전 동화사(東華寺) 대선사 해경'이라 기록되어 대사와 대선사의 품계가 혼용되어 있음을 알 수 있다.

그리고 1443년 화암사 간행의 『묘법연화경』에 실린 '전 청량사 대선사 신경(信瓊)'은 1415년 연봉사 간행의 『금강반야바라밀경오가해』에 중덕(中德) 신경(信瓊)이라 표기되어 중덕에서 대선사로 승급되었음을 알 수 있다. 또한 1443년 화암사 간행의 『묘법연화경』에 실린 '전 개천사 대선사 신민(信敏)'은 1431년 간행된 『육경합부』에도 '대선사 신민'이라 기록되어 있으며, 1443년 화암사 간행의 『묘법연화경』 중 '전 길상사 대선사 신명(信明)'은 1415년 연봉사 간행의 『금강반야바라밀경오가해』에 대선(大選)이라 기록되어 중덕과 선사를 거쳐 대선사로 승급되었음을 알 수 있다.

한편 1443년 화암사 간행의 『묘법연화경』에 실린 '전 월남사 대선사 의원(義元)'은 1432년 용장사 간행의 『영가진각선사증도가』에 '전(前) 월남사 주지 선사 의원(義元)'으로 기록되어 선사에서 대선사로 승급되었음을 알 수 있다. 그리고 1443년 화암사 간행의 『묘법연화경』에 기록된 '전 화엄사 대선사 신련(信連)'은 태조 이성계가 1393년 7월일에 발문(跋文)을 쓴 「원성대장어제문(願成大藏御製文)」에 무직자로 기록되어 있어, 태조 이후 선시를 통해 대선사의 품계를 받고 화엄사 주지를 역임했음을 알 수 있다.

1443년 화암사 간행의 『묘법연화경』에 기록된 '선사 정심(正心)'은 1438년 진관사 간행의 『육경합부』에 '선사 정심'으로 기록되어 있으나, 1448년 간행된 『묘법연화경』에는 '대선사 정심'이라 기록되어 1443년 이후 대선사로 승급되었음을 알 수 있다.

그리고 1443년 화암사 간행의『묘법연화경』에 실린 '대선사 사안(思安)'은 1443년 화암사 간행의『육경합부』에도 '대선사 사안'으로 기록되어 있으며, 1443년 화암사 간행의『묘법연화경』에 실린 '대덕 신철(信哲)' 역시 1424년 안심사 간행의『육경합부』에 '대덕 신철'이라 기록되어 있다. 또한 1448년 간행된『묘법연화경』에 실린 '선사 의준(義俊)'과 '선사 해월(海月)'은 1438년 정림사 간행의『육경합부』에도 '선사 의준', '선사 해월'로 기록되어 있다.

한편 1449년 간행된『사리영응기(舍利靈應記)』에 실린 '대자암 주지 도대선사 신미(信眉)'는『문종실록』즉위년(1450) 7월 기사에 "승(僧) 신미(信眉)를 선교종도총섭 밀전정법 비지쌍운 우국이세 원융무애 혜각존자(禪敎宗都摠攝密傳正法悲智雙運祐國利世圓融無礙慧覺尊者)로 삼았다"[599]라고 기록되어 있으며, 1470년 견성사(見性寺)에서 간행된『수륙무차평등재의촬요』에는 '혜각존자(慧覺尊者) 신미(信眉)'로 기록되어 있음을 볼 수 있다.

이외에 1449년 간행된『사리영응기』에 실린 '판선종사 도대선사 탄주(坦珠)'는 1445년 군자사 간행의『육경합부』에 '중덕 탄주'라 기록되어, 4년 만에 중덕에서 도대선사 지위에 올랐음을 알 수 있다.

이상 간행 불서 외에, 불상 조성기(造成記)에도 선시 입격자가 기록되어 있다. 1448년에 조성된〈밀양 표충사 대원암 지장보살상〉복장에서 수습된 조성기(造成記)에는 "正統十三戊辰(1448) 二月日 三尊造像" 즉 "1448년(세종 30) 2월에 삼존을 조상(造像)하였

---

599 『문종실록』문종 즉위년 7월 6일 條.

다"는 기록과 함께 다수의 인명 가운데 "대선사 해징(海澄), 대선사 계종(戒宗), 선사 홍혜(洪惠), 선종대선사 도기(道器)" 등이 기록되어 있다.[600] 이 가운데 '대선사 해징'의 경우 1422 대자암 간행의 『묘법연화경』에 실린 '대선사 해징'과 동일인이며, 선사 홍혜(洪惠)의 경우 1443년 화암사 간행의 『묘법연화경』에 '대선사 홍혜'라 기록되어 법계 기록에 착오가 발견된다.

한편 1488년에 조성된 〈밀양 표충사 대원암 지장보살상〉 복장 기록 중 '선종대선사 도기'의 경우 1443년 화암사 간행의 『묘법연화경』에 '선종대선사 도기'라 기록되어 있다. 그런데 〈밀양 표충사 대원암 지장보살상〉 복장 기록 중 '대선사 계종'은 1499년 석수암 간행의 『선종영가집』[601]에 '중덕 혜통(惠通)'에 이어 품계가 없이 기록된 까닭에 여기서 제외하기로 한다.

불상 조성기 외에 불화(佛畫) 화기(畫記)에도 선시 입격자가 기록되어 있다. 1435년 중창된 것으로 알려진[602] 봉정사 대웅전 「석가모니후불벽화」에는 다음 내용이 기록되어 있다.

"靈山會圖畵成施主等:〈禪師 洪宝〉,〈禪師 道行〉,〈禪師 德忠〉, 德

---

600 유근자, 『조선시대 불상의 복장기록 연구』, 불광출판사, 2017. pp.377-378.
601 『선종영가집』, 弘治12年己未(1499)10月 日 慶尙道陜川土 石水庵開板.
602 2000년 2월 봉정사 대웅전을 해체하던 중 여러 부재에서 묵서가 발견되었으며, 宗樑 장혀에서는 "宣德十年乙卯八月初一日書 …(중략)… 玆寺 新羅時代 五百之餘年 至乙卯法堂重創 去戊申年分 彌勒下生圖畵成 庚戌年二增 殿閣造成 辛亥年丹靑 壬子年一百分安居…"라는 重創 기록이 발견되었다. 이에 대웅전이 宣德 10년(1435) 중창되었다면, 벽화는 1435년 건물이 완성된 후에 그려진 것으로 보아야 할 것이다.

峯,〈中德 延中〉, 信觀, 海修, 頓旭, 性心, 義尙, 性田, 洪湖, 祖翁, 思敏, 信空,〈信惠〉, 義正, 錄事 潘渾, 朴氏, 崔云奇, 林碩根, 吐一个, 金石老."[603]

위 인물 중 '(무직승) 신혜(信惠)'의 경우 1446년 합천 지관사 간행의『불설장수멸죄호제동자다라니경』에 '선사, 대화주'로 표기되어,[604] 1435년 이후에 입격한 자임을 알 수 있다. 이를 미루어 볼 때, 위 벽화 및 화기는 1435년 중창 이후 1446년 이전에 조성된 것이라는 제작 하한 연대를 알 수 있다. 그리고 위 화기 중 '중덕 연중(延中)'은 1446년 이전에 선시를 통해 중덕에 임명된 것임을 알 수 있기도 하다.

이외에 신미(信眉, 1403~1479)와 학열(學悅) 역시 세종 대에 선시에 입격했으리라 여겨진다. 이에 대해『성종실록』성종 6년 (1475) 5월 기사에 "신미(信眉)와 학열(學悅)은 존자(尊者)라고도 하고 입선(入禪)이라고도 하여, 승(僧)의 영수(領袖)가 되는 자들인데도…"[605]라 하여 선시 중 초시(初試)에 입격해 입선(入選)이라 불렸던 예를 전하고 있다. 이 중 신미와 관련해『세종실록』세종 29년 (1447) 6월 기사에 다음과 같이 내용이 실려 있다.

"(김)수온(守溫)의 형이 출가(出家)하여 승이 되어 이름을 신미(信眉)

603 송천 등 編,『한국의 불화 화기집』, 도서출판 성보문화재연구원, 2011. p.156.
604 『불설장수멸죄호제동자다라니경』, 正統 11年 丙寅(1446) 2月 日 伽倻山止觀寺開板.
605 『성종실록』성종 6년(1475) 5월 12일 條.

라 하였는데, 수양대군 이유(李瑈)와 안평대군 이용(李瑢)이 심히 믿고 좋아하여, 신미를 높은 자리에 앉게 하고 무릎 꿇어 앞에서 절하여 예절을 다하여 공양하고, 수온(守溫)도 또한 부처에게 아첨하여 매양 대군(大君)들을 따라 절에 가서 불경을 열람하며 합장하고 공경하여 읽으니, 사림(士林)에서 모두 웃었다."[606]

이 기사에서 신미가 두 대군들의 존경을 받았던 점을 참조해 본다면, 1447년보다 훨씬 이전에 신미가 선시에 입격했던 것으로 추정된다.

이외에 세종 대에 주지와 판사 등 승직을 맡았던 자들을 포함할 수 있는데, 우선 『세종실록』에 실린 주지 관련된 내용을 추려 보면 다음과 같다.

세종 1년(1419) 11월 16일

"사헌부에서 계하기를, '진관사(津寬寺) 승 사익(斯益)이 그 절의 계집종을 간음하였는데, 주지 연징(演澄)이 검거하지 못하였으니, 청컨대 모두 잡아다가 문초하소서' 하니, 사익(斯益)만 국문하게 하였다."[607]

세종 3년(1421) 3월 8일

"원주(原州) 각림사(覺林寺) 주지(主持) 석휴(釋休)가 와서 알현하니,

---

606 『세종실록』세종 29년(1447) 6월 6일 條.
607 『세종실록』세종 1년(1419) 11월 16일 條.

쌀 200석을 하사하였다."[608]

세종 6년(1424) 2월 14일

"사헌부에서 계하기를, '도승통(都僧統) 혜진(惠眞)과 흥천사(興天寺) 주지(主持) 종안(宗眼)과 …(중략)… 종안(宗眼)은 흥천사(興天寺)에서 분향 수도(焚香修道)하는 승려의 급료 액수를 감한 죄가 있으니…'"[609]

세종 8년(1426) 3월 9일

"사헌부에서 계하기를, '개경사(開慶寺) 주지 설우(雪牛)와 각림사(覺林寺) 주지 중호(中皓) …(중략)… 등이 조계종(曹溪宗)의 은으로 만든 그릇을 없애려 하여…"[610]

세종 8년(1426) 4월 9일

"사헌부에서 계하기를, '병신년에 각림사(覺林寺) 주지(住持) 의유(義游)가 백은(白銀)을 그때의 지신사 조말생(趙末生)에게 증유(贈遺)했으니…'"[611]

세종 8년(1426) 10월 27일

"지금 충청도 충주 엄정사(嚴政寺) 승 해신(海信), 전 주지(住持) 해명

---

608 『세종실록』 세종 3년(1421) 3월 8일 條.
609 『세종실록』 세종 6년(1424) 2월 14일 條.
610 『세종실록』 세종 8년(1426) 3월 9일 條.
611 『세종실록』 세종 8년(1426) 4월 9일 條.

(海明), 억정사(億政寺) 전 주지 성조(性照)·해순(海淳) 등은 종문(宗門)의 도회(都會)에서 살지 않고, 이미 혁파(革罷)한 사사(寺社)를 제 마음대로 점령하고 살면서 토지를 경작하고 재물을 늘리며…"[612]

세종 15년(1433) 11월 19일

"흥천사 주지(住持) 중연(中演)이, 중국 사신 창성(昌盛)이 공양드리러 왔을 때 몰래 석등잔 두 벌을 가져다가 두목(頭目)에게 주고 전삼(氈衫)을 샀으므로, 유사(有司)가 중벌(重罰)에 처하기를 청하니 …(중략)… 그의 직첩(職牒)을 회수하라고 명령하였다."[613]

세종 24년(1442) 2월 11일

"정경공주(貞慶公主)가 청하기를, '관음굴(觀音窟)은 나의 원찰(願刹)이온데, 지금 다 허물어져 있으므로 승 홍조(洪照)를 시켜 수리하고자 하오니, 원컨대 홍조를 이 절의 주지(住持)로 제수하여 주옵소서' 하니 …(중략)… 즉시 이조에 명하여 홍조를 관음굴 주지로 삼았다."[614]

세종 25년(1443) 4월 27일

"회암사(檜巖寺) 주지승(住持僧) 만우(卍雨)로 하여금 흥천사(興天寺)에 이주하도록 명하고, 이어서 의복을 하사하고, 예빈시(禮賓寺)에서

---

612 『세종실록』 세종 8년(1426) 10월 27일 條.
613 『세종실록』 세종 15년(1433) 11월 19일 條.
614 『세종실록』 세종 24년(1442) 2월 11일 條.

3품 관직에 해당하는 녹(祿)을 공급하도록 하였다."[615]

세종 28년(1446) 4월 6일

"2재(二齋)를 진관사(津寬寺)에서 베풀었다. 이때 흥덕사(興德寺) 주지
승(住持僧) 일운(一雲)이 도병(禱病)으로부터 설재(設齋)에 이르기까지
모두 설법(說法)을 주장하여 재물을 많이 얻었다."[616]

위 기록 중 세종 3년(1421) 3월 기사에 실린 '원주 각림사 주지
석휴(釋休)'의 경우 『태종실록』 태종 12년(1412) 10월 기사에 "원주
각림사 주지 석휴(釋休)가 와서 아뢰었다"[617]는 내용이 실려 있어
태종대에 선시에 입격한 인물임을 알 수 있다. 한편 세종 8년(1426)
3월 기록에 실린 '각림사 주지 중호(中皓)'는 『세종실록』 세종 7년
(1425) 1월 기사에 '판선종사(判禪宗事) 중호(中皓)'라 기록되어 있
다.

또한 세종 15년(1433) 11월 기사에 실린 '흥천사 주지(住持) 중
연(中演)'의 경우 『세종실록』 세종 6년(1424) 2월 기사에 '대사 중연
(中演)'[618]이라 기록되어 있으며, 세종 24년(1442) 2월 기사에 실린
'관음굴 주지 홍조(洪照)'는 1443년 화암사 간행의 『묘법연화경』에
'선사 홍조(洪照)'라 기록되어 그 품계를 알 수 있다.

한편 앞서 살펴보았듯이, 도승통 혜진(惠眞), 화엄도승통 운오

---

615 『세종실록』세종 25년(1443) 4월 27일 條.
616 『세종실록』세종 28년(1446) 4월 6일 條.
617 『태종실록』태종 12년(1412) 10월 17일 條.
618 『세종실록』세종 6년(1424) 2월 14일 條.

(云悟), 판선종사(判禪宗事) 행호(行乎), 도대선사(都大禪師) 운곡(雲谷), 선판도대선사(禪判都大禪師) 소언(少言), 도대선사(都大禪師) 신미(信眉), 판선종사(判禪宗師) 도대선사 탄주(坦珠), 판교종사(判敎宗事) 도대선사 희인(希忍) 등 판사(도승통) 역시 이에 포함할 수 있다.

이상 세종 대에 활동한 선시에 입격한 입선, 대선, 중덕 내지 대선과 중덕을 거쳐 각종(各宗)별로 상위 품계에 올랐던 인물들을 표로 정리하면 다음과 같다. 이때 이전 왕대(王代)에 입격한 인물과 하위 법계에서 상위 법계로 승급한 경우 내지 승직자에 임명되었을 경우 상위 법계에 그 내용을 중복 표현하되 굵은 글씨로 표기했으며, 이 경우 상위 법계의 전체 인원 중 ( ) 안에 그 인원을 제외하고 기록하였다.[표16]

표16. 세종 대에 활동한 선시 입격자

품계	선시 입격자 및 상위 품계자	인원
입선 (入選)	신해(信海), 신현(信玄 → 禪師), 초구(草龜), 극호(克浩), 성한(性寒), 신미(信眉 → 都大禪師), 학열(學悅)	7인
대선 (大選)	성봉(性峯), 혜생(惠生), 상목(尚鵡 → 증의), 설준(雪峻 → 判敎宗事), 덕행(德行), 신원(信圓), 덕남(德南), 조행(祖行), 홍을(弘乙), 홍의(弘義), 의림(義琳), 도전(道傳)	12인
중덕 (中德)	극명(克明 → 증의), 보해(普解 → 증의), 경균(冏均 → 증의), 상등(尚登 → 증의), 점상(占常 → 증의), 보혜(寶惠 → 장무), 선향(禪珦), 혜징(惠澄), 성혜(省惠), 탄주(坦珠 → 판선종사 都大禪師), 인수(仁壽), 해우(海祐), 설휘(雪徽), 연중(延中)	14인
대덕 (大德)	인제(仁濟), 성해(性海), 신봉(信峯), 해여(海如), 신철(信哲), **신희(信希 → 태종 대 大選)**, 의방(義方), 신호(信浩), 승기(勝起)	9인 (8)

대사 (大師)	중연(中演 → 주지, 증의), 신영(信英 → 증의), 해영(海英), 내운(乃云), 인근(仁近), 탄선(坦宣), 성운(省云), 성현(省玄 → 증의), 여윤(如允 → 증의), 혜초(惠初 → 증의), 신위(信暐 → 혜겸(惠謙), **화엄대사 성거(省琚 → 태종 대 大師)**, 해경(海瓊 → 대선사), 신제(信齊), **도생(道生 → 태종 대 大師, 兩街都僧錄)**, 장무, 구전(久田), 의총(義聰), 윤정(允正)	19인 (17)
선사 (禪師)	**신현(信玄 → 入選)**, 해영(海瑛), 해찬(海贊), 신침(信沈), 석선사(釋禪師) 신환(信環), 지명(志明), 지경(志瓊), 축통(竺通), 희보(希宝), 의원(義元 → 대선사), 해린(海厸), 의연(義衍), 현준(玄俊), 정심(正心 → 대선사), 의준(義俊), 해월(海月), 지여(智如), 홍조(洪照 → 주지), 학료(学了), 해련(海連), 윤경(閏敬), 홍보(洪宝), 도행(道行), 덕충(德忠)	24인 (23)
대선사 (大禪師)	조연(祖衍), 해초(海超), 이인(以仁), 학녕(學寧), 육미(六眉), 상제(尚濟), 해선(海禪), 각웅(覺雄), 인철(仁哲), 해징(海澄), 신영(信瑛), 종해(宗海), 가선(可宣), 신각(信覺), 신민(信敏), 홍선(洪渲), 양애혜희(陽崖慧熙), 신린(信厸), 종월(宗月), 사안(思安), **신경(信瓊 → 태종 대 中德)**, 경환(敬桓), 사제(思濟), 완혜(囩惠), **신명(信明 → 태종 대 大選)**, 학수(学修), **의원(義元 → 선사)**, 신련(信連), 해봉(海逢), **해경(海瓊 → 대사)**, 해연(海淵), 도해(道海), 혜상(惠尙), 행침(行沈), 홍혜(洪惠), 도기(道器), 성환(省還), 해오(海悟), 연해(衍海), 경전(敬田), 수미(守眉), 심명(心明), 신유(信柔), 지우(智牛), 신경(信敬), 신혜(信惠), **정심(正心 → 선사)**	47인 (42)
주지 (住持)	종안(宗眼), 설우(雪牛), 중호(中皓 → 判禪宗事), 진산(珎山), 은암(隱庵), 상오(尙悟), 신징(信澄), 신월(信月), 지해(智海), 연징(演澄), **석휴(釋休 → 태종 대 住持)**, 의유(義游), 해명(海明), 성조(性照), **중연(中演 → 대사, 증의), 홍조(洪照 → 선사)**, 만우(卍雨), 일운(一雲)	18인 (15)
증의 (證義)	**상목(尙鵠), 극명(克明), 보해(普解), 경균(冋均), 상등(尙登), 점상(占常), 중연(中演 → 대사, 주지), 신영(信英), 성현(省玄), 여윤(如允), 혜초(惠初)**	11인 (0)
장무 (掌務)	**보혜(寶惠), 신위(信暐)**	2인 (0)
판사 (判事)	도승통(都僧統 – 判校宗事) 혜진(惠眞), **판선종사(判禪宗事) 중호(中皓 → 주지), 판교종사(判敎宗師) 설준(雪峻 → 대선)**, 도대선사(都大禪師) 운곡(雲谷), 천태판사(天台判事) 행호(行乎, 判禪宗事), 판선종사(判禪宗事) 도대선사(都大禪師) 소언(少言), **도대선사(都大禪師) 신미(信眉 → 입선)**, 판선종사 도대선사 탄주(坦珠 → 증덕), 판교종사(判敎宗事) 도대선사 희인(希忍), **화엄도승통 운오(云悟 → 태종 대 주지), 양가도승록(兩街都僧錄) 대사 도생(道生 → 태종 대 大師, 兩街都僧錄)**	11인 (5)

(2) 문종~단종 대에 활동한 선시 입격자

이후 문종(1450. 2~1452. 5 재위) 연간에는 1450년(庚午) 한차례의 식
년이 존재하였고, 단종(1452. 5~1455. 윤6 재위) 연간에 역시 1453년
(癸酉) 한 차례의 식년이 존재하였다. 그러나 이때의 경우 선시와
관련된 어떤 기록도 발견되지 않는다. 다만 몇몇 경전의 간행질에
서 선시 입격자 정보를 찾을 수 있어 표로 보이면 다음과 같다.[표
17]

표17. 문종~단종 대 간행 불서에 실린 선시 입격자

간행 연대	서명	간행 기록	문종~단종 대에 활동한 선시 입격자
1451년	불설장수멸죄호 제동자다라니경	景泰2年(1451)辛未6月日 全羅道高山地花岩寺開板	仲德 地藏
1452년	불설장수멸죄호 제동자다라니경	景泰三年(1452)圓岩刻	玉竜 大師 信敏, 安國 大德 義珪, 川嚴 大禪師 田心, 月 菴 大禪師 信頓, 廣安 禪師 善瓊
1453년	지장보살본원경	景泰4年癸酉(1453)8月 花 岩寺開板	禪師 信羊, 禪師 惠尙
1454년	불설대보부모은 중경	景泰5年甲戌(1454)正月日 平壤府大成山 廣法寺開板	禪師 衍海

이 내용 중 1452년(문종 2) 원암사 간행의 『불설장수멸죄호제
동자다라니경』에 실린, 교종 품계에 해당하는 '대사 신민(信敏)'의
경우 1443년(세종 25) 화암사 간행의 『묘법연화경』 간행질에 선종
품계로서 '전 개천사(開天寺) 주지 대선사 신민'이라 쓰여 있어 선종
과 교종의 경계가 모호하게 표기되어 있음을 볼 수 있다.

또한 1453년(단종 1) 화암사 간행의 『지장보살본원경』에 실린 '선사 혜상(惠尙)'의 경우, 1443년 화암사 간행의 『묘법연화경』 간행질에 '전 경천사(慶天寺) 주지 대선사 혜상'이라 표기되어 있으며, 1454년 광법사 간행의 『불설대보부모은중경』에 실린 '선사 연해(衍海)'는 1448년 간행된 『묘법연화경』에 '대선사 연해'라고 기록되어 대선사에서 한 단계 낮은 선사로 품계가 역전된 특이한 모습을 보이고 있다.

한편 문종~단종 대에 주지를 맡았던 자들과 관련해 『단종실록』에는 다음 두 인물과 관련된 내용이 실려 있다.

단종 1년(1453) 6월 6일

"의정부에서 예조(禮曹)의 정문(呈文)에 의거해 아뢰기를, '유점사(楡岾寺)의 143간(間)이 모두 탔으니, 청컨대 형조(刑曹)로 하여금 주지승(住持僧) 사우(斯祐)를 국문(鞫問)하게 하소서' 하니, 그대로 따랐다."[619]

단종 1년(1453) 6월 21일

"사헌부(司憲府)에서 아뢰기를, '군기감(軍器監)의 계집종 연비(延非)가 흥천사(興天寺)에 있을 때 전 진관사(津寬寺) 주지(住持) 각돈(覺頓)과 몰래 간통하여 아이를 낳았으므로, 연비(延非)를 잡아다가 국문(鞫問)하였으나 승복하지 아니하였습니다.'"[620]

619 『단종실록』 단종 1년(1453) 6월 6일 條.
620 『단종실록』 단종 1년(1453) 6월 21일 條.

이상의 내용을 바탕으로 문종~단종 대에 활동한 선시 입격자를 표로 만들면 다음과 같다. 이때 이전 왕대(王代)에 입격한 인물과 하위 법계에서 상위 법계로 승급한 경우 내지 승직자에 임명되었을 경우 상위 법계에 그 내용을 중복 표현하되 굵은 글씨로 표기했으며, 이 경우 상위 법계의 전체 인원 중 ( ) 안에 그 인원을 제외하고 기록하였다.[표18]

표18. 문종~단종 대에 활동한 선시 입격자

품계	선시 입격자 및 상위 품계자	인원
중덕(中德)	지장(地藏)	1인
대덕(大德)	의규(義珪)	1인
대사(大師)	**신민(信敏 → 세종 대 大禪師)**	1인 (0)
선사(禪師)	선경(善瓊), 신양(信羊), **혜상(惠尚 → 세종 대 大禪師), 연해(衍海 → 세종 대 大禪師)**	4인 (2)
대선사(大禪師)	전심(田心), 신돈(信頓)	2인
주지(住持)	사우(斯祐), 각돈(覺頓)	2인

4) 세조~성종 대에 활동한 선시 입격자

(1) 세조 대에 활동한 선시 입격자

세조(1455. 윤6~1468. 9 재위) 연간에는 1456년(丙子), 1459년(己卯), 1462년(壬午), 1465년(乙酉), 1468년(戊子) 등 다섯 차례의 식년이 존재하였다. 그럼에도 문종 내지 단종 때와 마찬가지로, 이 기간에는 선시(選試)와 관련된 기록이 좀처럼 발견되지 않는다. 물론 『세조실록』 세조 7년(1461) 3월 기사에 '천민으로서 승(僧)이 되고자 하는 자는 『금강경』·『심경』·『살달타』를 능히 외고, 승행(僧行)이 있는 자를 가려 …(중략)… 정전을 거두고 도첩을 주는 예'[621]가 기록되어 있으며, 세조 11년(1465) 기사에는 난신 연루자에게도 도승 자격을 부여하고 있음을 볼 수 있기는 하다.[622]

그럼에도 식년시에 따른 선시는 제대로 시행되지 않았던 것 같다. 이에 대해 『성종실록』 2년(1471) 6월 기사에 "무인년(세조 4, 1458) 이래 양종에서 법에 의해 불경을 시험 본 자는 겨우 12인뿐이니, 비록 불경을 시험하고 전곡을 납부하는 법이 있더라도 또한 무엇이 유익하겠습니까?"[623]라고 전하고 있다. 이에 의하면 1456년(丙子) 선시 이래 단 한 번만의 선시를 통해 12인을 뽑았거나, 여러 차례의 선시에서 극소수의 인물만을 선발했으리라 추정된다. 한편 『세조실록』 세조 13년(1467) 1월에 "승(僧) 학조(學祖)를 금강산(金剛山)에 보내어 유점사(楡岾寺)를 중창(重創)하게 하였다"[624]는 기록은 주지 임명과 관련된 것임을 알 수 있다. 이에 "대선에 입격한 자만이 주지(住持)가 되니…[625]라는 내용을 참조해 볼 때 학조는 1467년 이전에 대선에 입격했음을 알 수 있다.

---

621 『세조실록』 세조 7년 3월 9일 條.
622 『세조실록』 세조 11년 1월 8일 條.
623 『성종실록』 성종 2년 6월 8일 條.
624 『세조실록』 세조 14년(1468) 1월 23일 條.
625 『세조실록』 세조 13년(1467) 8월 2일 條.

도9.『묘법연화경』(보물), 권3 말 간행질(부분), 통도사 소장

이외에 세조 대에 활동한 선시 입격자와 관련된 내용을 몇몇 경전 간행질에서 찾을 수 있다. 우선 세조 2년(1456) 동궁빈(東宮嬪) 한씨(韓氏)의 시주로 간행된『묘법연화경』에 참학(參學)이 명기되어 있음이 눈에 띈다.[도9]

원래 이 책은 세종 4년(1422) 성달생과 성개(成槪) 형제가 성녕대군과 모후 원경왕후의 명복을 기원하기 위해 필사한『법화경』을 고양 대자암(大慈庵) 도인 정암(定庵)이 판각한 것으로, 권말에 1422년 변계량(卞季良)이 쓴 발문과 효령대군 등의 시주명, 그리고 함허당 기화(己和)의 발문이 실려 있다. 그런데 이 책은 위 판목에 1456년에 쓴 학조(學祖)의 발문을 추가해 간행한 것으로 – 왕실 간행본에 발문을 쓸 정도라면 학조는 1456년 이전에 대선에 입격했다고 보아야 할 것이다 – 이 책 권3 간행질에는 원래 1422년 간행 당시의 판목에 없던 '참학(參學) 대口口口도(大口口口刀)'[626]가 추가 기록된 것을 발견할 수 있다. 즉 '참학 대口(대사?) 口口가 새겼다[刀]'는 것으로, 이 부분은 시주자 동궁빈 한씨(韓氏) – 이후 인수대

---

626 『묘법연화경』景泰七年(1456)十月日 我 東宮嬪韓氏 … 景泰七年丙子十月日 山人學祖謹跋. 보물 제1196-1호, 통도사 소장.

비 - 의 묵인하에 기록된 부분으로 추정된다.

참학과 관련해 『대각등계집』 「봉은사중수기」에 "대선이란 곧 유가의 대과(大科)이다. 그리고 그사이에 제작(制作)으로 발탁하여 참학(參學)이라 하였는데, 참학이란 곧 유가의 소과(小科)이다"[627] 라는 기록이 있다. 또한 『명종실록』 7년(1552) 4월 기사에 "옛날에는 선과에 들지(입격하지) 못한 자[禪科未參者]에게 참학입선첩(參學入選帖)을 발급했으니, 고례(古例)에 의해 성급토록 하라"[628]는 내용이 실려 있기도 하다. 이에 참학은 '선과에 입격하지(참여하지) 못한 자'로, 선시 중 초시 입격자인 입선(入選)에 미치지 못한 자로 추정되며, 그에게 "고례에 의하여 참학입선첩을 성급했다"는 것이다. 이에 따르면 참학 역시 선시 입격자 중 한 부류에 속한 것이라 할 수 있다.

한편 광평대군(廣平大君) 부인인 비구니 영가부부인(永嘉府夫人) 신씨(申氏) 혜원(慧圓)의 공덕으로 세조 2년(1456) 〈견성암 약사 삼존불상〉이 중수되었는데, 이때의 대공덕주(大功德主)로 '판선종사(判禪宗事) 도대선사(都大禪師) 수미(守眉)'가 실려 있다.[629] 수미(守眉)는 1449년에 간행된 『사리영응기』에 '개경사 주지 대선사 수미(守眉)'라 실려 있음을 볼 때, 세조 당시에 대선사에서 도대선사(都大禪師)로 승급되었을 것으로, 『세조실록』 세조 10년(1464) 4월 기

---

627 『大覺登階集』卷之二(『韓佛全』8, p.326上. "國初國家 設禪敎兩宗於陵寢室皇之外 特設僧科 例與國試 同日開場 命遣夏官 考選釋子之通經者 特授甲乙丙三等之科 曰大選 大選者 即儒家之大科也 次以制作 間有拔擢者 曰叅學 叅學者 即儒家之小科也 由大選而再擧入格者 曰中德 中德者 即儒家之重試也."

628 『명종실록』 명종 7년 4월 28일 條.

629 유근자, 『조선시대 불상의 복장기록 연구』, 불광출판사, 2017. p.379.

사에는 "전 선종판사(禪宗判事) 수미(守眉)는 나의 잠저(潛邸) 때부터 구면(舊面)으로 알고 지내는 사이다"[630]라는 내용이 실려 있기도 하다.

이외에 1459년 간행된 『월인석보(月印釋譜)』 서문에는 『월인석보』의 간행에 자문을 한 11인의 명단이 실려 있는데, 이들 중 김수온을 제외한 혜각존자(慧覺尊者) 신미(信眉)와 판선종사(判禪宗事) 수미(守眉), 판교종사(判教宗事) 설준(雪峻), 연경사(衍慶寺) 주지 홍준(弘濬), 전회암사 주지(前檜菴寺住持) 효운(曉雲), 전대자사 주지(前大慈寺住持) 지해(智海), 전소요사 주지(前逍遙寺住持) 해초(海招), 대선사(大禪師) 사지(斯智), 학열(學悅), 학조(學祖) 등 승려 10인이 수록되어 있다.[631] 이 가운데 혜각존자(慧覺尊者) 신미(信眉)와 판선종사(判禪宗事) 수미(守眉), 판교종사(判教宗事) 설준(雪峻), 학열(學悅), 학조(學祖) 등은 모두 선시 입격자로, 세조대에 널리 활동했던 인물임을 알 수 있다.

한편 이 가운데 '연경사 주지 홍준(弘濬)'의 경우 1465년에 제작된 「원각사(圓覺寺) 서기 방광감로 수타미 우화 현상 사리분신 평등도량(瑞氣放光甘露須陀味雨花現相舍利分身平等道場) 동참(同參) 계문(契文)」에 "중수(衆首) 전(前) 연경사(演慶寺)[632] 주지 대선사 신(臣)

630 『세조실록』 세조 10년(1464) 4월 13일 條.

631 『月印釋譜』 卷1, 首陽君이 쓴 「御製月印釋譜序」에 資問을 한 사람으로 慧覺尊者 信眉, 判禪宗事 守眉, 判教宗事 雪峻, 衍慶寺住持 弘濬, 前檜菴寺住持 曉雲, 前大慈寺住持 智海, 前逍遙寺住持 海招, 大禪師 斯智, 學悅, 學祖, 嘉靖大夫同知中樞院事 金守溫 등이 실려 있다.

632 「圓覺寺 …(중략)… 契文」에 기록된 演慶寺는 衍慶寺를 잘못 기록한 것이라 여겨진다. 『月印釋譜』 서문에 기록된 衍慶寺는 경기 海豐에 위치한 곳으로, 『세종실

승(僧) 홍준(弘濬)"이라 기록되어[633] 1459년 이후 대선사에 올랐으며, 1465년에는 '승려[衆] 가운데 으뜸[首]인 자'로 평가되었음을 알 수 있다.[도10]

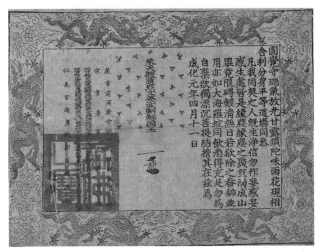

도10.「圓覺寺 서기 방광감로 수타미 우화 현상 사리분신 평등도량(瑞氣放光甘露須陀味雨花現相舍利分身平等道場) 동참(同參) 契文」, 1465년

그리고 '전 회암사 주지 효운(曉雲)', '전 대자사 주지 지해(智海)', '전 소요사(逍遙寺) 주지 해초(海招)', '대선사 사지(斯智)' 역시

록』세종 6년(1424) 4월 5일 기사에 의하면 세종 6년, 불교를 선교양종으로 나눈 채 사찰 36개소만을 남겨두었던 교종 사찰 중 하나이다. 한편「圓覺寺 …(중략)… 契文」에 기록된 演慶寺는 서울 성 밖에 위치한 사찰로,『세종실록』세종 2년(1420) 1월 26일 기사에 다음 내용이 전한다. "임금이 '서울 안에 있는 五敎兩宗과 各司의 노비 分定이 어떻게 되었느냐'고 물으니 …(중략)… 임금이 말하기를, '도성 밖에는 비록 開慶·演慶 두 절이라도 노비를 주지 않았는데, 어찌 장의·중흥에만 나누어 주리요' 하니…"

633 웹사이트 https://news.v.daum.net/v/20211216050618634 참조.

선시에 입격한 인물들이었음을 알 수 있다. 또한 1458년(天順 2, 세
조4) 조성된 〈영주 흑석사 아미타불상〉 복장기(腹藏記)에는 '대선사
윤황(尹璜)'이 기록되어 있기도 하다.[634]

한편 세조 대에 활동한 선시 입격자로 내호(乃浩)를 들 수 있
다. 내호는 〈상원사 목조문수동자좌상 복장유물〉 중 「백지묵서제
진언(白紙墨書諸眞言)」을 서사(書寫)한 자로, 「백지묵서제진언」 말미
에 주사(朱砂)로 "天順七年癸未(1463)七月初八日 梵書 禪宗禪師
乃浩…"라 기록되어 있다.[도11]

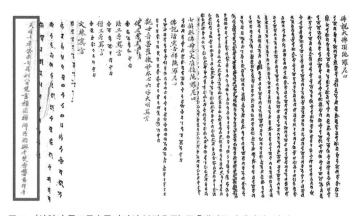

도11. 〈상원사 목조문수동자좌상 복장유물〉 중 「백지묵서제진언」 말미

즉 1463년(天順 7) 당시 선사(禪師)였던 자로, 이후 『성종실록』
에 의하면 내호는 성종 13년(1482) 4월 기사에 선종판사(禪宗判事)
로 기록되어 있기도 하다.[635]

---

634 유근자, 『조선시대 불상의 복장기록 연구』, 불광출판사, 2017. p.380.
635 『성종실록』 성종 13년(1482) 4월 5일 계묘 1번째기사. "강귀손이 또 아뢰기를, '禪

이외에 경전 간행질에서 다수의 선시 입격자를 찾을 수 있어, 표로 보이면 다음과 같다. 앞에서와 같이 선사 및 대선사의 경우 '전(前) 주지'라 명기된 인물 및, 입선 내지 대선 등의 품계를 거쳐 선사, 대선사에 오른 자들만을 추려 수록하였다. [표19]

표19. 세조 대 간행 불서에 실린 선시 입격자

간행 연대	서명	간행 기록	세조 대에 활동한 선시 입격자
1457년	육경합부	景泰元年庚午(1450)始於 丁丑(1457)4月日畢功, 全羅道全州地圓岩寺開板	川嚴寺 大禪師 田心, 禪師 性海, 禪師 義玄[636]
1459년	육경합부	天順3年己卯(1459)7月日	대선사 敏崇
1460년	육경합부	天順四年庚辰(1460)禪宗開板	仲德 宋寬
1461년	불설대보부모은중경	天順5年辛巳(1461)正月日 禪刹中臺寺開板	重刱持寺 대선사 海悟, 전 해인주지 대선사 者空[637]
1461년	능엄경언해	天順 辛巳(1461)九月 日,	혜각존자 信眉, 入選 思智, 學悅, 學祖
1462년	육경합부	慶尙道晋州地金龍山見佛庵開板, 天順六年壬午(1462) 六月日	전 萬年寺주지 대선사 義一, 전 智谷寺주지 대선사 性敏, 대선사 智印, 禪師 惠正[638]

宗判事인 僧 乃浩가 다른 僧에게 被訴되었으므로…'"

636　大禪師 智冏, 禪師 信義, 禪師 志澄 등은 營造의 공로 등으로 대선사 내지 선사의 관교를 받은 자로 판단되어 명단에서 제외하였다.

637　大禪師 智行, 大禪師 尙摠, 大禪師 弘一, 禪師 省空, 禪師 省能, 禪師 歸正, 禪師 宝明, 禪師 覺暹 등은 營造의 공로 등으로 대선사 내지 선사의 관교를 받은 자로 판단되어 명단에서 제외하였다.

638　대선사 義戒, 대선사 義頓, 대선사 義禪, 대선사 ㅋ瓊, 대선사 靑安, 대선사 性敏, 대선사 學南, 대선사 印湖, 선사 信聰, 대선사 岑月, 대선사 尙敏 등은 營造의 공로 등으로 대선사 내지 선사의 관교를 받은 자로 판단되어 명단에서 제외하였다.

1462년	육경합부	全羅道高山地花岩寺開板, 天順壬午(1462) 7月日 重刻	禪師 性天, 禪師 惠連[639]
1464년	육경합부	天順8年甲申(1464)6月 慶尙道慶州高伍山天龍寺重刊	대선사 尙文正心, 대선사 仲靑, 대사 尙俊[640]
1465년	계초심학인문	化岩寺, 成化元(1465)年7月日 鷲希刀	대선사 智印[641]
1466년	몽산화상육도보설	成化2年丙戌(1466)2月日書/成化8年夏6月 金守溫跋	대선사 海文, 선사 義玄
1466년	육경합부	成化2年丙戌(1466)孟秋下旬曹溪老衲頓旭跋 慶尙道密陽地萬魚寺開板	선종대선사 頓旭
1466년	육경합부	成化2年丙戌(1466)秋7月上澣山人淸寒跋, 鋟梓于東都南高伍山天龍寺	대선사 尙根
1467년	육경합부	成化3年丁亥(1467) 忠淸道保寧烏栖山金藏庵開板	대선사 性每
1467년	고왕관세음경	皇明成化3年(1467)2月日 陽川許迪跋	주지 克浩
1468년	불설대보부모은중경	成化4(1468)年3月日 密陽地萬魚寺開板	曹溪老衲 頓旭[642]

이 내용 중 1457년 원암사 간행의 『육경합부』에 실린 '대선사

---

639 禪師 学調, 大禪師 惠希, 禪師 戒忍, 禪師 性敏, 禪師 文惠, 禪師 雪道, 大禪師 學床, 禪師 惠圓 등 모든 자들이 營造의 공로 등으로 대선사 내지 선사의 관교를 받은 자로 판단되어 명단에서 제외하였다.

640 '大師 尙俊' 다음에 기록된, 大禪師 寶正, 大禪師 性聰, 大禪師 克文, 大禪師 戒修, 大禪師 省聰, 禪師 隱珠, 禪師 處因, 禪師 問知, 禪師 克敏 등은 營造의 공로 등으로 대선사 내지 선사의 관교를 받은 자로 판단되어 명단에서 제외하였다.

641 대선사 性聰, 대선사 戒能 등은 營造의 공로 등으로 대선사 내지 선사의 관교를 받은 자로 판단되어 명단에서 제외하였다.

642 대선사 性岑, 대선사 義月, 대선사 義順 등은 營造의 공로 등으로 대선사 내지 선사의 관교를 받은 자로 판단되어 명단에서 제외하였다.

전심(田心)의 경우 1452년(문종 2) 원암사 간행의 『불설장수멸죄호제동자다라니경』에 실려진 '대선사 전심'을 말한다. 또한 '선사 성해(性海)'는 『세종실록』 세종 6년(1424) 2월 기사에 '대덕(大德) 성해(性海)'[643]라 실려 있어, 선종과 교종의 경계가 모호하게 기록되어 있음을 볼 수 있다. 그리고 '선사 의현(義玄)'은 1466년 간행된 『몽산화상육도보설』에도 '선사 의현(義玄)'이라 실려 있다.

1461년 중대사 간행의 『불설대보부모은중경』에 실린 '중창지사(重刱持寺) 대선사 해오(海悟)'는 1445년 청원사 간행의 『육경합부』에는 '청원사(淸源寺) 주지 대선사 해오(海悟)'라 기록되어 있다. 내용상 '주지'와 '지사(持寺)'가 동일한 개념 내지 동등한 명칭으로 쓰이고 있는데, 이처럼 '지사(持寺)'란 칭호가 최초 사용된 예를 통해 이 시기에 '주지(住持)'와 유사한 형태로 '지사(持寺)'란 승직이 생겨났을 가능성이 있다고 하겠다.

한편 1462년 화암사 간행의 『육경합부』에 실린 '선사 성천(性天)'의 경우, 1443년 화암사 간행의 『묘법연화경』에도 역시 '선사 성천'이라 소개되어 있다.

1462년 6월에 견불암(見佛庵)에서 간행된 『육경합부』에 실린 '전 지곡사(智谷寺) 주지 선사 성민(性敏)'의 경우, 1448년 왕실 간행의 안평대군 수서본(手書本) 『묘법연화경』에 '선사 성민'이라 실려 있어 왕실과 관계된 인물로 여겨진다. 그런데 견불암(見佛庵)에서 『육경합부』가 간행된 지 한 달 만에 1462년 7월 화암사에서 『육경합부』가 간행되었으며 여기에도 '선사 성민(性敏)'이 실려 있는데,

---

643 『세종실록』 세종 6년 2월 14일 條.

여기 실린 '성민'은 노역을 통해 선사 품계를 받은 자일 가능성이 있기에 제외하였다.

그리고 '전(前) 만년사 주지 대선사 의일(義一)'은 1436년 동화사 간행의 『묘법연화경』에 품계가 명기되지 않은 점으로 미루어, 1436년 이후에 선시를 통해 품계를 받은 것으로 추정된다. 또한 1462년 견불암 간행의 『육경합부』에 실린 '대선사 지인(智印)'의 경우 1465년 화암사 간행의 『계초심학인문』에 '대선사 지인'이라 실려 있음을 볼 수 있다.

한편 1464년 천룡사 간행의 『육경합부』에 실린 '대선사 상문 전심(尙文正心)'은 1448년 간행된 『묘법연화경』에 '대선사 정심'으로 기록되어 있으며, 1438년 진관사 간행의 『육경합부』와 1443년 화암사 간행의 『묘법염화경』에는 '선사 정심'으로 기록되어, 1443년 이후에 선사에서 대선사로 승급되었음을 알 수 있다.

1466년 만어사 간행의 『육경합부』에 실린 '선종대선사 돈욱(頓旭)'은 1435년 중창된 것으로 알려진 봉정사 대웅전 「석가모니 후불벽화」에 품계 없이 '돈욱(頓旭)'이라고 실려 있으나, 1468년 만어사 간행의 『불설대보부모은중경』에는 '조계노납(曹溪老衲) 돈욱(頓旭)'이라는 존칭과 함께 실린 것을 볼 수 있다.

1467년 2월에 간행된 『고왕관세음경』에 실린 '주지 극호(克浩)'는 1449년 금사사 간행의 『육경합부』에 '입선 극호'라 실려 있어 세종대에 선시에 입격한 자임을 알 수 있으며, 『세조실록』 세조 13년(1467) 7월 기사에는 '유나승(維那僧) 극호(克浩)·계철(戒哲)'[644]

---

644 『세조실록』 세조 13년(1467) 7월 8일 條.

이 기록되어, 주지 역임 후 당시 양종에 소속된 유나승의 승직(僧職)을 맡았음을 알 수 있다.

이외에 세조 대에 주지 등 승직을 맡았던 자들을 포함할 수 있어,『세조실록』에 실린 주지와 관련된 내용을 인용하면 다음과 같다.

세조 9년(1463) 6월 15일

"경상도 양산군(梁山郡) 통도사 주지 덕관(德寬)이 군사(郡事) 나유선(羅裕善)과 더불어 분신(分身)한 사리(舍利)를 바치었다."[645]

세조 13년(1467) 1월 23일

"승(僧) 학조(學祖)를 금강산(金剛山)에 보내어 유점사(楡岾寺)를 중창(重創)하게 하였다"[646]

이외에 세조 대에 활동한 판사로는 판선종사도대선사(判禪宗事都大禪師) 수미(守眉), 교종판사(敎宗判事) 설준(雪俊) 등을 들 수 있다. 이에 이들을 포함해 세조 대에 활동한 선시에 입격한 입선, 대선, 중덕 내지 대선과 중덕을 거쳐 각 종(宗)별로 상위 품계에 올랐던 인물들을 표로 정리하면 다음과 같다. 이때 이전 왕대(王代)에 입격한 인물과 하위 법계에서 상위 법계로 승급한 경우 내지 승직자에 임명되었을 경우 상위 법계에 그 내용을 중복 표현하되 굵은 글씨로 표기했으며, 이 경우 상위 법계의 전체 인원 중 ( ) 안에 그

---

645 『세조실록』세조 9년(1463) 6월 15일 條.
646 『세조실록』세조 14년(1468) 1월 23일 條.

인원을 제외하고 기록하였다.[표20]

표20. 세조 대에 활동한 선시 입격자

품계	선시 입격자 및 상위 품계자	인원
참학(參學)	대□(大□)	1인
입선(入選)	사지(思智), **학열(學悅 → 세종 대 入選)**, 학조(學祖 → 住持)	3인 (2)
중덕(中德)	중덕(仲德) 송관(宋寬)	1인
대사(大師)	상준(尙俊)	1인
선사(禪師)	내호(乃浩), **성해(性海 → 세종 대 大德)**, 의현(義玄), 성천(性天), 혜련(惠連), 혜정(惠正), 성민(性敏 → **大禪師**)	7인 (6)
대선사 (大禪師)	사지(斯智), 홍준(弘濬 → 住持), 윤황(尹璜), 전심(田心), 민은(敏誾), 해오(海悟), 자공(者空), 의일(義一), **성민(性敏 → 禪師)**, 지인(智印), 상문정심(尙文正心), 중청(仲靑), 해문(海文), 돈욱(頓旭), 상근(尙根), 성해(性每)	16인 (15)
주지(住持)	**학조(學祖 → 入選)**, 홍준(弘濬 → **大禪師**), 효운(曉雲), **지해(智海 → 세종 대 住持)**, 해초(海招), **극호(克浩 → 세종 대 入選, 維那)**, 덕관(德寬)	7인 (3)
유나(維那)	**극호(克浩 → 세종 대 入選, 住持)**, 계철(戒哲)	2인 (1)
판사 등 승직자	**判禪宗事 都大禪師 수미(守眉 → 세종 대 大禪師)**, **慧覺尊者 신미(信眉 → 세종 대 入選, 判事)**, **判敎宗事 설준(雪峻 → 세종 대 大選, 判事)**	3인 (0)

(2) 예종 대에 활동한 선시 입격자

예종(1468. 9~1469. 11 재위) 연간에는 1468년(戊子)의 식년이 있었다. 그러나 『경국대전』의 예에 따라 식년시는 초봄에 행해진 관계로,[647] 이때의 식년시는 1468년 9월에 승하한 세조 연간에 해당한

---

647   『경국대전』「禮典」'諸科' 條. "3년에 한 차례 試를 행한다. 전년 가을에 초시를 행

것임을 알 수 있다. 물론 예종 대에 선시가 행해졌다고 해도 당시 선시에 임할 학문적 자격이 갖춰진 자가 드물었던 것 같다. 이런 정황에 대해 『예종실록』 예종 1년(1468) 6월 기사에는 신미(信眉)가 '『금강경』과 『법화경』을 강(講)하는 시험' 즉 시재행(試才行)과 관련해 (인수대비에게) 다음과 같이 청하고 있음이 보인다.

> "승으로서 경(經)을 외는 자는 간혹 있으나, 만약 강경(講經)을 하면 천 명이나 만 명 중 겨우 한둘뿐일 것이니, 원컨대 다만 외는 것만으로 시험하게 하소서."[648]

즉 "경(經)을 외는 자는 간혹 있으나, 만약 강경(講經)을 하면 천 명이나 만 명 중 겨우 한둘뿐일 것"이라는 당시 상황은 사역(事役) 등으로 도첩을 남발한 세조 대의 도승 정책에 따른 결과였다고도 할 수 있다. 또한 이는 『성종실록』 기사에 "무인년(세조 4, 1458) 이래 양종에서 법에 의해 불경을 시험 본 자는 겨우 12인뿐이니…"[649]라는 내용과도 관련이 있을 것이다. 한편 예종 대에 주지를 맡았던 인물이 『예종실록』에 실려 있어 인용하면 다음과 같다.

예종 1년(1469) 10월 29일

"어떤 사람이 백악산(白岳山)에 올라가서 혹은 징[鉦]을 치고 혹은 옷

하고 그해 초봄에 복시와 殿試를 행한다."
648 『예종실록』예종 1년(1469) 6월 27일 條.
649 『성종실록』성종 2년 6월 8일 條.

을 휘둘렀는데, 이것은 장의사(壯義寺)의 종 윤산(閏山)이 그 절의 주
지 사일(斯一)이 범한 바를 호소하기 위함이었다."[650]

이외에 경전 간행질에서 선시 입격자를 찾을 수 있어, 표로 보
이면 다음과 같다.[표21]

표21. 예종 대 간행 불서에 실린 선시 입격자

간행 연대	서명	간행 기록	예종 대에 활동한 선시 입격자
1469년	육경합부	全羅道高山地 花岩寺開板	선사 性天, 선사 惠正[651]

위 내용 준 '선사 성천(性天)'은 1443년 화암사 간행의 『묘법연
화경』과 1462년 화암사 간행의 『육경합부』에 '선사 성천'이라 기
록되어 있으며, '선사 혜정(惠正)'은 1462년 6월에 견불암(見佛庵)
간행의 『육경합부』에 실린 '선사 혜정'과 동일 인물임을 알 수 있
다. 이에 예종 대에 활동한 선시 입격자로는 다음을 들 수 있다. 이
때 이전 왕대(王代)에 입격한 인물과 하위 법계에서 상위 법계로 승
급한 경우 내지 승직자에 임명되었을 경우 상위 법계에 그 내용을
중복 표현하되 굵은 글씨로 표기했으며, 이 경우 상위 법계의 전체
인원 중 ( ) 안에 그 인원을 제외하고 기록하였다.[표22]

650　『예종실록』 예종 1년(1469) 10월 29일 條.

651　선사 學照, 대선사 海宝, 대선사 惠希, 선사 性敏, 선사 戒忍, 선사 文惠, 선사 雪道,
　　　대선사 學閑, 선사 惠圓 등은 營造의 공로 등으로 대선사 내지 선사의 관교를 받은
　　　자로 판단되어 명단에서 제외하였다.

표22. 예종 대에 활동한 선시 입격자

품계	선시 입격자 및 상위 품계자	인원
선사(禪師)	**성천(性天 → 세조 대 禪師), 혜정(惠正 → 세조 대 禪師)**	2인 (0)
주지(住持)	사일(斯一)	1인

(3) 성종 대에 활동한 선시 입격자

성종(1469. 11~1494. 12 재위) 연간에는 1471년(辛卯), 1474년(갑오), 1477년(丁酉), 1480년(庚子), 1483년(癸卯), 1486년(丙午), 1489년(己酉), 1492년(壬子) 등 8차례의 식년이 존재하였다. 그럼에도 성종 초부터 선시 무용론(無用論)의 분위기가 생겨났으며, 선시 시행에 대한 부정적 견해가 생겨나기도 하였다. 이와 관련해 『성종실록』 2년(1471) 6월 기사에 다음 내용이 전한다.

> "지난 무인년(1458, 세조 4)에 회암·유점 두 절의 역사를 일으키는데 도첩을 받으려는 자가 6만3천여 인이었고, 기타 간경도감과 의묘(懿廟)의 부역에서 도첩을 받은 수도 무궁하니, 이로써 추측건대 무인년(1458)부터 지금까지 14년간 함부로 삭발한 자가 그 몇 만만(萬萬)이 되는지 알지 못합니다. 그런데도 양종에서 법에 의해 불경을 시험 본 자는 겨우 12인뿐이니, 비록 불경을 시험하고 전곡을 납부하는 법이 있더라도 또한 무엇이 유익하겠습니까?"[652]

---

652 『성종실록』 성종 2년 6월 8일 條.

위 내용은 앞서 『예종실록』 기사를 언급했듯이 "만약 강경(講經)을 하면 천 명이나 만 명 중 겨우 한둘뿐일 것이니…"[653]라는 것과 관련해, "『전등(傳燈)』·『염송(拈頌)』과 『화엄경』「십지론」을 시험해 각 30인씩을 뽑는"[654] 『경국대전』「도승」 조의 자격에 미치지 못했을 당시 승려들에 대한 푸념에서 생겨난 것일 수 있다.

또한 성종 6년(1475) 5월에는 도승의 법을 엄하게 하자는 의견이 논의되었으며,[655] 성종 7년(1476) 10월에는 "군안(軍案)의 장부를 작성하는 동안에는 도승을 허락치 말라"[656]는 교지를 내리기도 하였다. 그리고 성종 10년(1479) 10월에는 "지난 정해년(1467, 세조 13) 호패를 시행했을 때 승의 무리가 30여만 명이 되었으니 …(중략)… 지금은 거의 40여만 명이나 될 것입니다"[657]라 하여 호패 내지 도첩 발급에 대한 우려가 생겨나기도 하였다.

이런 정황 속에서도 성종 대에 선시와 관련된 몇몇 기록이 발견되고 있다. 먼저 식년에 해당하는 『성종실록』 성종 8년(1477) 3월 기사에 "승직(僧職)에 대선·중덕·선사·주지 같은 것도 이조(吏曹)로 하여금 하비(下批)하여 대간(臺諫)에서 서경(署經)하게 하니, 이것은 몹시 옳지 못합니다"라는 언급 내지, "대선(大選)의 시험 같은 것도 파해야 합니다"라는 언급[658]은 당해 연도에 선시가 시행되었

653 『예종실록』예종 1년(1469) 6월 27일 條.
654 『경국대전』「禮典」'度僧' 條. "試 禪宗 則傳燈·拈頌 敎宗 則華嚴經·十地論 各取三十人."
655 『성종실록』성종 6년 5월 27일 條.
656 『성종실록』성종 7년 10월 12일 條.
657 『성종실록』성종 10년 11월 29일 條.
658 『성종실록』성종 8년(1477) 3월 4일 條.

으리라는 점을 말해주고 있다.

또한 『성종실록』 성종 9년(1478) 8월 기사에 "승인(僧人)의 선발 시험을 문과·무과의 예와 같이 3년에 한 번씩 행하고, 예조 낭관이 맡아서 이 선발에 입격하는 자는 대선이 되고 중덕이 되며 주지가 되는데, 판사가 반드시 서경(署經)을 하고 대간(臺諫)에서 고신(告身)을 줍니다. 일이 정당한 것이 아니니, 진실로 정지해서 파하는 것이 마땅합니다"[659]라는 내용이 실려 있기도 하다.

그리고 동년 9월 기사에 "국가에서 3년마다 재주를 상고하고 함께 시험하므로, 양종(兩宗)의 승도가 문무과(文武科)에 비기며, 그 출신자는 중덕이 되고 대사가 되며 주지가 되어 대략 우리 유교의 시험 선발과 같아서 저들이 스스로 이르기를 '유교와 불교는 풍화(風化)가 같다'고 하니, 어찌 마음이 아프지 아니하겠습니까?"[660]라는 내용이 실려 있음은 선시가 여전히 행해지고 있음을 알려주는 예라 할 수 있다.

그러나 "성종 20년(1489) 정월에 …(중략)… 예조에 명하여 '다시는 도승하지 말라' 하였다"는 『연산군일기』의 기록[661]은, 성종 후대로부터 금승(禁僧) 조치가 행해졌음을 보여준다. 또한 연산 3년(1497) 2월 11일 기사에 "승인에게 도첩을 주지 않아 사찰이 모두 비어 있다"[662]는 내용은 성종 말기에 이어 연산군 초의 폐불 상황을 전해주고 있다.

---

659 『성종실록』성종 9년(1478) 8월 4일 條.
660 『성종실록』성종 9년(1478) 9월 29일 條.
661 『연산군일기』연산 1년 1월 13일 條. "(弘治)二年正月 …又命該曹 勿復度僧."
662 『연산군일기』연산 3년 2월 11일 條.

이런 상황에서도 성종 대에 선시 입격자와 관련된 몇몇 사례가 발견되고 있다. 먼저 성현(成俔, 1439~1504)의 저술 『허백당문집(虛白堂文集)』「무주헌기(無主軒記)」에는 민문(敏文)이 1489년 기유년 선시에서 30인 중 수석인 중덕(中德)에 뽑혔다는 다음 내용을 전하고 있다.

> "승려 민문(敏文)은 …(중략)… 기유년(1489, 성종 20)에 교종대선(教宗大選)에 입격하였다. 무릇 교종에서는 우리의 문무과 시험을 본떠 그 승도들에게 『화엄경』 30권을 강(講)하게 하여 30인을 선발하는데, 선사는 한 번 응시하여 30인 중에서 수석을 차지하였으니, 불교를 깊이 알고 불경에 조예가 깊은 자가 아니라면 어찌 이같이 할 수 있었겠는가!"[663]

이외에 몇몇 경전 간행질에서 선시 입격자를 찾을 수 있다. 그런데 한 예로서, 1472년 중대사에서 간행된 『묘법연화경』의 경우 권5~6만이 조사되었는데, 그중 권5에는 총 83인의 승려 명단이 실려 있다. 그런데 83명 중 전(前) 주지를 역임한 2명의 대선사를 포함해 17명이 대선사이고, 17명이 선사이며, 나머지 49명은 법명만 기록되어 전체 승려의 59%가 선사, 대선사 품계를 받은 것으로 기록되어 있다.

또한 1493년 무량사 간행의 『묘법연화경』 간행질에는 총 148명이 실려 있는데, 그 가운데 97명이 승려로 기록되어 있다. 그중

---

663 『虛白堂文集』 제5권, 記, '無主軒記' 條.

에 대사 5명, 참학 1명, 대선사가 42명이며, 49명은 무직자로, 전체 승려의 43%가 대선사로 기록되어 있는 것이다.

이런 현상은 영조(營造)의 공로로 대선사 내지 선사의 관교를 받은 자들이 다수 포함되어 있음을 말해준다. 이에 경전 간행질을 검토하는 가운데 참학 내지 입선 대선, 중덕, 대사, 유나, 주지, 판사 등 명확히 선시를 통해 품계를 받았으리라 여겨지는 경우를 제외한, 선사 대선사의 경우 전력의 비교를 통해 선시에 입격했으리라 판단되는 자들만을 명단에 포함하고자 한다.

이런 기준에 따라 경전 간행질에 기록된 선시 입격자를 표로 정리하면 다음과 같다.[표23]

표23. 성종 대 간행 불서에 실린 선시 입격자

간행 연대	서명	간행 기록	성종 대에 활동한 선시 입격자
1470년	수륙무차평등 재의촬요(A)	成化己丑(1469)…永順君溥 謹跋/成化6年庚寅(1470)6 月日 金守溫誌, 見性寺開板	혜각존자 信眉, 평암(平庵) (주지) 性均, 도대선사 學 悅, 대선사 學祖, 大禪師 省 珠, 大選 雪順
1470년	수륙무차평등 재의촬요(B)	成化己丑(1469)…永順君溥 謹跋/成化6年庚寅(1470)6 月日 金守溫誌, 見性寺開板	慧覺尊者 信眉, 都大禪師 學悅, 대선사 性均, 대선사 學祖, □□주지 文同
1472년	묘법연화경	成化8年壬辰(1472)四月 日 全羅道聖壽山中臺寺開板	(주지, 대선사)前 双峯寺 住持 大禪師 文悅, 前 長安 寺 住持 大禪師 了敏, 선사 能一[664]

---

664 대선사 岊云, 대선사 覺禪, 대선사 性眉, 대선사 信宝, 대선사 惠南, 대선사 義了, 대선사 學道, 대선사 惠能, 대선사 才哲, 대선사 義正, 대선사 覺如, 대선사 道南, 대선사 信奇, 대선사 信明, 대선사 六通, 선사 旭淳, 선사 義仁, 선사 尙圭, 선사 智生, 선사 戒彐, 선사 法根, 선사 雪峯, 선사 思哲, 선사 覺安, 선사 一悟, 선사 竺敬, 선사 組江, 선사 德脩, 선사 尋牛, 선사 民牛 등은 營造의 공로 등으로 대선사 내지

1472년	불조역대통재	왕실, 成化8(1472)年夏6月初吉 金守溫謹跋	能仁禪寺 주지 廣成, 永寧寺주지 大海, 萬佛禪寺주지 中選
1474년	지장살본원경	왕실, 成化10(474)夏四月十有五日...金守溫謹跋	慧覺尊者 信眉, 學悅, 學祖, 大禪師 道林
1477년	묘법연화경	成化十三年丁酉(1477)二月日崇祿大夫判中樞院事昌寧成達生謹跋, 全羅道高山地佛明山花岩寺開板	大禪師 惠正[665]
1479년	普濟尊者三種歌	成化15年己亥(1479)4月日開板, 留板光陽白雲山屛風庵	前禪林寺住持 大禪師 處玲
1479년	육조대사법보단경	成化15年己亥(1479)5月日白雲山屛風庵開板	주지 楚機[666]
1483년	수륙무차평등재의촬요	成化19年癸卯(1483)3月日全羅道鎭安地聖壽山中臺寺開板	[667]
1484년	불설장수멸죄호제동자다라니경	成化20年甲辰(1484)6月 全羅道佛名山花岩寺開板	大禪師 惠連[668]
1487년	수륙무차평등재의촬요	成化23年(1487)丁未12月日 慶尙道尙州南面淵岳山龍潭寺開板	中德 玉環[669]

선사의 관교를 받은 자로 판단되어 명단에서 제외하였다.

665 대선사 六淸, 선사 戒忍, 대선사 學閑, 선사 一浩, 대선사 惠希, 선사 惠連, 선사 宝明, 선사 玉暹 등은 營造의 공로 등으로 대선사 내지 선사의 관교를 받은 자로 판단되어 명단에서 제외하였다.

666 大禪師 宗勒, 大禪師 俊益, 大禪師 幸修 등은 營造의 공로 등으로 대선사 내지 선사의 관교를 받은 자로 판단되어 명단에서 제외하였다.

667 大禪師 性招는 營造의 공로 등으로 대선사 내지 선사의 관교를 받은 자로 판단되어 명단에서 제외하였다.

668 大禪師 惠熙, 禪師 六淸 등은 營造의 공로 등으로 대선사 내지 선사의 관교를 받은 자로 판단되어 명단에서 제외하였다.

669 대선사 義敏, 대선사 敬連, 선사 中隱 등은 營造의 공로 등으로 대선사 내지 선사의 관교를 받은 자로 판단되어 명단에서 제외하였다.

1488년	대불정여래밀인수증요의제보살만행수능엄경	弘治元年戊申(1488) 8月日 忠清道鴻山萬壽山無量寺開板	入選 祚熙, 대선사 洪宝, 化衲大師 智熙, 전 俗離山주지 大師 竹薇, 전 甘露주지 대사 性胤, 대선사 海超, 대선사 学了[670]
1488년	지장보살본원경	忠清道鴻山地萬壽山無量寺刊板, 1488년?	大師 智熙[671]
1489년	대불정여래밀인수증요의제보살만행수능엄경	弘治2年己酉(1489)8月20日 黃海道瑞興地慈悲山慈悲嶺寺留板	衍京寺주지 能了[672]
1491년	육경합부	弘治4(1491)年3月日 尙州地龍潭寺開板	中德 惠定[673]
1491년	육경합부	弘治4辛亥(1491)6月日 全羅道樂安澄光寺開板	대선사 能一[674]
1493년	묘법연화경	皇明弘治6年歲在癸丑(1493)仲春 贅世翁金悅卿謹跋, 無量寺刊	前藏義 大師 福庵, 대선사 信圓, 大師 信熙, 大師 竺正, 前重興 大師 智雲, 전 광명사주지 대사 智熙, 대선사 性圓, 대선사 守眞, 參學 徹禎, 大禪師 信惠[675]

---

670 入選 祚熙와 化衲大師 智熙 사이에 기록된 대선사 思牛, 대선사 道禪, 대선사 智元, 대선사 義如, 대선사 祖牛, 대선사 英日, 대선사 玉陣, 대선사 智浩, 대선사 雲惠, 대선사 斯允, 대선사 戒雲, 대선사 志玉, 대선사 明照, 대선사 崇一, 대선사 六和, 대선사 志山, 대선사 戒山, 대선사 宗密, 대선사 中敏 등은 營造의 공로 등으로 대선사 내지 선사의 관교를 받은 자로 판단되어 명단에서 제외하였다.

671 대선사 雲慧, 선사 自兮, 선사 義了, 선사 玉暹, 선사 唱敏, 선사 義敬, 선사 志玉 등은 營造의 공로 등으로 대선사, 선사의 관교를 받은 자로 판단되어 명단에서 제외하였다.

672 대선사 學宗, 대선사 乃仁, 대선사 戒明, 대선사 信觀 등은 營造의 공로 등으로 대선사 내지 선사의 관교를 받은 자로 판단되어 명단에서 제외하였다.

673 禪師 洪淡은 營造의 공로 등으로 대선사 내지 선사의 관교를 받은 자로 판단되어 명단에서 제외하였다.

674 大禪師 能惠, 大禪師 德全 등은 營造의 공로 등으로 대선사 내지 선사의 관교를 받은 자로 판단되어 명단에서 제외하였다.

675 대선사 雲惠, 대선사 信明, 대선사 斯允, 대선사 戒雲, 대선사 惠安, 대선사 正戒, 대선사 戒能, 대선사 釋通, 대선사 緝熙, 대선사 信玉, 대선사 義灯, 대선사 中敏,

| 1493년 | 대불정여래밀
인수증요의제
보살만행수능
엄경 | 弘治元年戊申(1488)八月日
忠淸道鴻山萬壽山無量寺
板, 皇明弘治六年歲在癸丑
(1493)仲春贅世翁金悅卿謹
跋 | 入選 祚熙, 化衲大師 智熙,
대선사 洪宝[676] |

위 내용 중 1470년 견성사에서 간행된 『수륙무차평등재의촬
요』 시주질에는 무려 194명의 승려가 수록되었으며, 이중 선시를
통해 품계가 주어진 자로는 신미(信眉)와 성균(性均), 학열(學悅), 학
조(學祖), 성주(省珠), 문동(文同)과 대선(大選) 설순(雪順)을 들 수 있
다. 이 가운데 신미와 학열, 학조는 예종 이전에 선시에 입격한 자
들이며,[677] '평암 (주지) 성균(性均)'과 '대선사 성주(省珠)', 'ㅁㅁ 주지
문동(文同)', '대선(大選) 설순(雪順)' 역시 성종 이전에 선시에 입격
한 인물로 추정된다.

한편 1484년 화암사 간행의 『불설장수멸죄호제동자다라니
경』에 실린 '대선사 혜련(惠連)'은 1462년 화암사 간행의 『육경합
부』에 '선사 혜련'이라 기록되어, 20여 년 사이에 선사에서 대선사

대선사 明照, 대선사 宗密, 대선사 崇一, 대선사 智文, 대선사 能宝, 대선사 六和,
대선사 性聰, 대선사 惠空, 대선사 達菴, 대선사 正義, 대선사 敎浩, 대선사 性牛,
대선사 熙信, 대선사 六熙, 대선사 信罔, 대선사 處玉, 대선사 唱敏, 대선사 釋熙,
대선사 惠心, 대선사 智乳, 대선사 一禪, 대선사 克仁, 대선사 罔林, 대선사 罔能,
대선사 宗和, 대선사 正行 등은 營造의 공로 등으로 대선사 내지 선사의 관교를 받
은 자로 판단되어 명단에서 제외하였다.

676 大禪師 思牛, 대선사 道禪, 대선사 智元, 대선사 義如, 대선사 祖牛, 대선사 英日,
대선사 玉陣, 대선사 智浩 등은 營造의 공로 등으로 대선사 내지 선사의 관교를 받
은 자로 판단되어 명단에서 제외하였다.

677 『예종실록』 예종 즉위년(1468) 9월 21일 條에 "승 信眉, 壽眉, 學悅, 學祖 등이 매
양 殯殿에서 法席을 파하면 물러가서 광연루 부용각에 거처하였는데…"라는 내용
이 실려 있음을 볼 때, 예종 이전이 이미 선시에 입격한 인물로 추정된다.

318

로 품계가 승급되었음을 알 수 있다.

1488년 무량사 간행의 『대불정여래밀인수증요의제보살만행수능엄경』에 실린 '대선사 홍보(洪宝)'는 1435년 중창된 봉정사 대웅전 〈석가모니후불벽화〉에 '선사 홍보(洪宝)'라 기록되어,[678] 1435년 이후에 대선사로 승급되었음을 알 수 있다.

또한 '대선사 해초(海超)'는 『세종실록』 세종 8년 기사에 '대선사 해초(海超)'라 실려 있어,[679] 세종 대에 선시에 입격한 자임을 알 수 있다. 또한 '대선사 학료(学了)'는 1443년 화암사 간행의 『묘법연화경』에 '선사 학료(学了)'라 기록되어 1443년 이후 승급되었음을 알 수 있다.

한편 1491년 징광사 간행의 『육경합부』에 실린 '대선사 능일(能一)'은 1472년 중대사 간행의 『묘법연화경』에 '선사 능일(能一)'이라 기록되어 이 또한 품계가 승급된 것임을 알 수 있다.

이외에 1493년 무량사 간행의 『묘법연화경』에 기록된 '대선사 신원(信圓)'은 1424년 안심사 간행의 『육경합부』에 대선(大選)으로 기록되어, 세종 대에 선시에 입격한 후 대선사로 승급된 것임을 알 수 있다. 한편 1493년 무량사 간행의 『묘법연화경』에 기록된 '대선사 성원(性圓)'은 권근(權近. 1352~1409)의 문집 『양촌선생문집』에 실린 태종 때의 전법(傳法) 성원(性圓)과는 다른 인물임을 알 수 있다.

또한 1493년 무량사 간행의 『묘법연화경』에 실린 '대선사 수

---

678 송천 등 編, 『한국의 불화 화기집』, 도서출판 성보문화재연구원, 2011. p.156.
679 『세종실록』 세종 8년 3월 9일 條.

진(守眞)'은 1551년(명종 6)에 '판교종사 도대사(判敎宗事都大師) 봉
선사 주지(奉先寺住持)'에 임명된 자로 추정되며,[680] 1493년에 대선
사의 품계를 지닌 것으로 보아 성종 대 또는 그 이전에 선시에 입
격한 것으로 짐작된다. 그리고 1493년 무량사 간행의 『묘법연화
경』에 실린 '참학(參學) 철정(徹禎)'의 경우, 1456년 간행된 『묘법연
화경』에 실린 '참학 대□(大□)'에 이어 참학(參學)이 등장한 것으로,
이 또한 선시 입격자의 부류에 속한다고 할 수 있다.

한편 1493년 무량사 간행의 『대불정여래밀인수증요의제보
살만행수능엄경』에 실린 '입선(入選) 조희(祚熙)'는 1488년 무량사
간행의 『대불정여래밀인수증요의제보살만행수능엄경』에도 동일
명칭으로 실려 있는데, 이는 성종 대에 선시 중 초선(初選)이 실시
되었음을 알려줌과 함께, 조희(祚熙)가 초선에 입격했음을 알려주
는 예이다.

또한 1493년 무량사 간행의 『묘법연화경』과 『대불정여래밀
인수증요의제보살만행수능엄경』에 실린 '전 광명사주지 대사 지
희(智熙)' 내지 '화납(化衲) 대사 지희(智熙)'는 1488년 무량사 간행
의 『대불정여래밀인수증요의제보살만행수능엄경』에 실린 '대사
지희'와 동일 인물임을 알 수 있다.

이외에 1493년 무량사 간행의 『대불정여래밀인수증요의제
보살만행수능엄경』에 실린 '대선사 홍보(洪宝)'는 1435년 중창된
봉정사 대웅전 〈석가모니후불벽화〉에 '선사 홍보(洪宝)'라 기록되

680 『명종실록』 명종 6년(1551) 6월 25일 條.

어[681] 1435년 이후 대선사로 승급되었음을 알 수 있으며, 1488년 무량사 간행의 『대불정여래밀인수증요의제보살만행수능엄경』에 도 '대선사 홍보(洪宝)'라 실려 있음을 볼 수 있다.

이상, 경전 간행질에 기록된 선시 입격자 외에『성종실록』기 사에 승직자로서 판사와 유나, 주지 등과 관련된 내용이 실려 있어, 이를 인용하면 다음과 같다.

성종 4년(1473) 7월 18일

"정인사(正因寺)는 곧 선왕(先王)의 능침(陵寢)으로 청재(清齋)하는 곳 인데, 주지(住持) 설준(雪俊)이 사족(士族)의 부녀자들을 불러 모아 음 란한 행동을 하여 거리낌이 없었으니, 그 죄가 매우 무겁습니다."[682]

성종 11년(1480) 5월 29일

"'주지승(住持僧) 설의(雪誼)와 유나승(維那僧)과 전내(殿內)의 작법승 (作法僧) 등이 모두 들었습니다' 하였습니다."[683]

성종 13년(1482) 4월 5일

"강귀손이 또 아뢰기를, '선종판사(禪宗判事)인 승(僧) 내호(乃浩)가 다 른 승에게 피소(被訴)되었으므로…'"[684]

681   송천 등 編,『한국의 불화 화기집』, 도서출판 성보문화재연구원, 2011. p.156.
682   『성종실록』성종 4년(1473) 7월 18일 條.
683   『성종실록』성종 11년(1480) 5월 29일 條.
684   『성종실록』성종 13년(1482) 4월 5일 계묘 1번째기사. "강귀손이 또 아뢰기를, '禪 宗判事인 僧 乃浩가 다른 僧에게 被訴되었으므로…'"

성종 13년(1482) 4월 18일

"내호(乃浩)는 태상전(太上殿)에서 명하시어 주지(住持)를 삼은 자이고, 또 주장(主掌)하여 맡는 승이 한 사람도 없을 수 없는 것이다."[685]

성종 15년(1484) 2월 12일

"화장사(華莊寺) 주지승(住持僧) 지성(至誠)이 권문(勸文)을 지으려 하였으나, 문자를 해득하기가 어려워서 슬그머니 승 상명(尙明)에게 청하였더니, 상명(尙明)이 승 의철(義哲)의 권문(勸文)을 훔치었습니다."[686]

성종 15년(1484) 12월 14일

"회암사(檜巖寺)에서 풍악을 동원하여 불공(佛供)드린 저자 사람들을 추국(推鞫)하여 아뢰니, 전교하기를 …(중략)… 주지(住持)인 책변(策辨)은 무식한 승인데, 어찌 부처를 위해 풍악을 울리는 것이 잘못임을 알겠는가? 아울러 내버려 두라 하였다."[687]

성종 16년(1485) 7월 4일

"지금 들으니, 봉선사(奉先寺) 주지승(住持僧) 학조(學祖)가 승정원(承政院)에 나아가 절의 곡식을 동원하지 말기를 청하였다고 하는데, 신 등은 불가하다고 여깁니다."[688]

---

685 『성종실록』 성종 13년(1482) 4월 18일 條.
686 『성종실록』 성종 15년(1484) 2월 12일 條.
687 『성종실록』 성종 15년(1484) 12월 14일 條.
688 『성종실록』 성종 16년(1485) 7월 4일 條.

성종 20년(1489) 9월 19일

"봉선사(奉先寺) 주지승(住持僧) 조징(祖澄)이 병과(餠果)와 미죽(麋粥)을 바치니, 명하여 호종(扈從)한 종재(宗宰)에게 내려 주도록 하여, 위사(衛士)에게까지 미쳤다."[689]

성종 21년(1490) 8월 10일

"연경사 주지(衍慶寺住持)인 승(僧) 능료(能了)가 절을 수즙하려고 연목(椽木)을 청하니, 그대로 따랐다."[690]

위 기록 중 "연경사 주지인 승 능료(能了)"의 경우, 1489년 자비령사 간행의 『대불정여래밀인수증요의제보살만행수능엄경』에 '연경사 주지 능료(能了)'라 기록되어 실록의 기록과 일치함을 볼 수 있다.

이상 경전 간행질과 조선왕조실록 내지 문집의 기록 외에 불상 조성기(造成記)에서 선시 입격자가 발견되기도 한다. 즉 1474년(성종 5) 조성된 〈경주 왕룡사원 아미타불상〉 조성 결원기(結願記)에는 '전 단속사 주지 선종대선사 성료(性了)'와 '선사 혜정(惠正)', '대선사 돈원(頓元)', '전 영명사 주지 대사(大師) 신련(信連)' 등이 기록되어 있다.[691] 이 가운데 '선사 혜정'은 1462년 6월에 견불암(見佛庵) 간행의 『육경합부』와 1469년 화암사 간행의 『육경합부』에 '선

689　『성종실록』성종 20년(1489) 9월 19일 條.
690　『성종실록』성종 21년(1490) 8월 10일 條.
691　유근자, 『조선시대 불상의 복장기록 연구』, 불광출판사, 2017. p.381.

323

사 혜정(惠正)'이라 실려 있어 세조~예종 대에 선사로 활동했음을
알 수 있다. 그런데 1477년 화암사 간행의『묘법연화경』에는 '대선
사 혜정(惠正)'이라 기록된 점을 볼 때, 혜정은 1474년 이후 대선사
로 승급되었음을 알 수 있다.

또한 불화 화기(畵記)에서 선시 입격자를 찾을 수 있다. 1476
년 조성된 〈무위사(無爲寺) 극락보전 아미타여래삼존벽화〉에는
"成化十二年丙申(1476) 三月初吉 畵成"이란 제작 연대와 함께
"화원(畵員) 대선사 선의(善義), 대선사 해련(海連)"이 기록되어 있
다. 이 중 '대선사 해련'의 경우 1443년 화암사 간행의『묘법연화
경』에 '선사 혜련'이 기록되어 있어, 1443년 이후 대선사로 승급되
었음을 알 수 있다.

이상 위 자료를 바탕으로 성종 대에 활동한, 선시에 입격한 자
들을 표로 정리하였다. 이때 이전 왕대(王代)에 입격한 인물과 하위
법계에서 상위 법계로 승급한 경우 내지 승직자에 임명되었을 경
우 상위 법계에 그 내용을 중복 표현하되 굵은 글씨로 표기했으며,
이 경우 상위 법계의 전체 인원 중 ( ) 안에 그 인원을 제외하고 기
록하였다.[표24]

표24. 성종 대에 활동한 선시 입격자

품계	선시 입격자 및 상위 품계자	인원
참학(參學)	철정(徹禎)	1인
입선(入選)	조희(祚熙)	1인
대선(大選)	설순(雪順)	1인
중덕(中德)	민문(敏文), 옥환(玉環), 혜정(惠定)	3인

대사(大師)	지희(智熙 → 주지), 복암(福庵 → 주지), 신희(信熙), 축정(竺正), 지운(智雲 → 주지), 신련(信連), 죽미(竹微 → 주지), 성윤(性亂 → 주지)	8인
선사(禪師)	능일(能一 → 대선사), **혜정(惠正 → 세조 대 禪師, 大禪師)**	2인 (1)
대선사 (大禪師)	**학조(學祖 → 세조 대 入選, 住持)**, 성주(省珠), 성균(性均 → 주지), 문열(文悅 → 주지), 요민(了敏 → 주지), 도림(道林), **혜정(惠正 → 세조 대 禪師)**, 처영(處玲 → 주지), **홍보(洪宝 → 세종 대 禪師)**, **해초(海超 → 세종 대 大禪師)**, **학료(学了 → 세종 대 禪師)**, **능일(能一 → 선사)**, **신원(信圓 → 세종 대 大選)**, 성원(性圓), 수진(守眞), 성료(性了 → 주지), 돈원(頓元), 선의(善義), **해련(海連 → 세종 대 大禪師)**, **신혜(信惠 → 세종 대 大禪師)**, **혜련(惠連 → 세조 대 禪師)**	21인 (11)
주지 (住持)	**성균(性均 → 大禪師)**, 문동(文同), **문열(文悅 → 大禪師)**, **요민(了敏 → 大禪師)**, 광성(廣成), 대해(大海), 중선(中選), **처영(處玲 → 大禪師)**, 초기(楚機), **죽미(竹微 → 大師)**, **성윤(性亂 → 大師)**, 능료(能了), **복암(福庵 → 大師)**, **지운(智雲 → 大師)**, **지희(智熙 → 大師)**, **설준(雪俊 → 세종 대 大選, 세조 대 判事)**, 설의(雪誼), 지성(至誠), 책변(策辨), **학조(學祖 → 세조 대 入選, 大禪師)**, 조징(祖澄), **성료(性了 → 大禪師)**	22인 (10)
판사 (判事)	**혜각존자(慧覺尊者) 신미(信眉 → 세종 대 入選, 判事), 도대선사(都大禪師) 학열(學悅 → 세종 대 入選), 선종판사(禪宗判事) 내호(乃浩 → 세조 대 禪師)**	3인 (0)

5) 연산군~인종 대에 활동한 선시 입격자

(1) 연산군 대에 활동한 선시 입격자

연산군(1494. 12~1506. 9 재위) 연간에는 1495년(乙卯), 1498년(戊午), 1501년(辛酉), 1504년(甲子) 등 4차례의 식년이 존재하였다. 폐불(廢佛)의 상황 속에서도 연산군 대에 선시(選試)는 여전히 시행되었으며, 이러한 정황을 『연산군일기』 연산 9년(1503) 11월 기사에서 엿볼 수 있다.

"특진관 김응기(金應箕)가 아뢰기를, '문·무 과거가 식년(式年)에 있을 때 으레 승(僧)도 뽑았는데, 근자에 위에서 이단을 배척하시면서 승에게 도첩을 주지 않고 또 도성에 출입도 못하게 하셨으니, 승을 뽑는 것을 혁파하시기 바랍니다."[692]

한편『명종실록』명종 9년(1554) 기사에 "갑자년(1504)에 출신(出身)한 승인(僧人)들 말이 '선과 초시 때 양종에서 각각 100명씩 뽑고, 이듬해의 복시 때 본조의 낭청을 보내 시험하여 뽑았다' 했습니다…"[693]라는 기사 역시 연산군 대에 여전히 선시가 시행되었음을 알려주는 예이다. 그럼에도『연산군일기』안에는 선시 입격자와 관련된 어떤 기록도 실려 있지 않으며, 다만 당시 조성된 보살상 조성기(造成記)와 당시 간행된 몇몇 경전의 간행질에서 연산군 대에 선시 입격자와 관련된 내용을 발견할 수 있다.

먼저 불상 조성기의 경우, 1502년(연산 8) 조성된 〈천성산 관음사 관음보살상〉 연화질(緣化秩)에 '지사(持寺) 지경(志瓊)'과 '지사 혜원(惠元)', '전(前) 흥교주지 대선사 도유(道裕)' 등이 기록되어 있다.[694] 이 가운데 '지사(持寺) 지경'은 1431년 간행된『육경합부』에 '선사 지경'이라 기록되어, 세종 대에 선사로 활약한 인물로 '지사'라는 승직을 겸하였음을 알 수 있다.

그리고 당시 간행된 몇몇 경전의 간행질에서 연산군대에 활동한 선시 입격자와 관련된 내용이 발견된다. [표25]

---

692   『연산군일기』연산 9년(1503) 11월 3일 條.
693   『명종실록』명종 9년 8월 18일 條.
694   유근자,『조선시대 불상의 복장기록 연구』, 불광출판사, 2017. p.384.

표25. 연산군 대 간행 불서에 실린 선시 입격자

간행 연대	서명	간행 기록	선시 입격자 수록
1496년	육조대사법보단경	弘治9年(1496) 5月日 慶尙道 居昌土玉泉寺開板.	行見岩 信湛, 전東學 六 巳, 전中興 隱會, 大德 仅 湛, 中德 了明[695]
1498년	수륙무차평등재 의촬요	弘治11年戊午(1498)仲冬日 忠淸道鴻山地萬壽山無量寺 留板	전 廣明寺 주지 智熙
1499년	선종영가집	弘治12年己未(1499) 10月日 慶尙道陝川土 石水庵開板	中德 惠通
1499년	묘법연화경	平安道順安地法弘山法興寺 開板	大禪師 戒淡, 선사 性敏, 入選 敬云, 入選 性衍[696]
1500년	목우자수심결 언해	弘治12年庚申(1500)仲冬月 日 慶尙道陝川土伽倻山鳳捿 寺開板	전유점사주지 戒恩, 忠德 了明
1500년	몽산화상법어약 록 언해	弘治13年庚申(1500)仲冬有 日 慶尙道陝川土伽倻山鳳栖 寺開板	前榆岾寺住持 戒恩, 忠 德 了明
1500년	현수제승법수	慶尙道陝川地伽倻山鳳栖寺 開板, 弘治13年庚申(1500) 自懿月 海印寺老衲燈谷跋	前榆岾寺住持 戒恩, 中 德 惠通
1500년	현수제승법수	慶尙道陝川地伽倻山鳳栖寺 開板, 弘治13年庚申(1500) 自懿月 海印寺老衲燈谷跋	前榆岾寺住持 戒恩, 中 德 惠通
1501년	고봉화상선요	弘治14年辛酉(1501)秋有日 慶尙道陝川土伽倻山鳳栖寺 開板	[697]

---

695 中德 다음에 기록된 대선사 自丘, 대선사 志哲, 대선사 坦玉, 대선사 克休, 대선사
戒還, 선사 信湛, 선사 尙珪, 선사 玉堂 등은 營造의 공로 등으로 대선사 내지 선사
의 관교를 받은 자로 판단되어 명단에서 제외하였다.

696 入選 性衍에 이어 기록된 선사 竺根, 선사 德聰은 營造의 공로 등으로 대선사 내
지 선사의 관교를 받은 자로 판단되어 명단에서 제외하였다.

697 大禪師 省田, 大禪師 信珠 등이 실려 있는데, 이들은 營造의 공로 등으로 대선사
내지 선사의 관교를 받은 자로 판단되어 명단에서 제외하였다.

이 가운데 1496년 옥천사 간행의 『육조대사법보단경』과 1500년 서봉사 간행의 『목우자수심결 언해』에 실린 '중덕(中德) 요명(了明)'은 성종 대에 선시에 입격한 자로 추정된다. 한편 1498년 무량사 간행의 『수륙무차평등재의촬요』에 실린 '전 광명사 주지 지희(智熙)'는 성종 19년(1488) 무량사 간행의 『대불정여래밀인수증요의제보살만행수능엄경』에 '대사 지희'로, 1493년 무량사 간행의 『묘법연화경』과 『대불정여래밀인수증요의제보살만행수능엄경』에는 '전 광명사 주지 대사 지희' 내지 '화납(化衲) 대사 지희(智熙)'로 기록되어 성종 대인 1488년에 대사 품계를 받았음을 알 수 있다.

1499년 법흥사 간행의 『묘법연화경』에 실린 '선사 성민(性敏)'은 1448년 안평대군 수서본(手書本)으로 간행된 『묘법연화경』에 '선사 성민'이라 실려 있어 세종 대에 품계를 받았음을 알 수 있으며, 1462년 6월에 견불암(見佛庵) 간행의 『육경합부』에는 '전 지곡사(智谷寺) 주지 선사 성민(性敏)'이라 실려 있다.[698]

1500년 봉서사 간행의 『현수제승법수』에 실린 '중덕 혜통(惠通)'은 1499년 석수암 간행의 『선종영가집』에도 '중덕 혜통'이라 기록되어, 성종 내지 연산군 대에 선시에 입격한 자임을 알 수 있다.

한편 『연산군일기』에는 연산군 대에 주지 등 승직을 맡았던

---

698 그런데 見佛庵에서 『육경합부』가 간행된 지 한 달 만에 1462년 7월 화암사에서 『육경합부』가 간행되었는데 여기에도 '선사 性敏'이 실려 있어, '성민'은 노역을 통해 선사 품계를 받은 자일 가능성이 있기도 하다.

자들에 대한 기사가 실려 있어 이를 인용하면 다음과 같다.

연산2년(1496) 4월 24일

"승 학조(學祖) 및 선종판사(禪宗判事) 보문(普文)과 원각사 주지 연희
(衍熙)가 다 송씨(宋氏)의 불사(佛事)에 참여하였다 하므로…"[699]

연산8년(1502) 1월 16일

"봉선사(奉先寺)의 주지승(住持僧) 즉부(卽浮)가 그 절의 사패(賜牌) 노
비(奴婢) 득후(得後)가 낳은 자식을 정안(正案)에 기록한 까닭으로 사
섬시(司贍寺)에서 해마다 일정한 공(貢)을 징수했는데…"[700]

이외에 『연산군일기』 연산4년(1498) 7월 기사에 "대개 해인사
는 본시 차정(差定)된 주지(住持)인데, 학조가 내지(內旨)를 칭탁하
고 그 권속으로 노상 지음(持音)을 삼기 때문에 그런 것이다"[701]라
는 기사가 실려 있어, 당시 내지(內旨)를 받은 다수의 지음(持音)이
존재했음을 알 수 있다.

이에 대해 『명종실록』 7년(1552) 4월 기사에 "옛날에는 선과
미참자(禪科未參者) – 즉 선과에 들지(입격하지) 못한 자 – 에게 참학
입선첩(參學入選帖)을 발급했으니 …(중략)… 주지는 출신승(出身僧)
으로 하고, 지음(持音)은 참학승(參學僧)으로 차임해 보내면…"[702]이

---

699 『연산군일기』 연산2년(1496) 4월 24일 條.
700 『연산군일기』 연산8년(1502) 1월 16일 條.
701 『연산군일기』 연산4년(1498) 7월 12일 條.
702 『명종실록』 명종7년 4월 28일 條.

란 기사가 실려 있다.

이 내용에 의하면 지음이란 참학(參學)의 신분으로, 주지와 같이 사찰 관리를 임명받은 자를 칭하고 있음을 알 수 있다. 그런데 앞서 『대각등계집』「봉은사중수기」에 "제작(制作)으로 발탁하여 참학(參學)이라 하였는데, 참학이란 곧 유가의 소과(小科)이다"[703] 라 기록되어 있다. 이에 지음(持音)은 소과에 해당하는 제작(制作)의 시험을 통해 발탁된 참학 중에서 임명된 자를 뜻하는 것으로, 이 역시 선시 입격자 안에 포함될 수 있을 것이다.

이에 이를 포함해 연산군 대에 선시에 입격해 활동한 입선, 대선, 중덕 내지 대선과 중덕을 거쳐 상위 품계에 올랐던 인물을 도표로 정리하면 다음과 같다. 이때 이전 왕대(王代)에 입격한 인물과 하위 법계에서 상위 법계로 승급한 경우 내지 승직자에 임명되었을 경우 상위 법계에 그 내용을 중복 표현하되 굵은 글씨로 표기했으며, 이 경우 상위 법계의 전체 인원 중 ( ) 안에 그 인원을 제외하고 기록하였다.[표26]

표26. 연산군 대에 활동한 선시 입격자

품계	선시 입격자 및 상위 품계자	인원
지음(持音)	내지(內旨)를 받은 다수의 지음(持音) 존재	다수
입선(入選)	경운(敬云), 성연(性衍)	2인

---

703 『大覺登階集』卷之二(『韓佛全』8), p.326上. "國初國家 設禪教兩宗於陵寢室皇
之外 特設僧科 例與國試 同日開場 命遣夏官 考選釋子之通經者 特授甲乙丙
三等之科 曰大選 大選者 即儒家之大科也 次以制作 間有拔擢者 曰參學 參學
者 即儒家之小科也 由大選而再擧入格者 曰中德 中德者 即儒家之重試也."

중덕(中德)	요명(了明), 혜통(惠通)	2인
대덕(大德)	부담(仅湛)	1인
선사(禪師)	**성민(性敏 → 세조 대 禪師, 大禪師)**	1인 (0)
대선사(大禪師)	계담(戒淡), 도유(道裕 → 주지), **학조(學祖 → 세조 대 入選, 성종 대 大禪師)**	3인 (2)
지사(持寺)	**지경(志瓊 → 세종 대 禪師)**, 혜원(惠元)	2인 (1)
주지(住持)	**도유(道裕 → 大禪師)**, 신담(信湛), 육사(六巳), 은 회(隱會), **지희(智熙 → 성종 대 大師, 住持)**, 계은 (戒恩), 연희(衍熙), 즉부(卽浲)	8인 (6)
판사(判事)	선종판사(禪宗判事) 보문(普文)	1인

(2) 중종 대에 활동한 선시 입격자

중종(1506.9~1544.12 재위) 대에는 양종(兩宗)이 혁파되었고(1512), 『경국대전』 도승(度僧) 조(條)마저 삭제되어(1516) 선시가 시행될 수 있는 법적 요건이 존재하지 않았다. 이런 상황은 인종(1545.1~1545. 7 재위) 대에도 마찬가지였다. 그럼에도 당시 간행된 불서(佛書)에는 선시 입격자가 다수 포함되어 있는데, 이들은 세종~연산군 대에 선시에 입격한 자들이었을 것이다. 이에 연대별로 당시 간행 불서에 보이는 선시 입격자들을 정리해 표로 만들면 다음과 같다.[표27]

표27. 중종 대 간행 불서에 실린 선시 입격자

간행 연대	서명	간행 기록	중종 대에 활동한 선시 입격자
1513년	묘법연화경	正德8年癸酉(1513)春3月日 [黃 海道]瑞興地[崇德山]歸進寺開 板	전崇孝寺 住持 大禪 師 打牛

1515년	천지명양수륙재 의찬요	正德10年乙亥(1515)12月日 慶 尙道淸道地虎踞山雲門寺開板	大禪師 道安
1520년	수륙무차평등재 의촬요	皇明正德15年庚辰(1520)暮春 金海地淸凉寺開板	禪師 戒達
1521년	몽산화상법어약 록 언해	正德16年辛巳(1521)11月日 金 剛山楡岾寺開板	봉은사住持 信安, 정 인사住持 法聰
1524년	금강경오가해	嘉靖3年乙酉(1524)春 黃海道 黃州地慈悲山深源寺留板	前神岩 住持 祖庭, 中 德 信慈, 大選 戒浩
1525년	고봉화상선요	嘉靖4年乙酉(1525)孟秋月日 慶尙道聞慶地華山深源庵開刊	[704] 中德 了明, 參學 同梅, 參學 寶雄
1525년	반야심경약소현 정기 언해	嘉靖4年乙酉(1525)夏 慶尙道 聞慶地華山(深源庵 혹은 雙龍 寺)開板	中德 了明
1525년	치문경훈	嘉靖4年乙酉(1525)孟夏 順天 地母後山大光寺開刊	前演福寺住持 梵行
1527년	청문	嘉靖六年(1527)二月日金剛山 楡岾寺開板	奉恩住持 信安, 正因 住持 法聰, 楡岾持音 雪峻
1528년	대승기신론소	大明嘉靖七年戊子(1528)孟春 甲子身陰山身安寺大乘起信論 華嚴題目開板	대선사 正心
1529년	인천안목	嘉靖8年己丑(1529)夏日 全羅 道順天地曹溪山松廣寺留板	持寺 惠暹
1529년	석가여래행적송	嘉靖8年己丑(1529)月日 全羅 道光陽縣地白雲山萬壽庵開板 藏置於成佛寺	中德 志悅, 前斷俗寺 住持 大禪師 戒澄
1530년	묘법연화경	嘉靖9年庚寅(1530)孟夏 慶尙 道安東府地下柯山廣興開板	前上院 住持 義澄
1531년	묘법연화경	嘉靖10年辛卯(1531)6月日 慶 尙道永川郡公山本寺(銀海寺) 重刻	전 상원사 海招, 전 관 음사 義瓊, 선사 性 淸, 中德 德嵩[705]

---

704 선사 法正은 營造의 공로 등으로 대선사 내지 선사의 관교를 받은 자로 판단되어
명단에서 제외하였다.
705 선사 智明, 선사 道行, 선사 祖根, 선사 仅还, 선사 玉均, 선사 智泉, 선사 性海, 대

1531년	묘법연화경	嘉靖10年辛卯(1531)6月日 忠淸道鴻山無量寺開刊	706
1531년	현행서방경	嘉靖十年辛卯(1531)四月日智異山七佛寺開板	禪師 自印
1532년	천지명양수륙의문	嘉靖12年壬辰(1532)冬季 順天地曹溪山松廣寺開刊	禪宗入選 守能, 持寺 禪宗入選 守精, 선종 대선사 性圓
1533년	미타예참보권수	嘉靖12年癸巳(1533)11月 全羅道泰仁地靑龍山寺開板	대선사 信公
1533년	염구천지명양수륙의문	嘉靖拾貳年壬辰(1533)冬季順天地曹溪山松廣寺開刊	지사 선종입선 守精, 선종입선 守能, 선종 대선사 性圓
1534년	법화영험전	皇命嘉靖13年甲午(1534)6月日 全羅道高敞文殊寺重鋟	持寺 冏黙
1536년	묘법연화경	皇明嘉靖15(1536)年丙申5月日 全羅道珍山地西臺寺開板	參學 智熙, 入選 惠尤, 入選 靈雲, 入選 祖革, 參學 惠玉707
1536년	묘법연화경	嘉靖15年丙申(1536)3月日 平安道寧邊地妙香山氷鉢庵開板	前中央 住持大仕 雪峻, 中德 性嵓
1536년	수륙무차평등재의촬요	嘉靖15年丙申(1536)正月日 慶尙道安陰地德裕山靈覺寺開板	중덕 惠通, 중덕 祖仁, 중덕 信連
1536년	천지명양수륙재의찬요	嘉靖15年丙申(1536)9月日 慶尙道安陰地德裕山靈覺寺開板	前斷俗 住持 慧通
1537년	묘법연화경	嘉靖16年歲在丁酉(1537)暮春日 담양 용천사, 太虛堂天瑞謹跋	前興福寺 住持 梵行
1537년	묘법연화경	嘉靖十六年丁酉(1537)四月忠淸道林川郡聖興山普光寺開板	華嚴宗出身 大選 宇宙翁 法正

선사 省仏 등은 營造의 공로 등으로 대선사 내지 선사의 관교를 받은 자로 판단되어 명단에서 제외하였다.

706 대선사 自安, 대선사 德宗 등은 營造의 공로 등으로 대선사 내지 선사의 관교를 받은 자로 판단되어 명단에서 제외하였다.

707 대선사 靈芝, 대선사 惠瓊, 선사 雲門, 대선사 印正, 大禪師 靈隱 등은 營造의 공로 등으로 대선사 내지 선사의 관교를 받은 자로 판단되어 명단에서 제외하였다.

1537년	치문경훈	嘉靖16年丁酉(1537)月日 慶尚道豊基地小伯山石崙庵開板	禪師 宗梓志闍
1539년	묘법연화경	嘉靖18年己亥(1539)正月日 慶尚道安陰地德有山靈覺寺重刊	7권 前斷俗寺 住持 惠通
1539년	치문경훈	嘉靖十八年己亥(1539)孟秋日 金剛山表訓寺開板	持音 懷信
1540년	계초심학인문	嘉靖19年庚子(1540)年6月日 金剛山表訓開板	表訓寺 持主 會信
1540년	천지명양수륙재 의찬요	嘉靖19年庚子(1540)12月日 忠淸道槐山地鳳鶴山小馬寺開板	時行維那 □□
1542년	수륙무차평등재 의촬요	嘉靖21年壬寅(1542)12月日 江原道春川淸平山文殊寺開板	社主 六空
1543년	묘법연화경	嘉靖22年癸卯(1543)6月日 黃海道兔山地鶴鳳山石頭寺留板	仲德 釋牛

위 내용 중 1525년 심원암 간행의 『고봉화상선요』와 『반야심경약소현정기언해』에 실린 '중덕 요명(了明)'은 1496년 옥천사 간행의 『육조대사법보단경』과 1500년 서봉사 간행의 『목우자수심결언해』에 '중덕 요명'이라 실려 있다. 성종 대에 선시에 입격한 것으로 추정되며, 중덕에 임명된 후 동일 품계에 머물렀음을 알 수 있다.

한편 1525년 심원암 간행의 『고봉화상선요』에는 '참학(參學) 경매(冏梅)'와 '참학 보웅(寶雄)'이 실려 있다. 참학(參學)은 1456년(세조 2) 동궁빈 한씨(韓氏)의 시주로 간행된 『묘법연화경』에 최초로 실린 이래[708] 1493년 무량사 간행의 『묘법연화경』에 '참학 철정

---

708 『묘법연화경』景泰七年(1456)十月日 我 東宮嬪韓氏 … 景泰七年丙子十月日

(徹禎)'이 실려 있으며, 위 1525년 심원암 간행의 『고봉화상선요』에 실린 '참학 경매'와 '참학 보웅' 외에도 1536년 서대사 간행의 『묘법연화경』에 '참학 지희(智熙)'와 '참학 혜옥(惠玉)' 등이 실려 있기도 하다.

이와 관련해 『명종실록』 7년(1552) 4월 기사에 "옛날에는 선과(禪科) 미참자(未參者)에게 참학입선첩(參學入選帖)을 발급했으니…"[709]라 하여, 참학(參學)의 신분을 선시에 입격하지 못한 자들로 기록하고 있다. 그런데 『대각등계집』 「봉은사중수기」에는 "제작(制作)으로 발탁하여 참학(參學)이라 하였는데, 참학이란 곧 유가의 소과(小科)이다"[710]라는 기록이 실려 있다. 이에 참학은 소과에 입격한 입선(入選) 정도의 신분임을 알 수 있다.

한편 1527년 유점사 간행의 『청문』에 실린 '유점(楡岾)(사) 지음(持音) 설준(雪峻)'은 앞서 서거정의 『사가집』에 '1444년(세종 26) 대선(大選) 출신'으로 소개된 인물[711] 내지, 1459년 간행의 『월인석보』에 실린 "판교종사(判敎宗事) 설준(雪峻)"[712]과는 나이 차이가 현격한 까닭에 이와는 다른 인물임을 알 수 있다. 그런데 이 설준의

　　山人學祖謹跋. 보물 제1196-1호, 통도사 소장. "參學 大□□□刀."
709　『명종실록』 명종 7년 4월 28일 條.
710　『大覺登階集』 卷之二, 『韓佛全』 8, p.326上. "國初國家 設禪敎兩宗於陵寢室皇之外 特設僧科 例與國試 同日開場 命遣夏官 考選釋子之通經者 特授甲乙丙三等之科 曰大選 大選者 即儒家之大科也 次以制作 間有拔擢者 曰叅學 叅學者 即儒家之小科也 由大選而再擧入格者 曰中德 中德者 即儒家之重試也."
711　『四佳集』 「四佳文集」 제6권, 序, '贈行上人序' 條.
712　『月印釋譜』 卷1, 首陽君이 쓴 「御製月印釋譜序」에 資問을 한 사람으로 慧覺尊者 信眉, 判禪宗事 守眉, 判敎宗事 雪峻, 衍慶寺住持 弘濬, 前檜菴寺住持 曉雲, 前大慈寺住持 智海, 前逍遙寺住持 海招, 大禪師 斯智, 學悅, 學祖, 嘉靖大夫同知中樞院事 金守溫 등이 실려 있다.

경우 앞서 든 『명종실록』 7년(1552) 4월 기사 중 '선과 미참자(禪科 未參者)에게 참학입선첩을 발급했으니 …(중략)… 주지는 출신승(出 身僧)으로 하고, 지음(持音)은 참학승(參學僧)으로 차임해 보낸"[713] 예에 따라 유점사 지음에 뽑힌 자로, 참학 중 일부는 주지를 대신 한 지음에 임명되기도 하였다. 이에 '지음 설준'은 1536년 빙발암 간행의 『묘법연화경』에서는 '전 중앙(中央) 주지 대사(大仕) 설준(雪 峻)'이라 기록되어 있으며, '대사'로 법계가 승급된 채 '중덕 성은(性 訔)'보다도 앞서 기록된 예를 볼 수 있기도 하다.

이외에 1525년 대광사 간행의 『치문경훈』에 실린 '전(前) 연복 사(演福寺) 주지 범행(梵行)'은 1537년 용천사 간행의 『묘법연화경』 에도 동일한 내용이 기록되어 1520년대 이래 용천사에 상주하였 음을 알 수 있다.

한편 1528년 신안사 간행의 『대승기신론소』에 실린 '대선사 정심(正心)'의 경우 1438년 진관사 간행의 『육경합부』와 1443년 화암사 간행의 『묘법연화경』에 실린 '선사 정심(正心)' 및 1448년 왕실 간행의 『묘법연화경』에 실린 '대선사 정심', 1464년 천룡사 간행의 『육경합부』에 실린 '대선사 상문정심(尙文正心)'과는 현격한 나이 차로 인해 다른 인물로 추정된다.

그런데 이와는 달리 1531년 공산본사 간행의 『묘법연화경』에 실린 '전(前) 상원사(주지) 해초(海招)'의 경우 1459년 『월인석보』 간 행에 자문을 맡은 11인 중 '전 소요사주지(前逍遙寺住持) 해초(海招)' 로 추정할 수 있다. 그리고 1532년 송광사 간행의 『천지명양수륙

713 『명종실록』 명종 7년 4월 28일 條.

의문』과 1533년 송광사 간행의 『염구천지명양수륙의문』에 실린
'선종대선사 성원(性圓)'은 1493년 무량사 간행의 『묘법연화경』에
'대선사 성원(性圓)'이라 기록되어 성종 대로부터 활약한 인물임을
알 수 있다.

한편 1532년 송광사 간행의 『천지명양수륙의문』과 『염구천
지명양수륙의문』에는 '선종입선(禪宗入選) 수능(守能)'과 '선종입선
(禪宗入選) 수정(守精)'이 실려 있어 이들이 선시의 초시(初試)에 입
격한 자임을 알 수 있다. 그런데 이 중 '수정(守精)'의 경우 "지사(持
寺) 선종입선 수정"이라 실려 있다.

여기서 지사(持寺)란 『연산군일기』 연산 3년(1497) 8월 기사에
"대선에 입격된 자만이 주지(住持)가 되니…[714]라는 내용과 대비되
는 것으로, 대선(大選) 중에서 주지가 임명되는 것과는 달리, 입선
(入選) 중에서 임명된 주지를 지사(持寺)라 칭하기도 했음을 알 수
있다. 그런데 이와 관련해 1461년 중대사 간행의 『불설대보부모
은중경』에는 '중창지사(重刱持寺) 대선사 해오(海悟)'가 실려 있기도
하는데, 이런 측면에서 본다면 지사(持寺)는 사찰의 중창주(重創主)
란 개념으로 사용되었을 가능성도 배제할 수 없다.

이와 관련해 1502년(연산 8)에 조성된 〈천성산 관음사 관음보
살상〉 연화질(緣化秩)에는 '지사(持寺) 지경(志瓊)'과 '지사 혜원(惠
元)'이,[715] 그리고 1515년(중종 10) 중수한 〈예천 용문사 아미타불
상〉의 중수문(重修文)에는 '지사(持寺) 대화주 학민(學敏)'이 기록되

---

714   『연산군일기』 연산 3년 8월 2일 條.
715   유근자, 『조선시대 불상의 복장기록 연구』, 불광출판사, 2017. p.384.

어 있으며,[716] 1529년 송광사 간행의 『인천안목』에도 '지사(持寺) 혜섬(惠暹)'이, 1534년 문수사 간행의 『법화영험전』에도 '지사(持寺) 경묵(冏默)'이, 1534년 조성된 〈제주 서산사 보살상〉에도 '지사(持寺) 불상 대화주 성일(性一)'이 기록되어,[717] 이들은 모두 대선(大選)이 아닌 입선(入選) 출신이거나 사찰 중창주에 해당하는 자였을 가능성이 있다.

한편 1540년 표훈사 간행의 『계초심학인문』에는 '표훈사 지주(持主) 회신(會信)'이 1542년 문수사 간행의 『수륙무차평등재의촬요』에는 '사주(社主) 육공(六空)'이 실려 있다. 여기서 지사(持寺)는 지주(持主) 내지 사주(社主)라 불린 채 독립적으로 한 사찰을 관할했음을 알 수 있다.

그리고 1536년 서대사 간행의 『묘법연화경』에 실린 '입선(入選) 혜윤(惠允)'과 '입선 영운(靈雲)', '입선 조혁(祖革)'은 마지막 선시가 행해진 1504년(연산군 10) 이전에 초시(初試)에 입격한 자임을 알 수 있다.

1536년 영각사 간행의 『수륙무차평등재의촬요』에 실린 '중덕 혜통(惠通)'은 1499년 석수암 간행의 『선종영가집』[718]과 1500년 봉서사 간행의 『현수제승법수』에 '중덕 혜통(惠通)'이라 기록되어 성종~연산군 대에 선시에 입격해 중덕에 승급되었으며, 1539년 영각사 간행의 『묘법연화경』에 '전(前)단속사 주지 혜통(惠通)'이라

---

716   유근자, 『조선시대 불상의 복장기록 연구』, 불광출판사, 2017. p.385.
717   유근자, 『조선시대 불상의 복장기록 연구』, 불광출판사, 2017. p.386.
718   『선종영가집』, 弘治12年己未(1499)10月日 慶尙道陜川土 石水庵開板.

338

기록된 점을 미루어 - 1536년 영각사 간행의 『천지명양수륙재의
찬요』에 실린 '전 단속 주지 혜통(慧通)'에 이어, 연이어 단속사(斷俗
寺) 주지를 맡았음을 알 수 있다.

한편 1536년 영각사 간행의 『수륙무차평등재의촬요』에 실린
'중덕 신련(信連)'은 1443년 화암사 간행의 『묘법연화경』에 실린
'전 화암사 주지 대선사 신련'과 다른 인물로 추정되며, '중덕 조인
(祖仁)'과 함께 성종~연산군 대에 선시에 입격해 중덕에 승급된 자
임을 알 수 있다. 또한 1542년 소마사 간행의 『천지명양수륙재의
찬요』에는 '시(時) 행유나(行維那) □□'가 실려 있는데, 이는 중종 7
년(1512)에 양종(兩宗)이 혁파된 후에도 선시를 통해 임명된 승직자
인 양종의 유나(維那)가 여전히 활동하였음을 알려준다.

그리고 1637년(崇禎 10) 천관사에서 간행된 『제월당대사집』
「제월당대사행적(霽月堂大師行蹟)」에는 "갑진년(1544) 정월 14일 태
어나 …(중략)… 15세(1559)에 몰래 천관산으로 들어가 '옥주(玉珠)
선사'를 따라서 승(僧)이 되고 …(중략)… '원철(圓哲)대사'를 안내자
로 삼아 처음에는 지리산에 들어가서 '현운(玄雲) 중덕'을 찾아뵙
고…"[719]라 하여 옥주(玉珠)선사, 원철(圓哲)대사, 현운(玄雲) 중덕 등
3인의 선과 입격자에 대한 기록이 실려 있다.

이외에 불상 조성질에서 선시 입격자가 발견된다. 먼저 1543
년 조성된 〈홍성 고산사 아마타불상〉 복장 발원문에는 "大選 法正

---

719 『霽月堂大師集』卷之下, 「霽月堂大師行蹟」, 崇禎10年丁丑(1637)5月日 支提山
天冠寺刊于留鎭. "甲辰正月十四日生焉 …(중략)… 年至十五潛入天冠 從玉珠
禪師爲僧 …(중략)… 以圓哲大師爲導 初入智異山 叅玄雲中德."

…(중략)… 嘉靖22年 大歲癸卯(1543) 八月初澣日 同參求愛"[720] 란 내용이 실려 있다. 즉 대선(大選) 법정(法正)이 불상 조성에 간여했다는 것으로, 법정(法正)은 1537년 보광사 간행의 『묘법연화경』에는 '화엄종출신(華嚴宗出身) 대선(大選) 우주옹(宇宙翁) 법정(法正)'이라 기록되어 있다.

한편 중종 대의 주지 관련 기록으로, 『중종실록』 중종 34년 (1539) 5월 기사에 "행사(行思)는 봉은사 승으로 그 절 주지(住持)가 되어, 내지(內旨)를 핑계 삼아 부처를 받들던 자이다"[721] 라는 기록이 실려 있다. 이 경우 내지를 통해 주지에 임명했다고는 하나, 이역시 선시(選試) 입격자 안에서 주지를 임명했으리라 판단되어 여기에 포함하기로 한다.

이상의 내용을 바탕으로 중종 대에 활동한 선시 입격자를 품계별로 표로 제시하기로 한다. 이때 하위 법계에서 상위 법계로 승급한 경우 상위 법계에 그 내용을 굵은 글씨로 표기했으며, 상위 법계의 전체 인원 중 ( ) 안에 그 인원을 제외하고 기록하였다.[표28]

표28. 중종 대에 활동한 선시 입격자

품계	선시 입격자 및 상위 품계자	인원
지음 (持音)	회신(懷信), 설준(雪峻 → 대사, 주지)	2인
참학 (參學)	경매(冏梅), 보웅(寶雄), 지희(智熙), 혜옥(惠玉)	4인

720 유근자, 『조선시대 불상의 복장기록 연구』, 불광출판사, 2017. p.386.
721 『중종실록』 중종 34년(1539) 5월 27일 條.

입선 (入選)	선종입선 수능(守能), 선종입선 수정(守精 → 지사), 혜윤(惠允), 영운(靈雲), 조혁(祖革)	5인
대선 (大選)	계호(戒浩), 우주옹(宇宙翁) 법정(法正)	2인
중덕 (中德)	신자(信慈), **요명(了明 → 연산대 中德)**, 지열(志悅), 덕숭(德嵩), 성은(性誾), **혜통(惠通 → 연산대 中德)**, 조인(祖仁), 신련(信連), 석우(釋牛), 현운(玄雲)	10인 (8)
대사 (大師)	**대사(大仕) 설준(雪峻 → 주지)**, 원철(圓哲)	2인 (1)
선사 (禪師)	계달(戒達), 성청(性淸), 자인(自印), 종재지은(宗梓志闇), 옥주(玉珠)	5인
대선사 (大禪師)	타우(打牛 → 주지), 도안(道安 → 住持), 정심(正心), 계징(戒澄 → 주지), **성원(性圓 → 성종대 大禪師)**, 신공(信公)	6인 (5)
지사 (持寺, 持 主, 社主)	혜섬(惠暹), **수정(守精 → 入選)**, 경묵(冏默), 학민(学敏), 성일 (性一), 지주(持主) 회신(會信), 사주(社主) 육공(六空)	7인 (6)
주지 (住持)	**타우(打牛 → 大禪師)**, **도안(道安 → 大禪師)**, 신안(信安), 법총 (法聰), 조정(祖庭), 범행(梵行), **계징(戒澄 → 大禪師)**, 의징(義 澄), **해초(海招 → 세조대 住持)**, 의경(義瓊), **대사(大仕) 설준** **(雪峻)**, 혜통(慧通), 행사(行思)	13인 (8)
유나 (維那)	시(時) 행유나(行維那) □ □ (□ □)	1인

이외에 선시가 시행되지 않은 인종(1545.1~1545.7 재위) 대에는 선시와 관련된 기록을 찾아볼 수 없다.

이상 필자는 태조~중종 대에 총 40여 회의 식년시(式年試)를 통해 배출된 선시(選試) 입격자를 정리해 표로 제시하고자 한다. 이 때 여러 왕대(王代)에 활동한 인물과 하위 법계에서 상위 법계로 승급하였거나 주지 내지 승직자에 임명되었을 경우, 상위 법계에 그 인원을 써두되, 전체 인원 중 ( ) 안에는 중복된 인원을 제외한 실제

인원을 기록하였다.[표29]

표29. 종조별 선시 입격자 및 승직 활동자(최초 입격 시 기준)

종조별 / 입격자	태조~태종 (약26년)	세종 (약31년)	문종 (약2년)	세조 (약13년)	예종 (약1년)	성종 (약25년)	연산군 (약12년)	중종 (약38년)	실제 인원
지음 (持音)							다수	2	**2 다수**
참학 (參學)				1		1		4	**6**
입선 (入選, 入禪)	2	7		3 (2)		1	2	5	**19**
대선 (大選)	5	12				1		2	**20**
중덕 (中德)	6	14	1	1		3	2	10 (8)	**35**
대덕 (大德)	1	9 (8)	1			1			**11**
대사 (大師)	3	19 (17)	1 (0)	1		8		2 (1)	**30**
선사 (禪師)	8 (7)	24 (23)	4 (2)	7 (6)	2 (0)	2 (1)	1 (0)	5	**44**
대선사 (大禪師)	6	47 (42)	2	16 (15)		21 (11)	3 (2)	6 (5)	**83**
지사 (持寺, 持主, 社主)							2 (1)	7 (6)	**7**
주지 (住持)	10	18 (15)	2	7 (3)	1	22 (10)	8 (6)	13 (8)	**55**
유나 (維那)				2 (1)				1	**2**
증의 (證義)		11 (0)							
장무 (掌務)		2 (0)							
전법사 (傳法師)	1								**1**
판사 (判事)		11 (5)		3 (0)		3 (0)	1		**6**
실제 인원	41	143	8	30	1	36	15 외 지음	47	**321 외**

위 표를 통해 볼 때, 태조~연산군 대에 행해진 식년시(式年試)를 통해 배출된 선시(選試) 입격자 중 파악 가능한 자는 321명 정도에 이른다.

태조로부터 연산군 대에 이르기까지 총 30여 회의 식년이 있었고, 그때마다 식년시가 행해졌다면 복시에서만 해도 1,800인 정도의 대선(大選)이 선발되었을 것이며, 매번 선시마다 한 명의 중덕(中德)이 선발되었다면 30여 명의 중덕이 선발되기도 했을 것이다. 이에 비해 현재 파악된 선시(選試) 입격자 321명 정도는 터무니없이 적은 숫자임을 알 수 있다. 이는 현존하는 자료의 부족함에 기인하는 것으로, 추후 새로운 자료의 발굴을 통해 위 내용이 보충될 것이다.

3. 선과(禪科) 입격자

조선의 승과(僧科), 선시(選試)는 연산군 10년(1504)을 마지막으로 더 이상 시행되지 못하였다. 또한 중종 7년(1512)에는 양종(兩宗)이 혁파되었으며, 중종 11년(1516)에는 『경국대전』의 「도승(度僧)」 조마저 삭제되어 선시가 시행될 수 있는 법적 근거마저 존재하지 않았다.

이후 명종(明宗) 5년(1550) 명종의 모후(母后) 문정왕후(文定王后)와 보우(普雨)의 노력으로 양종(兩宗)이 복립되었고, 명종 6년(1551) 도승(度僧)제도가 복원되었으며, 이어 명종 7년(1552)에 선시는 선과(禪科)란 이름으로 복원되었다.

복원된 선과는 명종 19년(1564) 이후 또다시 혁파되었는데, 혁파 당시까지 1552년(壬子), 1555년(乙卯), 1558년(戊午), 1561년(辛酉) 등 4회의 식년이 존재하였다. 그런데 당시 복원된 선과는 식년시의 원칙에 따라 제대로 시행되지 못했던 것 같다. 한 예로, 『명종실록』 7년(1552) 10월 기사에 시경(試經)하는 승의 숫자에 대해 "합 2,600명으로, 이 숫자를 양종으로 나누었다"[722] 하여 선종과 교종

---

[722] 『명종실록』 명종 7년 10월 16일 條.

에서 각 1,300명씩 시경승(試經僧)을 뽑는 원칙을 말하고 있다. 그런데 식년에 해당하는 『명종실록』 16년(1561) 11월 기사에 "양종이 다시 설립된 뒤로 도첩을 받은 자가 무려 5천여 명이나 되고…"[723]라는 내용이 실려 있는데, 5천여 명이란 숫자는 앞서 언급한 시경승(試經僧)의 숫자에 비하면 2회 정도의 시경(試經) 인원에 해당한 것임을 알 수 있는 것이다.

이는 4회의 식년 중에서 2차례 정도만 선과가 행해졌거나, 시경승 내지 선과 입격자 수가 원칙과는 달리 지켜지지 않았음을 알려주는 것이라 할 수 있다. 그러나 최소 2차례 정도의 선과(禪科)가 시행되었다 하더라도, 이를 통해 다수의 선과 입격자가 배출되었을 것이다. 즉 선과가 복원된 명종 대의 경우 초시(初試)에서는 양종 각각 100명씩 200명을 뽑아 입선(入選)이라 하였고, 복시의 경우 『경국대전』 「도승」 조에 따라 양종 각각 30인씩을 뽑아 대선(大選)이라 하였으며, 대선 중에서 한 명을 뽑아 중덕(中德)이라 하였다. 이에 의하면 2차례 정도의 선과가 행해졌다 하더라도, 선과를 통해 적어도 400명 정도의 입선과 120명 정도의 대선, 그리고 양종에서 2명씩 총 4명 이상의 중덕이 선출되었을 것이기 때문이다.

1) 명종 대에 활동한 선시, 선과 입격자

명종(1545.7~1567.6 재위) 연간에는 8차례의 식년이 존재하였다. 그

---

723 『명종실록』 명종 16년 11월 10일 條.

러나 1552년에 선과가 복원되기 이전과 또다시 선과가 혁파된 1564년 이후를 제외한 1552년, 1555년, 1558년, 1561년에는 선과가 시행되었으며, 입격자가 배출되었을 것이다.

한편 1504년에 행해진 마지막 선시(選試)와 그 이전에 선시에 입격한 자들의 경우, 그들이 20세 정도에 선시에 입격했다면, 명종 대에는 65세 이상의 고령의 나이로 생존했던 시기이기도 하다. 이에 이 장(章)에서는 명종 대에 활약한 선과 복원 이전의 선시(選試) 입격자와 명종 대의 선과(禪科)에 입격한 자들의 활동을 파악해 보기로 한다.

이를 위해 『명종실록』과 몇몇 문집, 그리고 당시 간행된 불서(佛書)와 당시 조성된 불화(佛畫)의 화기(畫記), 불상의 복장(腹藏) 발원문 등을 통해 선시(선과) 입격자 명단을 정리하면 다음과 같다.

(1) 선과(禪科) 복원 이전에 활동한 입격자

먼저 『명종실록』 명종 5년(1550) 3월 기사에는 "양사(兩司)가 아뢰기를, '내수사(內需司)의 공문을 가지고 지음(持音)을 칭하는 승(僧)이 매우 많은데 …(중략)… 그 폐단이 이미 현저하니, 일체 차임하지 마소서"[724]라는 내용이 실려 있다. 이는 혁파된 양종(兩宗)을 대신해 내수사에서 다수의 지음(持音)을 임명했음을 알려준다.

이외에 명종 대에 간행된 불서(佛書)에는 선시 혁파 이전의 입격자와 명종 대에 내수사에서 임명된 지음이 다수 포함되었을 것으로, 선과 복원 이전에 간행된 불서 가운데 선시 입격자와 지음이

---

724 『명종실록』 명종 5년(1550) 3월 17일 條.

실려 있음을 볼 수 있다. 이를 표로 보이면 다음과 같다.[표30]

표30. 명종 대, 선과 복원 전 간행 불서에 실린 선시(選試) 입격자

간행 연대	서명	간행 기록	선시 복원 이전에 활동한 선시 입격자
1545년	묘법연화경	嘉靖24年乙巳(1545)7月日于 留板金剛山表訓寺仍慈奉爲	大禪師 戒哲, 表訓寺住持 性源
1545년	대혜보각선사서	嘉靖二十四年乙巳(1545)秋仲月日咸鏡道洪原地頭筏山妙峯庵開板	大禪 宣鑑省仅
1546년	불설대목련경	嘉靖25年丙午(1546)5月日 咸鏡道安邊悟道山釋王寺開板	前 釋王 持音 惠郁
1546년	천지명양수륙재의찬요	嘉靖25年丙午(1546)7月日 鶴鳳山石頭寺留板	大禪 戒哲
1547년	현수제승법수	嘉靖26年丁未(1547)4月日 咸鏡道安邊地釋王寺開板	前本寺 持音 惠旭, 前持音 性空
1549년	선문염송집	時維嘉靖28年己酉(1549)冬月金剛山(表訓)寺開刊	前奉恩寺住 大禪師 義尙, 奉恩寺住持 寶雨
1550년	대장일람집	時嘉靖二十九年蒼龍庚戌(1550)(表)訓住持常樂堂慧遠謹跋	(表)訓住持 常樂堂 慧遠

위 내용 중 1545년 표훈사 간행의 『묘법연화경』에 실린 '대선사 계철(戒哲)'과 '표훈사주지 성원(性源)', 1545년 묘봉암(妙峯庵) 간행의 『대혜보각선사서』에 실린 '대선(大禪) 선감성부(宣鑑省仅)', 그리고 1550년에 간행된 『대장일람집』에 실린 '(표)훈 주지 상락당(常樂堂) 혜원(慧遠)' 등은 명종 이전의 선시 입격자임을 알 수 있다.[725]

---

725 1546년 석두사 간행의 『천지명양수륙재의찬요』에 실린 '大禪 戒哲'은 1545년 표훈사 간행의 『묘법연화경』에 '大禪師 戒哲'이라 기록되어, '大禪'은 '大禪師'의 誤

또한 1549년 표훈사 간행의『선문염송집』에 실린 '전(前) 봉은사주(奉恩寺住) 대선사 의상(義尙)' 역시 보우(寶雨)에 앞서 봉은사 주지를 역임한 자로, 명종 이전에 선시에 입격한 자였을 것이다. 그는『명종실록』명종 6년(1551) 7월 기사에 "양종을 폐지한 지 오래되어 빙거(憑據)할 문적(文籍)이 없어 …(중략)… 양종에 통유(通諭)하였더니, 그들의 보고문(報告文)에 '노승(老僧) 의상(義祥)이 전에도 숙배한 바 있다고 하였다' 했습니다"[726]라 하여 양종 폐지 이전의 선시(選試) 절차를 고증하고 있는 것이다. 이에 '의상(義祥)'은 의상(義尙)이라 달리 표기되기도 한 인물로, 1555년 광덕사 간행의『묘법연화경』에 실린 '교종판사 중덕 대선사 수희대덕(隨喜大德) 의상(義祥)'과 동일인으로 판단된다.

한편 '봉은사 주지 보우(寶雨)'의 경우『명종실록』명종 4년(1549) 9월 기사에 "요망한 중 보우(普雨)는 오도를 좀먹는 적(賊)입니다 …(중략)… 그가 내명(內命)으로 봉은사 주지(奉恩寺住持)가 되었을 때…"[727]라는 내용과『명종실록』명종 8년(1553) 6월 기사에 "봉은사는 모든 절의 수찰(首刹)이라서 보우가 지음(持音)이 되자 해치려고 꾀하는 자가 매우 많았다"[728]는 내용을 통해서 볼 때, 보우는 내수사(內需司)의 내지(內旨)를 통해 임명된 지음(持音) 신분이었음을 알 수 있다. 또한 1546년 석왕사 간행의『불설대목련경』과 1547년 석왕사 간행의『현수제승법수』에 실린 '지음(持音) 혜욱(惠

記임을 알 수 있다.
726 『명종실록』명종 6년(1551) 7월 17일 條.
727 『명종실록』명종 4년(1549) 9월 20일 條.
728 『명종실록』명종 8년(1553) 6월 2일 條.

旭)'과 '지음 성공(性空)' 역시 내수사(內需司)의 내지(內旨)로 지음(持音)에 임명된 자임을 알 수 있다.

이상의 예를 통해, 명종 당시 선과 복원 이전에 활동한 입격자로는 대선(사)(大禪⟨師⟩) 의상(義尙, 義祥)과 계철(戒哲), (표)훈 주지 상락당(常樂堂) 혜원(慧遠), 표훈사 주지 성원(性源), 대선(大禪) 선감성부(宣鑑省仅) 등을 들 수 있으며, 지음(持音)으로는 혜욱(惠旭), 성공(性空), 그리고 1549년경 봉은사 주지로 임명된 보우(寶雨)를 들 수 있다.

(2) 선과 복원 이후에 활동한 입격자

이후 보우를 봉은사 주지에 임명한 문정왕후는 명종 5년(1550) 12월에 양종 복립(復立)을 명하였으며, 봉은사와 봉선사를 선종과 교종의 본산으로 삼아 『대전』에 따라 「대선취재(大禪取才)」 조 및 승(僧)이 될 수 있는 조건을 거행토록 명하였다.[729]

이어 명종 6년(1551) 6월에 "특명으로 보우(普雨)를 판선종사도대선사(判禪宗事都大禪師) 봉은사 주지(奉恩寺住持)로, 성종 대에 선시에 입격한 것으로 추정되는 수진(守眞)[730]을 판교종사 도대사(判教宗事都大師) 봉선사 주지(奉先寺住持)로 삼았다.[731] 수진의 경우 『명종실록』 명종 8년(1553) 윤3월 기사에 "수진은 종문(宗門)의 수

---

729 『명종실록』5년 12월 15일 條.
730 守眞은 1493년 無量寺 간행의 『묘법연화경』에 '大禪師 守眞'이라 기록되어 있다. 1493년에 대선사의 품계를 지닌 것으로 보아 성종 대(1469~1494 재위)에 선시에 입격한 것으로 추정된다.
731 『명종실록』6년 6월 25일 條.

승(首僧)"⁷³²이라 기록된 점을 미루어 판사(判事)는 수승(首僧)이라 칭해지기도 했음을 알 수 있다.

이어 복원된 양종(兩宗)을 통해 지음(持音)을 선발하였는데, 이와 관련해 400여 곳의 지음을 뽑아야 한다는 주장이 『명종실록』에 실려 있다.

명종 6년(1551) 8월 12일

"전교하였다. '이제부터 내원당(內願堂)에 새로 소속시킬 지음(持音)은 우선 소재지의 본 고을로 하여금 유명한 승을 선택하여 지음(持音)으로 차출하게 하고 …(중략)… 차첩(差帖)을 받을 지음은 명년 선과(禪科)를 치른 뒤에 양종으로 하여금 천거하여 의망하게 하라.'"⁷³³

명종 6년(1551) 8월 13일

"승정원(承政院)이 아뢰기를, '선종과 교종에서 지음(持音)을 뽑아야 할 절의 총수가 4백여 곳이 됩니다 …(중략)… 지금 우리 국토는 남조(南朝)의 십 분의 일쯤 될 뿐인데, 절은 거의 4백여 군데나 되고, 기타 이 수에 들어있지 않는 것도 그 얼마가 되는지 알 수 없습니다."⁷³⁴

이에 명종 6년(1551) 8월 13일 기사에서는 선종과 교종 4백여 곳 절의 지음을 뽑게끔 조치하고 있으며,⁷³⁵ 이후 『명종실록』 7년

---

732 『명종실록』 명종 8년(1553) 윤3월 5일 條.
733 『명종실록』 명종 6년(1551) 8월 12일 條.
734 『명종실록』 명종 6년(1551) 8월 13일 條.
735 『명종실록』 명종 6년(1551) 8월 13일 條.

(1552) 1월 8일 기사에는 식년인 임오년(1552)의 '시재행(試才行)'과 함께 도첩을 발급한 다음 기사가 실려 있다.

"승정원이 아뢰기를, '양종을 회복시키라는 승전(承傳)에 따라 3경(三經)을 시송(試誦)시켜 경의(經義)를 잘 해득하는 자에게 도첩을 발급하라' 하였습니다. 지난번 선종이 보고한 입시승[入試之僧]이 4백여 명이나 되었는데, 그들의 취사를 물어보니 와서 시험 친 자 모두를 뽑았다고 했습니다."[736]

즉 양종을 회복시키라는 승전에 따라 4백여 명 모두에게 3경(三經)을 시험해 도첩을 발급했다는 것으로, 이는 중종 11년(1516) 『경국대전』「도승」조를 삭제토록 명한[737] 후, 이를 복원한 첫 사례였음을 알 수 있다. 한편 『명종실록』 명종 7년(1552) 4월 기사에는 선시(選試) 혁파 후, 이를 선과(禪科)란 이름으로 복원한 다음 최초의 복시(覆試)를 통해 33인을 뽑은 다음 내용이 실려 있다.

"예조 정랑을 …(중략)… 봉선(奉先)과 봉은(奉恩) 두 절에 보내 승인(僧人)을 시경(試經)해 선종 21인과 교종 12인을 뽑았는데, 승정원에 전교하였다 …(중략)… '지금 유사(有司)가 뽑은 것을 보니 그 숫자가 매우 적다. 삼 분의 일을 뽑지 않은 것이 틀림없으니…'"[738]

---

736 『명종실록』 명종 7년(1552) 1월 8일 條.
737 『중종실록』 11년 12월 16일 條.
738 『명종실록』 명종 7년(1552) 4월 12일 條.

이에 『명종실록』의 같은 달(4월) 18일 기사에는 위 내용과 관련해 "지금 뽑은 사람이 삼 분의 일이 안 되니 …(중략)… 윤허하지 않는다"[739]는 내용이 실려 있다. 그럼에도 이때 복원된 최초의 선과에 입격한 선종 21인과 교종 12인 중 일부 또는 모두가 입격자로 처리되었음을 알 수 있다.

보우(普雨)의 예를 들면, 『명종실록』 4년 9월 기사에 '보우는 내명(內命)으로 봉은사 주지가 되었던' 자로 지음(持音) 신분이었다. 그런데 전령(展翎, ?~1826)의 문집 『해붕집(海鵬集)』 「허응당경찬(敬贊虛應堂)」에는 허응당 보우에 대해 "선불장(選佛場)에서 심공급제(心空及第) 하셨으니, 이 스님이야말로 용호방(龍虎榜) 아래에서 문장으로 날실을 삼고 무예로 씨실을 삼은 재주를 지닌 분이었네"[740]라 기록되어 있다. 여기서 "선불장에서 심공급제(心空及第)하셨다"는 표현은 선과(禪科) 입격을 뜻하는 것으로, 이때 지음 신분인 보우가 대선(大選)에 뽑혔을 가능성이 있는 것이다.

한편 청허(淸虛)와 관련해 『제월당대사집』 「청허대사 행적」에 "임자년(壬子, 1552) 방(榜)에 선과(禪科)에 출신(出身)하였다. 처음에 낙산사[洛山] 주지가 되었으며, 다음에는 선종(禪宗) 전법사(傳法師)를 지냈고…"[741]라는 내용이 실려 있으며, 『청허당집』 「청허집 보유」에 "나이 30에 선과에 입격하여…"[742]란 기록은 이때의

739　『명종실록』 명종 7년(1552) 4월 18일 條.

740　『海鵬集』(『韓佛全』 12), p.245上. "選佛場中 心空及第也 此可謂龍虎榜下 文經武緯之才."

741　『霽月堂大師集』(上), 「淸虛大師行蹟」條.(『韓佛全』 8), p.120中. "壬子榜禪科出身 初行洛山住持 次行禪宗傳法師…"

742　『淸虛堂集』, 「淸虛集補遺」條.(『韓佛全』 7), p.735上. "年三十 中禪科…"

선과가 공식 인정되었음과 함께, '선종 21인'에 청허휴정(淸虛休靜, 1520~1604)이 포함되어 낙산사 주지로 임명된 사실을 알려주고 있다. 또한『청허집』가운데 "산인 역시 홍패(紅牌) 찬 객이어서(山人亦是紅腰客)"[743]란 표현이 실려 있어, 당시 선과에 입격한 청허는 홍패교지(紅牌教旨)를 발급받았음을 알 수 있다.

그럼에도 "지금 뽑은 사람이 삼 분의 일이 안 되니 …(중략)… 윤허하지 않는다"는 명종 7년(1552) 4월 18일 기사에 따라 선과(禪科)가 또다시 진행되었던 것 같다. 이에 대해『명종실록』7년(1552) 4월 기사에 "선과라 하였다면 잡과와 무엇이 다르겠는가 …(중략)… 다른 잡과의 예에 의해 백패를 발급하고 등수를 나눌 것을 사목(事目)에 기록하도록 하라"[744]는 내용이 실려 있다. 즉 명종 7년(1552) 4월 18일 이후 선과가 다시 시행되었으며, 이때 시행된 선과 입격자에게는 백패교지(白牌教旨)를 발급했다는 말이다.

또한 같은 날 기사에 "옛날에는 선과 미참자(禪科未參者), 즉 선과에 들지(입격하지) 못한 자에게 참학입선첩(參學入選帖)을 발급했으니, 고례에 의해 성급하도록 하라. 주지는 출신승(出身僧)으로 하고, 지음은 참학승(參學僧)으로 차임해 보내면 잡승은 자연 없어질 것이다"[745]는 내용이 실려 있다. 이 내용은 입선(入選) 내지 대선(大選), 중덕(中德)에 뽑히지 못한 자에게 '참학'이란 법계로 참학입선

---

743 『淸虛集』(卷之三)(『韓佛全』7), p.698下. "走次李鳳城老倅 韻 公句 / 老我至今 貪五斗 三城奔走惝龍鍾 / 一(句) 雨歇頭流千萬峯 芙蓉爭挿白雲中 山人亦是 紅腰客 還愧西庵隔暮鍾. 二(句) 曾栖智異最高峯 却愧身遊道路中 今宿古城鄰 古寺 暮天風送一聲鍾."

744 『명종실록』명종 7년 4월 28일 條.

745 『명종실록』명종 7년 4월 28일 條.

첩을 발급하였고, 이들을 (주지와 같은 역할인) 지음(持音)에 임명했음을 알 수 있다.

1552년 식년시에 따라 복원된 선과는 이후 1555년(乙卯), 1558년(戊午), 1561년(辛酉)의 식년시에 따라 진행되었을 것으로 추정된다. 그리고 이후 명종 17년(1562) 7월, 보우의 도대선(都大禪) 관교(官敎) 직위 삭탈과[746] 연이어 보우의 체임[命遞][747]과 함께 1564년의 선과는 행해지지 못한 채 이후 폐지되었다.

도12. 『현행서방경』 간행질, 1556년, 神光寺刊

이 가운데 1555년 을묘년(乙卯年) 선과를 시행한 기록이 1556년 신광사 간행의 『현행서방경』에서 발견된다. 이 책 말미에 실린 간행질에는 "신광주지(神光住持) 을묘년(乙卯年) 대선(大禪) 지순(志淳) 서(書)"라는 내용이 실려 있는 것이다. 또한 이 기록에 의하면 지순은 대선에 입격한 후 곧바로 신광사 주지에 임명되었음을 알 수 있다.[도12]

1552년의 선과 복원 이후 1561년까지 네 차례의 식년(式年)이 있었는데, 『명종실록』에는 식년에 따른 선시 입격자와 관련해 주지와 장무(掌務), 그리고 지음과 관련된 몇몇 기사가 실려 있다. 우선 주지 및

---

746 『명종실록』 명종 17년 7월 4일 條.

747 『명종실록』 명종 17년 9월 29일 條. "禪宗判事 普雨를 체임시켰다."

장무, 유나와 관련한 내용이 실려 있어, 인용해 보면 다음과 같다.

명종8년(1553) 11월 17일

"용문산 상원사의 주지승(住持僧) 신회(神會)와 장무승(掌務僧) 영보(靈寶) 등이 내원당(內願堂)이라 핑계 대고 우리들의 전지(田地)를 뺏고 민가 7호를 협박하여 철거케 하려고 거짓말을 꾸며 계달하였는데…"[748]

명종14년(1559) 11월 9일

"주지·지음·유나를 차정하는 것에도 또한 그 규례가 있습니다. 그런데 여러 궁가(宮家)에서 …(중략)… 원당(願堂)을 만들어 …(중략)… 차첩(差帖)을 만들어 주어 …(중략)… 승들이 …(중략)… 방자한 행동을 하고 있는데, 지금 성청(性淸)이 바로 그 하나로…"[749]

명종14년(1559) 12월 22일

"근래 예조의 공사를 보니, 선종의 주지승(住持僧) 일웅(一雄)이 감히 해조에 대항하였다고 합니다."[750]

명종16년(1561) 9월 20일

"(사)헌부가 아뢰기를, '승(僧人) 탄진(坦眞)의 범법을 법에 따라 치죄

748 『명종실록』 명종 8년(1553) 11월 17일 條.
749 『명종실록』 명종 14년(1559) 11월 9일 條.
750 『명종실록』 명종 14년(1559) 12월 22일 條.

하라고 전교하셨는데, 얼마 되지 않아 핑계하기를 '유나(維那)로 차첩(差帖)을 받았다는 것도 근거가 있는 듯하고 지임(持任)이라 사칭한 것도 또한 애매하다' 하셨고, 또 '이 사건은 법이 마련되기 이전에 있었으니 거론하지 말라' 하셨으며…"[751]

명종 20년(1565) 5월 20일

"회암사 주지승 신묵(信默)은 승 성형(性泂) 등과 함께 백정(白丁) 등을 사문(沙門, 寺門의 표기 오류) 밖에 잡아다가 결박하고…"[752]

명종 19년(1564) 9월 10일

"황해도 관찰사(柳仲郢)가 올린 신광사 주지승(神光寺 住持僧) 도정(道正)의 추고 계본(推考啓本)을 승정원에 내리며 일렀다."[753]

위 내용 중 성청(性淸)은 1531년 공산본사 간행의 『묘법연화경』에 '선사 성청(性淸)'이라 기록된 점을 미루어 성종~연산군 대에 선시에 입격한 자로, 위 기록에 의하면 당시 유나(維那) 소임을 맡았던 것으로 추정된다. 그리고 '선종의 주지승(住持僧) 일웅(一雄)'은 1557년 귀진사 간행의 『대방광불화엄경소주』에 실린 '판선종사 도대선사 봉은사주지 일웅(一雄)'을 말하고 있음을 알 수 있다. 한편 지음(持音)과 관련해 3인의 기록이 『명종실록』에서 발견

751 『명종실록』 명종 16년(1561) 9월 20일 條.
752 『명종실록』 명종 20년(1565) 5월 20일 條.
753 『명종실록』 명종 19년(1564) 9월 10일 條.

되며, 이를 인용하면 다음과 같다.

명종 8년(1553) 5월 29일

"동래 효의사(曉義寺) 주지승 원감(圓鑑)이, '일찍이 범굴사(梵窟寺)의 지음(持音)이 되었을 때, 〈상께서 나를 알고 김숙원(金淑媛)에게 말하기를 「효의사는 숙원의 원찰(願刹)인데 주지 삼을 자는 원감(圓鑑) 만한 이가 없다」〉고 하시며 특지(特旨)로 차견(差遣)하였다'고 스스로 일컬으며…"[754]

명종 17년(1562) 7월 3일

"전라도 곡성(谷城) 동리사(桐裏寺)의 지음(持音) 계당(戒幢)이 선종(禪宗)에 정장(呈狀)하기를 …(중략)… 지음 대선사(持音大禪師) 영수(靈琇)가 감사에게 서장(書狀)을 올려 억울함을 호소하였는데…"[755]

이상 『명종실록』 기록에서는 주지 및 장무, 지음 등 9명과 관련된 내용을 찾을 수 있다. 그런데 지음의 경우 명종 10년(1555) 2월 기사에 "지음은 모두 나이 젊은 무식한 승으로 차임하는 것은 온당치 못하다. 이 뒤로는 …(중략)… 나이 33~34세 이상의 경(經)을 알고 도(道)를 통한 자를 천망(薦望)하여 보고하라"[756]는 내용에 따라 33세 이상의 승려가 임명되었음을 알 수 있다.

754 『명종실록』명종 8년(1553) 5월 29일 條.
755 『명종실록』명종 17년(1562) 7월 3일 條.
756 『명종실록』명종 10년(1555) 2월 29일 條.

한편 『명종실록』 외에 승려의 문집과 당시 간행된 경전 간행질에는 선과 입격자와 관련된 내용이 다수 실려 있다. 먼저 『동사열전(東師列傳)』 「청허존자전(淸虛尊者傳)」에 다음 내용이 실려 있다.

"그때 성조(聖朝)께서 양종(兩宗)을 다시 복원시켰는데, 마지못해 외인(外人)의 간청을 따라 1년 동안 대선(大選)이란 직책을 역임하고, 주지 직책을 맡은 지 두 해, 전법(傳法)이란 이름을 얻은 지 세 달, 교판(敎判, 敎宗判事)의 직책에 세 달, 선판(禪判, 禪宗判事)의 직책에 3년을 있었으니, 그때 휴정의 나이 37살이었다."[757]

위 내용에 의하면 1552년 선과에 입격한 청허휴정은 대선(大選)에 뽑힌 지 1년 후 2년간 주지를 맡았으며, 이후 전법(傳法)을 거쳐 교종판사와 선종판사를 역임했음을 알 수 있다.

이와 관련해 『동사열전』에는 "해남 두륜산 대둔사에 …(중략)… 중덕대선(中德大禪)의 홍패(紅牌) 1장, 낙산사(洛山寺) 주지 임명장인 차첩(差帖) 1장, 유점사 주지 차첩 1장 등 휴정의 유품이 보관되어 있다"[758]고 기록되어 있기도 하다. 이는 청허휴정이 선과에서 대선(大選)에 입격해 중덕에 뽑혔으며, 이후 낙산사와 유점사 주지를 지냈음을 알려준다. 그런데 '중덕대선(中德大禪)의 홍패(紅牌)'의 경우, 『명종실록』 7년(1552) 4월 기사 중 "선과(의 경우) …(중략)…

---

757 『東師列傳』第二(『韓佛全』10), p.1016上.
758 『東師列傳』第二(『韓佛全』10), p.1017上.

다른 잡과의 예에 의해 백패를 발급하라"[759]는 내용과 상치되는 것임을 알 수 있다. 이와 관련해 앞서 『청허집』중 "산인 역시 홍패(紅牌) 찬 객이어서(山人亦是紅腰客)"[760]란 표현을 통해 청허 역시도 홍패교지(紅牌教旨)를 발급받았음을 말했던바, 이에 대해서는 추후 연구가 필요한 것이다.

한편 영허해일(暎虛海日, 1541~1609)의 『영허집』「보응당(普應堂) 영허대사(暎虛大師) 행적」에 따르면, "(영허는) 신축년(1541) 9월 4일 갑진시에 태어났다 …(중략)… 19세가 되자 능가산 실상사에 출가하여 대선 겸 중덕(仲德)인 인언대사(印彦大師)에 나아가 삭발하기를 구하였다"[761] 하여, 1560년경에 대선 겸 중덕 법계로 인언(印彦)이 있었음을 알려주고 있다.

이외에 『사명당대사집』중 제자 해안(海眼)이 찬(撰)한 「사명당 송운대사행적(四溟堂松雲大師行蹟)」에는 사명유정(四溟惟政, 1544~1610)의 선과 입격과 관련해 다음 내용이 기록되어 있다.

"(송운대사는) 신유(辛酉, 1561, 명종 16)에 선과(禪科)에 입격하였다. 당시 학사(學士) 대부(大夫)로서, 박사암[朴淳]과 이아계[李山海], 고제봉(高敬命) …(중략)… 같은 무리들이 모두 대사를 받들어[酬唱] (이름이) 사

759 『명종실록』 명종 7년 4월 28일 條.
760 『清虛集』(卷之三)(『韓佛全』7), p.698下. "走次李鳳城老倅 韻 公句 / 老我至今 貪五斗 三城奔走剾龍鍾 / 一(句) 雨歇頭流千萬峯 芙蓉爭揷白雲中 山人亦是 紅腰客 還愧西庵隔暮鍾. 二(句) 曾栖智異最高峯 却愧身遊道路中 今宿古城鄰 古寺 暮天風送一聲鍾."
761 『暎虛集』卷之四(『韓佛全』8), p.44下. "辛丑年九月四日甲辰時生焉 …(중략)… 十九遂出家 入楞迦山實相寺 從大選兼仲德印彦大師祝髮."

림(詞林)에 전파되었다."[762]

또한『허응당집(虛應堂集)』에도 선과 입격자에 대한 몇몇 내용
이 시문(詩文)에 실려 있다. 이 가운데「송(送) 묵중덕(默中德) 부(赴)
직지지허(直指之墟)」[763]는 '중덕 묵(默)'이 직지사에 부임 받아 떠남
을 노래한 것이며,「시(示) 광칙(光則) 양중덕(兩中德)」[764]은 '중덕 양
(兩)'에게 법칙을 드러내 보인 것임을 알 수 있다. 또한「봉화(奉和)
응중덕축(應中德軸) 운(韻)」[765]은 '중덕 응(應)'의 시(詩)에 운(韻)으로
화답함이란 내용을,「시(示) 원청계(源清溪)」의 경우 "청계의 옛 주
인(清溪舊主) '원중덕(源中德)'은, 홀로 천 개 봉우리에 들어가 병승
(病僧)을 보았네(獨入千峯見病僧)"[766]라 하여 묵중덕(默中德), 양중덕
(兩中德), 응중덕(應中德), 원중덕(源中德) 등 4인의 중덕과 관련된 내
용을 싣고 있는 것이다.

이외에 청허의 제자 법견(法堅, 1552~1634)의 시문집『기암집』
에 선과(禪科)와 관련된 내용이 전하기도 한다. 즉「'해사(海師)'가
원래 머물던 산에 돌아가는 것을 전송하며(送海師還故山)」라는 시
(詩)로, 그 안에 다음 구절이 실려 있다.

762 『四溟大師集』,「有明朝鮮國慈通廣渢尊者四溟堂松雲大師行蹟」(『韓佛全』8),
     p.75中."辛酉中禪科 一時學士大夫 如朴思菴 李鵝溪 高霽峰 崔駕運 許美淑 林
     子順 李益之 之輩 咸與之酬唱 傳播詞林."
763 『虛應堂集』上(『韓佛全』7), p.530中.
764 『虛應堂集』上(『韓佛全』7), p.530中.
765 『虛應堂集』上(『韓佛全』7), p.531中.
766 『虛應堂集』下(『韓佛全』7), p.572上.

"登仙已添枯心鶴 등선(登仙)에서 이미 학의 목마른 마음 맛보았는데
選佛應羨點額魚 선불(選佛)에서도 낙방[點額]해 물고기 무리에 끼
게 되었네."[767]

즉 출가 전 과거에 응시하여 실패하였는데, 출가 후 선과(禪科)
에서 또다시 낙방한 심정을 기록한 것임을 알 수 있다.

한편 『청허당집』과 『사명당대사집』에는 참학(叅學)과 관련된
내용이 실려 있기도 하다. 『청허당집』 중 「대지헌참학계(代智軒叅學
啓)」, 즉 '지헌 참학(智軒叅學)을 대신해 올린 계문(啓文)'에 "제자 태
평사(太平寺) 주지의 직임을 맡은 참학 지헌(智軒)은 그지없이 황공
한 심정으로 판선종사(判禪宗事) 대화상(大和尚) 대자존(大慈尊) 합
하에게 삼가 아룁니다"[768]라는 내용이 실려 있어, 청허의 제자 중
에 '참학 지헌(智軒)'이 있었음을 알려주고 있다. 또한 『사명당대사
집』에는 「연 참학에게 답하다(酬衍叅學)」[769]는 내용의 시문이 실려
있기도 하다.

이렇듯 문집의 기록 외에도 선과 복원 후, 명종 대에 간행된 불
서의 간행질에는 다수의 선과 입격자들이 실려 있다. 이를 간추려
표로 만들면 다음과 같다.[표31]

---

767 『奇巖集』卷之一(『韓佛全』8), p.160下.
768 『清虛堂集』卷之七, 「代智軒叅學啓」(『韓佛全』7), p.726下. "弟子大平寺持任叅
     學智軒 誠惶誠恐 謹啓于判禪宗事大和尚大慈尊閣下."
769 『四溟堂大師集』卷之一(『韓佛全』8), p.47下.

표31. 명종 대, 선과(禪科) 복원 후 간행 불서에 실린 선과(禪科) 입격자

간행 연대	서명	간행 기록	명종 대 선과 복원 후에 활동한 선과 입격자
1553년	불정심관세음보살대다라니경	嘉靖32年癸丑(1553)正月日 咸鏡道高原郡九龍山道成庵 開刊 移眞于釋王寺	證義 一還
1553년	반야심경약소현정기(언해)	嘉靖32年癸丑(1553)五月日 黃海道黃州土慈悲山深源寺 開板	敎宗傳法大師 契默, 敎宗大選 주지 臣 一珠
1553년	선원제전집도서	嘉靖32年癸丑(1553)夏 金剛山楡岾寺開刊	禪宗判事 都大禪師 奉恩住持 普雨, 敎宗判事 都大師 奉先住持 義祥, 禪宗大選 本寺住持 慧遠, 敎宗大選 희주(熙珠)
1554년	천태사교의집해	嘉靖33年甲寅(1554)12月日 全羅道珍山地長嶺山西臺寺開板	西臺寺持任 處仁, 參學 印正
1555년	수륙무차평등재의촬요	淸洪道天安郡地華山廣德寺	주지 禪宗大選 廣□(惠)
1555년	불설대보부모은중경	嘉靖34年乙卯(1555)6月日 黃海道瑞興地高德山星宿寺 刊板	前藥師寺持任 信熙
1555년	금강반야바라밀경 오가해	嘉靖34年乙卯(1555)冬日 平安道泰川地香積山陽和寺 開板	前桧岩住持 義卞, 前龍門住持 雪峻, 陽和寺 持任 玉連
1555년	묘법연화경	嘉靖三十四年(1555)五月日 山人繼燈誌留板于淸洪道天安郡地華山廣德寺	禪宗判事禪敎都大禪師隨喜大德 奉恩寺住持 普雨, 敎宗判事 中德 大禪師 隨喜大德 義尙, 長安寺住持 中德 隨喜大德 義瓊, 廣德寺住持 中德 隨喜大德 戒仁
1556년	현행서방경	嘉靖35年丙辰(1556)7月日 黃海道海州山神光寺開板	神光住持 을묘년大禪 志淳, 禮曹維那 性衍

1556년 ~ 1562년	대방광 불화엄 경소주	嘉 淸 三十五丙 辰(1556) 六月日 ~ 嘉 靖 四 十 一 年 壬 戌 (1562)七 月日 黃海道瑞 興地嵩德 山歸眞寺 開板	(판사)判禪宗事 都大禪師兼 奉恩寺住持 普雨(1556 六月), 判敎宗事 都大師兼 奉先寺住持 天則(1556 六月), 敎宗判事 都大師 前奉先寺住持 一珠(1557 孟秋), 判禪宗事 都大禪師兼 奉恩寺住持 一雄(1560 孟秋), 判敎宗事 都大師兼 奉先寺住持 天則(1560 孟秋), 判禪宗事都大禪師兼奉恩寺住持 普雨(1561 孟秋), 判敎宗事都大師兼奉先寺住持 天則(1561 孟秋), 判敎宗事 都大禪師 兼 行奉先寺住持 天則 (1562 七月), (장무)화엄종중덕 行掌務 崇印(1562 七月), (유나)雲歸寺 維那 了圓(1562 七月), (대선사)前貝葉寺住持 大禪師 乘雲, (대사)正陽寺住持 大師 法慈, 曹溪宗大師 前檜岩寺 住持 義卞, (대교사)前 正因住持 時任 歸眞寺 大敎師 信玄(1556 六月 → 1562 七月 중덕), 華□宗大敎師烟峯寺住持 玄敏(1562 正月), (중덕)大施主 中德 靈雲, 神光寺住持 中德 玄敏, 禪 宗中德 貝葉寺住持 靈叔, 華□宗中德 前伽耶寺住持 法達, 선종중덕 패엽사주지 道悟, 華□宗中德 英埈, 화장사 주지 中德 釋熙, 華嚴宗中德月精寺住持 學 尙, 華嚴宗中德正陽寺住持 崇印(1562 正月 → 1562 七 月 掌務), 화엄종중덕 靈通寺주지 惠鋒, 화엄종중덕 宝齊寺 持音 志卞, 화엄종중덕 元岩寺 持音 志全, 화 엄종중덕 軍子寺 持音 信冏, 화엄종중덕 正因寺주지 玄光, 화엄종중덕 月淨寺주지 道行, 화엄종중덕 深源 寺주지 宗和, 화엄종중덕 性俊, 中德 了禪, 화엄종중 덕 전성불사주지 自圓, 前檜巖寺住持 中德 天玲, 전 正因寺주지 중덕 信玄, 전용문사주지 중덕 雪峻, (참학)參學 懷信, 歸眞寺 持任 參學 信郞, 永燈寺 持 任 參學 敬組, 大施主 參學 性衍, 전청량사 지임 參學 海岑, 參學 智熙, 조계종 참학 銀海寺 持音 仅正, 전 安國寺지음 參學 熙雄, 전 復興寺 지음 참학 守仁, 개심사 지음 參學 信湛, 參學 一英, 조계종 參學 深源寺持任 玲俊, 전佛臺寺 持任 參學 戒冏, 화엄종참학 전상원사주지 六通, 參 學 戒彦, 화엄종 참학 戒熙, 참학 戒澄, 前康佛寺住 持 參學 祖彦, 전 불교사 持任 참학 自淳, 참학 覺玄, 참학 草雲, (주지)前月精寺住持 敬宗, (지임)持任 壤二, 妙明寺 持任 熙正, 前妙寂寺持任 義崇, 귀진사 지임 釋熙, 전 吉祥寺 持任 玲熙, 玄風 寺 持音 德異, 梵窟寺 持音 信成, 전 梵堀寺 持任 信 誠, 持任 熙俊, 전 群寺 持任 笠玲, 前田穀寺 持任 性 文, 전 妙明寺 지임 戒元, 전 修證寺 持任 道信

1557년	십지경론	嘉靖卅六年 丁巳 (1557)八月日 黃海道瑞興地高德山星宿寺刊板	(판사)判禪宗事都大禪師兼奉恩寺住持 普雨, 判教宗事都大師兼奉先寺住持 天則, (대사)前神光寺住持 大師 契默, (중덕)前衍慶寺住持 中德 靈雲, 前神光寺住持中德 玄敏, (대선)前寶城寺 持任 大選 道行, 전 成佛寺주지 大選 自(阿?), 前烟峰寺住持 大選 祥雲, (참학)前藥師寺持任 參學 信熙, 前雙溪寺持任 參學 懷正, 前深源寺持任 參學 學尙, 前普光寺住持 參學 宗和, 前永燈寺持任 參學 敬緝, 前正陽寺住持 參學 法慈, 前文川寺持任 參學 玄旭
1558년	불설관무량수불경	嘉靖37年戊午(1558)閏7月日 黃海道兎山地鶴鳳山石頭寺留板	대선사 粒精, 中德 道悟
1558년	육경합부	嘉靖37戊午(1558)暮春己未日 淸洪道天安地火山廣德寺開刊	同寺주지 禪宗大選 斗英
1558년	금강경오가해	嘉靖36年戊午(1558)2月日 黃海道瑞興地高德山歸眞寺刊板	大禪 戒浩
1559년	대불정여래밀인수증요의제보살만행수능엄경	嘉靖三十八年己未(1559)九月日黃海道瑞興地高德山星宿寺成板	華嚴宗中德 前海印寺住持 靈雲
1559년	묘법연화경	嘉靖38年己未(1559)年暮春仲澣日 黃海道平山地慈母山烟峰寺開板	判禪宗事都大禪師 봉은사 주지 覺儀, 判教宗事都大師兼 奉先寺주지 天則, 時烟峯寺住持 華嚴宗中德 志厚, 華嚴宗中德 道行
1562년	묘법연화경	嘉靖四十一年任戌(1562)陽月 生明雙峰寺住持曹溪宗大禪師 守安 謹跋	雙峰寺住持曹溪宗大禪師 守安
1563년	불설대보부모은중경	嘉靖42年癸亥(1563)8月日誌 慶尙道尙州地白華山普門寺開板	持寺 玄敏
1563년	불설대보부모은중경	嘉靖42年癸亥(1563)春旣望... 淸洪道牙山地桐林山神心寺留板	前開天持音 靈熙
1563년	계초심학인문	嘉靖42年癸亥(1563)夏孟月日 全羅道凌城地雙峯寺開刊	본사주지 禪宗大禪師 修安

1564년	묘법연화경	嘉靖43年甲子(1564)2月日 黃海道文化地九月山貝葉寺開板	전 패엽사주지대선사 道悟, 前恩海寺持任 玄哲
1564년	금강반야바라밀경	嘉靖43年甲子(1564)3月日 黃海道文化地九月山貝葉寺開板	參學 玲峻, 전패엽사주지 대선사 道悟, 전월정사주지 大師 敬宗
1564년	불설예수시왕생칠경	嘉靖43年甲子(1564)月日 廣德寺開板	전상원사주지 自析
1564년	계초심학인문	嘉靖四十三年甲子(1564)三月日全羅道扶安地邊山蒼窟庵開板	중덕 印彦
1565년	묘법연화경	皇明嘉靖４４年乙丑(1565)5月日 清洪道報恩地俗離山福泉寺開板	校時持任 信眉, 전 해인 玄俊, 전 俗離 道器
1565년	천지명양수륙재의찬요	嘉靖44年乙丑(1565)3月日 伽倻山普願寺刊板	화엄종교사 性道, 화엄종교사 冏允, 華嚴宗中德 靈允, 前興住 持任 道眞
1565년	몽산화상육도보설	嘉靖44年乙丑(1565)秋 黃海道兎山地高達山佛會庵開刊, 板致於鶴鳳山石頭寺留置	持任 徹裕
1566년	계초심학인문	嘉靖四十五年丙寅(1566)九月日妙香山普賢寺開板	대덕 一禪
1566년	선문염송집	嘉靖肆拾伍年丙寅(1566)捌月日平安道順安地法興寺留板	敎判都大師 一珠, 大敎師 慧勤, 대교사 英峻, 대선사 雪峻, 大選 熙徹, 大選 玲峻
1567년	계초심학인문	隆慶元年丁卯(1567)櫻望日 佛名山雙溪寺開板	大德 一禪
1567년	대불정여래밀인수증요의제보살만행수능엄경	隆慶元年丁卯(1567)正月日 全羅道珍山地長嶺山西臺寺重刻開板	前俗離住持 대사 道器, 전 月精주지 대사 玄益, 전 대둔주지 대사 承峻, 전영은주지 대사 靈奇, 전 安興 靈雲, 대덕 草根, 선사 智宗, 선사 思默, 선사 冏月, 선사 冏志, 선사 祖能, 선사 敬熙, 선사 惠允, 선사 性修, 선사 惠還, 선사 志紅, 선사 智元, 前羅鳳住持 冏浩, 大選 玲峻, 大敎師 雪峻, 大選 義淳

위 내용 중 1553년 심원사 간행의 『반야심경약소현정기』에 실린 '교종대선(大選) 주지 일주(一珠)'는 1557년 귀진사 간행의 『대방광불화엄경소주』에 '교종판사 도대사 전봉선사주지 일주(一珠)'라 기록되어, 대선(大選)에서 4년 만에 교종판사에 임명되었음을 알 수 있다.

또한 1553년 유점사 간행의 『선원제전집도서』에 '선종판사 도대선사 봉은(사) 주지'로 기록된 보우(普雨)는 앞서 언급한 바와 같이 최초 지음(持音) 신분으로[770] 명종 4년(1549)경에 내명(內命)으로 봉은사 주지가 되었으며,[771] 명종 6년(1551) 6월에 "특명으로 판선종사 도대선사 봉은사 주지로 임명되었고,[772] 명종 7년(1552) 선과(禪科)에 입격한 것으로 보인다.[773]

이후 1554년경에 "(청허가) 선판(禪判, 禪宗判事)의 직책에 3년을 있었으니…"[774]라는 내용에 따라 잠시 판사직을 내려놓았으며, 1555년 광덕사 간행의 『묘법연화경』에는 '선종판사 선교(禪敎) 도대선사 수회대덕(隨喜大德) 봉은사주지 보우'라 기록되어, 실제 품계로서 대덕(大德)의 신분이었던 것으로 보인다. 그리고 다시 판사직을 수행했으며, 1556년 6월 귀진사 간행의 『대방광불화엄경소주』에 '판선종사 도대선사 겸 봉은사주지 보우'라 기록되어 있다.

그런데 1559년 연봉사(烟峰寺) 간행의 『묘법연화경』에 '판선

---

770 『명종실록』 명종 8년(1553) 6월 2일 條.
771 『명종실록』 명종 4년(1549) 9월 20일 條.
772 『명종실록』 명종 6년 6월 25일 條.
773 『海鵬集』(『韓佛全』12), p.245上. "選佛場中 心空及第也 此可謂龍虎榜下 文經武緯之才."
774 『東師列傳』 第二(『韓佛全』10), p.1016上.

종사 도대선사 봉은사 주지 각의(覺儀)'가 기록되어 판사직이 교체되었다.

이어 『명종실록』 명종 15년(1560) 4월 13일 기사에 "선종판사(禪宗判事) 일웅(一雄)"[775]이 기록되었고, 1560년 가을에 간행된 『대방광불화엄경소주』에도 '판선종사 도대선사 겸 봉은사주지 일웅'이 기록되었으나, 1561년 가을에 간행된 『대방광불화엄경소주』에는 '판선종사 도대선사 겸 봉은사주지 보우'가 실려, 이즈음 다시 판선종사에 복귀했음을 알 수 있다.

그리고 명종 17년(1562) 7월 4일 보우의 도대선(都大禪) 관교(官敎)가 삭탈되었으며,[776] 명종 17년(1562) 9월 29일 "선종판사 보우를 체임한 내용[777]에 이르기까지 불서의 간행질을 바탕으로 보우와 관련된 전체 활동 내역을 보충할 수 있다.

한편 1553년 유점사 간행의 『선원제전집도서』에 실린 '교종판사 도대사 봉선(사) 주지 의상(義祥)'은 앞서 언급했듯이 1549년 표훈사 간행의 『선문염송집』에 기록된 "전 봉은사주 대선사 의상(義尙)' 및 1555년 광덕사 간행의 『묘법연화경』에 실린 '교종판사 중덕(中德) 대선사 수희대덕(随喜大德) 의상(義尙)'과 동일 인물로, 선시 복원 전인 성종~연산군 대에 선시에 입격한 자임을 알 수 있다.

그리고 1553년 유점사 간행의 『선원제전집도서』에 실린 '선종대선(大選) 본사(유점사) 주지 혜원(慧遠)'은 1550년 표훈사 간행

---

775 『명종실록』 명종 15년(1560) 4월 13일 條.
776 『명종실록』 명종 17년 7월 4일 條.
777 『명종실록』 명종 17년 9월 29일 條. "禪宗判事 普雨를 체임시켰다."

의 『대장일람집』에 '(표)훈 주지 상락당(常樂堂) 혜원(慧遠)'이라 실려 있어, 선시 복원 이전에 표훈사 주지를 맡았던 점을 미루어 성종~연산군 대에 선시에 입격한 자임을 알 수 있다.

한편 1555년 향적산 양화사 간행의 『금강반야바라밀경오가해』에 실린 '전 용문 주지 설준'은 1536년 빙발암 간행의 『묘법연화경』에 '전 중앙(中央)주지 대사(大仕) 설준(雪峻)'이라 기록되어 성종~연산군 대에 선시에 입격한 자임을 알 수 있다.

그런데 1557년 귀진사 간행의 『대방광불화엄경소주』에는 '전 용문사 주지 중덕 설준'이 기록되어 있으며, 1567년 서대사 간행의 『대불정여래밀인수증요의제보살만행수능엄경』에는 '대교사(大敎師) 설준'이 수록되어, 1536년의 '중앙(中央) 주지 대사(大仕)'가 1557년에는 '전 용문사 주지 중덕 설준'으로, – 대사에서 중덕으로 – 품계가 하락된 예를 볼 수 있다.

이 같은 예는 1536년 '전 중앙(中央)주지 대사(大仕)'에서 1567년 '대교사(大敎師)'로 품계가 오른 설준과, 1555년 '전 용문 주지'에서 1557년 '전 용문사 주지 중덕'으로 기록된 2인의 설준이 존재했을 것으로 생각된다. 그리고 이 경우 1555년의 설준은 명종 대에 선과 복원 후의 입격자로 여겨진다. 한편 양화사 간행의 『금강반야바라밀경오가해』에 실린 '양화사 지임(持任) 옥련(玉連)' 역시 명종 대 선과 복원 후에 임명된 지임(持任)으로 추정할 수 있다.

한편 1555년 광덕사 간행의 『묘법연화경』에 실린 '장안사 주지 중덕(中德) 수회대덕(隨喜大德) 의경(義瓊)'은 선과 복원 전인 1531년 공산본사 간행의 『묘법연화경』에 '전 관음사 (주지) 의경(義瓊)'이라 기록되어, 선시 혁파 이전에 선시에 입격한 자로 추정된다. 그리고 같은 책에 기록된 '광덕사 주지 중덕(中德) 수희대덕 계인(戒仁)' 역시 중덕임에도 '수희대덕'이란 품계를 사용하고 있음을 볼 수 있다.

또한 1556년 신광사 간행의 『현행서방경』 간행질에는 "신광(사)주지 '을묘년(乙卯年) 대선(大禪)' 지순(志淳) 서(書)"라는 내용이 실려 있다. 이 내용은 1555년 을묘년(乙卯年)에 선과가 시행되었음을 알려주는 기록으로, 이에 따르면 지순은 1555년 선과에 입격해 대선(大禪, 大選)에 뽑힌 후 곧바로 신광사 주지에 임명되었음을 알 수 있다.

그리고 1556년 신광사 간행의 『현행서방경』에 실린 '예조유나(禮曹維那) 성연(性衍)'은 1499년(연산5) 법흥사 간행의 『묘법연화경』에 '입선(入選) 성연'이라 기록되어, 연산군 당시에 선시에 입격한 후 양종의 승직자 중 하나인 유나(維那)에 임명된 것임을 알 수 있다.

한편 귀진사 간행의 『대방광불화엄경소주』[778]는 1556년부터 1562년까지 6년간에 걸쳐 조성된 것으로, 여기에는 판사(判事)와 장무(掌務), 유나(維那) 등 양종(兩宗)에 속한 승직자, 대선사와 대교사(大敎師), 대사와 중덕, 대선(大選), 참학 등의 품계를 지닌 인물과 다수의 주지 및 지임(持任, 持音)이 실려 있다. 이 기록은 당시 양종(兩宗)에 속한 승직자의 현황 및 법계의 승급 등을 이해하는데 좋은 자료라 할 수 있다. 이 기록 중 『대방광불화엄경소주』에는 간행 연대에 따라, 간행질에 판사와 관련된 다음 내용이 실려 있다.[표32]

---

778 『大方廣佛華嚴經疏注』, 黃海道瑞興地嵩德山歸眞寺開板.

표32. 귀진사 간행의『대방광불화엄경소주』에 실린 판사 명단

구분 / 간행 연도	판선종사(判禪宗事)	판교종사(判敎宗事)
1556년 6월	判禪宗事 都大禪師兼 奉恩寺住持 普雨	判敎宗事 都大師兼 奉先寺住持 天則
1557년 孟秋		敎宗判事 都大師 前奉先寺住持 一珠
1560년 孟秋	判禪宗事 都大禪師兼 奉恩寺住持 一雄	判敎宗事 都大師兼 奉先寺住持 天則
1561년 孟秋	判禪宗事都大禪師兼奉恩寺住持 普雨	判敎宗事都大師兼奉先寺住持 天則
1562년 7월		判敎宗事 都大禪師 兼 行奉先寺住持 天則

위 내용은 선과(禪科)를 총괄한 양종(兩宗) 판사(判事)와 관련된 현황을 알려주는 것으로, 간행 연대에 따라 당시 판사직에 있던 인물들의 변동사항이 상세히 기록되어 있다.

이 가운데 교종판사 천칙(天則)은 1556년 6월에 귀진사 간행의『대방광불화엄경소주』에 '판교종사 도대사 겸 봉선사주지 천칙(天則)'이라 기록되어 있으며, 1557년 8월 성수사 간행의『십지경론』에도 동일한 내용이 기록되어 있다.

그리고 1559년 봄에 연봉사에서 간행된『묘법연화경』에는 '판교종사 도대사 겸 봉선사주지 천칙(天則)'이, 그리고 1560년 가을부터 1562년 7월 사이에 귀진사에서 간행된『대방광불화엄경소주』에는 '판교종사 도대사 겸 봉선사주지 천칙(天則)'이 기록되어 있다.

그 사이 1557년 가을에 귀진사 간행의 『대방광불화엄경소주』에 '교종판사 도대사 전(前) 봉선사주지 일주(一珠)'라 하여 일주(一珠)가 교종판사를 맡았고, 1560년 5월에 청허(淸虛)가 '판교종사 도대사 겸 판선종사 도대선사 휴정'으로 기록된 예가 있으나, 천칙(天則)은 1556년부터 약 6년간 교종판사를 맡았음을 알 수 있다. 그럼에도 천칙(天則)은 명종 이전의 기록에서 발견되지 않는 점을 미루어 볼 때, 1551년 이후 복원된 선과에 입격한 자로 추정된다.

그리고 1557년 귀진사 간행의 『대방광불화엄경소주』에 '판선종사 도대선사 봉은사주지 일웅(一雄)'이라 실린 '선종판사 일웅(一雄)'은 『명종실록』 명종 14년(1559) 12월 기사에 "선종(禪宗)의 주지승(住持僧) 일웅(一雄)"이라 언급되었으며, 명종 15년(1560) 4월 기사에는 "선종판사 일웅(一雄)"이라 기록되어 있다. 그럼에도 일웅(一雄) 역시 명종 이전의 기록에서 발견되지 않는 점을 미루어 볼 때, 1551년 이후 복원된 선과에 입격한 자로 추정된다.

한편 귀진사 간행의 『대방광불화엄경소주』 1562년 7월 간행본에는 '화엄종중덕 행장무(行掌務) 숭인(崇印)'과 '운귀사(雲歸寺) 유나(維那) 요원(了圓)' 등 당시 양종의 승직자로서 장무(掌務)와 유나(維那)가 실려 있다.

이 가운데 숭인은 1562년 정월 간행본에는 '화엄종중덕 정양사 주지 숭인(崇印)'이라 기록되어, 중덕의 신분으로 장무 소임을 맡았으며 동시에 정양사 주지를 겸했음을 알 수 있다. 한편 '유나(維那) 요원(了圓)'과 '장무(掌務) 숭인(崇印)'의 경우 명종 이전의 기록에서 발견되지 않는 점을 미루어 볼 때, 이들 역시 1551년 이후 복원된 선과에 입격한 자들로 추정된다.

또한 귀진사 간행의『대방광불화엄경소주』1557년 맹추(孟秋) 간행본에는 '전(前) 패엽사주지 대선사 승운(乘雲)'이 실려 있다.『성종실록』성종 8년(1477) 1월 기사에 "대선사는 동반(東班)·서반(西班)의 4품에 준하고, 선사는 5품에 준하고, 중덕(中德)은 6품에 준한다"[779]는 내용에 의하면, 선종의 경우 판사(도대선사)(3품) – 대선사(4품) – 선사(5품) – 중덕(6품) – 대선 등의 품계(品階)가, 교종의 경우 도승통(도대사)(3품) – 대사(4품) – 대덕(5품) – 중덕(6품) – 대선 등의 품계가 적용되었을 것으로, '대선사 승운(乘雲)'은 4품의 품계를 받은 자임을 알 수 있다.

한편 1557년 8월 성수사 간행의『십지경론』에 실린 '전 정양사주지 참학(參學) 법자(法慈)'는 1557년 맹추(孟秋)에 귀진사에서 간행된『대방광불화엄경소주』에는 '정양사주지 대사(大師) 법자'라 실려 있어, 참학에서 무려 한 달 만에 4품의 대사로 승급된 예를 볼 수 있다.

그리고 1555년 겨울 양화사 간행의『금강반야바라밀경오가해』에 실린 '전 회암(사)주지 의변(義卞)'은 1562년 7월 귀진사 간행의『대방광불화엄경소주』에 '조계종 대사(大師) 전 회암사주지 의변'이라 실려 있어, 이 또한 빠른 기간에 대사(大師)로 승급되었음을 알 수 있다.

또한『대방광불화엄경소주』1562년 정월 간행본에는 '화엄종 대교사(大教師) 연봉사 주지 현민(玄敏)'이 실려 있으며,『대방광불화엄경소주』1556년 6월 간행본에는 '전 정인(사) 주지 시임(時任)

779 『성종실록』성종 8년(1477) 1월 20일 條.

귀진사 대교사(大教師) 신현(信玄)'이 실려 있는데, 신현은 1562년 7월 간행본에는 '전 정인사 주지 중덕(中德) 신현(信玄)'이라 기록되어, 당시 대교사는 중덕의 직책 중 하나였음을 알 수 있다.

이외에 귀진사 간행의 『대방광불화엄경소주』에는 21인의 중덕(中德)이 실려 있다. 이들은 선종 중덕과 화엄종 중덕으로 구분되며, 선종 중덕으로는 영숙(靈叔)과 도오(道悟) 등 2인, 화엄종 중덕으로는 법달(法達), 영준(英埈), 학상(學尙), 숭인(崇印), 혜봉(惠鋒), 지변(志卞), 지전(志全), 신경(信冏), 현광(玄光), 도행(道行), 종화(宗和), 요선(了禪), 자원(自圓) 등 13인, 그리고 영운(靈雲), 현민(玄敏), 석희(釋熙), 천령(天玲), 신현(信玄), 설준(雪峻) 등 6인은 종파가 명기되어 있지 않다.

이들 중 『대방광불화엄경소주』 1560년 간행본에 실린 '선종 중덕 패엽사 주지 도오(道悟)'는 1558년 석두사 간행의 『불설관무량수불경』에 '중덕 도오'라 실려 있으며, 1564년 패엽사 간행의 『묘법연화경』과 『금강반야바라밀경』에는 '전 패엽사 주지 대선사 도오'라 기록되어 1560년 이후 중덕에서 대선사로 승급하였음을 알 수 있다.

또한 『대방광불화엄경소주』 1561년 간행본에 실린 '화엄종중덕 월정사 주지 학상(學尙)'은 1557년 성수사 간행의 『십지경론』에 '전 심원사 지임(持任) 참학(參學) 학상(學尙)'이라 기록되어, 참학에서 중덕으로 승급했음을 알 수 있다.

그리고 1562년 귀진사 간행의 『대방광불화엄경소주』에 실린 '화엄종중덕 월정사 주지 도행(道行)'은 1557년 성수사 간행의 『십지경론』에 '전 보성사 지임(持任) 대선(大選) 도행(道行)'이라 기록되어 있으며, 1559년 연봉사 간행의 『묘법연화경』에는 '화엄종중덕 도행'이라 기록되어, 1557년 선과에 입격해 대선이 된 후 1559년경에 중덕으로 승급했으며, 1562년 귀진사 간행의 『대방광불화엄경소주』에는 '화엄종중덕 월정사 주지 도행(道行)'이라 기록되어 있음을 알 수 있다.

또한 1562년 귀진사 간행의 『대방광불화엄경소주』에 실린 '화엄종중덕 심원사 주지 종화(宗和)'는 1557년 성수사 간행의 『십지경론』에 '전 보광사 지임 참학 종화'라 기록되어 참학에서 중덕으로 승급했음을 알 수 있다.

이외에 1562년 7월 귀진사 간행의 『대방광불화엄경소주』에 실린 '화엄종중덕 법홍사 주지 현민(玄敏)'은 1562년 정월 간행본에는 '화엄종 대교사(大教師) 연봉사 주지 현민'으로, 1557년 간행본에는 '신광사 주지 중덕 현민'으로 기록되어 중덕으로 대교사(大教師) 소임을 맡았음을 알 수 있다(1563년 보문사 간행의 『불설대보부모은중경』에 실린 '지사(持寺) 현민(玄敏)'은 동명이인으로 추정된다). 그런데 이들 모두는 명종 대의 선과 복원 이전 기록에서는 발견되지 않는 자들로, 1551년 이후 복원된 선과에 입격한 자들임을 알 수 있다.

한편 귀진사 간행의 『대방광불화엄경소주』에는 '인욱(仁旭), 승안(勝安), 나운(拏雲), 도신(道信), 계운(ㅋ云), 의열(義悅), 경옥(敬玉) 등 대선(大選) 7인이 실려 있다. 이들 중 인욱과 도신 등 2명은 지임(持任, 持音)으로 개별 사찰을 담당했으나 나머지는 활동 기록이 전무하다.

또한 『대방광불화엄경소주』에는 19인의 참학이 실려 있으며, 그중 '참학 회신(懷信)'은 1539년 표훈사 간행의 『치문경훈』에는

'지음(持音) 회신'이라 기록되어, 선과 복원 이전에 지음에 임명되었다가 이후 소과에 해당하는 제작(制作)의 시험을 통해 참학으로 승급되었으리라 추정된다. 이외에 참학 18인은 1551년 이후 복원된 선과를 통해 배출된 자들로 추정되며, 이들 중 신희(信熙), 경집(敬緝), 해잠(海岑), 부정(仅正), 희웅(熙雄), 수인(守仁), 신담(信湛), 영준(玲俊), 계경(戒冏), 육통(六通), 조제(祖齊, 또는 祖彦), 자순(自淳) 등 11인은 주지 내지 지임(持任, 또는 持音) 신분으로 개별 사찰을 맡았으나, 성연(性衍), 지희(智熙), 일영(一英), 계언(戒彦), 계징(戒澄), 계희(戒熙) 등 7인과 관련된 기록은 찾을 수 없다.

이외에 귀진사 간행의 『대방광불화엄경소주』에는 법계가 명기되지 않은 주지 및 지임(지음)이 실려 있어, 주지 경종(敬宗) 1인과 지임으로는 양이(壤二), 희준(熙俊), 희정(熙正), 의숭(義崇), 영희(玲熙), 덕이(德異), 신성(信成), 신성(信誠), 축령(竺玲), 성문(性文), 계원(戒元), 석희(釋熙) 등 12명이 실려 있다. 이 가운데 1561년 귀진사 간행의 『대방광불화엄경소주』에 실린 '귀진사 지임 석희(釋熙)'는 1562년 간행본에는 '화엄종중덕 화장사 주지 석희'라 실려 있다. 이 같은 예는 석희가 1561년 시행된 선과에 입격해 중덕으로 승급했을 가능성을 알려준다.

한편 1557년 성수사 간행의 『십지경론』에 실린 '전 신광사 주지 대사(大師) 계묵(契黙)'은 1553년 심원사 간행의 『반야심경약소현정기언해』에 실린 '교종전법대사(敎宗傳法大師) 계묵(契黙)'과 동일인임을 알 수 있다. 그리고 1557년 『십지경론』에 실린 '전 연경사주지 중덕 영운(靈雲)'과 1567년 서대사 간행의 『대불정여래밀인수증요의제보살만행수능엄경』에 실린 '전 안흥(사) 영운(靈雲)'

은 승과 복원 전인 1536년 서대사 간행의 『묘법연화경』에 '입선 영운(靈雲)'이라 실려 있어, 마지막 선시가 행해진 1504년(연산군 10) 이전에 초시(初試)에 입격한 자임을 알 수 있다.

또한 『십지경론』에는 도행(道行), 자경(自冏), 상운(祥雲) 등 3인의 대선과 신희(信熙), 회정(懷正), 학상(學尙), 종화(宗和), 경집(敬緝), 법자(法慈), 현욱(玄旭) 등 7인의 참학이 실려 있다. 이 중 '전 약사사 지임 참학 신희(信熙)'는 최초 1555년 6월 성수사 간행의 『불설대보부모은중경』에 '전 약사사지임 신희(信熙)'라 기록되었고, '전 영등사지임 참학 경집(敬緝)', 또한 1557년 귀진사 간행의 『대방광불화엄경소주』에 처음 실린 점을 미루어 볼 때 1555년 선과에서 최초 참학에 임명되었으리라 여겨진다.

이외에 『십지경론』에 실린 '전 심원사지임(持任) 참학(參學) 학상(學尙)'은 『대방광불화엄경소주』 1561년 간행본에 '화엄종중덕 월정사 주지 학상(學尙)'이라 기록되었으며, 『십지경론』에 실린 '전 보광사 지임 참학 종화(宗和)'는 1562년 귀진사 간행의 『대방광불화엄경소주』에 '화엄종중덕 심원사 주지 종화(宗和)'라 기록되어 참학에서 중덕으로 승급되었음을 알 수 있다.

한편 1558년 귀진사 간행의 『금강경오가해』에 실린 '대선(大禪) 계호(戒浩)'는 중종 대인 1524년 심원사 간행의 『금강경오가해』에 '대선(大選) 계호'라 기록되어 선시 혁파 이전에 입격한 자임을 알 수 있다.

그리고 1564년 패엽사 간행의 『금강반야바라밀경』에 실린 '참학 영준(玲峻)'은 1566년 8월 법흥사 간행의 『선문염송집』에 '선종대선 영준' 내지 '조계종 대선 영준'이라 실려 있으며, 1567년 서

대사 간행의『대불정여래밀인수증요의제보살만행수능엄경』에도 '대선 영준'이라 실려 있다. 이렇듯 1564년의 참학이 1566년에 대선(大選)이 된 것은 양종이 혁파된 1566년(명종 21) 4월 20일[780] 이전에 임명이 이루어졌기에 가능했을 것이다.

한편 1564년 패엽사 간행의『금강반야바라밀경』에 실린 '전 월정사 주지 대사 경종(敬宗)'은 1557년 귀진사 간행의『대방광불화엄경소주』에 '전 월정사 주지 경종(敬宗)'이라 기록되어 1555년 경의 선과를 통해 입격한 자로 추정된다.

그리고 1565년 복천사 간행의『묘법연화경』에 실린 '지임(持任) 신미(信眉)'는 문종 즉위년(1450)에 '선교종도총섭(禪敎宗都摠攝) 밀전정법(密傳正法) 비지쌍운(悲智雙運) 우국이세(祐國利世) 원융무애(圓融無礙) 혜각존자(慧覺尊者)'로 임명된 신미(信眉, 1403~1480?)[781] 와는 다른 인물임을 알 수 있다.

그리고 1565년 복천사 간행의『묘법연화경』에 실린 '전 속리(사) 도기(道器)'는 1567년 서대사 간행의『대불정여래밀인수증요의제보살만행수능엄경』에 '전 속리(사) 주지 대사 도기'라 실려 대사(大師) 품계를 가졌음을 알 수 있다. 또한 1566년 법흥사 간행의『선문염송집』에 실린 '전 지임 성문(性文)'은 1562년 귀진사 간행의『대방광불화엄경소주』에 '전 전곡사 지임 성문(性文)'이라 실려 있다.

또한 1567년 서대사 간행의『대불정여래밀인수증요의제보

---

780 『명종실록』명종 21년 4월 20일 條. "전교하였다. '양종과 선과는 공론을 쫓아 혁파하겠다' …(중략)… 양종 선과는 혁파되지 않다가 이때에 이르러 兩司의 계청으로 혁파되었다."
781 『문종실록』문종 즉위년(1450) 7월 6일 條.

살만행수능엄경』에 실린 '선사 혜윤'은 1536년 서대사 간행의 『묘법연화경』에 '입선 혜윤(惠允)'이라 실려 있어, 마지막 선시가 행해진 1504년(연산군 10) 이전에 초시(初試)에 입격한 자임을 알 수 있으며, 그 사이에 '선사(禪師) 혜윤'으로 승급되었음을 알 수 있다.

이상 불서(佛書)의 간행질 외에 불화(佛畵)의 화기(畵記) 내지 불복장(佛腹藏) 발원문에도 선과 입격자들이 기록되어 있다.

1557년 귀진사 간행의 『대방광불화엄경소주』에 기록된 '대선 경옥(敬玉)'의 경우 〈여주 신륵사 아미타삼존불〉 복장 발원문에 "대명만력(大明萬曆) 38년 庚戌(1610) 10월 초10일 여주목(驪州牧) 신륵사법당(神勒寺法堂) …(중략)… 화엄종중덕 설암경옥(雪庵敬玉)"[782] 이라 기록되어, 대선에서 중덕으로 승급된 예를 볼 수 있다.

또한 〈봉화 청량사 약사불상〉에서 발견된 천인동발원문(千人同發願文)에는 "선종유나(禪宗維那) 조징(組澄) …(중략)… 가정(嘉靖) 39년경신(1560) 중동일(仲冬日) 목록(目錄)"이란 내용이, 그리고 결원문(結願文)에는 "법당지사(法堂持寺) 설욱(雪旭), 선종유나(禪宗維那) 조징(組澄) …(중략)… 가정(嘉靖) 39년경신 12월 초1일 연대사(蓮臺寺) 약사삼여래(藥師三如來) 개금중수기록(蓋金重修記錄)"[783]이 란 내용이 실려 있다. 즉 1560년에 '지사(持寺) 설욱(雪旭)'과 '선종유나(禪宗維那) 조징(組澄)'이 연대사(蓮臺寺)의 약사여래 개금(蓋金)에 참여했다는 내용이다.

---

782 유근자, 『조선시대 불상의 복장기록 연구』, 불광출판사, 2017. p.386. "大明萬曆 三十八年庚戌(1610) 十月初十日 驪州牧 神勒寺法堂 …(중략)… 華嚴宗中德 雪庵敬玉."

783 유근자, 『조선시대 불상의 복장기록 연구』, 불광출판사, 2017. p.387.

그리고 〈목포 달성사 지장보살상〉 복장 발원문에는 "가정(嘉靖) 44년을축(1565) 10월 초3일 기(記) …(중략)… 선종판사(禪宗判事) 혜능(惠能) 교종판사(敎宗判事) 설매(雪梅)"[784]라 하여 '선종판사 혜능'과 '교종판사 설매'가 보살상 조성에 간여했음을 알 수 있다.

한편 현재 일본 사천왕사에 소장되어 있는 1587년 조성의 〈석가모니불탱〉에는 "만력(萬曆) 15년정해(1587) 4월 20일 사필(巳畢) …(중략)… 증명(證明) 선종중덕(禪宗中德) 전(前) 쌍봉주지(双鳳住持) 신옹비구(信翁比丘)"[785]라 하여 선종중덕(禪宗中德)이며 전 쌍봉사 주지인 신옹(信翁)이 불화 조성에 증명을 맡았음을 알 수 있다.

이상의 예를 통해 명종 당시 선과 복원 이전에 활동한 선시 입격자를 추가로 발견할 수 있다. 앞서 필자는 '명종 대, 선과 복원 이전에 활동한 선시 입격자'로 8명을 소개한 바 있는데,[786] 위 내용들을 통해 12명이 추가되어, 명종 대 선과 복원 이전에 활동한 선시 입격자는 총 20명으로 파악된다.

이에 이를 표로 제시하는바, 이전 왕대(王代)에 입격한 인물과 하위 법계에서 상위 법계로 승급한 자 내지 승직자에 임명되었을 경우 상위 법계에 그 내용을 중복 표현하되 굵은 글씨로 표기했으며, 이 경우 상위 법계의 전체 인원 중 ( ) 안에는 그 인원을 제외한 실제 인원을 기록하였다.[표33]

784 유근자, 『조선시대 불상의 복장기록 연구』, 불광출판사, 2017. p.388.
785 송천 등 編, 『한국의 불화 화기집』, 도서출판 성보문화재연구원, 2011. p.157.
786 持音 惠旭과 性空 2인과 大禪師 또는 大禪 입격자로 戒哲과 宣鑑省伋, 義尙 등 3인, 그리고 住持 性源과 寶雨, 慧遠 등 3인을 든 바 있다.

표33. 명종 대, 선과 복원 이전에 활동한 선시(選試) 입격자

품계	선시 입격자 및 상위 품계자	인원
지음 (持音)	혜욱(惠旭), 성공(性空)	2
참학 (參學)	회신(懷信 → 중종 대 持音)	1 (0)
입선 (入選)	영운(靈雲 → 중종 대 入選, 중덕), 혜윤(惠允 → 중종 대 入選, 禪師)	2 (0)
대선 (大選)	계호(戒浩 → 중종 대 大選), 대선 겸 중덕(仲德) 인언(印彦)	2 (1)
중덕 (中德)	대선사 수희대덕(隨喜大德) 의상(義祥, 義尙 → 주지, 판사), 수희대덕(隨喜大德) 의경(義瓊 → 중종 대 住持), 영운(靈雲 → 중종 대 入選)	3 (0)
대사 (大師)	대사(大仕) 설준(雪峻 → 중종대 持音, 大師, 주지)	1 (0)
선사 (禪師)	혜윤(惠允 → 중종 대 入選, 入選)	1 (0)
대선사 (大禪師, 大禪)	계철(戒哲), 선감성부(宣鑑省仅), 의상(義尙 → 義祥, 주지, 判事)	2 (1)
주지 (住持)	성원(性源), 의상(義祥 → 中德), 보우(寶雨), 혜원(慧遠), 설준(雪峻 → 중종 대 持音, 大師)	5 (3)
유나 (維那)	성연(性衍 → 연산군 대 入選), 성청(性清 → 중종 대 禪師)	2 (0)
판사 (判事)	판선종사 도대선사(判禪宗事都大禪師) 보우(普雨), 판교종사 도대사(判敎宗事都大師) 수진(守眞 → 성종 대 大禪師), 교종판사 도대사 의상(義祥 → 中德)	3 (1)

이상의 내용을 통해 본다면, 명종 대 선과 복원 이전에 활동한 선시 입격자는 총 24명으로, 이전 왕대(王代)에 입격한 인물과 법

계간 변화 내지 승직자 임명 등으로 인한 중복된 자들을 제외하면, 실제 선과 복원 이전에 활동한 선시 입격자는 8명에 불과함을 알 수 있다.

이어 앞의 내용을 바탕으로 선과 복원 이후에 활동한 입격자를 표로 보이면 다음과 같다. 이 경우 선과 복원 이전에 활동한 인물과, 하위 법계에서 상위 법계로 승급하였거나 주지 내지 승직자에 임명되었을 경우, 상위 법계에 그 인원을 써두되 전체 인원 중 ( ) 안에는 중복된 인원을 제외한 실제 인원을 기록하였다.[표34]

표34. 명종 대, 선과 복원 이후에 활동한 선과(禪科) 입격자

품계	선시 입격자 및 상위 품계자	인원
지임 (持任)	처인(處仁), 신희(信熙), 옥련(玉連), 영준(玲俊), 괴이(壞二), 희정(熙正), 의숭(義崇), 석희(釋熙 → 中德, 住持), 영희(玲熙), 신성(信誠), 희준(熙俊), 축령(竺玲), 성문(性文), 계원(戒元), 도신(道信 → 大選), 현철(玄哲), 신미(信眉), 도진(道眞), 철유(徹裕), 경집(敬緝 → 參學), 해잠(海岑 → 參學), 계경(戒冏 → 參學), 자순(自淳 → 參學), 회정(懷正 → 參學), 도행(道行 → 대선, 중덕, 주지), 학상(學尙 → 참학, 중덕, 주지), 종화(宗和 → 참학, 중덕, 주지), 현욱(玄旭 → 참학)	28
지음 (持音)	계당(戒幢), 영수(靈琇 → 대선사), 덕이(德異), 신성(信成), 영희(靈熙), 수인(守仁 → 參學), 근정(仅正 → 참학), 희웅(熙雄 → 참학), 신담(信湛 → 참학), 원감(圓鑑 → 주지), 지변(志卞 → 中德), 지전(志全 → 중덕), 신경(信冏 → 중덕), **보우(普雨 → 대덕, 판사)**	14 (13)
참학 (參學)	지헌(智軒), 연(衍), 인정(印正), **지희(智熙 → 중종 대 참학)**, 일영(一英), 영준(玲峻 → 대선), 계언(戒彦), 계희(戒熙), 계징(戒澄), 각현(覺玄), 초운(草雲), **종화(宗和 → 지임, 중덕)**, 육통(六通 → 주지), 조언(祖彦 → 주지), 법자(法慈 → 대사, 주지), **근정(仅正 → 지음), 희웅(熙雄 → 지음), 신담(信湛 → 지음), 수인(守仁 → 지음), 신희(信熙 → 지임), 경집(敬緝 → 지임), 해잠(海岑 → 지임), 계경(戒冏 → 지임), 자순(自淳 → 지임), 회정(懷正 → 지임), 현욱(玄旭 → 지임), 학상(學尙 → 지임, 중덕, 주지)**	27 (13)

381

대선 (大選)	청허(淸虛 → 주지, 전법, 판사), 일주(一珠 → 판사), 혜원(慧遠 → 복원 이전 住持), 희주(熙珠), 광口(廣口 惠?), 을묘년대선 지순(志淳 → 주지), 자경(自冏?), 상운(祥雲 → 주지), 두영(斗英 → 주지), **계호(戒浩 → 중종 대 大選)**, 희철(熙徹), 의순(義淳), 인욱(仁旭), 승안(勝安), **도신(道信 → 持任)**, 나운(拏雲), 계운(ㅋ云), 의열(義悅), 경옥(敬玉), **영준(玲峻 → 참학)**, **도행(道行 → 지임, 대선, 중덕, 주지)**	21 (17)
중덕 (中德)	유정(惟政), 묵(默), 양(兩), 응(應), 원(源), **의상(義尙 → 대선사, 판사)**, **의경(義瓊 → 중종 대 住持, 대덕)**, 계인(戒仁 → 수희대덕), 신현(信玄 → 주지, 대교사), 영숙(靈叔 → 주지), 법달(法達 → 주지), 도오(道悟 → 대선사, 주지), 영준(英埈), **석희(釋熙 → 持任, 住持)**, 숭인(崇印 → 주지, 掌務), 혜봉(惠鋒 → 주지), 현광(玄光 → 주지), 성준(性俊), 요선(了禪), 자원(自圓 → 주지), 천령(天玲 → 주지), 설준(雪峻 → 대사, 대선사, 大敎師, 주지), 영운(靈雲 → 주지), 현민(玄敏 → 지사, 주지, 대교사), 지후(志厚 → 주지), 인언(印彦), 영윤(靈尤), 신옹(信翁 → 주지), **지변(志卞 → 지임), 지전(志全 → 지임), 신경(信冏 → 지임), 학상(學尙 → 지임, 참학, 주지), 도행(道行 → 지임, 대선, 주지), 종화(宗和 → 지임, 참학, 주지)**	34 (25)
대덕 (大德)	일선(一禪), 초근(草根), **수희대덕(隨喜大德) 보우(普雨), 수희대덕(隨喜大德) 의경(義瓊 → 중종 대 住持), 수희대덕 계인(戒仁, 中德), 수희대덕 의상(義尙 → 중덕, 대선사, 판사)**	6 (2)
대사 (大師)	의변(義卞 → 주지), 계묵(契黙 → 주지), 경종(敬宗 → 주지), 도기(道器 → 주지), 현익(玄益 → 주지), 승준(承峻 → 주지), 영기(靈奇 → 주지), **법자(法慈 → 참학, 주지), 설준(雪峻 → 중덕, 대선사, 大敎師, 주지)**	9 (7)
선사 (禪師)	지종(智宗), 사묵(思黙), 경월(冏月), 경지(冏志), 조능(祖能), 경희(敬熙), 혜윤(惠允), 성수(性修), 혜환(惠還), 지홍(志紅), 지원(智元)	11
대선사 (大禪師)	승운(乘雲 → 주지), 입정(粒精), 수안(守安 → 주지), 수안(修安 → 주지), **설준(雪峻 → 중덕, 대사, 大敎師, 주지), 영수(靈琇 → 持音), 도오(道悟 → 중덕, 주지), 의상(義尙 → 중덕, 수희대덕, 대선사, 판사)**	8 (4)
지사 (持寺)	설욱(雪旭), **현민(玄敏 → 중덕, 대교사)**	2 (1)

주지 (住持)	천칙(天則 → 판사), 자석(自析), 현준(玄俊), 경호(冏浩), 신회 (神會), 일웅(一雄 → 판사), 신묵(信默), 도정(道正), **학상(學** **尚 → 지임, 참학, 중덕), 도행(道行 → 지임, 대선, 중덕), 종화** **(宗和 → 지임, 참학, 중덕), 각의(覺儀 → 판사),** 청허(淸虛 → 대선, 전법, 판사), 원감(圓鑑 → 持音), 설준(雪峻 → 중덕, 대 사, **大教師, 대선사), 신웅(信翁 → 중덕), 지순(志淳 → 대선),** 유정(惟政 → 중덕), 혜원(慧遠 → 대선), **의변(義卞 → 大師),** 승운(乘雲 → 대선사), **신현(信玄 → 중덕, 대교사),** 현민(玄敏 → 중덕, 대교사), 영숙(靈叔 → 대선), 법달(法達 → 중 덕), 도오(道悟 → 중덕, 대선사), 석희(釋熙 → 대선), 숭인(崇 印 → 중덕, 장무), 혜봉(惠鋒 → 중덕), 현광(玄光 → 중덕), 자 원(自圓 → 중덕), 천령(天玲 → 중덕), 육통(六通 → 참학), 조언(祖彦 → 참학), 경종(敬宗 → 대사), 영운(靈雲 → 중덕), 자경(自冏 → 대선), 상운(祥雲 → 대선), 법자(法慈 → 참학, 대사), 두영(斗英 → 대선), 지후(志厚 → 중덕), 수안(守安 → 대선사), 수안(修安 → 대선사), 도기(道器 → 대사), 현익(玄益 → 대사), 승준(承峻 → 대사), 영기(靈奇 → 대사), 계묵(契默 → 대사)	48 (8)
유나 (維那)	탄진(坦眞), 요원(了圓), 선종유나(禪宗維那) 조징(組澄), **성청** **(性淸 → 중종 대 禪師), 예조유나(禮曹維那) 성연(性衍 → 참** **학)**	5 (3)
장무 (掌務)	영보(靈寶), **숭인(崇印→중덕, 주지)**	2 (1)
전법 (傳法)	**청허(淸虛, 禪宗傳法師 → 대선, 전법, 판사), 계묵(契默, 敎宗** **傳法大師 → 대사, 주지)**	2 (0)
증의 (證義)	일환(一還)	1
대교사 (大敎師)	혜근(慧勤), 영준(英峻), 화엄종 교사(敎師) 성도(性道), 화엄 종교사 경윤(冏允), **설준(雪峻 → 중덕, 대사, 大敎師, 주지), 신** **현(信玄 → 중덕, 주지), 현민(玄敏 → 중덕, 지사, 주지)**	7 (4)
판사 (判事)	선종판사 혜능(惠能), 교종판사 설매(雪梅), **판교종사 도대사** **수진(守眞 → 성종대 大禪師), 판교종사 도대선사 천칙(天則),** **판선종사 도대선사 수희대덕 보우(普雨), 교종판사 중덕 대선** **사 수희대덕 의상(義尙, 義祥), 교종판사 도대사 일주(一珠),** **선교종판사 청허(淸虛), 판선종사 도대선사 일웅(一雄), 판선** **종사 도대선사 각의(覺儀)**	10 (2)

위 표에 의하면 명종 대, 선과가 복원된 후에 활동한 선과(선시) 입격자는 – 굵은 글씨로 표현한 중복된 자를 제외하면 – 총 140명으로 파악된다. 이에 선과 복원 이전에 활동한 8명까지를 합하면 명종 대에 활동한 선과(선시) 입격자는 총 148명으로, 이전 시기에 비교해 볼 때 명종 재위 기간 중 다수 승직자의 활동이 파악된다. 그 까닭은 이전 시기에 비해 좀 더 많은 문헌자료가 남아있기 때문으로 이 역시 추후 새로운 자료의 발굴을 통해 수정될 것이다.

　　이런 점을 전제한 채, 이제 각 종조(宗祖) 별로 활동한 선시 및 선과 입격자의 현황을 표로 보이면 다음과 같다.

　　여러 왕대(王代)에 활동한 인물과 하위 법계에서 상위 법계로 승급하였거나 주지 내지 승직자에 임명되었을 경우, 최초 법계에 해당하는 인원을 위주로 기록하되, 중복된 인원을 제외한 실제 인원만을 기록하였다.[표35]

표35. 종조(宗祖)별로 활동한 선시, 선과 입격자 및 승직자 현황(최초 입격자 기준)

종조별 / 승직자	태조~태종 약 26년	세종 약 31년	문종 약 2년	세조 약 13년	예종 약 1년	성종 약 25년	연산군 약 12년	중종 약 38년	명종 복원 전 약 6년	명종 복원 후 약 16년	누계
지임(持任)							다수			28	28 +
지음(持音)								2	2	13	17 +
참학(參學)				1		1		4		13	19

입선 (入選, 入禪)	2	7		2		1	2	5			19
대선 (大選)	5	12				1		2	1	17	38
중덕 (中德)	6	14	1	1		3	2	8		25	60
대덕 (大德)	1	8	1				1			2	13
대사 (大師)	3	17		1		8		1		7	37
선사 (禪師)	7	23	2	6		1		5		11	55
대선사 (大禪師)	6	42	2	15		11	2	5	1	4	88
지사 (持寺, 持主, 社主)							1	6		1	8
주지 (住持)	10	15	2	3	1	10	6	8	3	8	66
유나 (維那)				1				1		3	5
장무 (掌務)										1	1
전법 (傳法)	1										1
증의 (證義)										1	1
대교사 (大敎師)										4	4
판사 (判事)		5					1		1	2	9
전체 인원	41	143	8	30	1	36	15 +	47	8	140	469 +

그런데 위 표를 살펴볼 때 명종 대, 선과 복원 후에는 입선(入選) 입격자가 전무(全無)한 것을 알 수 있다. 또한 이전에 비해 지임(持任)과 지음(持音), 참학(參學)과 유나(維那)에 임명된 자가 명종 대 선과 복원 후의 예에서 좀 더 많이 발견된다. 이런 현상과 관련해 『명종실록』 명종 14년(1559) 11월 기사에는 양종(兩宗)에서 원칙 없이 차첩(差帖)을 발급한 다음 내용이 실려 있다.

"'양종(兩宗)을 다시 설치하고 중외의 여러 사찰을 내원당(內願堂)이라고 칭한 것은 이미 성조(聖朝)에 큰 누가 되었습니다.

…(중략)… 주지(住持)·지음(持音)·유나(維那)를 차정하는 것에도 또한 그 규례가 있습니다. 그런데 여러 궁가(宮家)에서 각기 정해진 수 밖의 사찰을 차지하여 별도로 원당(願堂)을 만들어, 왕자(王子)를 칭탁하기도 하고 공주(公主)나 옹주(翁主)를 칭탁하기도 하며 엄연하게 차첩(差帖)을 만들어 주면서 붉은 도장까지 찍어 주었습니다.

…(중략)… 중외의 양종에 소속된 사찰 이외에, 여러 궁가의 원당이라고 칭하는 사찰의 지음이나 유나 등의 승들을 각기 그 고을에서 잡아 가두고 추고해 다스리도록 하고 이제부터는 일체 금하소서' …(중략)… 하니 …(중략)… '아뢴 대로 하라' 하였다."[787]

이렇듯 여러 궁가(宮家)에서 조성한 원당(願堂)에 주지 내지 지음을 임명한 예는 이전부터 존재했던 것으로, 『세종실록』에도 이와 관련해 다음 내용이 전하고 있다.

---

787 『명종실록』 명종 14년(1559) 11월 9일 條.

"정경 공주(貞慶公主)가 청하기를, '관음굴(觀音窟)은 나의 원찰(願刹)이온데, 지금 다 허물어져 있으므로 승 홍조(洪照)를 시켜 수리하고자 하오니, 원컨대 홍조를 이 절의 주지(住持)로 제수하여 주옵소서' 하니 …(중략)… 즉시 이조에 명하여 홍조를 관음굴 주지로 삼았다."[788]

그런데 이런 전례에 비해 명종 대에는 유독 양종에서 원당 관련의 주지(住持)·지음(持音)·유나(維那)의 임명이 잦았음을 알 수 있다. 그리고 명종 14년(1559) 11월의 『명종실록』 기사 이후에 양종에서 원당과 관련된 지음 등의 임명이 금해졌다 하더라도, 기존에 임명된 자들의 활동은 이후에도 계속 이어졌을 것이다.

한편 위 명종 대의 경우 입선이 한 명도 발견되지 않는 까닭은, 『명종실록』 7년(1552) 4월 28일 기사 가운데 "옛날에는 선과에 들지(입격하지) 못한 자[禪科未參者]에게 참학입선첩(參學入選帖)을 발급했으니 …(중략)… 주지는 출신승(出身僧)으로 하고, 지음은 참학승(參學僧)으로 차임해 보내면…"[789]이라는 내용에 따라 선과(禪科)의 초시 입격자인 입선(入選)에게 참학입선첩(參學入選帖)을 발급한 것에 이유가 있을 것이며, 이 경우 참학입선첩을 '참학첩'으로 인식한 것에 기인한 것이라 할 수 있다.

---

788 『세종실록』세종 24년(1442) 2월 11일 條.
789 『명종실록』7년(1552) 4월 28일 條. "古者 禪科未參者 給參學入選之帖, 依古例成給. 住持則以出身僧, 持音則以參學僧差遣則 雜僧自無矣. 其言于兩宗."

2) 선조 대 선과 입격자의 활동

『명종실록』21년(1566) 4월 20일 기사에 "양종(兩宗)과 선과(禪科)
는 공론을 쫓아 혁파하겠다"[790]는 명종의 전교(傳敎)는, 이후 선과
시행은 물론 양종조차 존재하지 못했던 상황을 알려준다.

양종은 승직(僧職) 임명과 품계(品階)의 승차(陞差)를 관할한 기
관인 까닭에, 양종 혁파 이후에는 품계의 승차와 승직 임명이 공식
적으로 행해지지 못했을 것이다. 그리고 양종 혁파 하루 전인 명종
21년(1566) 4월 19일 기사 가운데 "내수사 인신(印信)을 혁파하였
다"[791]는 내용이 실려 있음을 볼 때, 양종을 대신한 내수사마저 승
단(僧團)과 관련해 영향력을 행사할 수 없었을 것이다.

물론 『선조실록』선조 7년(1574) 10월 13일 기사에 "승들이
내수사(內需司)와 상통하여 비밀히 자전(慈殿)의 분부를 받고 있으
니…"라는 기록을 통해 – 내수사의 인신(印信)이 혁파되었음에도 –
내수사가 어느 정도 승직 임명 등에 권한을 지녔음을 알 수 있으나,
명종 대에 선과에 입격한 자들은 선조 대(1567.7~1608. 2 재위)에는
대부분 양종 혁파 이전과 동일 품계를 지닌 채 활동했을 가능성이
크다고 할 수 있다.

앞서 언급했듯이, 명종 대의 마지막 선과는 1561년에 행해졌
으리라 추정된다. 이때 30세 이상의 승려가 선과에 입격했다면, 그
는 1531년 이후에 태어난 자로, 1590년대에는 그가 60세 정도가

790　『명종실록』명종21년4월20일 條. "傳曰 兩宗 禪科 俯從公論 革罷矣."
791　『명종실록』명종21년(1566) 4월 19일 條.

되었을 것이다. 한편 『명종실록』 명종 10년(1555) 2월 기사에 "지음은 …(중략)… 이 뒤로는 …(중략)… 나이 33~34세 이상의 경(經)을 알고 도(道)를 통한 자를 천망(薦望)하여 보고하라"[792]는 내용에 따라, 지음의 경우 33세 이상의 승려가 임명되었음을 알 수 있다.

이런 점을 놓고 본다면, 명종 대에 선과에 입격한 자는 선조 재위 기간(1567.7~1608.2) 중 1592년 임진왜란 발발 이전에 상당수가 입적했거나, 60세가 넘은 노년의 상태였을 것이다.

이에 필자는 먼저 명종 대에 선과에 입격한 자가 주로 활동했으리라 추정되는 1592년 임진왜란 발발 이전까지를 한정한 채, 불상 조성 발원문과 불화(佛畫)의 화기(畫記), 그리고 사찰 간행 불서의 간행질(刊行秩)을 통해 명종 대 선과 입격자의 활동을 파악해 보고자 한다.

먼저 1579년에 조성된 〈경주 왕룡사원 석가불상〉 조성 발원문 시주질(施主秩)에는 '대사 회한(會閑)'이, 그리고 연화질에는 '주지 일흠(一欽)'과 '지사(持事) 명우(明祐)', '대중대사(大中大士) 보안(普眼)' 등이 실려 있다.[793] 여기서 '持事'는 '持寺'의 오기(誤記)로, '大士'는 '大師'의 오기로 볼 수 있다.

또한 1580년에 조성된 〈울진 불영사 석가삼존상〉 조성 발원문에는 '증명(證明) 서종사(西宗師) 휴정(休靜)'이 실려 있다.[794] 여기서 서종사(西宗師)란 고승(高僧)을 서전(西殿)이라 칭한 예에 빗대어

---

792 『명종실록』 명종 10년(1555) 2월 29일 條.
793 유근자, 『조선시대 불상의 복장기록 연구』, 불광출판사, 2017. pp.390-391.
794 유근자, 『조선시대 불상의 복장기록 연구』, 불광출판사, 2017. p.391.

쓴 것으로 추정된다.

이외에 1583년에 조성된 〈일본 선각사(善覺寺) 소장 제석탱(帝釋幀)〉의 경우 "만력(萬曆) 11년 계미(1583) 4월일"이란 화기(畵記)와 함께, 시주질에 기록된 총 13인의 승려 중 승직자로서는 유일하게 '시주(施主) 지사(持寺) 성환(性還) 비구'가 기록되어 있다.[795] 성환은 1538년 담양 용천사『오대진언집언해』간행의 총책인 간선(幹善)을 맡았던 자로,[796] 1538년(중종 33)에 간선을 맡았을 정도라면 1583년에 제석탱을 조성할 당시 사찰 책임자인 지사(持寺)라 칭해졌음이 무리가 아닐 것이다.

한편 임진왜란 이전에 사찰에서 간행된 불서의 간행질 및 시주질에는 선과 입격자 명단이 다수 실려 있는데, 이를 표로 보이면 다음과 같다.[표36]

표36. 선조 대, 임진왜란 이전 간행 불서에 실린 선과 입격자

간행 연대	서명	간행 기록	선조 대 임진왜란 이전에 활동한 선과 입격자
1568년	경덕전등록	隆慶2年(1568) 8月日 平安道順安法興寺開板	持任 一進, 지임 印宗, 지임 크照, 지임 祖英, 지임 志城, 지임 学一, 持任 靈熙, 參學 法雲
1573년	경덕전등록	萬曆元年癸酉(1573)2月日 平安道順安地法弘山法興寺開板	持任 一進, 지임 印宗, 지임 크照, 지임 祖英, 지임 志城, 지임 学一, 參學 法雲
1568년	선문염송집	隆慶元年(1568)平安道順安地法弘山法興寺開板	敎判都大師 一珠, 前持任 性文, 화엄종대교사 법흥사주지 佛玄, 조계종 大選 玲峻

795   송천 등 編,『한국의 불화 화기집』, 도서출판 성보문화재연구원, 2011. p.644.
796   『오대진언집언해』, 嘉靖17年(1538)季夏日 全羅道潭陽地秋月山龍泉寺重刊.

1568년	선종영가집과 주설의	隆慶2年戊辰(1568)秋3月 忠淸道報恩土俗離山福泉 寺開板	大選 熙悅
1569년	이로행록	隆慶3年己巳(1569)5月日 妙香山普賢寺開刊	判大華嚴宗師 判大曹溪宗師 休靜
1569년	제진언집	隆慶3年(1569)己巳夏 全羅 道同福地 無等山安心寺開 板	校正兼書 大禪師 雪岑
1569년	대방광원각수 다라요의경	隆慶3年己巳(1569)夏 無等 山安心寺開板	參學 信連, 參學 淡俊
1569년	금강경오가해	隆慶3年己巳(1569)4月上 澣戊子 全羅道羅州伏龍山 同願(寺)	禪宗參學 世雄, 參學 覺圓, 參學 妙雲, 入選 正旭, 선사 戒環
1570년	고봉화상선요	皇明隆慶4年庚午(1570)之 春 無等山安心寺開刊	大選 雪岑
1570년	심법요초	隆慶4年(1570)仲春 全羅道 同福地無等山安心寺開板	華嚴宗大選 雪岑
1570년	달마대사관심 론	隆慶四年庚午(1570)仲春全 羅道同福地無等山安心寺 開板	華嚴宗大選 雪岑
1570년	옥추경	隆慶四禩庚午(1570)仲春全 羅道同福地無等山安心寺 開板	華嚴宗大選雪岑
1570년	대방광원각수 다라요의경	隆慶4年庚午(1570)歲五月 日 全羅道無等山安心寺重 刊	敎宗大禪師 雪岑
1571년	불조삼경	隆慶5年(1571)6月日 全羅 道益山豆叱材豆永貞家 開刻移傳忠淸道恩津地佛 明山雙溪寺在置	大禪師 太能, 大禪師 太浩, 大禪師 覺性, 大德 繼愚, 大 德 戒皓
1571년	불설대보부모 은중경	隆慶5年辛未(1571)正月日 慶尙道尙州地四佛山大乘 寺開板	大禪師 智洞, 大禪師 法修, 禪師 玉仁, 禪師 道洞
1572년	묘법연화경	隆慶六年壬申(1572)二月日 慶尙道尙州地四佛山大乘 寺開板	禪師 海林, 대선사 智洞, 전 陽山주지 法修
1572년	석가여래행적 송	隆慶6年壬申(1572)孟秋 頭 流山臣興寺開刊	大禪 熙悅, 大禪 彐岑, 大禪 云水, 大禪 眞一
1573년	허응당집	萬曆元年(1573)4月日 寒山 雅幻謹跋	檜岩寺住持 大禪師 天玲, 直 指寺住持 中德 惟政

1573년	나암잡저	萬曆元年(1573)4月日 寒山離幻謹跋, 檜巖寺住持大禪師天齡書	檜巖寺住持 大禪師 天玲, 直指寺住持 中德 惟政
1573년	묘법연화경	萬曆元年(1573)歲在癸亥仲冬中澣日 禪宗大禪師前松廣寺住持靜菴守安謹跋	禪宗大禪師 前松廣寺住持 靜菴守安, □師 淡月
1573년	법계성범수륙승회수재의궤	萬曆元年癸酉(1573)4月日 忠淸道淸州土俗離山空林寺開板	前首僧 敎淳, 曹溪宗參學 一訓, 曹溪宗參學 印元, 曹溪宗參學 熙允, 수승 志岡, 空林寺持任 處雄
1574년	묘법연화경	萬曆2年甲戌(1574)中秋 慶尙道慶州地含月山佛國寺留板	住持 靈黙, 持寺 學輪
1574년	지장보살본원경	萬曆2年甲戌(1574)10月日 全羅道綾城地雙峰寺開板	持寺 印祖, 持寺 義岡, 持寺 戒俊
1574년	천지명양수륙재의찬요	萬曆2年甲戌(1574)5月日 全羅道順天地曹溪山松廣寺開板	持寺 戒准, 本寺주지 省全
1574년	수륙무차평등재의촬요	萬曆2年(1574)甲戌5月日 全羅道順天地曹溪山松廣寺開板	持寺 戒准, 주지 省全
1574년	수륙무차평등재의촬요	萬曆2年甲戌(1574)仲春日 忠淸道恩津地佛明山雙溪寺開板	선사 信还
1574년	예수시왕생칠재의찬요	萬曆2年(1574)7月日 全羅道順天地曹溪山松廣寺留鎭	曹溪宗大禪師 前通度寺住持 敬全, 本寺 住持 省全, 持寺 戒俊, 大禪師 志正, 禪師 靈允
1574년	계초심학인문	萬曆2甲戌(1574)冬季月忠淸道監浦地峨嵋內院寺留板	中德 印彦
1574년	육조대사법보단경	全羅道高山雲梯縣大雄山報恩慈福安心廣濟院重刊留鎭	화엄종대교사 해인사주지 玄脩
1575년	묘법연화경	萬曆三季乙亥(1575)三月日 金剛山長安寺	1545년 표훈사 간행본을 복각 후 7권에 시주질 추가. 大禪 大仁, 中德 性淳, 지음 佛慧, 지음 道和, 지음 靈熙, 중덕 祖承, 지음 海宗
1575년	고봉화상선요	萬曆3年乙亥(1575)正月日 全羅道高山地安心寺開板	전해인사주지 玄修

1575년	대혜보각선사서	萬曆3年乙亥(1575)孟冬初旬 清洪道淸州地俗離山空林寺刊版	時首僧 智閑
1575년	금강반야바라밀경육조해(언해	萬曆3乙亥(1575)年 全羅道高山雲梯縣大雄山報恩慈福安心廣濟院重刊	曹溪宗大禪師 檜嚴寺주지 戒闇, 曹溪宗大禪師 報恩廣濟院주지 行思
1575년	대방광원각수다라라요의경(언해)	皇明萬曆3年辛亥(1575)正月望前有日 全羅道高山地安心寺開板	大敎師 法玲
1576년	예념미타도량참법	萬曆4年蒼龍丙子(1576)孟秋丙申日 龍城沙門黙齋謹跋(해인사)	華嚴宗大敎師 釋凞, 大禪師 敬岑, 曹溪宗大禪師 信悟
1576년	대혜보각선사서	萬曆四年丙子(1576)四月日 全羅道高山地大雄山安心禪院留板	曹溪宗大禪師 行思
1577년	계초심학인문(언해)	萬曆5年丁丑(1577)夏 全羅道順天地曹溪山松廣寺留板	持寺 克仁
1577년	불설예수시왕생칠경	萬曆5年丁丑(1577)6月日 鷄龍山東學寺願造十王經重刊	前廣法寺持任 道暹
1577년	지장보살본원경	萬曆5年歲次丁丑(1577) 全羅道扶安邊山登雲庵開刊 移置于金山寺	社主 性仁, 禪師 戒宗
1578년	묘법연화경	萬曆6年戊寅(1578)6月日 京畿道龍仁地光敎山瑞峯寺開刊	華嚴宗中德 葆一, 參學 熙贊
1578년	간화결의론(원돈성불론)	皇明萬曆歲次戊寅之夏(1578) 妙香山東幽洞般若庵開板移傳普賢寺	大德 一學, 大德 自淳
1578년	천지명양수륙재의	時萬曆戊寅(1578)春 全羅道光陽縣白雲山松川寺刊	전금산사주지 道源, 禪宗大禪 守行
1578년	육조대사법보단경	萬曆6年戊寅(1578)十二月日全羅道潭陽地秋月山龍泉寺開刊	大禪師 雪岑
1579년	법집별행록절요병입사기	萬曆7年己卯(1579)夏 智異山神興寺開刊	大選 淨源, 大選 信闇, 大選 守行, 大選 太常

1581년	묘법연화경	萬曆9年辛巳(1581)4月日 孟澣日 全羅道長興地迦智山寶林寺開板	本寺住持 法眞
1581년	천지명양수륙잡문	萬曆九年歲次辛巳(1581)淸和初吉日華嚴宗參學正淳校正謹跋, 忠淸道瑞山地伽耶山講堂寺開刊	華嚴宗參學 正淳
1582년	법집별행록절요병입사기	萬曆10年壬午(1582)3月日 益山郡龍華山上院寺開刊	전 海印 雪峻
1583년	묘법연화경	萬曆11年癸未(1583)3月日 全羅道海南地頭流山大芚寺中字法華恩重經開刊	禪參学 德仁
1584년	묘법연화경	萬曆12年甲申(1584)5月日 全羅道扶安地楞伽山 實相寺開板	실상사주지 선사 神會, 선사 性修, 선사 道熙, 선사 道文, 선사 靈祖, 선사 性聰, 선사 正心, 선사 戒宗, 선사 惠늘, 禪師 信和, 禪師 印宗, 刻手 禪師 坦衍, 선사 萬熙, 선사 先學
1586년	삼가록	萬曆丙戌(1586)夏 鷄龍山上院庵刊板東學寺留鎭	大禪 靈俊, 대선사 信悟, 대교사 惠能, 大敎師 一見, 대선사 靈機, 참학 印正, 참학 敬暉, 화엄종대교사 天印, 參學 戒湖
1588년	법집별행록절요병입사기	萬曆16年戊子(1588)7月日 慶尙道淸道虎踞山雲門寺開板	参学 ヨ촉
1588년	대방광원각수다라요의경	萬曆十六年戊子(1588)潤六月 慶尙道淸道地雲門寺開板	大德 玉卞

위 내용 중 1568년 법흥사 간행의『경덕전등록』과 1575년 장안사 간행의『묘법연화경』에 실린 '지음(지임) 영희(靈熙)'의 경우 명종대인 1563년 신심사(神心寺)에서 간행된『불설대보부모은중경언해』에 '전 개천지음(開天持音) 영희'라 기록되어 있다.

그리고 1579년 신흥사 간행의『법집별행록절요병입사기』에 실린 '대선 정원(淨源)'은『동사열전』「부용조사전(芙蓉祖師傳)」에 그에 대한 기록이 실려 있다. 즉 청허휴정의 스승이기도 한 부용영관(芙蓉靈觀, 1485~1571)과 관련된 기록 가운데 "시자 법융(法融)과 영응(靈應), '대선(大選) 정원(淨源) …(중략)… 등이 스님의 영골을 거두어 연곡동 서쪽 산기슭에 부도를 세웠다"[797]는 것으로, 이에 의하면 정원(淨源)은 명종 대에 선과에 입격한 자임을 알 수 있다.

　　한편 1568년 법흥사에서 간행된『선문염송집』은 1566년부터 교판도대사 일주(一珠)와 대교사(大教師) 혜근(慧勤), 대교사 영준(英峻), 대선사 설준(雪峻), 대선(大選) 희철(熙徹), 대선 영준(玲峻) 등에 의해 법흥사에서 간행된『선문염송집』의 후반부에 해당하는 것이다.

　　그런데 1568년 간행본에는 이들 중 '교판도대사 일주(一珠)'와 '조계종 대선 영준(玲峻)'이 재차 기록되어 있으며, '전(前) 지임(持任) 성문(性文)'과 '화엄종대교사 법흥사주지 불현(佛玄)' 등은 1568년 간행본에 새롭게 실려진 인물이다. 이 가운데 성문(性文)은 1566년 법흥사 간행의『선문염송집』에는 '전(前) 지임(持任) 성문(性文)'이, 그리고 1562년 귀진사 간행의『대방광불화엄경소주』에 '전 전곡사 지임 성문(性文)'이라 실려 있어 명종 대에 지임에 임명된 자임을 알 수 있다.

　　한편 1582년 상원사 간행의『법집별행록절요병입사기』에 실린 '전 해인(海印) 설준(雪峻)'은 1536년 빙발암 간행의『묘법연화

797　『東師列傳』第二(『韓佛全』10), p.1013中.

경』에 '전 중앙 주지 대사(大仕) 설준(雪峻)'이라 기록되어, 선시 혁파 이전에 입격한 자임을 알 수 있다. 그리고 이후 1555년 양화사 간행의 『금강반야바라밀경오가해』에는 '전 용문 주지 설준', 1562년 귀진사 간행의 『대방광불화엄경소주』에는 '전 용문사 주지 중덕 설준', 1566년 법홍사 간행의 『선문염송집』에는 '대선사 설준'이 기록되어 있으며, 1567년 서대사 간행의 『대불정여래밀인수증요의제보살만행수능엄경』에는 '대교사(大敎師) 설준(雪峻)'으로 기록되어 양종 혁파 이전에 중덕을 거쳐 대교사, 대선사로 칭해졌음을 알 수 있다.

또한 1568년 복천사 간행의 『선종영가집과주설의』에 실린 '대선(大選) 희열(熙悅)'은 1554년 귀진사 간행의 『묘법연화경』에 '대선(大禪) 희열'이라 기록되어 선과 복원 후 초기에 입격한 자임을 알 수 있다. 희열의 경우 1572년 신흥사 간행의 『석가여래행적송』에도 '대선 희열'이라 기록되어 있다.

한편 1569년 보현사에서 간행된 『이로행록(二老行錄)』 말미에는 "융경무진(隆慶戊辰, 1568) 양월(良月) 하한(下澣), 판대화엄종사(判大華嚴宗師) 판대조계종사(判大曹溪宗師) 휴정(休靜) 근서(謹書)"[798]라는 내용이 실려 있다. 즉 '선조 1년인 1568년 10월 30일에 판대화엄종사(判大華嚴宗師)이자 판대조계종사(判大曹溪宗師)인 휴정(休靜)이 삼가 썼다'는 것으로, 이는 선조 1년(1568)에 휴정이 교종과

---

798 『二老行錄』, 隆慶3年己巳(1569)5月日 妙香山普賢寺開刊. "隆慶戊辰良月下澣
     判大華嚴宗師 判大曹溪宗師 休靜 謹書." 동일 내용이 다음 책에 실려 있기도 하
     다. 『碧松堂埜老頌; 慶聖堂休翁行錄』, 康熙29年庚午(1690)7月日 慶尙道蔚山
     雲興寺開刊. "隆慶戊辰良月下澣 判大華嚴宗師 判大曹溪宗師 休靜 謹書."

선종을 통괄한 판사로 있었음을 알려준다.

그리고 1573년 간행된『허응당집』과『나암잡저』에는 '회암사 주지 대선사 천령(天玲)'과 '직지사 주지 중덕 유정(惟政)'이 기록되어 있다. 이 가운데 '천령'의 경우 1562년 귀진사 간행의『대방광불화엄경소주』에 '전 회암사 주지 중덕 천령'이라 실려 있어, 중덕에서 대선사로 품계가 승급되었음을 알 수 있다. 이에 비해 '유정'은 1561년(명종 16) 선시에서 중덕에 뽑힌 자로서,[799] 1573년 간행본에도 중덕으로 기재되어 있다.

또한 1565년 묵등사(墨等) 간행의『계초심학인문』에 실린 '중덕 인언(印彦)' 역시 1574년 내원사 간행의『계초심학인문』에 '중덕 인언(印彦)'이라 기록되어 있다. 이는 1566년 양종이 혁파된 상황에서 공식적으로 품계가 승급되지 못한 까닭이었을 것이다.

그런데 1565년 보원사 간행의『천지명양수륙재의찬요』에 기록된 '화엄종 중덕 영윤(靈允)'은 1574년 송광사 간행의『예수시왕생칠재의찬요』에 '선사 영윤'으로 기록되어 있는데, 이는 1566년 양종 혁파 이전에 선사로 승급된 것으로 추정된다.

이어 1573년 송광사 간행의『묘법연화경』에 실린 '선종대선사 전송광사 주지 정암수안(靜菴守安)'의 경우 1562년 쌍봉사 간행의『묘법연화경』에 '쌍봉사 주지 조계종대선사 수안(守安)'이라 기록되어 이 역시 양종 혁파 이전에 승급된 예로서, 이들은 유정보다

---

799 『四溟堂大師集』중 제자 海眼이 撰한「四溟堂松雲大師行蹟」에 四溟惟政 (1544~1610)에 대해 "(松雲大師는) 辛酉(1561, 명종 16)에 禪科에 입격[中]하였다"는 기록이 실려 있다.

일찍이 선과에 입격했기에 승급이 가능했을 것이다.

그런데 1566년 양종이 혁파된 이후인 1568년과 1573년에 법흥사에서 간행된『경덕전등록』에 실린 '지임 인종(印宗)'은 1584년 실상사 간행의『묘법연화경』에서는 '선사 인종(印宗)'이라 기록되어 있는데, 이 같은 예는 양종이 존재하지 않은 상황에서 내수사의 기능마저 원활하지 않은 가운데 사찰에서 자체적으로 '선사'란 칭호를 쓰기 시작한 것은 아닐까 생각된다.

이와 관련해 1569년 안심사 간행의『제진언집』에 기록된 '대선사 설은(雪訔)'의 경우 1570년 안심사 간행의『심법요초』와『고봉화상선요』,『달마대사관심론』,『옥추경』에는 '화엄종 대선(大選) 설은'으로 기록되어 있으며, 1570년 안심사 간행의『대방광원각수다라요의경』에는 '교종대선사 설은'으로, 1578년 용천사 간행『육조대사법보단경』에서는 '대선사'로 각각 기록되어 있다. '대선(大選)'이란 품계가 쓰인 것으로 보아 명종 대에 선과에 입격한 것을 알 수 있는데, 그럼에도 양종 혁파 이후인 1569년과 1570년, 1578년 간행본에 대선사 품계를 쓰고 있어, 당시 사찰 자체에서 임의로 '선사' 내지 '대선사'란 칭호를 사용함이 점차 보편화되었던 것 같다.

한편 1575년 보은 자복 안심광제원(報恩慈福安心廣濟院)에서 간행된『금강반야바라밀경육조해언해』에 실린 '보은광제원 주지 조계종 대선사 행사(行思)'의 경우 1576년 안심선원 간행의『대혜보각선사서』에도 '조계종 대선사 행사'라 기록되어 있다. 또한『중종실록』중종 34년(1539) 5월 기사에 "행사(行思)는 봉은사 승으로 그 절 주지가 되어 내지(內旨)를 핑계 삼아 부처를 받들던 자이다"[800]라고 기록되어 있어, 애초 양종이 혁파되고 선시가 시행되지 않았던 – 선과가 복원되지 않았던 – 중종 연간에 내수사의 첩지를 받아 주지가 되었던 자임을 알 수 있다.

1578년 보현사 간행의『간화결의론』과『원돈성불론』에 실린 '대덕(大德) 자순'은 명종 대인 1557년 귀진사 간행의『대방광불화엄경소주』에 '전 불교사 지임(持任) 참학 자순(自淳)'이라 기록된 것을 볼 때, 마지막 선과가 시행된 1561년에 대선에 입격한 후 대덕으로 승급된 것으로 파악된다. 그럼에도 명종 대인 1554년 서대사 간행의『천태사교의집해』에 기록된 '참학 인정(印正)'의 경우 1586년 동학사 간행의『삼가록(三家錄)』에 여전히 '참학 인정'이라 기록되어 승급되지 못한 예를 볼 수 있기도 하다.

그리고 1584년 실상사 간행의『묘법연화경』에 실린 '실상사 주지 선사 신회(神會)'는『명종실록』명종 8년(1553) 11월 기사에 '용문산 상원사 주지승 신회(神會)'[801]라 실려 있으며, '선사 성수(性修)' 역시 1567년 서대사 간행의『대불정여래밀인수증요의제보살만행수능엄경』에 '선사 성수'라 실려 있다. 또한 1586년 동학사 간행의『삼가록』에 실린 '대교사 혜능(惠能)'은 〈목포 달성사 지장보살상〉 복장 발원문에 기록된 '선종판사 혜능(惠能)'[802]과 동일 인물로 추정된다.

한편 1574년 불국사 간행의『묘법연화경』에는 '지사(持寺) 학

---

800 『중종실록』중종 34년(1539) 5월 27일 條.
801 『명종실록』명종 8년(1553) 11월 17일 條.
802 유근자,『조선시대 불상의 복장기록 연구』, 불광출판사, 2017. p.388.

륜(學輪)'이 실려 있음을 볼 수 있다. 그런데 이전의 기록에서 지사(持寺)는 독립적으로 한 사찰을 관할한 책임자였던 것에 비해, 여기서는 '주지 영묵(靈黙)'에 이어 '지사 학륜'이 함께 기록된 예를 볼 수 있다.

이 같은 예는 1574년 송광사 간행의 『천지명양수륙재의찬요』와 『수륙무차평등재의촬요』, 『예수시왕생칠재의찬요』의 간행질에서도 보이고 있어, 이들 책에 '지사 계준(戒准)'과 '주지 성전(省全)'이 함께 기록된 것은 이 당시 – 한 사찰의 책임자가 아닌 – 사찰 책임자인 주지를 보필하는 임무로서 지사가 임명된 예를 알려준다. 더구나 1574년 쌍봉사 간행의 『지장보살본원경』 간행질에는 '지사 인조(印祖)'와 '지사 의경(義冏)', '지사 계준(戒俊)' 등 3명의 지사(持寺)가 실려 있어, 당시부터 지사(持寺)가 사찰 책임자가 아닌, 주지를 돕는 삼직(三職)의 개념으로 변화되는 시점이었음을 알 수 있다.

물론 1577년 송광사 간행의 『계초심학인문』에는 '지사 극인(克仁)' 1명만이 간행질에 등장하여 지사가 한 사찰을 대표한 예가 발견되기도 하나, 이때를 즈음해 사찰을 대표하는 자로서 지사(持寺)의 위상에 변화가 생겨났음을 알 수 있다.

이상의 내용을 바탕으로 앞서 든 『선조실록』과 불화(佛畫)의 화기(畫記), 불상 조성 발원문 등과 사찰 간행 불서의 간행질에 소개된 명단 중 임진왜란 이전에 활동한 선과 입격자를 표로 보이면 다음과 같다.

법명이 중복된 경우 상위 법계에 그 내용을 굵은 글씨로 표기했으며, 상위 법계의 전체 인원 중 ( ) 안에 그 인원을 제외한 실제 인원을 기록하였다.[표37]

표37. 선조 대, 임진왜란 이전에 활동한 선과 입격자

품계	선시 입격자 및 상위 품계자	인원
지임 (持任)	일진(一進), 인종(印宗 → 禪師), 계조(크照), 조영(祖英), 지성(志城), 학일(学一), **영희(靈熙 → 선과 복원 후 지음), 성문(性文 → 선과 복원 후 지임)**, 처웅(處雄), 도섬(道暹)	10 (8)
지음 (持音)	불혜(佛慧), 도화(道和), **영희(靈熙 → 지임)**, 해종(海宗)	4 (3)
참학 (參學)	법운(法雲), 신련(信連), 담준(淡俊), 일훈(一訓), 인원(印元), 희윤(熙允), 세웅(世雄), 각원(覺圓), 묘운(妙雲), 희찬(熙贊), 정순(正淳), 덕인(德仁), **인정(印正 → 선과 복원 후 참학)**, 경휘(敬暉), 계호(戒湖), 계잠(크岑)	16 (15)
입선 (入選)	정욱(正旭)	1
대선 (大選)	**영준(玲峻 → 선과 복원 후 참학)**, 희열(熙悅), 설은(雪訔 → 대선사), 수행(守行), 정원(淨源), 신은(信誾), 태상(太常), 계은(크訔), 운수(云水), 진일(眞一), 대인(大仁), 영준(靈俊)	12 (11)
중덕 (中德)	**유정(惟政 → 선과 복원 후 중덕, 주지), 설암경옥(雪庵敬玉 → 선과 복원 후 대선), 인언(印彦 → 선과 복원 후 중덕)**, 성순(性淳), 조승(祖承), 보일(葆一)	6 (3)
대덕 (大德)	계우(繼愚), 계호(戒皓), 일학(一學), **자순(自淳 → 선과 복원 후 지임, 참학)**, 옥변(玉卞)	5 (4)
대사 (大師)	회한(會閑), 대중대사(大中大士) 보안(普眼)	2
선사 (禪師)	계환(戒環), 옥인(玉仁), 도형(道洞), 해림(海林), 담월(淡月), 신환(信还), **영윤(靈允 → 선과 복원 후 중덕)**, 계종(戒宗), **신회(神會 → 선과 복원 후 주지), 성수(性修 → 선과 복원 후 선사)**, 도희(道熙), 도문(道文), 영조(靈祖), 성총(性聰), 정심(正心), 혜은(惠訔), 신화(信和), **인종(印宗 → 지임)**, 탄연(坦衍), 만희(萬熙), 선학(先學)	21 (17)
대선사 (大禪師)	태능(太能), 태호(太浩), 각성(覺性), 지형(智洞), 법수(法修 → 주지), **천령(天玲 → 선과 복원 후 중덕, 주지), 정암수안(靜菴守安 → 선과 복원 후 주지)**, 경전(敬全 → 주지), 지정(志正), 계은(戒誾 → 주지), **행사(行思 → 중종대 주지)**, 경잠(敬岑), 신오(信悟), 영기(靈機), **설은(雪訔 → 대선)**	15 (11)

지사 (持寺)	명우(明祐), 성환(性還), 학륜(學輪), 인조(印祖), 의경(義冏), 계준(戒俊), 계준(戒准), 극인(克仁)	8
주지 (住持)	일흠(一欽), **법수(法修 → 대선사)**, 영묵(靈黙), 성전(省全), 현수(玄修), **경전(敬全 → 대선사)**, **계은(戒闇 → 대선사)**, 사주(社主) 성인(性仁), 도원(道源), 법진(法眞), **설준(雪峻 → 중종대 持音, 大師, 선과 복원 후 증덕, 대선사, 대교사)**, 불현(佛玄 → 대교사)	12 (8)
대교사 (大敎師)	**불현(佛玄 → 주지)**, 현수(玄脩), 법령(法玲), 석희(釋熙), **혜능(惠能 → 선과 복원 후 선종판사)**, 일견(一見), 천인(天印)	7 (5)
수승 (首僧)	교순(敎淳), 지강(志岡), 지한(智閑)	3
판사 (判事)	**판대화엄종사(判大華嚴宗師) 판대조계종사(判大曹溪宗師) 휴정(休靜), 교판(敎判)도대사 일주(一珠)**	2 (0)

　　이상 1592년 임진왜란 이전에 활동한 선과(선시) 입격자에 이어, 임진왜란과 그 이후에 활동한 선과 입격자에 대해 살펴보기로 한다.

　　이를 살펴봄에 있어 고려할 점은, 앞서 언급했듯이 1561년에 마지막 선과가 치러졌기에, 임진왜란이 끝난 1598년은 마지막 선과가 치러진 지 37년이 지난 시점이 된다. 30세의 승려가 선과에 입격했다면 그 입격자는 벌써 60대 후반이 되었을 것으로, 상당수가 입적했거나 전쟁 중에 승군(僧軍)에 발탁되어 죽음을 맞이했을 것이다. 그러므로 명종 대의 선과 입격자는 임진왜란 후 소수만이 노령의 나이로 생존했을 것이다.

　　한편 선과(禪科)가 중단된 지 32년이 지난 시점에, 『선조실록』 선조 26년(1593) 기사에 판사(判事) 내지 선과(禪科)란 용어가 등장하고 있다. 그러나 그것은 경론(經論)에 대한 시험이 아닌, '적을 참한 승(僧)에게 선과(禪科)를 제수한다'[803]는 예로서 선과란 명칭이 사용되었으며, 군량미 모집의 공(功)으로 판사(判事)에 제수된 예[804]가 생겨나기도 하였다. 또한 『선조실록』 선조 26년(1593) 10월 기사 중 "수급을 벤 사람으로 장원(壯元)을 삼고 …(중략)… 갑과(甲科)는 1인, 을과(乙科)는 7인, 병과(丙科)는 일정한 수가 없이 하여 선후에 따라 홍패를 써 주어야 한다"는 예에 따라, 1596년에 중수된 〈삼척 천은사 목조아미타여래삼존좌상〉 중수기에는 '을과(乙科) 선백' 내지 '선종을과(禪宗乙科)' 등의 직책이 명기되기도 하였다.

그리고 『선조실록』 26년(1593) 10월 기사에 "… 평소에 승으로서 해골 묻어주는 것을 업으로 삼는 사람이 있었다 …(중략)… 그중에 잘 묻어준 사람에게는 선과(禪科)를 주기도 하고 도첩(度帖)을 주기도 하겠다"[805]는 내용에 따라 선과(禪科)를 부여한 예를 찾을 수 있기도 하다. 이런 상황 속에서 '적을 참한 공로' 내지 '군량미를 모집한 공'과 '매골승'으로서 선과(禪科)의 품계를 부여받은 자들과 명종 대의 선과 입격자를 구분한다는 것은 쉽지 않은 일이다.

한편 사찰 간행본의 경우 임진왜란 이후 1601년까지는 전후 복구를 위해 힘써야 하는 상황 속에서 간행된 책이 전무(全無)한 것으로 파악된다. 이에 필자는 임진왜란 이후 1601년부터 선조가 사

---

803 『선조실록』 선조 26년(1593) 3월 27일 條.
804 『선조실록』 선조 26년(1593) 5월 15일 條.
805 『선조실록』 선조 26년(1593) 10월 2일 條.

망한 1608년(선조41) 2월까지 간행된 불서의 간행질에 실린 승려 명단 중, 선과 입격자라 판단되는 인물을 파악해 이들 명단을 기록하면 다음과 같다.[표38]

표38. 선조 대 임진왜란 이후 간행 불서에 실린 승과 입격자

간행 연대	서명	간행 기록	선조 대 임진왜란 이후에 활동 한 선과 입격자
1601년	동몽선습	萬曆二十九年辛丑(1601) 九月日開刊	奉恩寺住持 兼 禪宗判事 義 崇
1604년	대혜보각선사서	萬曆32年甲辰(1604)4月 能仁菴開刊移鎭雙溪	教判事 法融
1605년	법어	萬曆三十三年甲辰(1605) 歲華山圓寂寺開刊	前主持 淨裕, 前主持 智崇
1605년	운수단가사	萬曆三十三年乙巳(1605) 正月日陜川伽倻山海印寺 開板	時住持 圓惠, 大德 大成
1607년	천지명양수륙재 의찬요	萬曆35年丁未(1607)3月 日 忠淸道公州地鷄龍山甲 寺開(板)	持住 敬淳, 首僧 双俊, 持寺 印浩, 전 五德寺 지임 天珪
1607년	묘법연화경	大明萬曆三十五年丁未 (1607)閏六月日松廣寺蓮 經一百六十張改造于此萬 歲流通者	本寺住持 大禪師 信安

위 내용 중 1607년 송광사 간행의 『묘법연화경』에 실린 '본사 주지 대선사 신안(信安)'은 중종 대인 1521년 유점사 간행의 『몽산화상법어약록(언해)』과 1527년 유점사 간행의 『청문』에 실린 '봉은사주지 신안(信安)'으로 연산군 대에 선시에 입격한 인물로 추정된다. 또한 1604년 쌍계사 간행의 『대혜보각선사서』에 실린 '교판사(教判事) 법융(法融)'은 『동사열전』 「부용조사전(芙蓉祖師傳)」 실린

부용영관(芙蓉靈觀, 1485~1571)의 '시자 법융(法融)'[806]으로 명종 대의 선과에 입격한 자임을 알 수 있다. 그리고 1605년 해인사 간행의 『운수단가사』에 실린 '대덕(大德) 대성(大成)' 역시 명종 대의 선과 입격자로 추정되어, 임진왜란 이후에 활동한 승직자 중에서 위 3명은 선과 입격자임을 확실히 알 수 있다.

여기에 1561년의 선과에 입격한 – 1593년 8월에 경상도 선종도총섭(禪宗都摠攝)에 임명되었고, 선조 27년(1594) 11월 '절충장군(折衝將軍) 첨지중추부사(僉知中樞府事)'의 교지(敎旨)를 제수받은 – 유정(惟政)을 추가할 수 있다. 유정(惟政)의 경우 임진왜란이 마친 뒤, 선조의 명에 따라 선조 37년(1604) 3월에 사신으로 일본 대마도에 갔으며,[807] 『선조수정실록』 선조 38년(1605) 4월에 "일본에서 돌아오면서 우리나라 남녀 3천여 명을 쇄환(刷還)한"[808] 공을 세우기도 하였다.

이외에 1601년 (봉은사) 간행의 『동몽선습』에 실린 '봉은사주지 겸 선종판사 의숭(義崇)'은 1560년 귀진사 간행의 『대방광불화엄경소주』에 실린 '전 묘적사 지임(持任) 의숭(義崇)'으로, 명종 대에 지임(持任)에 임명된 자임을 알 수 있다. 그리고 1605년 원적사(圓寂寺) 간행의 『법어』에 실린 '전(前)주지 정유(淨裕)'와 '전주지 지숭(智崇)', 그리고 1605년 해인사 간행의 『운수단가사』에 실린 '시(時)주지 원혜(圓惠)', 1607년 갑사 간행의 『천지명양수륙재의찬요』에

---

806 『東師列傳』第二(『韓佛全』10), p.1013中. "시자 法融과 靈應, 大選 淨源 …(중략)… 등이 스님의 영골을 거두어 연곡동 서쪽 산기슭에 부도를 세웠다."
807 『선조실록』선조 37년(1604) 3월 12일 기사.
808 『선조수정실록』선조 38년(1605) 4월 1일 기사.

실린 '지주(持住) 경순(敬淳)', '수승(首僧) 쌍준(双俊)', '지사(持寺) 인호(印浩)', '전 오덕사 지임 천규(天珪)' 역시 주지 내지 대덕, 수승, 지사, 지임 등 선과 입격자에 쓰여지는 직명이 기록된 까닭에 이들 역시 선과 입격자에 포함할 수 있을 것이다.

이상의 내용을 바탕으로 사찰 간행 불서의 간행질에 소개된 명단 중 임진왜란 이후에 활동한 선과 입격자를 표로 보이면 다음과 같다. 이전 왕대(王代)에 활동한 인물과 하위 법계에서 상위 법계로 승급하였거나 주지 내지 승직자에 임명되었을 경우, 상위 법계에 그 인원을 써두되, 전체 인원 중 ( ) 안에는 중복된 인원을 제외한 실제 인원을 기록하였다.[표39]

표39. 선조대, 임진왜란 이후에 활동한 선과 입격자

품계	선시 입격자 및 상위 품계자	인원
지임 (持任)	천규(天珪 → 명종 대 입격)	1
대덕 (大德)	대성(大成 → 명종 대 입격)	1
대선사 (大禪師)	**신안(信安 → 중종 대 住持)**	1 (0)
지주 (持住)	경순(敬淳 → 명종 대 입격)	1
지사 (持寺)	인호(印浩 → 명종 대 입격)	1
주지 (住持)	정유(淨裕 → 명종 대 주지), 지숭(智崇 → 명종 대 주지), 원혜 (圓惠 → 명종 대 입격)	3
수승 (首僧)	쌍준(双俊 → 명종 대 입격)	1
판사 (判事)	**봉은사주지 겸 선종판사 의숭(義崇 → 명종 대 持任)**, 교판사 (敎判事) 법융(法融 → 명종 대 입격), **선종도총섭(禪宗都摠攝) 유정(惟政)**	3 (1)

이상 선조 대, 임란 이전과 이후에 활동한 선과 입격자들 중에는 명종 대에 활동한 입격자가 중복되어 있음을 볼 수 있다.

그 가운데 '설준(雪峻)'의 경우 선과 복원 이전인 중종대에 대사(大仕, 大師)와 주지를 맡았던 인물로, 선과 복원 이후에는 중덕과 대선사, 대사, 대교사, 주지 등을 맡았으며, 선조대 임진왜란 이전인 1582년에 익산 상원사에서 간행된 『법집별행록절요병입사기』에 '전 해인(海印)(주지) 설준'이라 실려 있음을 볼 수 있다.

이외에 선과 복원 이후에 활동했던 입격자들 가운데 '지임(持任) 성문(性文)'과 '지음(持音) 영희(靈熙)', '참학 인정(印正)' 등은 선조대에 임진왜란 이전과 동일 품계로 활동했음을 볼 수 있다.

또한 '대선 영준(玲峻)'과 '중덕 유정(惟政)', '중덕 설암경옥(雪庵敬玉)', '중덕 인언(印彦)' 역시 임진왜란 이전과 동일 품계로 활동했으며, 이 가운데 '대선 설은(雪訔)'은 임진왜란 이전에 중덕에서 대선사로 승급되었음을 볼 수 있다. 그리고 '중덕 유정(惟政)'의 경우 임진왜란 이후까지 활동해 선종도총섭(禪宗都摠攝)을 맡았음을 알 수 있다.

한편 '자순(自淳)'의 경우 선과 복원 후에 지임, 참학 등의 법계에서 임진왜란 이전에 대덕(大德)의 품계에 올랐음을 볼 수 있다. 또한 선과 복원 후에 활동한 '중덕 영윤(靈允)'은 임진왜란 이전에 선사로 활동했으며, 신회(神會)와 성수(性修) 등도 임진왜란 이전에 선사로 활동했음을 볼 수 있다.

선과 복원 후 대선사로 기록된 정암수안(靜菴守安)은 임진왜란 이전에 동일 품계를 유지했으며, 천령(天玲)의 경우 선과 복원 후 중덕에서 대선사로 승급하였고, 선과 복원 후 대선사로 기록된 법수(法修)의 경우 임진왜란 이전에 동일 품계를 유지했으며, 명종 대 선과 복원 이후에 선종판사로 있던 혜능(惠能)은 선조 대 임진왜란 이전에 대교사(大教師)로 기록되어 있다.

또한 선과 복원 후에 대선이었던 휴정(休靜)은 임진왜란 이전에 판대화엄종사(判大華嚴宗師) 판대조계종사(判大曹溪宗師)로, 일주 (一珠)는 임진왜란 이전에 교판(教判)도대사(都大師)로 승급되었다. 그리고 선과 복원 후에 '지임(持任) 의숭(義崇)'의 경우 선조 대 임진 왜란 이후에 '봉은사주지 겸 선종판사 의숭(義崇)'이라 기록되어 있음을 볼 수 있다.

이렇듯 명종 대에 활동한 입격자와 중복된 자들을 제외하고도, 선조 대에는 명종 대에 선과에 입격한 자들이 다수 활동했음을 알 수 있다. 이에 앞서 든 임진왜란 이전과 이후에 활동한 선과 입격자 가운데 중복된 자를 제외하면 다음 111명을 들 수 있다.[표 40]

표40. 선조 대에 활동한 선과 입격자

품계	선시 입격자 및 상위 품계자	인원
지임 (持任)	일진(一進), 인종(印宗), 계조(彐照), 조영(祖英), 지성(志城), 학일(学一), 처웅(處雄), 도섬(道暹), 천규(天珪)	9
지음 (持音)	불혜(佛慧), 도화(道和), 해종(海宗)	3
참학 (參學)	법운(法雲), 신련(信連), 담준(淡俊), 일훈(一訓), 인원(印元), 희윤(熙允), 세웅(世雄), 각원(覺圓), 묘운(妙雲), 희찬(熙贊), 정순(正淳), 덕인(德仁), 경휘(敬暉), 계호(戒湖), 계잠(彐岑)	15

입선 (入選)	정욱(正旭)	1
대선 (大選)	희열(熙悅), 설은(雪誾), 수행(守行), 정원(淨源), 신은(信誾), 태상(太常), 계은(크誾), 운수(云水), 진일(眞一), 대인(大仁), 영준(靈俊)	11
중덕(中德)	성순(性淳), 조승(祖承), 보일(葆一)	3
대덕(大德)	계우(繼愚), 계호(戒皓), 일학(一學), 옥변(玉卞), 대성(大成)	5
대사(大師)	회한(會閑), 대중대사(大中大士) 보안(普眼)	2
선사(禪師)	계환(戒環), 옥인(玉仁), 도형(道洞), 해림(海林), 담월(淡月), 신환(信还), 계종(戒宗), 도희(道熙), 도문(道文), 영조(靈祖), 성총(性聰), 정심(正心), 혜은(惠誾), 신화(信和), 탄연(坦衍), 만희(萬熙), 선학(先學)	17
대선사 (大禪師)	태능(太能), 태호(太浩), 각성(覺性), 지형(智洞), 법수(法修), 경전(敬全), 지정(志正), 계은(戒誾), 경잠(敬岑), 신오(信悟), 영기(靈機), 신안(信安)	12
지사 (持寺, 持主, 社主)	명우(明祐), 성환(性還), 학륜(學輪), 인조(印祖), 의경(義冏), 계준(戒俊), 계준(戒准), 극인(克仁), 인호(印浩), 경순(敬淳)	10
주지 (住持)	일흠(一欽), 영묵(靈黙), 성전(省全), 현수(玄修), 도원(道源), 사주(社主) 성인(性仁), 법진(法眞), 불현(佛玄 → 대교사), 정유(淨裕), 지숭(智崇), 의숭(義崇 → 판사), 원혜(圓惠)	13
대교사 (大敎師)	현수(玄脩), 법령(法玲), 석희(釋凞), 일견(一見), 천인(天印)	5
수승 (首僧)	교순(敎淳), 지강(志岡), 지한(智閑), 쌍준(双俊)	4
판사 (判事)	교판사(敎判事) 법융(法融), **선종판사 의숭(義崇 → 주지)**	2 (1)
	계	111

한편 필자는 앞서 명종 대에 활동한 선과 입격자로서 – 중복된 자를 제외하고 – 선과 복원 전에 활동한 8명과 선과 복원 후에 활동한 140명 등 총 148명을 든 바 있다. 이에 선조 대에 활동한 위 입격자 111명을 더하면, 명종 대 선과 복원을 통해 입격한 자는 총 259명으로 파악된다.

이를 바탕으로 현재까지 파악된, 태조로부터 선조에 이르기까지의 입격자를 각 종조별(宗祖別)로 선시(選試)와 선과(禪科) 입격자를 구분해 – 중복된 인원을 제외한 채 – 그 현황을 표로 보이면 다음과 같다.[표41]

표41. 태조~선조 대에 각 종조별(宗祖別) 선시(選試), 선과 입격자(최초 입격자 기준)

종조별 \ 승직자	태조~태종 약26년	세종 약31년	문종 약2년	세조 약13년	예종 약1년	성종 약25년	연산군 약12년	중종 약38년	명종 복원 전 약6년	명종 복원 후 약16년	선조	누계
지임(持任)							다수			28	9	37
지음(持音)								2	2	13	3	20
참학(參學)				1		1		4		13	15	34
입선(入選, 入禪)	2	7		2		1	2	5			1	20
대선(大選)	5	12				1		2	1	17	11	49
중덕(中德)	6	14	1	1		3	2	8		25	3	63
대덕(大德)	1	8	1			1				2	5	18
대사(大師)	3	17		1		8		1		7	2	39

선사 (禪師)	7	23	2	6		1		5		11	17	72
대선사 (大禪師)	6	42	2	15		11	2	5	1	4	12	100
지사 (持寺, 持主, 社 主)							1	6		1	10	18
주지 (住持)	10	15	2	3	1	10	6	8	3	8	13	79
유나 (維那)				1				1		3		5
장무 (掌務)										1		1
전법 (傳法)	1											1
증의 (證義)										1		1
대교사 (大敎師)										4	5	9
수승 (首僧)											4	4
판사 (判事)		5				1		1		2	1	10
전체 인원	41	143	8	30	1	36	15	47	8	140	111	580

	선시 입격자	선과 입격자	
합계	약 329명	약 251명	580 명

위 표를 통해 볼 때 – 중복된 인원을 제외하면 – 태조~명종 대
에 활동한 선시(選試) 입격는 약 329명에 해당하며, 선과 복원 후
명종~선조 대에 활동한 선과(禪科) 입격자는 약 251명에 해당하
여, 승과(僧科) 입격자 중 활동 내역을 파악할 수 있는 자는 총 580

명에 해당한다.

조선 건국 이래 마지막 선시(選試)가 행해진 1504년까지 38회의 식년이 있었고, 선과 복원 후 최종적으로 혁파된 1564년까지 4회의 식년이 있어, 총 42회의 식년이 존재했음을 놓고 볼 때, 활동내역을 파악할 수 있는 이 인원은 너무 적은 숫자임을 알 수 있다. 이는 현존 자료의 부족함에 기인하는 것이라 하겠다.

한편 이상의 내용을 통해 필자가 언급한 조선시대 승록사의 구성과 역할, 양종도회소의 구성과 역할 뿐만이 아니라, 양종(兩宗)과 양종을 대신한 내수사(內需司)의 성격과 역할에서도 역시 보완될 점이 존재한다. 이외에 선시(選試) 및 승과(僧科)의 형식과 그에 따른 등계(登階)의 변천에서도 미진한 부분이 존재한다고 할 수 있다.

이러한 점은 추후 새로운 자료의 발굴을 통해 그 내용이 수정 내지 보완될 수 있을 것이다.

V.

맺음말

1

승가(僧伽)에서는 일찍이 도승(度僧), 즉 출가 후 승려가 되는 과정에서 시험을 치렀다.『불조통기』에 의하면, 중국의 경우 "당(唐) 중종 경룡(景龍, 707~709) 초에 '경(經)을 시험쳐 도승(度僧)하라'는 칙서를 내렸다 …(중략)… 이것이 중국 도과(度科)의 시작이다"라는 내용이 실려 있다. 또한 우리나라의 경우,『삼국유사』「자장정률」조에 "원성대왕(元聖大王) 원년(元年)(785년)에 이르러 승관(僧官)을 설치하였고 …(중략)… 대사(大舍) 1인, 사(史) 2인을 관리로 삼았는데 승려 중에 재행(才行)이 있는 사람을 뽑아 삼았고…"라는 기록이 실려 있어, 일찍이 승직(僧職) 선출과 관련해 승과(僧科)가 행해졌음을 알 수 있다.

그러나 승과가 본격적으로 시행된 것은 고려시대에 이르러서이다. 먼저 〈보원사 법인국사 보승탑비〉에 "고려 태조 4년(921) 해회(海會)를 설치하고 승려를 선발하였다"는 기록에 따라 해회(海會)를 승과의 효시로 보는 견해가 있으며,『고려사』기록 중 "광종 9년(958) 5월에 쌍기(雙冀)가 의견을 올리니 비로소 과거를 설해 …(중략)… 진사를 뽑았고, 겸하여 명경업(明經業)·의업(醫業)·복업(卜業)

등을 뽑았다"는 내용에 따라, 이때 승과도 함께 시행되었으리라는 의견이 있다. 또한 "갑자 원년(1084) 봄 정월 …(중략)… 기사일에 보제사(普濟寺)의 승(僧) 정쌍(貞雙) 등이 아뢰기를, '구산문(九山門)에서 참학(參學)하는 승도는 진사(進士)의 예에 의거해 3년에 1회씩 선발토록 청합니다' 하니 그 말을 따랐다"는 『고려사』 기록은 승과의 기원에 대한 확정적 예를 보여주고 있다.

그동안 고려의 승과(僧科) 내지 승관제(僧官制)에 대해서는 많은 연구가 있었다. 그러나 조선의 경우 도승(度僧) 내지 도첩제(度牒制), 그리고 승관제(僧官制)와 관련한 많은 연구가 진행되었으나, 승과(僧科)에 대해서는 몇몇 부분에 대한 연구가 진행되었을 뿐, 승과 전반에 대한 구체적 연구가 부족한 상황이었다.

2

이에 필자는 '조선의 승과 연구'라는 제목과 '승과의 형식과 전개, 입격자(入格者)에 대한 연구'라는 부제(副題)하에 기존 연구를 바탕으로 조선의 승과 전반에 대한 연구를 진행하였다.

먼저 승과(僧科)의 용어와 관련해, 조선 초에는 선시(選試)·시선(試選)·승선(僧選) 등의 용어가 사용되었는데, 『조선왕조실록』에 선시가 26회, 시선이 17회, 승선이 7회 언급되어, 조선 초의 경우 승려의 과거 즉 승과를 칭함에 있어 선시(選試)란 용어가 주로 쓰였음을 알 수 있다. 한편 선시 폐지 후 복원된 명종(明宗) 대에는 주로 선과(禪科)란 용어가 사용되었음을 볼 수 있다.

선시(選試)의 형식은 문무과(文武科)의 과거와 같은 예로 진행되었다. 먼저 생원·진사과에 해당하는 예로는, 시재행(試才行)을 들 수 있다.『경국대전』「예전(禮典)」의 '도승(度僧)' 조에 따라『심경』·『금강경』·『살달타』의 송경을 시험한 것으로, 세종 대에는 유생「문공가례」의 강(講)에 의거해「명칭가곡」의 송(誦)을 시험에 추가하기도 하였다.

이에 합격한 자는 중격자(中格者)라 칭했다. 중격자는 군역(軍役)에 대한 대납으로서, 양반 자제의 경우 오승포 100필 등 정전(丁錢)을 납부한 후, 소과 입격자의 백패(白牌)에 준하는 도첩(度牒)을 발급받았다. 도첩식(度牒式)에는 도첩 수급자를 학생(學生)이라 명기했는데, 이는 도첩승이 초입사례(初入仕例), 즉 소과 입격(入格)에 해당하는 자임을 말하는 것이라 할 수 있다.

도첩승, 즉 소과 입격자에 해당하는 중격자(中格者)는 유가(儒家)의 대과(大科)에 해당하는 선시(選試)에 나아갈 수 있었다. 선시는『경국대전』「도승」조에 의해 식년시(式年試)의 예에 따라 3년마다 거행되었다.

선시 절차로는 식년(式年) 한해 전 초시(初試)가 행해졌으며, 이때의 초선(抄選) 인원은 세종 6년(1424) 선교양종 통합 이전에는 280~560명 정도를, 통합 이후에는 문무과의 초시 인원과 같이 양종에서 각각 100명씩 200명을 뽑아 입선(入選)이라 칭했다.

그리고 이듬해의 복시(覆試) 때 내시별감 내지 예조 낭청이 종(宗)에 가서 판사, 장무, 전법 3인 및 증의 10인과 함께 시취(試取)하였다.『경국대전』「도승」조에 따라 선종은『전등』·『염송』을, 교종은『화엄경』「십지론」을 시험해 응시인원 각 100명 중 삼 분의 일 정도에 해당하는 각 30인씩을 뽑았다. 양종 각 30명씩의 입격자를 대선(大選)이라 칭했으며, 이어 대선을 대상으로 한 중시(重試)가 치러졌다. 중시를 통해 6품에 해당하는 중덕(中德)과 7품 내지 8품 등 등계(登階)를 주었으며, 홍패식의 예에 따라 교지를 발급하였다. 한편 중덕이 주지로 임명될 경우 6품의 예에 따라 교첩(敎牒)을 발급하였다. 이렇듯 선시 실행과 정전 납부 후 도첩을 발급했으며, 도승 자격을 양반 자제로 한정한 것은 일면 금승(禁僧) 조치의 예에 해당하는 것임을 말할 수 있다.

그런데 세조 연간에는 시재행(試才行) 및 선시가 제대로 시행되지 않았다. 세조는 호불(護佛)의 입장에서 공사천(公私賤) 내지 난신 연루자에 이르기까지 도승 자격을 부여하였고, 승인호패법과 부역을 통한 도첩 내지 호패를 발급했으며, 이에 도첩승과 호패 소지자가 증대되었다. 그런데 이는 성종 및 연산군 대에 이르러 선시 폐지 및 도첩제 정지, 양종 혁파의 빌미가 되었다.

이후 성종 즉위년에 이르러 호패법이 폐지되었고, 성종 23년 도첩제가 정지되었으며, 성종 24년(1493) 반포된 『대전속록』에 도승 금지가 실리기도 하였다. 이어 연산군 10년(1504) 선종도회소 흥천사와 교종도회소 흥덕사 등 양종이 불타버린 금승(禁僧)의 분위기 속에서도 1504년까지는 선시가 여전히 시행되었다. 그러나 이때를 마지막으로 선시가 중지되었으며, 중종 즉위 2년(1507) 식년에는 선시가 시행되지 않았다. 또한 중종 4년(1509) 도승지법(度僧之法)의 혁파를 시행했으며, 중종 11년(1516) 『경국대전』 중 「도승」 조문을 삭제토록 명하여, 더 이상 도첩승이 존재하지 않은 상황에 이르게 되었다.

이후 1545년 명종이 11세의 어린 나이로 즉위한 후, 명종의 자친 문정왕후의 수렴청정은 도승(度僧) 및 양종(兩宗) 복립의 계기가 되었다. 명종 5년(1550) 12월 양종 복립을 명한 것을 계기로 폐지된 선시(選試)가 복원되었으며, 복원된 선시는 선과(禪科) 또는 승과(僧科)라 칭해졌다. 선과 복원이 본격화한 것은 명종 7년 식년(式年)인 임오년(1552)으로, 이때 처음으로 '시재행'과 함께 도첩을 발급하였다. 이때 복원된 선과 형식은 『경국대전』의 규범과는 달리, 도승 조건으로서 '사천(私賤)'의 경우가 생략되어 있음을 볼 수 있다. 여기서 '사천'은 금승(禁僧)을 위한 조치로, 승의 증가로 인한 군액의 감소를 막기 위한 목적이었던바, 명종 대에 복원된 선과의 경우 이런 금승 조건이 완화된 형식이었음을 알 수 있다.

선과의 응시 자격 또한 완화했는데 역첩(役牒)을 받은 자와 주지·지음으로서 내수사의 차첩을 받은 자, 본 고을의 진성(신원)이 확인된 자 등에게 선과 응시를 허락하였다. 또한 도첩승 인원을 한정해 소과(小科)에서는 선종과 교종에서 각 1,300명씩 시경승 2,600명을 뽑았으며, 식년 한해 전에 실시한 선과 초시(初試)에서는 양종에서 각각 100명씩 뽑아 입선(入選)이라 칭한 채 입선차첩을 발급하였다. 그리고 다음 해 식년에 행한 복시(覆試)에서는 입선 중 삼 분의 일 정도를 취해 대선(大選)이라 칭했다. 또한 대선을 대상으로 한 중시(重試)를 통해 선과의 등계(登階)를 정하고 사목에 기록했으며, 선과에 입격하지 못한 채 제술(製述)로 뽑힌 참학자에게는 참학입선첩을 발급하였다.

한편 중시를 통해 갑·을·병 3등 과를 뽑아 잡과에 따른 품계를 주었으며, 잡과에 의거한 승인백패(僧人白牌)를 발급하였다. 또한 선과에 입격한 출신승을 주지(住持)로, 참학승은 지음(持音)으로 삼아 각각 차첩을 주어 차임케 했으며, 도첩승의 경우 선과에 따른 차첩 발급 여부를 떠나 지음(持音)에 차임하기도 하였다. 이같은 조치에 대해 육조의 당상은 "상(上)께서 매양 군액이 감축되는 것을 걱정하시어 정녕한 분부를 내리셨습니다만, 실은 한 나라의 백성을 모조리 상문(불교)에 몰아넣고 있습니다"는 우려를 전하기도 하였다.

그러나 『명종실록』 16년(1561) 기사에 의하면 "양종이 다시 설립된 뒤로 도첩을 받은 자가 무려 5천여 명이나 되고…"라 기록되어 있다. 그런데 이 인원은 단지 2회 정도의 시경승(試經僧) 인원에 해당한 것으로, 명종 대에 복원된 선과는 식년시의 원칙에 따라 순조롭게 진행되지 못했음을 알 수 있다. 이후 명종 17년(1562) 7월 "보우의 도대선(都大禪) 관교(官敎) 직위 삭탈"과 실각으로 인해 1564년에 선과가 폐지되었다. 이후 문정왕후가 양종의 선과를 복구하고자 했으나 실현되지 못한 채 문정왕후의 서거, 보우의 제주도 유배와 주살과 함께 복원된 선과는 또다시 막을 내리게 되었다.

4

양종(兩宗)이 혁파된 지 37년이 지난 선조 26년(1593), 임진왜란을 계기로 양종의 승직인 '선교종판사(禪敎宗判事)'란 용어가 다시 등장했으며, 또다시 선과(禪科)란 용어가 실록에 등장하였다. 그러나 이때의 선과는 '왜적의 목을 벤 대가' 내지 '군량미 모집', '매골승'

을 위한 선과첩(禪科帖)과 승직(僧職), 도첩(度牒) 발급이라는 기형적 형태로 진행되었음을 알 수 있다. 그리고 이때 발급된 다수의 도첩 내지 선과첩, 승직 공명첩 등은 이후 선사, 대선사 등의 칭호를 가진 다수의 승직자를 양산하였다. 이때의 선과(禪科)는 승과(僧科)라는 본래적 의미를 벗어난 것으로, 승과 대상에서 제외될 것이라 할 수 있다.

5

일반 과거의 경우 취재를 주관한 관리와 출신자(出身者) 명단을 기록한 소과(小科)의 『사마방목』 내지 대과(大科)의 『문무과전시방목』이 전해지는 것과는 달리, 선시(選試)의 경우 이 같은 명단이 존재하지 않는다. 이에 필자는 조선왕조실록 기사와 여러 사료 내지 사찰 간행의 불서(佛書) 간행질을 정리하는 가운데 선시를 주관한 인물 내지 선시(선과) 입격자(入格者)를 정리하였다.

이를 통해 태조~명종 대 선과 복원 전까지 활동한 선시 입격자 329명을 파악하였으며, 명종~선조 대에 활동한 선과 입격자로는 251명 등 선시(내지 선과) 입격자 총 580명의 활동 내역을 파악하였다. 이 숫자는 조선 건국 이래 선시(선과)가 최종적으로 혁파된 1564년까지 총 42회의 식년이 존재했음을 놓고 본다면 너무 적은 숫자임을 알 수 있다. 이는 현존 자료의 부족함에 기인하는 것으로, 추후 새로운 자료의 발굴을 통해 승과와 관련된 승록사의 구성과 역할, 양종도회소의 구성과 역할, 양종(兩宗)과 양종을 대신한 내수사(內需司)의 성격과 역할, 선시(選試) 및 승과(僧科)의 형식과 그에 따른 등계(登階)의 변천 등 미진한 부분이 보충될 것이다.

그럼에도 이 연구를 통해 파악된 승과의 형식과 전개, 입격자 (入格者)와 관련된 제반 내용은 이후 조선시대 불교사 연구에 있어 중요 자료가 될 것이다.

參考文獻

1. 原典

大藏經
高麗國新雕大藏校正別錄(『高麗藏』38)
佛祖統紀(『大正藏』49)

韓國佛敎全書
奇巖集(『韓佛全』8)
大覺登階集(『韓佛全』8)
東師列傳(『韓佛全』10)
四溟大師集(『韓佛全』8)
暎虛集(『韓佛全』8)
霽月堂大師集(『韓佛全』8)
조계고승전(『韓佛全』12)
淸虛集(『韓佛全』7)
淸虛堂集(『韓佛全』7)
海鵬集(『韓佛全』12)
虛應堂集(『韓佛全』7)

朝鮮王朝實錄
단종실록
명종실록
문종실록
선조실록

선조수정실록

성종실록

세조실록

세종실록

연산군일기

예종실록

정종실록

태조실록

태종실록

중종실록

法典

경국대전

經國大典註解

經濟六典

大典續錄

大典通編

續六典

신묘대전

新續六典

新撰經濟續六典

元六典

原典

고려사

고려사절요

東文選

목은시고

牧隱集

補閑集

四佳集

삼국사기

삼국유사

陽村先生文集

於于集後集

輿地圖書

月印釋譜

慵齋叢話

朝鮮金石總覽

朝鮮佛教通史

韓國金石文追補

虛白堂文集

虛白堂詩集

형재시집

彰聖寺眞覺國師大覺圓照塔碑

僧 金德謙 묘지명

僧 朴敎雄 墓誌銘

僧 崔觀奧 묘지명

圓覺寺瑞氣放光甘露須陀味雨花現相舍利分身平等道場 同參契文

해남 대흥사 서산대사유물(보물)

陜川海印寺吉祥塔誌

2. 二次資料

著書

高橋亨, 『李朝佛教』, 國學資料院, 1980.

송천 등 編, 『한국의 불화 화기집』, 도서출판 성보문화재연구원, 2011.

유근자, 『조선시대 불상의 복장기록 연구』, 불광출판사, 2017.

論文

강경남, 「度牒制考」, 『東國思想』16, 동국대학교, 1983.

김경용, 「조선조 과거제도 시행과정의 탐색 – 식년시 문과와 생진과를 중심으로」, 『교육사학연구』25-1, 한국교육사학회, 2015.5.

김영태, 「조선전기의 度僧 및 赴役僧 문제」, 『佛教學報』32, 동국대불교문화연구원, 1995.

김윤지, 「고려 광종대 승계제의 시행과 불교계의 재편」, 『한국사상사학』54, 한국사상사학회, 2016.

김창수, 「成衆愛馬考 – 여말선초 신분계층의 일단면」, 『동국사학』10, 동국사학회, 1966.

문상련(정각), 「속초 보광사 불상 복장 전적 – 『諸佛如來菩薩名稱歌曲』을 중심으로」, 『文化史學』47, 문화사학회, 2017.6.

문상련(정각), 「조선의 승과, 選試 혁파에 대한 고찰」, 『동아시아불교문화』39, 동아시아불교문화학회, 2019.9.

문상련(정각), 「명종대 선과(禪科) 복원에 대한 고찰」, 『민족문화연구』87, 서울: 고려대 민족문화연구원, 2020.5.

문상련(정각), 「조선의 승과, 선시(選試)에 대한 고찰」, 『정토학연구』33, 한국정토학회, 2020.6.

민순의, 「조선전기 도첩제도 연구」, 박사학위논문, 서울대학교대학원, 2016.

류기정, 「조선전기 승정의 정비와 운영」, 석사학위논문, 한국교원대학교대학원, 2001.

사문경, 「15세기 초반 僧錄司의 改編과 革罷」, 『호서사학』26, 호서사학회, 1999.

安啓賢, 「佛教抑制策과 佛教界의 動向 – 度牒制와 赴役僧」, 『한국사』11, 국사편찬위원회, 1974.

양혜원, 「고려후기~조선전기 免役僧의 증가와 度牒制 시행의 성격」, 『韓國思想史學』44, 한국사상사학회, 2013.

양혜원, 「조선초기 법전의 僧 연구」, 박사학위논문, 서울대학교대학원, 2017.

양혜원, 「15세기 승과(僧科) 연구」, 『한국사상사학』62, 한국사상사학회, 2019.8.

유지영, 「조선시대 임명 관련 교지의 문서형식」, 『古文書硏究』30, 2007.

이봉춘, 「승관조직과 승과제도」, 『한국사』16, 국사편찬위원회, 2002.

이봉춘, 「조선시대의 승직제도」, 『한국불교학』25, 한국불교학회, 1999.

이승준, 「조선전기 도첩제의 추이」, 석사학위논문, 한국교원대학교대학원, 2000.

이승준 「朝鮮初期 度牒制의 運營과 그 推移」, 『湖西史學』29, 湖西史學會, 2000.

이재창, 「高麗佛敎의 僧科, 僧錄司 制度」, 『崇山朴吉眞博士華甲紀念 韓國佛敎思想史』, 圓光大學校出版局, 1975.

이재창, 「朝鮮朝 初期의 度牒制」, 『(田雲德總務院長華甲紀念)佛敎學論叢』, 大韓佛敎天台宗 總本山 救仁寺, 1999.

전영근, 「조선시대 승관제와 승인 인사 관련 문서」, 『古文書硏究』30, 한국고문서학회, 2007.

전영근, 「朝鮮時代 寺刹文書 연구」, 박사학위논문, 한국학중앙연구원 한국학대학원, 2011.

정무환, 「고려시대 승과 승록사제도」, 『석림』14, 동국대학교 석림회, 1980.

崔鎭錫, 「高麗後期의 度牒制에 對하여」, 『경희사학』3, 경희대학교사학회 1972.

허홍식, 「고려시대의 승과제도와 그 기능」, 『역사교육』19, 역사교육연구회, 1976.

황인규, 「한국불교사에 있어서 도첩제의 시행과 그 의미」, 『보조사상』22, 보조사상연구원, 2004.

기타

동국대학교 불교기록유산아카이브 사이트

    https://kabc.dongguk.edu/index

한겨레신문 기사 웹사이트

    https://news.v.daum.net/v/20211216050618634

정각(문상련)

가톨릭대학 신학과 졸업 후 송광사에 출가, 통도사 강원을 졸업하였다.
동국대 대학원 불교학과 및 미술사학과를 수료, 철학박사 학위를 받았다.
무비 스님을 법사로 강맥(講脈)을 전수하였으며, 조계종 교수아사리에 위촉되었다.
동국대·중앙대 객원교수 및 불교신문 논설위원, 경북 문화재위원,
문화재청 문화재위원, KCRP(한국 종교인평화회의) 종교간 대화위원장을 역임하였다.
현재 중앙승가대 교수 및 이화여대 객원교수, 고양 원각사 주지로 있다.
『불교 부적의 연구』 등 17권의 책과 「천수다라니에 대한 인도 신화학적 고찰」 등
50편의 논문을 저술하였다.

조선의 승과 연구

ⓒ 정각, 2024

2024년 5월 31일 초판 1쇄 발행

지은이 정각(문상련)
발행인 박상근(至弘) • 편집인 류지호 • 편집이사 양동민
책임편집 김재호 • 편집 양민호, 김소영, 최호승, 하다해, 정유리
디자인 쿠담디자인 • 제작 김명환 • 마케팅 김대현, 김선주, 이선호 • 관리 윤정안
콘텐츠국 유권준, 정승채, 김희준
펴낸 곳 불광출판사 (03169) 서울시 종로구 사직로10길 17 인왕빌딩 301호
　　　　대표전화 02) 420-3200 편집부 02) 420-3300 팩시밀리 02) 420-3400
　　　　출판등록 제300-2009-130호(1979. 10. 10.)

ISBN 979-11-93454-95-4 (93220)

값 27,000원

● 이 책은 2024년도 봉은사 '봉은학술지원사업'의 지원에 의해 간행되었다.